読書大全

世界のビジネスリーダー
が読んでいる

経済・哲学・歴史・科学

200冊

200 great books
in human history on economy,
philosophy, history and science
for world business leaders

堀内勉 Tsutomu Horiuchi

日経BP

はじめに

I 読書が与えてくれたもの

2008年から始まる世界的な金融危機、世にいう「リーマンショック」が起きた当時、私は都市開発デベロッパーである森ビルの財務担当役員、いわゆるCFO（最高財務責任者）として、メガバンクや社債市場を相手に、1兆円以上に膨れ上がった負債をコントロールしなければならない立場にありました。

森ビルは非上場会社でしたので、主な資金調達ルートは銀行と社債市場しかありませんでした。東京都心に保有する優良不動産に膨大な含み益がありながら、みるみるうちに手元資金が枯渇していくのを目の当たりにして、恐怖と戦いながら資金繰りに奔走する日々でした。

その時に私の脳裏をよぎったのは、かつて自らが銀行員時代に経験した、1997年から1998年にかけての日本の金融危機でした。当時、私は、今はみずほフィナンシャルグループのひとつになった日本興業銀行（興銀）の総合企画部で、自己資本調達、格付け、投資家向けIR（インベスター・リレーションズ）を担当していました。

1990年の株価大暴落から始まったバブル崩壊は、この頃にはもはや、なんとか騙《だま》し騙しやっていける段階を通り過ぎていました。これに加えて、当時の大蔵省（現在の財務省、金融庁）への過剰接待問題をきっかけに東京地検特捜部の捜査が各金融機関に入ったことで、日本の金融システムは雪崩《なだれ》を打ったように崩れ始めました。その過程で、北海道拓殖銀行や山一証券が破綻し、その危機はそれまで絶対的な信用を誇っていた大手銀行にも迫りつつありました。

今では信じられないかもしれませんが、日経平均株価が史上最高値の３万８９５７円を付けた１９８９年末のバブルピーク時の興銀の株式時価総額は、ＮＴＴに次いで（日本だけではなくて）世界第二位だったのです。少しテクニカルな話になりますが、企業の信用力を示す格付けについても、ムーディーズとＳ＆Ｐという世界の二大格付け機関からそれぞれＡＡＡ（トリプルＡ）、合わせて６Ａ（シックスＡ）という格付けを与えられ、世界最高の信用力を認められていました。それが、十年も経たないうちにここまで凋落《ちょうらく》し、追い詰められていくとは、想像さえしていませんでした。

この接待汚職事件は、当時の第一勧業銀行利益供与事件における、大蔵省の検査の甘さが総会屋（株主としての権利行使を濫用することで会社を脅して不当に金品を収受しようとする特殊株主）への焦《こ》げ付き融資の拡大につながったとして東京地検特捜部が捜査を開始し、都市銀行、長期信用銀行、大手証券会社などへと連鎖的に拡大していきました。

私自身も、当時の大蔵省との仕事上の関係が深かったため幾度となく東京地検で取り調べを受け、しかもそのかたわらで倒れゆく銀行を支えなければならないという二重苦の中、「これは絶対になにかの間違いに違いない、明日の朝、目覚めたらこれまでのことは全て悪い夢だったとなるに違いない」と信じていました。

しかし、銀行が倒産する、あるいは自分が逮捕される悪夢にうなされて夜中に飛び起きるという日々が続き、最終的には元上司が逮捕されることになります。こうしたことで、私の中でこれまで信じていたものが壊れてしまい、自分のこれまでの生き方や日本の金融のあり方、それから公権力としての検察のあり方に対して根本的な疑念を抱くようになっていきました。

この一連の汚職事件の中で、結果として贈賄《ぞうわい》側から数多くの逮捕者を出すことになりました。同時に、監督対象である金融業界からの過剰接待やそれに絡む汚職が明らかになり、「省庁の中の省庁」といわれた大蔵省のキャリア官僚が逮捕され、多くの幹部の処分・更迭《こうてつ》が行われました。また、「銀行の中の銀行」である日本銀行でも、情報漏《ろう》えいで現役幹部が逮捕され、その陰で多くの関係者が自死に追い込まれました。

こうした出来事が、結果として今のメガバンクの誕生など金融再編につながるのですが、本件については、もう二十年以上も前のことであり、もはや覚えている人も多くはないと思います。

当時の私の心境については、今は新生銀行となっている当時の日本長期信用銀行の執行役員だった箭内《やない》昇《のぼる》氏の『元役員が見た長銀破綻』にある次の一節が、最も的確に代弁してくれています。

九九年五月六日に飛び込んできた長銀の上原隆元副頭取急逝のニュースは、私にとって座っていた椅子から転げ落ちるほどの衝撃であった。経営者の中ではバブルと全く無縁であり、最後の後始末のところで組み込まれただけの人がなぜ、という思いが頭の中を駆けめぐった。……八五年のある日、長銀旧本店の小さな会議室で、上原隆企画室長をリーダーとする人事改革プロジェクトチームのメンバー四人（私もメンバー）が丸テーブルを囲んでいた。このチーム発足の発端である、「長銀長期ビジョン」についての議論を重ねていたのだ（このビジョンが後に長銀の革命と言われた第五次長期経営計画に発展する）。この長期ビジョンの策定者でもあった上原室長が、静かな、しかし重い口調で語った一言は、一生忘れられない。

「今は不透明な時代だ。皆が行く方向に漫然とついていっても崖から落ちるかもしれない。そうであるなら、考えに考えて、これだと思う道を、たった一人で蠟燭《ろうそく》をかざしながらでも進もうよ」

私は深い感銘を覚えた。しかし、それから三年後、長銀は皆と同じバブルの道を走ってしまった。返す返すも残念でならない。長銀が破綻し、再出発を来そうとする今、今度こそ長銀マンの一人一人が自分自身で正しいと思う道を選択しなければならない。その道は様々であり、また予想もしない困難を伴うものかもしれない。しかし、出発点は長銀であり、長銀は心の故郷である。その故郷から力強く一歩ずつ歩き始めなければならない。

結局、完全に迷走していた金融業界が政府の介入によって少しずつ落ち着きを取り戻してきたタイミングで、私は興銀を辞めて、グローバル金融の総本山であるゴールドマン・サックス証券への転職を決意しました。金融の本質とはなにかを見極めながら、改めて自分の人生を振り返ってみることにしたのです。

そこで考えに考え抜いた上で、もう一度人生を一からやり直そうと考え、金融業界から身を引くことを決意しました。そして、実体がなく掴《つか》みどころのない金融業から、実体があり仕事の成果が最もよく目に見えるデベロッパーに転じることにしました。

これで少しは落ち着いて、長期的なビジョンに基づいた仕事ができると安心したのも束の間で、結局、ちょうど前回の金融危機から十年後に、森ビルの財務責任者として再び金融危機に直撃されることになったのです。

最初の金融危機の時に、私は生まれて初めて、本当の意味で本を「読んだ」と言えるかもしれません。それまでも、学生の頃はそれなりに多くの本を読んでいたとは思います。しかし社会人になってからは金融の資格試験や海外留学など、ひたすら知識を詰め込むための読書、試験を通るための読書しかしていませんでした。それが、その時には、ある意味で自分の存在をかけて、必死に読書をしたように思います。読書で「必死に」という形容はおかしいかもしれませんが、それほど真剣だった、短く言えば、「溺れる者は藁をも掴む」という切羽詰まった状況だったということです。

最初に私が必死に読んだのが、瀬島龍三《せじまりゅうぞう》の回想録『幾山河：瀬島龍三回想録』でした。瀬島龍三は、山崎豊子の小説『不毛地帯』のモデルにもなった日本のフィクサー的存在です。もともと、陸軍士官学校に在校していた私の父親からその名前をよく聞いていたこともあり、陸軍大学首席、陸軍大本営からシベリア抑留《よくりゅう》、そして伊藤忠商事に転じ、最後は土光敏夫会長の下で臨時行政調査会を切り盛りしたという波乱万丈の人生に興味を持っていました。

もちろん、瀬島龍三が当時から毀誉褒貶《きよほうへん》のある人物なのはよく分っていましたし、この本は彼自身が書いた自伝ですから、自分に都合の悪いことを書いてあるとは思えません。ただ、私が何度も読み返したのは、彼の成功物語ではなく、シベリア抑留時代の部分でした。

その一節に、「人間性の問題」というタイトルの、次のような文章があります。

抑留十一年は、まさに苦難の月日で、時には極限と思われる時期もあった。もちろんそれは私だけでなく、約六十万人の抑留者全員がそうだったに違いない。（中略）こんな苦しい環境の中では、人間は誰も彼も粉飾できるものでなく、ほとんど「裸」にならざるを得ない。（中略）極限状態のとき、我々日本人の中には、腕力で人のパンを奪ったり、暴力をふるう者も時にいた。反対に、そんなときに自らのパンを割いて病気の友に与え、回復を助ける者もいた。「人間とは何ぞや、その本質とは何か」……私はつくづく考えさせられた。第四十五特別収容所で繰り返し読んだビクトル・ユーゴーの『レ・ミゼラブル』に「人間は二つの中心に立つ包摂された楕円である」とあるのを見つけ、深く共感した。すなわち、精神と肉体、感情と理性、善行と悪行の両面を包有する「生きもの」であること、これが人間の本質だという。人間の弱さ、醜さを克服するのは容易ではない。平常から信仰心、責任感など心の鍛錬が肝要と

> 痛感した。また、「人間にとって最も尊いものイコール人間の真価」についても考えさせられた。自身が空腹のときにパンを病気の友に分与するのは、簡単にできることではない。しかし、それを実行する人を見ると、これこそ人間にとって最も尊いことだと痛感した。「自らを犠牲にして人のため、世のために尽くすことこそ人間最高の道徳」であろう。それは階級の上下、学歴の高低に関係のない至高の現実だった。私は幼少より軍人社会に育ち、生きてきたので、軍人の階級イコール人間の価値と信じ込んできたが、こんな現実に遭遇して、目を覚まされる思いだった。軍隊での階級、企業の階職などは組織の維持運営の手段にすぎず、人間の真価とは全く別である。したがって、階級、職階の上位者ほど自らを厳しく律し、人間的修練をより重ねていくことが必要だ。“Noblesse Oblige”の精神を持たなければならないし、また、組織の上にある者は、表側ばかりを見ずに組織の裏側に光を当て、黙々と全体を支えている人たちを忘れてはならない。人間の修練は誠に限りない。棺《かん》を蓋《おお》うまでの努力ではあるまいか。

それまで銀行でサラリーマン根性を徹底的に叩き込まれてきた自分にとって、心底考えさせられる内容でした。自分もこうした人間の真実に気づかないまま、「会社内の階級イコール人間の価値と信じ込んできた」のではなかったか。人間は本当に追い詰められたときに、なにを心の支えにするのか、自分の内面というのは実はなにもない空洞に過ぎなかったのではないかと。

ナチスの強制収容所経験をもとに書かれたヴィクトール・フランクルの『夜と霧』(→436頁参照)も読み直してみました。この本は学生時代に読んだことがありましたが、その内容のあまりの壮絶さに、どのように消化したら良いか分からずにいました。しかし、私が体験したことはそれにはほど遠いレベルではあるにせよ、自分が厳しい状況に追い込まれると、絶望のふちに立たされてもなお人間性や希望を失わなかったフランクルがなにをどのように考えていたのか、この時初めて自分事として読むことができました。

フランクルは、「わたしたちが生きることからなにを期待するかではなく、むしろひたすら、生きることがわたしたちからなにを期待しているかが問題なのだ、ということを学び、絶望している人間に伝えねばならない」といっています。つまり、我々人間は、常に「生きる」という問いの前に立たされており、それに対して実際にどう答えるかが我々に課された責務なのだということです。

そして、後日ではありますが、フランクルが強制収容所の中で、自らに降りかかる運命をいかに克服してゆくかを説くストア哲学（ストア派）の教えを心の支えとしていたと言われていることを知りました。

戦時体制で国有化された電力事業を今の九電力体制に組み替えて、「電力の鬼」と呼ばれた松永安左エ門は、実業家がひとかどの人物に成長するには、「闘病、浪人、投獄」のどれかを体験しなければならないと言っています。このどれもが、自らの存在意義を問われるような大きな出来事です。つまり、自分の存在が脅かされるような過酷な状況に立たされたとき、人には生きようという不思議な本能が働き、五感が研ぎ澄まされて、一皮むけた人物になるということなのです。そして、そうした深く厳しい人生経験と良書が時空を超えて、胸襟を開いて互いに出会える瞬間に備えることこそが、まさに本を読む意味なのだと思います。

それから十年が経ち、こうした苦しみからやっと抜け出すことができ、森ビルの森稔会長と一緒に都市開発の大きな夢を見て、心身ともに充実した仕事ができていた中でリーマンショックに直撃されたときには、さすがにこれはなにか一過性ではない、根本的な問題に突き当たったと考えざるを得ませんでした。

それは、私を取り巻く経済環境の問題なのか、あるいは自分自身が抱える業《ごう》なのかは分かりません。

いずれにしても、ただ自らの不運を嘆くだけでなく、もっと本質的な問題に能動的に取り組まなければならないし、こうした二度の大きな危機を経験した以上、自分なりにこの問題に正面から立ち向かうことで、なんらかの決着をつけなければ、これ以上、ビジネスマンとして前に進めない、そう強く感じたのです。

我々に執拗にまとわりついて離れない金融というものの正体はなんなのか。そしてその前提にある資本主義とはなにか。資本主義は人間存在にとってどのような意味があるのか。なぜ企業は成長し収益をあげなければならないのか。金融というのは本当に世の中の役に立っているのか。そもそも自分はなぜ新卒で金融業界に就職したのか……そうした根源的な疑念が次から次へと湧いてきたのです。

これが、「日本資本主義の父」渋沢栄一の玄孫《やしゃご》である渋澤健さんたちと立ち上げ、かれこれ十年近くにわたって私が主催している「資本主義研究会」の活動につながっています。そこでの主題は、「資本主義は人間の本性にかなっているのか？」「資本主義は人間を幸せにするのか？」ということです。

こうした問題意識に沿って、人間と資本主義との関係、資本主義の新しい形などについて、今でも議論を続けています。この活動の中間的な成果として、２０１９年には、『資本主義はどこに向かうのか』を出版することができ、資本主義と人間との関係性の整理のところまでは、なんとかたどり着きました。

そして、それと並行して個人的に進めているのが、宗教や哲学や思想の研究です。それまで受験秀才できていた私は、答えがなさそうな難しい問題に拘泥《こうでい》して前に進めなくなるのは得策ではないということで、どちらかと言えば、難解な本は避けて通っていたように思います。それが、客体としての資本主義の研究をするだけでなく、それを受け止める主体としての自分自身の問題に正面から取り組まなければならない、そのためには宗教や哲学や思想を真剣に学ばなければならないというように変わっていきました。

たび重なる金融危機に巻き込まれ、多くの苦しみを味わったことも、少し時間が経って冷静に振り返ってみると、あの時のあの判断は正しかったのか、もっと別の選択肢があったのではないかなど、さまざまなことを反芻《はんすう》してみるようになりました。そして、これまでは自分を取り巻く環境のことばかりに注意が向かっていて、自分の身に降りかかる不運を嘆いてばかりいたのが、それを受け止める自分自身のあり方というのはどうだったのかを考えるようになったのです。

こうした経験を経て、物に憑《と》りつかれたように読書を始めた私は、自分自身の備忘録のためにFacebookに読後感をアップするようになりました。意外にもそれが好評を得て、書評サイトＨＯＮＺのレビュアーに誘われ、その他の雑誌にも書評を頼まれ……というように広がっていき、いつの間にか肩書のひとつが「書評家」になっていました。

そして、これまでの自分の読書体験を語るとともに、読書の大切さを今のビジネスリーダーたちにも、是非、理解してもらいたいと思い、人類の歴史に残る名著についての本を出版することにしたのです。

私の愛読書の中に、１８００年以上も前に書かれた第16代ローマ皇帝マルクス・アウレーリウス・アントニヌスの『自省録』（↓４１８頁参照）があります。この中の一節に、私が好きな、「善い人間の在り方如何について論ずるのはもういい加減で切り上げて、善い人間になったらどうだ」という言葉があります。本書では、こうした本質的な問いかけに対して、それぞれの時代を代表する人たちがどう考えて、その人なりにどのように考えたのかという視点から、人類の歴史に残る名著を取り上げて解説していきたいと思います。そうすることで、読者の皆さんが、数千年の人類の歴史を味方につけることができるからです。

そうした読書体験は、皆さんが重大な経営判断や経営危機に直面し、人生の岐路に立たされたとき、そして自分とはなにか、自分が本当はなにがしたかったのかを改めて考えてみなければならないときに、必ずや、一筋の光明になると信じています。

2 ビジネスリーダーに求められる読書とは

それではここで、ビジネスリーダーにとって読書がなぜ必要なのかを考えてみましょう。

“A great leader is a great reader.”（「良き指導者は良き読書家である」）という言葉があります。

読書家で有名な経営者の代表として、マイクロソフト創業者でビル＆メリンダ・ゲイツ財団共同会長でもあるビル・ゲイツが挙げられます。彼は年間50冊以上の本を読んでいて、２０１２年からは毎年、自身のブログ「ゲイツノーツ」（Gates Notes）を通じて、彼が読んだ本の中から数冊を推薦書として公開しています。

毎年、この推薦書リストが大変な注目を集めるのですが、２０１８年には、その中から、「これまで読んできた中で最も重要な本のひとつ」として、『FACTFULNESS《ファクトフルネス》』（→３３０頁参照）の電子版を、その年に卒業したアメリカの大学生全員にプレゼントしたことでも話題になりました。

ソフトバンクグループ創業者兼会長兼社長の孫正義は、起業後わずか2年で患った肝炎で入院していた３年半の間に、３千冊もの本を読破したといわれています。そのほかにも、世界で最も有名な投資家であるウォーレン・バフェットや、Facebook創業者兼会長兼ＣＥＯのマーク・ザッカーバーグなど、著名な経営者で熱心な読書家という人は枚挙にいとまがありません。

どんな情報でも瞬時に手に入るこのインターネットの時代に、超多忙な実業家がわざわざ貴重な時間を割いて読書をするというのは、単純に「知識を得る」目的だけではありません。ビジネスリーダーとしての、あるいは人間としての「洞察力」を高めるためなのです。

私がかつて仕えた森ビルの実質創業者・森稔は、世界的建築家で画家でもあったル・コルビュジエの絵画の、世界有数のコレクターでした。彼は大学生の時に、先代の泰吉郎から不動産業を始めるので手伝うように言われ、とても悩んだそうです。地主や大家はまさに資本主義における搾取階級の権化であり、文学青年だった当時の彼には、とても受け入れられることではなかったからです。

その時に出会ったのが、コルビュジエの『輝く都市』(→434頁参照)で、その都市開発の思想に頭を殴られるような衝撃を受けたそうです。この本を読んで、自分は不労所得を得るために不動産業をやるのではなく、戦争で灰燼《かいじん》に帰した東京を立て直し、人々が生きる「街づくり」をするためにデベロッパーを始めることを決意したのだと、何度となく熱く語ってくれたのを今でも鮮明に覚えています。

森稔は、大学の商学部の教授で自分の経営理論の正しさを証明するためにビジネスとして不動産業を始めた泰吉郎と、ことあるごとに衝突し、何度も挫《くじ》けそうになったそうですが、そのたびに心の支えになってくれたのが、コルビュジエの本であり絵画なのだと言っていました。

アメリカを代表するエンジェル投資家のジェイソン・カラカニスは、『エンジェル投資家』の中で、投資判断の際のポイントとして、「エンジェル投資においては、人が重要だというのではなく、人がすべてなのだ」と明言しています。ここでいう「人」とは、経営者(創業者)のことです。しばしば、会社は経営者の器以上には大きくはならないと言われますが、まさにそういうことです。

また、シリコンバレーの最強投資家と言われているベン・ホロウィッツは、ベンチャー企業にまつわるあらゆる艱難辛苦《かんなんしんく》(ハード・シングス)にどう対処すべきかの心構えを説いた経営指南書『HARD THINGS《ハードシングス》』(→204頁参照)の中で、「(会社経営という)困難なことの中でももっとも困難なことには、一般に適用できるマニュアルなんてない」と明言しています。そして、彼自身が自らのビジネス経験から学んだCEOとして最も困難なスキルは、自分の心理をコントロールすることだといっています。

彼が起業家に対して「どうやって成功したのか？」を尋ねると、凡庸なＣＥＯは、優れた戦略的着眼やビジネスセンスなど自己満足的な理由を挙げるのに対して、偉大なＣＥＯたちの答えは驚くほど似通っていて、異口同音に「私は投げ出さなかった」と答えるそうです。

こういうビジネスリーダーにとって、あるいはこういうビジネスリーダーになるために、良書が必要なのだと私は思います。それは、危機的な状況に立たされたときに付け焼き刃で読む、お手軽なノウハウ本ということではなく、常日頃から人間としての練度を高めておく、つまり人間としての基礎体力や体幹を鍛えておくという意味においてです。

今、戦後に世界が築き上げてきた既成概念が崩壊し、これまでのルールがまったく通用しなくなる中、それに代わる秩序やルールが立ち現れているかと言えば、それもありません。そして、この先も新しい秩序の姿は見えてきそうにないという不透明で垂れ込めた感覚こそが、今の時代を覆う漠然とした不安の正体なのだと思います。また、その裏返しが、ＡＩ（人工知能）によるシンギュラリティ（技術的特異点）がもたらすユートピアへの過剰な期待感なのではないでしょうか。

経営学者のクレイトン・クリステンセンは、『イノベーション・オブ・ライフ：ハーバード・ビジネススクールを巣立つ君たちへ』（→１９４頁参照）の中で、エンロンの元ＣＥＯジェフリー・スキリングを含め、彼が教授を務めていたハーバード・ビジネス・スクールの卒業生の何人かが経済事件を起こし、結果的に栄光に満ちた人生を棒に振ったという事実に触れながら、「犯罪者にならないために」という演題で人生論を語っています。そこでの彼のアドバイスは、「人生を評価する自分なりのモノサシを持ちなさい」というものです。

これまでは、経営におけるサイエンス面を偏重し、過剰に論理と理性を重んじた意思決定だけをしていれば済みましたが、それではやがて差別化の問題に突き当たり、参入した市場は「レッドオーシャン」（血で血を洗う競争の激しい領域）と化し、利益を上げるのが難しくなります。

そこで生き残ろうとすると、企業のガバナンスや経営手法は、現状の延長線上にストレッチした数値目標を設定し、現場の尻を叩いてひたすら馬車馬のように働かせるというスタイルに向かわざるを得ません。成長市場であればまだしも、成熟した市場でそのようなスタイルで戦っていれば、いずれ限界が来るのは自明の理で、新しいビジョンや戦略も与えないまま、まじめで実直な従業員に高い目標を課して達成し続けることを求めれば、行き着く先は「いかさま」しかありません。

かつての東芝や日産自動車に見られたように、無茶な数値目標を与えて現場の尻を叩くことしか知らない経営陣に率いられている多くの伝統的な日本企業では、粉飾決算、データ偽装、水増し請求など、法令違反やコンプライアンス違反が後を絶ちません。なんら有効な経営戦略を打ち出せない経営陣が、現場にしわを寄せ続けた結果、そうした隘路《あいろ》にはまってしまったということです。

これをマネジメント教育という視点で見れば、初めからどこかに答えがあることが分かっていてビジネスのテクニックを学ぶような旧来型の教育は、もはや時代遅れだということです。こうした潮流は、「フィナンシャル・タイムズ」に掲載された『美術大学のＭＢＡが創造的イノベーションを加速する』（“The art school MBA that promotes creative innovation”2016/11/13）という記事でも、いわゆる伝統的なビジネススクールへの出願数が減少傾向にある一方で、アートスクールや美術系大学によるエグゼクティブトレーニングに多くのグローバル企業が幹部を送り込んでいる実態として報じられています。

経営コンサルタントの山口周さんは、ベストセラーとなった『世界のエリートはなぜ「美意識」を鍛えるのか？』の中で、こうしたトレンドを、「グローバル企業の幹部候補、つまり世界で最も難易度の高い問題の解決を担うことを期待されている人々は、これまでの論理的・理性的スキルに加えて、直感的・感性的スキルの獲得を期待され、またその期待に応えるように、各地の先鋭的教育機関もプログラムの内容を進化させている」と語っています。

つまり、グローバル企業が著名なアートスクールに幹部候補を送り込むのは、これまでのような「分析」「論理」「理性」に軸足をおいた経営、いわば「サイエンス重視の意思決定」では、今日のように複雑で不安定な世界においてビジネスの舵取りをすることはできないという認識が、その背景にあるというのです。

ユダヤ人哲学者のハンナ・アーレントは、ナチスドイツのアイヒマン裁判を傍聴して、『エルサレムのアイヒマン：悪の陳腐さについての報告』(→324頁参照)を発表し、悪とはシステムを無批判に受け入れることだと看破しました。そして、無思想性と悪との「奇妙な」関係について「陳腐」という言葉を用いて、システムを無批判に受け入れる「陳腐」という悪は、誰が犯すことになってもおかしくないのだと警鐘を鳴らしています。

我々はこの不完全な世界というシステムに常に疑いの目を差し向け、より良い世界や社会の実現のために、なにを変えるべきかを考えることが求められています。特に、社会的な影響力を持つビジネスリーダーにこそ、そうした姿勢が求められるのですが、その時に必要なのが、プラトン以来の哲学的主題である「真・善・美」の感覚であり、クリステンセン流に言えば、「人生を評価する自分なりのモノサシ」なのです。

同時に、ビジネスリーダーというのは、往々にして社会や組織におけるエリートだという現実もあります。エリートというのは、自分が所属しているシステムに最適化することで多くの便益を受けている存在であり、システムを改変するインセンティブを持ち合わせていません。しかし、山口さんの言葉を借りれば、「システムの内部にいて、これに最適化しながらも、システムそのものへの懐疑は失わない。そして、システムの有り様に対して発言力や影響力を発揮できるだけの権力を獲得するためにしたたかに動き回りながら、理想的な社会の実現に向けて、システムの改変を試みる」ことが求められているのです。そして、そのためには、システムを懐疑的に批判する方法論としての哲学や思想が欠かせないということなのです。

小説家のオスカー・ワイルドは、いわれのない罪で訴えられた裁判の中で、相手方から「ドブさらいめ！」と罵《ののし》られ、「俺たちはみんなドブの中を這っている。しかし、そこから星を見上げている奴だっているんだ」と言い返しています。組織に属するいわゆる「エリート」の人には、是非、この言葉を真剣に考えてもらいたいと思います。組織の流れに乗ってうまく立ち回ることがエリートなのか、それともその中で歯を食いしばって星を見上げ続けることがエリートなのかということを。この問いをどう受け止めるか、それこそがその人の美意識にかかっているのです。

はるか太古の昔から、人類は生きることの意味を探し求め、どうしたら自分たちは幸せになれるのかを考え続けてきました。

しかし、人類の歴史を振り返ってみると、「幸せになるための道具として作ったもの（商品・貨幣・制度など）が人間から離れ、逆に人間を支配するような疎遠な力として立ち現れてしまう」ということが、延々と繰り返されてきました。カール・マルクスはこれを「人間疎外」という言葉で表現しましたが、人が生きる意味を追い求めた結果として神話や宗教が立ち現れ、その呪縛から逃れるために哲学が生まれ、そこから自然科学が独立し、さらに、経済学が自立して資本主義がひとり歩きを始め……我々の生に意味を与えてくれるものとして作り上げたものがかえって我々自身を疎外し、そこから自由になるために作り上げたものが、また我々を疎外するという、「主客転倒」の繰り返しだったのです。

１９８９年のベルリンの壁崩壊とそれに続く東西ドイツの統一、ソビエト連邦の崩壊という大きな転換点を迎えた時には、自由民主主義と資本主義経済こそが人類に平和と繁栄をもたらす唯一の選択肢であり、希望でもあるように思われました。しかし、２００１年のアメリカにおける同時多発テロ、２００８年のリーマンショックへとつながっていくことで、こうしたユーフォリア（陶酔的熱病）は消え去り、人類が拠って立つ基盤が大きく揺さぶられることになります。そして今、中国やロシアをも巻き込む形でグローバル資本主義が世界を覆いつくし、それが格差問題や環境問題やパンデミックなどさまざまな問題を引き起こし、人類の生存を脅かし始めています。

こうした永遠に終わらない主客転倒の繰り返しの歴史にどう終止符を打つのか、あるいはそれにどう対応していくのか、責任あるリーダーたちには、その構想力が問われているのです。

3　我々はどこへ行くのか

ＤＮＡの類似性という意味では、人間があらゆる動物の中で特別な存在だとはいえませんが、やはりその中でも際立った特徴というのが、脳が非常に発達しているということです。特に、人間は言語能力を獲得したことで抽象的な思考が可能になり、実際に起きてはいない未来について想像したり、実際にはあり得ないような抽象的な概念を考えるようになりました。それによって、まだ起きてもいない未来を心配したり、死後の世界を恐れたりして、逆に動物としての精神的安定性には欠けるようになってしまいました。

それが科学的にどういう意味を持つのかは別としても、そうした不安を抱えながら生きるには、自分を支えてくれるなんらかの精神的支柱が必要で、それがなければ生きていけないというのが人間の特性なのだと

我々はどこから来たのか 我々は何者か 我々はどこへ行くのか（ポール・ゴーギャン）

思います。

この精神的支柱をどこに置くかは、文化や個人によってさまざまで、たとえば宗教は人生に意味を与えてくれる非常に強力な武器のひとつです。宗教が与えてくれる大きな物語に沿って生きていれば、これほど精神的に安定した生き方はありません。他方、その大きな物語を信じられない人にとっては苦痛以外の何物でもなく、宗教戦争や宗教的迫害で多くの人々が死に追いやられていった歴史的事実は万人の知るところです。

私と同じく書評サイトＨＯＮＺレビュアーでもあり、立命館アジア太平洋大学（ＡＰＵ）学長の出口治明さんの『哲学と宗教全史』でも引用されている、ポール・ゴーギャンが１８９７年から１８９８年にかけてタヒチで描いた大作《我々はどこから来たのか 我々は何者か 我々はどこへ行くのか》（“D'où venons-nous? Que sommes-nous? Où allons-nous?”）という絵画があります。

出口さんは、この絵画を引き合いに、宗教と哲学について太古の昔から人間が抱いてきた問いかけはなにかということを説明しています。そしてそれは、「世界はどうしてできたのか、また世界はなにでできているのか？」という、自分を取り巻く環境に対する問いと、「人間はどこから来てどこへ行くのか、なんのために生きているのか？」という自分自身についての問いの二つに集約されるといいます。

私自身も、まさにこれが、我々人間全てが抱いている根源的な問いであり、経験し学習し読書するベースになっているのだと思っています。

現在の地球の人口は約78億人、人類の誕生から今日までの累計人口は1100億人程度と推計されるそうですが、宗教も哲学も科学も全ての人類の営みを含めて、千億を超えるあらゆる人たちは、これまでこの答えを追い求めて試行錯誤を繰り返してきたのではないでしょうか。そして、その答えはまだ見つかってはいません。

宇宙物理学や素粒子物理学の世界では、天体観測機器や素粒子衝突実験装置の開発などが目覚ましい進歩を遂げていて、宇宙の始まりや物質についての解明がかなり進んできていますが、それでもこの宇宙の始まりや成り立ちについては謎が多く、まださまざまな仮説が立てられている段階です。そして、自然界に存在する「電磁気力」「弱い核力」「強い核力」「重力」の四つの力を統一的に記述する「万物の理論」(Theory of Everything)も、いまだ見つかっていません。

また、脳科学においては、意識のイージー・プロブレム (Easy Problem of Consciousness) と呼ばれる、脳における情報処理の物理的過程については、かなり研究が進んできましたが、意識のハード・プロブレム (Hard Problem of Consciousness) と呼ばれる、物質と電気的・化学的反応の集合体である脳からどのようにして主観的な意識体験 (クオリア) が生まれるのか、つまり、心や意識はどこから来るのかという問題については、現在でもほとんど解明が進んでいません。

そしてなにより、自然科学は我々に「意味」の世界についての手がかりを提供してはくれません。結局、我々は自分が何者なのかを知るために、終わりのない旅を続ける旅人のようなものです。その答えは誰かが与えてくれるものではなく、我々一人ひとりが自らの力で探し求めるしかありません。そして、その旅を続けるための良き道しるべになってくれるのが、良書との出会いなのです。

4 読書の仕方について

本書の本論に入る前に、読書に当たっての注意点をいくつか挙げておきたいと思います。
まず、読書の目的は、本をたくさん読むこと、たくさんの知識を身につけることではないということです。良い本をじっくりと読んで、それを自分のものにした上で、さらに自分の頭で考えるということを目的とすべきです。哲学者のアルトゥル・ショーペンハウアーは、読書の方法論を論じた『読書について』の「自分の頭で考える」という章で、以下のように乱読を戒めています。

どんなにたくさんあっても整理されていない蔵書より、ほどよい冊数で、きちんと整理されている蔵書のほうが、ずっと役に立つ。同じことが知識についてもいえる。いかに大量にかき集めても、自分の頭で考えずに鵜呑《うの》みにした知識より、量はずっと少なくとも、じっくり考え抜いた知識のほうが、はるかに価値がある。（中略）
自分の頭で考えてたどりついた真理や洞察は、私たちの思想体系全体に組み込まれ、全体を構成するのに不可欠な部分、生き生きした構成要素となり、みごとに緊密に全体と結びつき、そのあらゆる原因・結果とともに理解され、私たちの思考方法全体の色合いや色調、特徴を帯びるからだ。（中略）
本を読むとは、自分の頭ではなく、他人の頭で考えることだ。たえず本を読んでいると、他人の考えがどんどん流れ込んでくる。これは、一分のすきもなく完璧な体系とまではいかなくても理路整然たる全体像を展開させようとする、自分の頭で考える人にとって、マイナスにしかならない。

つまり、本を読むというのは、ただやみくもに頭の中に知識のバベルの塔を構築することではなく、思想・知識・洞察・確信を融合し、ひとつにまとまった良識や正しい判断や行動に結びつけていくためのものです。まず自説を立てて、それを強化し補強するために読書をして、自分の頭で考えるということが肝要で、これが単なる博覧強記の愛書家と、偉大な思想家や人類の進歩に貢献する人との決定的な違いなのです。

また、「食事を口に運んでも、消化してはじめて栄養になるのと同じように、本を読んでも、自分の血となり肉となることができるのは、反芻し、じっくり考えたことだけだ」ともいっています。ショーペンハウアーが指摘するように、本を読む際には、単なる「教養」としてではなく、自分の生き方や考え方と照らし合わせてどうなのかを常に意識しながら、自身の行動と結びつけて読み進めてください。

次に、悪書は努めて読まないということです。

読んだ本というのは、良い意味でも悪い意味でも、その人の血となり肉となります。ですから、私は、読み手と書き手がポジティブな交流を持てる本でなければ、むしろ読まないほうが良いと思っています。この点について、ショーペンハウアーも、「悪書から被《こうむ》るものはどんなに少なくとも、少なすぎることはなく、良書はどんなに頻繁に読んでも、読みすぎることはない。悪書は知性を毒し、精神をそこなう。良書を読むための条件は、悪書を読まないことだ」と書いています。

卑近な例で言いますと、寝る前にホラー映画や後味の悪い映画を観ると、必ずその嫌な場面が夢に出てきて良い睡眠が妨げられるので、私は夜には明るい前向きなものしか観ないようにしています。マイナスのエネルギーを持った夢が自分の脳内に固着してしまうのが嫌なので。そういうこともあり、最近は筋の悪い映画やテレビ番組は観ませんし、単なる暇つぶしのための本も読まないようにしています。

最後に、本書は読者のための単なる手引書であり、ここで書かれている内容は、私という人間のフィルターを通して見たものだということにも注意が必要です。

読書というのは著者と読者との人間同士の個人的な対話ですから、本書を通じてここにある本の内容を「知った」としても、それは自分の「血肉になった」ということにはなりません。人間が人間に影響を受けるというのは、人と人との直接的な関係性から生じることで、「あの人はこんな感じの、とても良い人で、こんな良いことを言っていましたよ」と伝聞で知ったとしても、その感動というのは十分に伝わりません。

読者が本書を通じてこの２００冊の内容を知るということは、むしろ本書の著者である私との会話であって、私が紹介した本の著者との対話ではないのです。

ですから、本書の中で気になる本があったら、是非、買って（あるいは図書館で借りて）読んでみることをお勧めします。もし可能であれば、原典が英語の本は英語で、フランス語の本はフランス語でというように、原語で読めるのであれば原語で読むのがベストです。

実は、そもそも翻訳にもそういうところがあって、翻訳書というのは翻訳者のフィルターを通して再構築されたものなので、原文とはニュアンスが微妙に違っています。もちろん、翻訳が素晴らしいことで売れる本というのもありますが、Amazonのカスタマーレビューなどを見ると、「翻訳がひどかった」ので評価も低いというコメントが散見されます。せっかくの名著もこれでは台無しですから、もし本書の中で気になる本が見つかれば、原典に当たってみてください。

目次

第2章 哲学と思想

第3章 経済と資本主義

第2部 人類の歴史に残る200冊

第1章 資本主義／経済／経営

第2章 宗教／哲学／思想

第5章 自然／科学

※記載の書誌情報は、刊行時のものです。
引用文中の〈　〉内は、原書に基づいて補足しています。

序章

学問の構造と本書の構成

I　歴史の区分

ここで、本書を時代の流れに沿って理解するために、歴史の区分を見てみたいと思います。歴史は連続したものであり、時代区分をはっきりと分けるのは困難です。ただ、そうは言っても頭の整理のために、近現代の世界史の中心を担ってきた西洋中心の時代区分にならって、便宜的に「古代」「中世」「近世」「近代」「現代」と分けるのが一般的です。当然、アジアや中東やその他の地域が、西洋の区分通りに分けられるわけもないのですが、そうした限界を念頭に置きながら、西洋史の見方に従って整理すると、次のようになります。

「古代」(antiquity)とは、初期文明の成立から崩壊までの時代、特に、紀元前3000年頃の古代ギリシアのエーゲ文明の成立から、476年の西ローマ帝国の崩壊までを指すのが一般的です。古代文明における重要な地域としては、都市国家とヘレニズム文化を築いた古代ギリシアと、地中海における広大な帝国を築いたローマ帝国が挙げられます。

「中世」(middle ages)とは、一般的に476年の西ローマ帝国滅亡から1453年の東ローマ帝国滅亡までとされます。ヨーロッパでは、西ローマ帝国の滅亡とともに中世国家が築かれ、フランク王国(5世紀後半－9世紀末から10世紀)とその後の中世国家の誕生により、国王と諸侯、領主と農奴という封建社会の基礎が作られました。

西ヨーロッパでは、12世紀からの異端審問、1348年からのペスト流行などに象徴される暗黒時代(Dark

Ages）は、経済や文化などの面でイスラムや東ローマ帝国に大きく後《おく》れを取っていた時期で、14世紀頃イタリアで始まったルネサンスとの間には断絶があるという見方がされます。

　しかし、この時代は、「12世紀ルネサンス」という新たな文化が生み出された時期でもあります。これは、西ヨーロッパの12世紀にも、古典文化の復興と文化の高揚が見られるとして使われる言葉です。つまり、従来の中世観、ルネサンス観を相対化し、中世と近世・近代の連続性を強調し、中世の再評価を図ろうというのが12世紀ルネサンス論です。現在では、古典文化がイスラム・ビザンツの文化を経由して再度ヨーロッパに伝えられ、大きな刺激を与えた時期として、さまざまな面から再評価されています。

　西洋史における中世の類推から、他地域のある時代を「中世」と呼ぶことがありますが、それが西洋史における中世と同じ年代を指すとは限りません。そもそも、「中世」（middle ages）という時代区分を用いないことも多く、たとえば英語では、日本史における「中世」を「feudal Japan」（封建日本）や「medieval Japan」（中世日本）と表現します。

　また、イスラム史においては、７－８世紀から13世紀頃までイスラム帝国のアッバース朝（７５０年－１２５８年）が支配し、その後、オスマン帝国（オスマントルコ）（１２９９年－１９２２年）が強大になり、19世紀頃まで君臨します。アッバース朝は、イベリア半島からモンゴルまで多くの民族を束ねた巨大帝国でしたが、９０９年のファーティマ朝成立、９３２年のブワイフ朝成立、１０３８年のセルジューク朝成立などにより次第に形骸化していきます。このアッバース朝が崩壊した時期から、オスマン帝国がトルコの地域国家を超えてイスラム世界帝国を確立した時期（１５１７年のマムルーク朝の滅亡）までを、「中世」とすることが多いようです。

「近世」（early modern period）は、東ローマ帝国の滅亡、イタリア・ルネサンス、宗教改革によるプロテスタントの誕生、大航海時代の新航路と新大陸の発見という、15世紀から16世紀前半に始まり、王権神授説（王の統治権は神の特別な恩寵に基づくとする政治思想）、重商主義（貿易で貴金属を蓄積し国富を増やそうとする経済思想）、絶対主義（絶対王政）（君主が絶対的な権力を行使する政治形態）の確立などにより特徴づけられる時代を指します。

「近代」（modern period）は、三十年戦争を終結させたウェストファリア条約（１６４８年）に始まる主権国家体制の成立、フランス革命（１７８９年－１７９９年）などによる市民社会の成立、産業革命（18世紀半ば－19世紀）による資本主義（生産手段の私的所有による利益獲得を基本とする経済システム）の成立、ナポレオン戦争（１７９９年－１８１５年）による国民国家の形成など、近代を象徴する「国家」「社会」「経済」の新しい姿が現れた18世紀後期に完成し、１９１８年の第一次世界大戦終結をもって終わったとされます。

この時代には、絶対主義の後に啓蒙主義（理性による思考の普遍性と不変性を主張する思想）と自由主義（個人の権利や自由な活動を重んじる思想）が現れ、市民社会が成立することでヨーロッパ各国は統一されて現在のドイツやイタリアなどが誕生し、各国が国際政策と植民地競争を繰り広げることで帝国主義が広がり、その反動として社会主義が台頭することになります。

このように、西洋史では１９１８年の第一次世界大戦終結を境にして「近代」と次の「現代」を分けますが、「近代」という言葉は「現在の政体や国際社会の時代（現代）のひとつ前の時代」という意味を伴うため、アジア史では、１９４５年の第二次世界大戦終結を境にして「現代」と分けられます。従って、アジア史では、欧米列強による植民地化に着目して、１８４０年から１８４２年のアヘン戦争から第二次世界大戦終了の１９４５年までが「近代」とみなされています。

「現代」（contemporary period）とは、１９１８年の第一世界大戦終了以降、現在に至るまでの時代です。第二次世界大戦では、ドイツとイタリアのファシズム連合と、アメリカ、ソ連、イギリス、フランスなどによる連合国が戦いました。そこに日本が参戦して太平洋戦争が勃発し、最終的には連合国軍が勝利し、その後アメリカとソ連を対立軸とした東西冷戦が始まります。そして、１９９０年のドイツ再統一と１９９１年のソ連消滅とともに、冷戦は終結しました。

特に、この東西冷戦以降の現代が、我々が今生きている時代に直接つながるものとなります。東西冷戦の終結によって自由主義陣営が最終的な勝利を収め、イデオロギーの対立が終わったことで「歴史の終焉」と言われます。経済体制としてはサッチャリズム、レーガノミクスといった新自由主義経済が世界を席巻することで、そこに旧東側陣営のロシアや中国も組み込まれていくことになります。

そして、21世紀に入ると、経済・軍事大国として台頭してきた中国とアメリカが世界の覇権を求めて争っているという姿が、足元の新たな世界情勢の構図ということになります。

近年ではこうした地域ごとの縦割りの歴史把握ではなく、地球的規模で地域や人間集団の相互連関を通して新たな世界史を構築しようという「グローバルヒストリー」という研究分野が生まれています。人間の歴史を世界規模で捉えるという歴史認識については、それまでも、アーノルド・J・トインビーの『歴史の研究』(→３３８頁参照)などに見ることができましたが、グローバルヒストリーでは、それまでの西洋中心史観を改め、数百年にわたる長期の動向に注目し、地域横断的な問題を扱う歴史研究が行われています。

ケネス・ポメランツの『大分岐』(→３５４頁参照)は、同じユーラシア大陸にあるヨーロッパと東アジアを比較することで、新大陸と石炭に支えられた西洋の飛躍的な経済成長(大分岐)の始まりを解明し、18世紀を中心とする近世の世界史に修正を迫りました。さらに、アンドレ・グンダー・フランクは、『リオリエント』(→３５２頁参照)において、近代以前あるいは近代以降においても、世界経済の基軸はアジアにあったとして、イマニュエル・ウォーラーステインの『近代世界システム』（↓３４４頁参照）に代表されるような、西洋中心主義（Eurocentric）の歴史観に修正を求めています。

2 学問の発展

前記の歴史区分を念頭に置いた上で、次に、宗教や神話から始まった人類の知の探究が、どのように学問として発展してきたかを確認してみましょう。

いわゆる宗教的なものは人類の誕生と共に生まれたと考えられていますが、我々が今日認識している成文化された宗教の源流は、紀元前６０００年頃に始まったといわれています。

そこでは、「世界はどうやって始まったのか？」「世界はなにでできているのか？」「我々はなぜ生まれたのか？」「我々はどこに行くのか？」といった世界や自分についての根源的な問いに対して、神話の中の天地創造などの大きな物語が答えとして与えられました。

たとえば、世界の始まりについては、ユダヤ教とキリスト教の聖典『旧約聖書』の「創世記」では、神は創造の一日目に天と地を創り、暗闇の中で神が「光あれ」と言うと、光があったとされています。東ローマ帝国の世界創造紀元（ビザンティン暦）によると、これは西暦では紀元前５５０８年のことだとされています。世界中の神話にはこうした創造の物語があり、日本神話でも、イザナギ（伊邪那岐）とイザナミ（伊邪那美）の兄妹神が結婚し、主な島々や神々たちを創ったとされています。

また、「あの世は存在する」「信仰によって救われる」という教えも、人が生きていく上での大きな心の支えになりました。自分が生きていることの意味を、自分だけで引き受けて悩む必要がないからです。

しかし、宗教には大きな問題が残されています。人類の歴史を振り返ってみると、キリスト教とイスラム教、カトリックとプロテスタントなど異なる宗教や異なる宗派を信じる者同士が、激しい争いを繰り返してきました。

こうした宗教的な信条の違いを乗り越えるべく、紀元前7世紀頃に登場したのが哲学です。哲学は、神が存在するという大前提は認めた上で、自然の成り立ちや人間存在について、万人が納得できるような共通の原理や考え方を論理的に考察することを目指しました。

「最古の哲学者」といわれるタレスをはじめとする当時の哲学者たちは、自然の原理を神話ではなく観察によって明らかにしようとしました。たとえば、「全てのものはなにから作られているのか?」という問いに対して、いきなり神を持ち出すのではなく、万物の根源は「水である」とか「火である」といった説明を試みています。このように、まだ科学が十分に発達していない時代に、考えることで世界の謎を解明しようとしたのが哲学でした。

他方、人間が抱えるもうひとつの問いである、「我々はなぜ生まれたのか?」「我々はどこに行くのか?」という部分を引き受けたのが、古代ギリシアの哲学者で「西洋哲学の父」と呼ばれるソクラテスとその弟子プラトンでした。

12世紀までのヨーロッパの哲学は、神が存在するという大前提のもとで世界を考察するというキリスト教神学の一部でした。しかし、中世の十字軍運動の始まりによってアラビア科学に触発され、世界を論理的に考える方法論が進化していく中で、12世紀から14世紀頃に哲学から自然を対象とする部分が科学として独立していきます。そして、17世紀には、ガリレオ・ガリレイやアイザック・ニュートンといった天文学者や数学者などが数多く登場し、科学革命の時代が始まることになります。

ただし、19世紀までは、今日的な意味での自然科学(natural science)という言葉は使われておらず、自然哲学(natural philosophy)や自然学(physics)という言葉が使われていました。ニュートンの『プリンシピア』(→378頁参照)の原題が『自然哲学の数学的原理』であるように、哲学的な自然の探求と自然科学的な自然の探求とはひとつの領域として扱われていました。自然哲学は、全ての自然を統一的に説明しようとするもので、人間の本性に関する分析を含むことから、神学、形而上学、心理学、道徳哲学もその中に含まれました。

このように、自然哲学の範囲は今の自然科学よりかなり広く、これがより専門化・細分化された狭い範囲に絞られていくのは、産業革命を通じた科学技術の発達により、実験という形で積極的に自然に介入し、自然の背後にある秩序をモデル化することが可能になる19世紀からのことです。これ以降、哲学はその領域を自然科学によって次々と置き換えられていき、もっぱら人間についての問いに答える学問になっていきます。

そしてさらに、人間社会の営みに関わる学問の中から経済活動や社会活動を考察する部分が経済学として独立して、科学の方法論を身にまとうことで、19世紀に近代経済学が成立することになります。

現代の大きな特徴は、資本主義の拡大とともに経済と科学の領域が肥大化し、その反面、宗教は大きな物語を提示する力を失い、哲学もその領域をどんどん狭められてしまったことです。フリードリヒ・ニーチェの「神は死んだ」(『悦ばしき知識』)という言葉は、この弱体化した宗教への批判であり、西洋文明を支え続けた思想の死を告げるものでした。

こうした分化の過程を図にまとめると、次の頁のようになります。

学問分化の流れ

宗教 ＝ 神話 ＝ 自然 ＋ 人間
（世界）
（自分）
宗教 ＝ 神話
哲学 ＝ 自然 ＋ 人間
（世界）
（自分）
宗教 ＝ 神話
哲学 ＝ 人間
（自分）
科学 ＝ 自然
（世界）
宗教 ＝ 神話
哲学 ＝ 人間
（自分）
科学 ＝ 自然
（世界）
経済学＝経済
（社会）

3 学問の体系

こうした前提を踏まえた上で、次に、現在の学問の体系がどうなっているかを確認してみましょう。20世紀の終わり頃から学問の体系は非常に複雑化し、しかも学際的な分野が拡大したために、現在では、人文科学、社会科学、自然科学、形式科学、応用科学、総合科学（学際分野）などに細分化されています。ここでは、伝統的に学ばれてきた、人文科学、社会科学、自然科学の三つの分野について説明します。

人文科学（humanities）とは、広義には、自然科学が対象とする自然に対して、人間や人間が生み出したものを研究対象とする学問で、その前提となる人間の本性を研究する学問も含みます。他方、狭義には、そこから社会を一個の研究対象と見る社会科学を分離したものを人文科学と呼びます。具体的には、哲学、倫理学、美学、宗教学、歴史学、言語学、文学、教育学、心理学、人類学、民俗学などです。

社会科学（social science）とは、自然と対比される社会での人間行動を研究対象とする経験科学の総称です。18世紀にスコットランドのアダム・スミス、アダム・ファーガソンらによって経済的社会論が展開されたことに始まり、19世紀初頭にフランスのオーギュスト・コントによって社会学が提唱され、独立の学問として認められるようになりました。具体的には、経済学、法学、商学、会計学、教育学、政治学、社会学、経営学、軍事学などです。

自然科学（natural science）とは、自然に属するさまざまな対象を取り扱い、その法則性を明らかにする学問です。“science”は、ラテン語の“scientia”から来ていて、もともとは「知識」という意味です。数についての知識が算術、図形や空間についての知識が幾何学、天体の運行についての知識が天文学という具合です。具体的には、物理学、化学、生物学、地球科学、天文学、地質学、工学、農学、医学などです。自然科学は人間が作り出した芸術、文学、法律、規範、倫理などは基本的に取り扱わず、それらの領域は人文科学や社会科学に属します。

最近、世界中で「教養教育（リベラルアーツ）」の重要性が言われていて、高等教育の現場でも、大量生産型のフォーディズム的なビジネススクール教育から、デザインシンキングにシフトし、さらにはリベラルアーツやアートシンキングへと、目まぐるしい勢いで進化しています。

ここでいうリベラルアーツとは、古代ギリシア・ローマ時代に源流を持つ「自由七科」のことで、ラテン語の「liberalis（自由人の）」と「ars/ artes（技術・学術）」がその語源です。19世紀後半から20世紀のヨーロッパの大学制度において、「人が持つ必要がある技芸（実践的な知識）の基本」と見なされていました。

古代ギリシアでは、市民としての自由人（自由民）とそれに仕える奴隷が分けられ、自由人として生きていくためには一定の素養が求められました。プラトンの『国家』（→２９６頁参照）では、哲学の予備学として、ムシュケー（英語のmusicの語源、９人の女神（Muse）が司る「学芸」の意）および幾何学の学習が必要であることが説かれています。これが自由人としての教養教育であり、手工業者や商人のための訓練とは区別されていました。

さらにこれが、古代ローマにおける、自由の諸技術（artes liberales）と機械的技術（artes mechanicae）の区別にも引き継がれ、前者を英語に訳したものがリベラルアーツということになります。これらは、ローマ時代末期の5世紀後半から6世紀に、自由七科（septem artes liberales）として定義されることになりました。

そして、キリスト教の理念に基づき教育内容を整えるために、この自由七科を集大成したのが、中世以降のヨーロッパの大学です。中世の大学には、上級学部として神学（Theology）、法学（Jurisprudence）、医学（Medicine）が置かれ、その前段階として論理的思考を教える哲学（Philosophy）がありました。さらにその前段階にあったのが、主に言語に関わる三学（trivium）、すなわち、文法学（Grammar）、修辞学（Rhetoric）、論理学（Logic）と、数学に関わる四科（quadrivium）、すなわち、算術（Arithmetic）、幾何学（Geometry）、天文学（Astronomy）、音楽（Music）からなる自由七科でした。中世のヨーロッパで大学が誕生した際、これらが学問の科目として公式に定められることになりました。

そして現代でもその伝統を守っているのが、アメリカ東海岸で見られる、アマースト・カレッジやウィリアムズ・カレッジといった教養教育専門のリベラルアーツカレッジです。日本においても、教養学部を置いて、人文科学、社会科学、自然科学の基礎分野を横断的に教育するプログラムを実施している、東京大学教養学部、国際基督教大学（ＩＣＵ）などが有名です。

4　学問分野の関係

次に、こうした分化した学問分野同士が、それぞれどのように関係しているのかについて整理してみたいと思います。

まず、宗教と哲学、哲学と自然科学の関係ですが、すでに説明した通り、世界の謎については、古来、宗教が神話という大きな物語を提示することで答えを提示してきました。これに対して、まだ科学技術が十分

中世の学問体系

上級学部

神学	法学	医学

哲学

自由七科

言語関係三学	数学関係四学
文法学	算術
修辞学	幾何学
論理学	天文学
	音楽

に発達していない中で、考えることで世界の謎を解明しようとしたのが自然哲学で、さらにそこから分化して進化したものが、今日の自然科学です。

18世紀半ばの産業革命以降、科学技術の発展を背景に、自然の背後にある秩序をモデル化することが自然科学の中心となっていき、哲学は「世界はなにでできているのか?」「世界はどのように存在するのか?」という思索の領域を、次々と自然科学に譲り渡していきました。

哲学から分岐した科学が明らかにするのは、「事実の世界」の成り立ちです。それに対して、哲学が探究するテーマは、人間にとっての「意味の世界」です。たとえば、自分の身体が水やたんぱく質などでできていることは誰でも知っていますし、思考が脳内のシナプスの働きによってもたらされるのも周知の事実です。しかし残念ながら、自然科学は、そうした身体と思考を持った「私」という人間が今ここにいる意味については答えてくれません。こうした意味や価値の本質を解き明かすことが、哲学の役割なのです。

19世紀末から20世紀初頭には、チャールズ・ダーウィンの『種の起原』(→380頁参照)の自然淘汰説の影響を受けて、科学の方法論で社会現象を説明する「社会ダーウィン主義」(social Darwinism)という動きも起こります。これは、科学的に確立されたダーウィンの進化論によって、社会進化の原理を説明しようとするもので、資本と資本の競争とその下での利潤の追求という自由放任経済を正当化し、先進国による植民地獲得競争や帝国主義的進出を合理化するのに利用されることになります。

次に、宗教と自然科学との関係はどうなっているのでしょうか。アリストテレスはその膨大な知の体系とキリスト教的権威づけによって、中世を通じ疑われることなく崇拝の対象になりました。また、自然哲学者の多くは宗教者でもありました。世界は「自然という書物」であり、神のメッセージだと考えられていたため、当時のヨーロッパでは、ほとんどの科学者はキリスト教を信じていて、宗教と科学の対立の構図はほとんど見られませんでした。

　しかしながら、キリスト教の権威が失墜し、アリストテレス的な学問体系から個別の学問が自立していく中で、19世紀以降、宗教と自然科学は分離していきます。そして、今では無神論の哲学者や生命科学者は特別な存在ではなく、リチャード・ドーキンスの『神は妄想である』『さらば、神よ』や、ダニエル・デネットの『解明される宗教』（原題は“Breaking the Spell”で「宗教の魔力を破る」という意味）のように、宗教を否定する科学者も数多く存在します。


　今では、望遠鏡や人工衛星などの観測技術の進化によって、宇宙は約138億年前に誕生したことなど、その成り立ちについて多くのことが分かってきました。最近の例でいえば、「アインシュタインの最後の宿題」と言われた、重力の影響で周囲の空間に歪みが生じて波紋のように遠くまで伝わる重力波の存在も観測されました。

　また、観測だけでは知り得ない宇宙の始まりについても、ビッグバン理論やインフレーション理論が提唱されています。この解明の手がかりを与えてくれるのが素粒子物理学であり、これと自然科学の基本法則や天文学の観測データを組み合わせて、宇宙全体の構造などを解明する研究は宇宙物理学と呼ばれています。

　その最先端では、「コライダー」と呼ばれる装置により、高電圧をかけて光速度近くまで加速した電子や陽子などを衝突させ、そこから発生する膨大な衝突エネルギーから新しい物質が生まれるのを観察することで、原始宇宙の再現が行われています。望遠鏡では観測できない、ビッグバンから始まる宇宙創成期の状態を再現することができるからです。初めてのコライダーは1970年代に開発され、物質の最小単位である素粒子を次々と発見し、宇宙の仕組みを「標準理論」（加速器によってその存在が確かめられた素粒子の性質や、「電磁気力」「弱い核力」「強い核力」の三つの力によって引き起こされる素粒子反応の法則をまとめた理論）と呼ばれる法則にまで絞り込んできました。その最大のものは、欧州原子核研究機構（ＣＥＲＮ）の大型陽子・陽子衝突型加速器で、この装置によって、２０１２年に「神の粒子」と呼ばれるヒッグス粒子が発見されました。

　こうしてなんとか標準理論まではたどり着いた素粒子物理学ですが、これだけでは説明できない正体不明の暗黒物質と暗黒エネルギーが宇宙を満たしていることも分かってきました。そして今、宇宙の仕組みを解明するためにヒッグス粒子を大量に作り、膨大なデータから必要なパターン情報を取り出すための、電子・陽電子衝突のコライダーである、超大型線形加速器実験設備「国際リニアコライダー」の建設が計画されています。

　しかし、宗教や哲学に代わって、科学が我々に物語を与えてくれるのかと言えば、少なくとも現時点においてはそうではありません。いかに科学が進歩した現代であっても、我々はなぜ宇宙が存在するのか、どのように宇宙は生まれたのかについての十分な説明を持ち合わせていないのです。

　そして、今、宇宙の終焉について考えられているのは、全てが素粒子に戻り、再び宇宙誕生前の歴史に戻るということのようですが、その真偽も明らかではありません。このように、最先端の宇宙物理学では宇宙の解明が進められていますが、まだまだ分からないことが多いのが現実です。

　１９５１年にローマ教皇ピウス12世が、ビッグバン理論は「現代自然科学による神の存在の証明である」と宣言したそうですが、真実はまだ分かっていません。また、宇宙の始まりに迫る理論物理学者の野村泰紀《やすのり》が、哲学者のマルクス・ガブリエルと、マルチバース宇宙論（多元宇宙論）についての対話を行うなど（『現代思想：総特集マルクス・ガブリエル　新しい実在論』）、今、最先端の科学と哲学は交流を始めています。

　こうした努力の一方で、我々を取り巻く自然科学の基本法則は、あまりに人間の存在に都合良くできていて、仮に宇宙がひとつしかないと考えると、神の存在を持ち出さないと説明がつかなくなってしまうという問題があります。それを、神を持ち出さずに説明しようというのが「人間原理」(anthropic principle)と呼ばれるもので、「宇宙が人間に適しているのは、そうでなければ人間は宇宙を観測し得ないから」として、宇宙の構造の理由を人間の存在に求める考え方です。

このように、宇宙の問題というのは、突き詰めていくとどうしても、宗教的・哲学的になっていくもののようです。

同様に、脳の働きがいくら解明されても、人間の意識や心の問題の解明はほとんど進んでいませんし、まして人間が生きる意味を提示してくれることもありません。

「20世紀最高の物理学者」と称されるアルベルト・アインシュタインは、「宗教なき科学は不完全であり、科学なき宗教にも欠陥がある」、つまり、科学に目的を与えるのが宗教の役割だといっています。そして、宗教には、原始的な「怖れの宗教」、人格神を説く「倫理的宗教」、神の概念のない「宇宙的宗教」の三段階があると述べ、現代科学に欠けているものを埋め合わせてくれる宗教があるとすれば、それは宇宙的宗教である仏教だとして、因果律《いんがりつ》に立脚していて科学と矛盾しない仏教に多大な関心を寄せていました。

また、「量子論の父」マックス・プランクも、その著書『科学は何処へ』の中で、「自然科学と宗教とは、人間から独立した、大宇宙を支配する最高の力が存在するということを認める点で完全に一致している。人間は自然を認識するために科学を必要とし、行動するために宗教を必要とする。科学と宗教とは互いに補足し合うものであって、両者の間には全く矛盾は見当たらない」といっています。

哲学や思想の領域から経済活動や社会活動を考察する部分が独立して18世紀に誕生した経済学は、その後、加速度的に自然科学に接近していき、19世紀に近代経済学が成立します。

我々が拠って立つ資本主義社会とその中で営まれている経済活動は、人間の営みそのものであり、「近代経済学の父」と呼ばれるアダム・スミスの時代には、経済学は“economics”ではなく、“political economy”（政治経済学）という言葉で表現されていました。

しかし、その後、スミスが「見えざる手」と言った市場の均衡と「価値は効用で決まる」という効用価値説を結びつけて需要・供給の法則を示したアルフレッド・マーシャルが、『経済学原理』の中で、“economics”という今日の経済学を示す言葉を普及させます。こうして、それまでの“political economy”が初めて“economics”になり、疑似的な自然科学の一分野として独立することになります。

このように、近代経済学は哲学と人間への洞察から離れ、「合理的経済人」（羅：homo economicus、英：economic man）という人間観に基づいて、自然科学のアナロジーで進化してきました。

これをもう一度、人間の側に引き戻そうという動きも出てきています。経済学の数学モデルに心理学を取り入れた行動経済学、アマルティア・セン（↓１７０頁参照）らの経済学に福祉の観点を取り入れた厚生経済学、そして宇沢弘文が『社会的共通資本』（↓１７６頁参照）で訴えた人間中心の経済学などです。

同時に、足元の行き過ぎた資本主義と貧富の格差拡大に対して、『なぜ世界は存在しないのか』（↓２８８頁参照）のマルクス・ガブリエルや、『サピエンス全史』（↓３６０頁参照）のユヴァル・ノア・ハラリのように、哲学の側から歯止めをかけようという動きも見られます。「経済学は人間を幸せにするのか？」という視点から、改めて経済学の見直しが図られているのです。

人類の知の進化

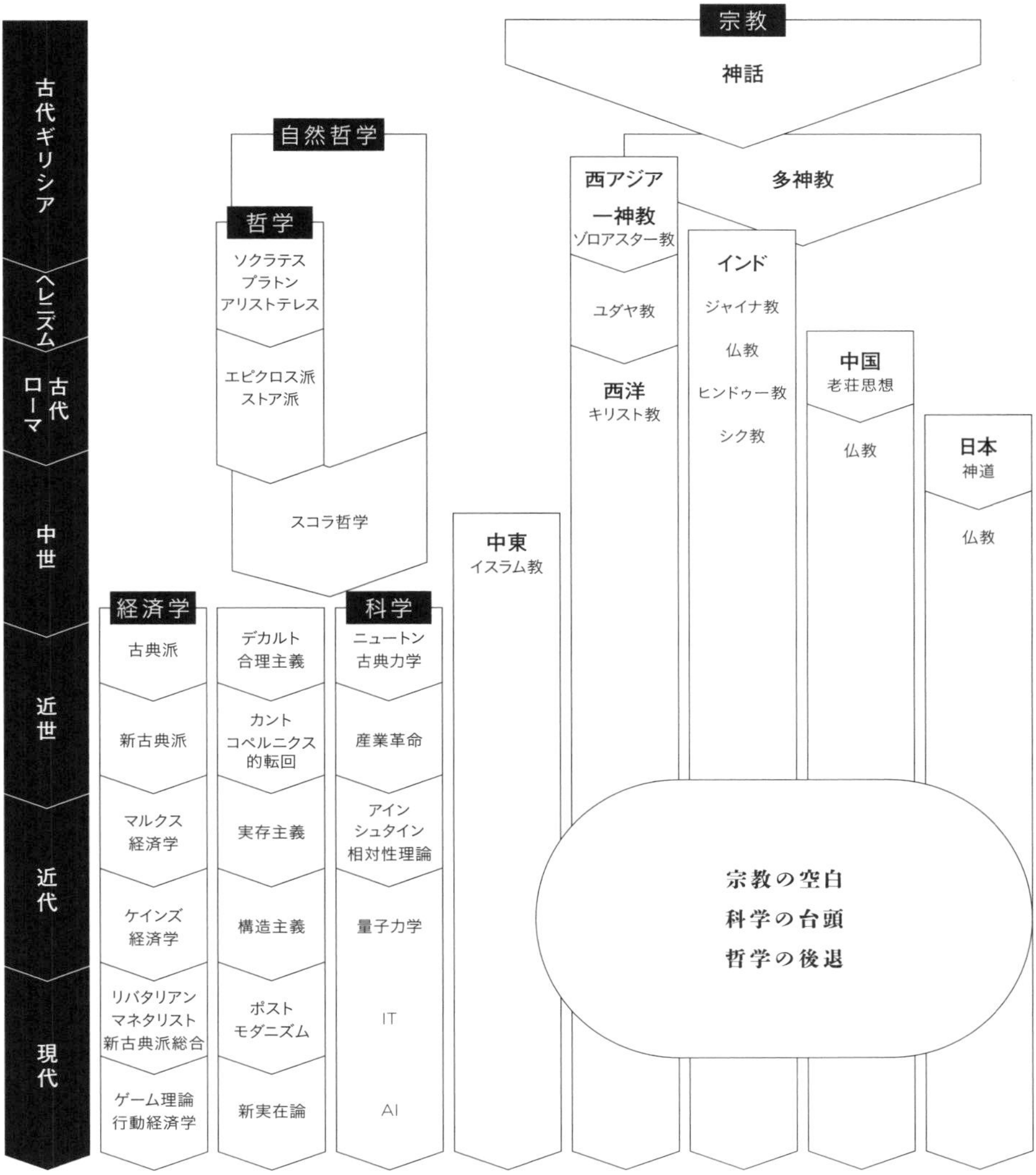
古代ギリシア
ヘレニズム
古代ローマ
中世
近世
近代
現代
宗教
神話
多神教
西アジア
一神教
ゾロアスター教
ユダヤ教
西洋
キリスト教
インド
ジャイナ教
仏教
ヒンドゥー教
シク教
中国
老荘思想
仏教
日本
神道
仏教
中東
イスラム教
自然哲学
哲学
ソクラテス
プラトン
アリストテレス
エピクロス派
ストア派
スコラ哲学
経済学
古典派
新古典派
マルクス経済学
ケインズ経済学
リバタリアン
マネタリスト
新古典派総合
ゲーム理論
行動経済学
デカルト
合理主義
カント
コペルニクス的転回
実存主義
構造主義
ポストモダニズム
新実在論
科学
ニュートン
古典力学
産業革命
アインシュタイン
相対性理論
量子力学
IT
AI
宗教の空白
科学の台頭
哲学の後退

5 本書の構成

次に、本書の構成について説明したいと思います。

本書は二部構成になっていて、第1部で「人類の知の進化」の大きな流れをたどり、第2部でその時代を形作っていった「人類の歴史に残る200冊」の内容を紹介します。

第1部の「人類の知の進化」では、世界と自己という、外と内に関する人類の探求の旅を、「哲学」という大きな軸を中心に説明します。宗教から始まった人類の思索が、哲学という形に移行し、そこから自然科学が分岐し、そして経済学、さらには今日の我々の生活の全てを規定している「資本主義」という大きな物語の誕生に至る進化の過程を押さえることで、第2部で紹介する「人類の歴史に残る200冊」への理解が深まるからです。

逆に、こうした大きな流れが頭に入っていないと、名著といわれる古典を1冊だけ取り上げて読んでみても、それが歴史の中でどう位置づけられ、なぜ作者はこのような主張をしているのかが理解できないことになります。ニュートンが、「私がかなたを見渡せたのだとしたら、それは巨人の肩の上に乗っていたからだ」と語ったように、人類の知というのは、我々のはるか昔の祖先から連綿とつながっているからです。

我々誰もが抱く根源的な問いというのは、太古の昔からまったく変わっていません。その根底には常に、「世界のことを知りたい」という知的な欲求や、「自分が何者なのかを理解したい」「苦しみから救われたい」

という人間としての希求や願いがあります。つまり、我々は自分がなぜ今ここにいてこうした思いを抱いているのか、これからどうしていけば良いのかについての、納得できる物語を欲しているのです。

すでに述べたように、その大きな物語をはじめに構築したのが、宗教であり神話でした。そこで大事なのは「信じる力」です。ただ、人間の知の探究は、先人から与えられた物語だけに満足できず、論理的思考を重んじる哲学を通じて、新しい物語の探求に乗り出します。その究極の行き着いた先が今の科学であり、科学が世界の仕組みを事細かに解明し始めると、哲学は人間にとっての「意味」の探求に焦点が絞られることとなりました。

意味の世界が力を失う中で、独り勝ちの様相を呈していくのが自然科学であり、それに近づこうとする、疑似科学としての経済学でした。そして、産業革命をきっかけに登場した資本主義は、経済学と表と裏の緊張関係を維持しながら、今日の我々の社会や生活全てを規定するＯＳ（オペレーティングシステム）としての地位を確立しました。

第1部では、こうした流れを三つに区切って、第1章の「宗教と神話」では、世界最古の宗教と言われるゾロアスター教が、今日のユダヤ教、キリスト教、イスラム教といったセム的一神教につながっていく流れを説明します。第2章の「哲学と思想」では、哲学が宗教からどのように分離し、発展していったのか、そして哲学の今日的な意味について説明します。そして、第3章の「経済と資本主義」では、哲学から分離した科学から、さらに分離した経済学が果たしてきた役割と、資本主義の誕生について説明します。

次に、第2部では、七つの章に分けて、「人類の歴史に残る本」を解説します。中でも、本書の読者の中心であると思われるビジネスリーダーの方々の読書の入口として特に重要だと考えられる、経済とその根底にある資本主義に関する本を最初に取り上げたいと思います。「近代経済学の父」と言われるアダム・スミスから始まった近代経済学とその後の資本主義が、現在の我々のビジネスにどうつながっているのかを知ることはとても大切なことだからです。

第1章「資本主義／経済／経営」では、今の経済が基盤としている資本主義とはどのようなものでいつ始まったのか、太古からあった人間の経済活動がやがて市場経済へと広がり、それが資本主義というイデオロギーとして今や我々の社会を包み込み規定するまで肥大化してしまった過程と、それを理論的に支える経済学がどのように発展してきたのかを解説します。

第2章「宗教／哲学／思想」では、全てを神の存在に委ね、信じるか信じないかという大きな物語を提示する代わりに、宗教の壁を越えて同じ地平線上で語り合える言葉を通じた世界と相互の理解を、哲学がどのように成し遂げようとしてきたか、そしてその哲学が迎えている危機と新たな展望について説明します。

第3章「国家／政治／社会」と第4章「歴史／文明／人類」は、哲学と思想の前段階としての神話と宗教、さらにさかのぼって文明や社会の起源につながる、大きな視点からの人間社会を構成する枠組みと歴史を見ることにします。

第5章「自然／科学」では、哲学から派生した科学が、産業革命を経て19世紀以降の支配的なイデオロギーになり、それが現代のＩＴ（情報技術）やＡＩ（人工知能）につながっていて、人類の未来を方向づけていることを確認します。そして、こうした人類の歴史を大きく包み込む、宇宙や地球や文明の始まりとその終焉について考察します。

本章の注意点は、特に、宇宙や意識の問題については、まだまだ人類が理解できていない領域が多く、新しければ新しいほど本質に迫っているため、取り上げた本も最近のものが多くなっていることです。しかしながら、これらの多くはまだ仮説段階で、数年後には間違っていたと判明することもあるかもしれません。その場合には、残念ながら「人類の歴史に残る」という基準を満たさなくなってしまうものもあり得る点は、ご了解ください。

第6章「人生／教育／芸術」では、第1章から第5章に収まらない、人生や文化や芸術や教育などの、個人としての生き方や創作活動に関する本を取り上げます。

最後に、第7章として「日本論」を設け、ここでは世界という普遍的なレベルよりもう少し限定された、日本人としてあるいは日本固有の文化を理解するために読んでおくべき本を紹介しました。

なお、本書を執筆するに当たって、200冊の本ということでピックアップする作業に取り掛かってみたのですが、人類の残してきた偉大な足跡から200冊だけをピックアップするという作業は困難を極め、最終的には300冊を選び、そのうちの200冊について書評を書くことにしました。（全リストは476頁参照。）

また、今回については、文学などのフィクションは割愛して、神話や宗教のように今となっては真偽を確認できないけれど、人類の出発点としては外せないものを含めるという整理にしています。

第 I 部

人類の知の進化

第I章

宗教と神話

神話・宗教の流れ

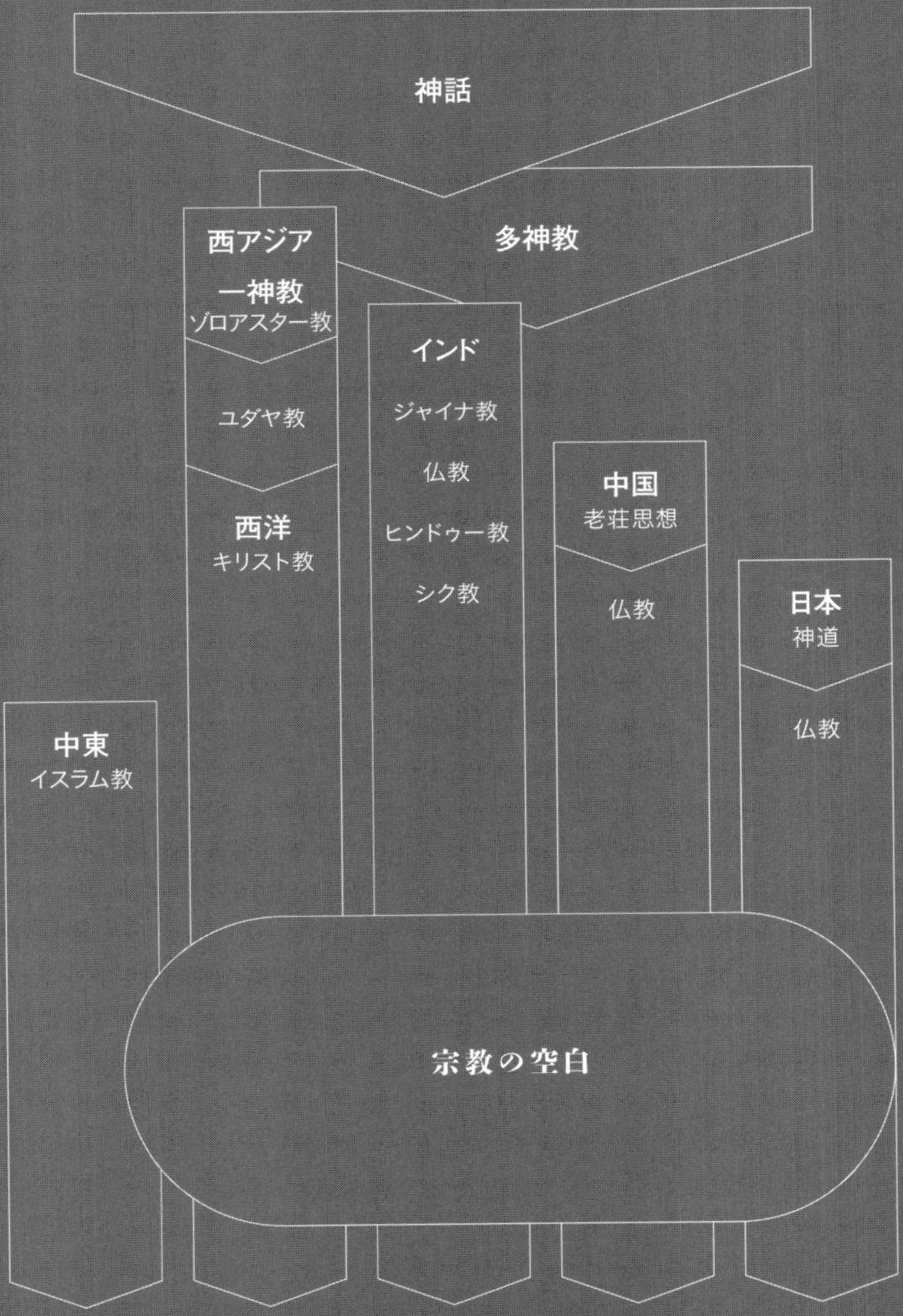

神話
多神教
西アジア
一神教
ゾロアスター教
ユダヤ教
西洋
キリスト教
インド
ジャイナ教
仏教
ヒンドゥー教
シク教
中国
老荘思想
仏教
日本
神道
仏教
中東
イスラム教
宗教の空白

I　神話と宗教の誕生

神話とは、世界の始まり、人類の誕生、文化の起源など、あらゆる自然現象や社会現象を、神々や英雄などの超自然的存在と関連させて説明するものです。たとえば、ギリシア神話では世界の創造はカオス（混沌）の物語で説明され、キリスト教ではイブとアダムの物語で説明されています。これらの物語を伝承する古代の人々にとっては、その内容は神聖な真実とされていたため、日常生活の規範として生活の細部にまで浸透し、固有の文化を形成していました。古代の人々は、合理的には理解できない世界の成り立ちや生死の問題について、神話によって体系的な説明を与えることにより納得してきたのです。

ユヴァル・ノア・ハラリは、『サピエンス全史』（↓３６０頁参照）の中で、「人間が獲得した虚構を信じる力が神話を生み出し、見知らぬ人同士の協力を可能とし、社会を作り上げ、宗教、国家、法律といった想像上の秩序を成立させていった」としています。

神話はそれぞれの文化で育まれましたが、どのような神話にも多くの類似点が見られるといわれています。もともとあった神話の原型が、アフリカを起源とする人類の移動によって世界に広まったからではないかと考える世界神話学的な説明や、人間の潜在意識は地域や文化が異なっていても同じであるという心理学的な説明がなされることがあります。

この点に着目したのが、『千の顔をもつ英雄』（↓２７８頁参照）の著者ジョーゼフ・キャンベルで、ほとんどの神話に登場する英雄には基本的に似たパターンが見られるとして、その基本構造を「英雄の旅」（hero's journey）と表現しました。そこには、①主人公は今とは別の非日常世界への旅に出て（旅立ち）、②大きな困難に遭遇して勝利を収めるという試練を経て（試練と勝利）、③新たなる力を得て元の世界に帰還する（帰還）、という共通の構造があるとしています。

現存する世界最古の神話は、紀元前２６００年頃に実在した古代メソポタミアの王ギルガメシュの半生を綴った『ギルガメシュ叙事詩』（→２１４頁参照）で、紀元前２１００年頃から紀元前１０００年頃に成立したといわれていますが、これもキャンベルのいう、旅立ち、試練と勝利、帰還という基本パターンに沿った形になっています。

現代においては、ＳＦ映画『スター・ウォーズ』シリーズの生みの親であるジョージ・ルーカスが、このストーリーを構想する際に、古代の神話を下敷きにしたという話は有名です。そのほかにも、同じくハリウッド映画の『マトリックス』、小説の『指輪物語』、ＲＰＧ（ロールプレイングゲーム）の『ドラゴンクエスト』などもこうした基本形に沿って作られています。

また、後述するように、20世紀に登場した現代思想の構造主義は、我々を取り巻くそうした構造がなんであるかを見つけ出そうとするもので、社会人類学者のクロード・レヴィ＝ストロースが、世界各地の神話に共通で普遍的な構造が存在するのを発見したことが契機になっています。

宗教と神話との違いはなにかを説明するのは容易ではありませんが、神話は「特定の宗教的または文化に属する物語」であり、宗教は「特定の信仰と崇拝についてのしきたり」だといわれます。どちらも、超自然的なものに対する一定の説明と意味づけを行ってはいますが、神話はひとつの物語に過ぎないのに対して、宗教は人々を導くための一連の道徳、神学、信仰、儀式などから成り立っていて、神話が宗教の一部を構成していることもあります。たとえば、『旧約聖書』における「創世記」などのエピソードはユダヤの神話であって、今日、研究者の多くは、『ヘブライ語聖書』『旧約聖書』の記述がそのまま歴史的事実であるとは考えていません。

宗教の起源は必ずしも明確ではありませんが、今日の我々が知っているような成文化された宗教は、古代オリエントのメソポタミア（紀元前６０００年頃から）とエジプト（紀元前３０００年頃から）から始まったと考えられています。


メソポタミア神話は、メソポタミア文明を築いたシュメール人（民族系統不明）、メソポタミア地域を最初に統一したセム系民族のアッカド人、古バビロニア王国（バビロン第1王朝）を築いたアムル人（アモリ人）、エジプトを征服してオリエント全域を統一しオリエント文明を築いた古代アッシリア人、新バビロニア王国（カルデア王国）を築いたカルデア人らが共有した神話体系です。

現代のイラク、クウェート、トルコ南東部、シリア北東部に当たるメソポタミア地域においては、メソポタミアの多神教が数千年にわたって支配的な宗教でしたが、その勢力範囲は、10世紀頃にはアッシリア地域（メソポタミア北部）に縮小していきます。さらに、ユダヤ教、キリスト教（東方教会）、マニ教（ゾロアスター教から派生し、キリスト教と仏教の要素を加えた古代宗教）などとの接触により、1世紀から3世紀にかけて徐々に衰退を始め、その後、数百年の間に、ほとんどの宗教的伝統は失われてしまいました。

古代エジプト人の世界観を表すエジプト神話は、その大半が創造神話で構成されていて、人間の制度や自然現象を含む世界のさまざまな要素の始まりを説明しています。紀元前３１００年頃のエジプト先王朝時代末期に、ファラオ（王）をエジプト宗教の中心に据えることで統一を実現したことから、エジプト神話においては、王権のイデオロギーがその重要な部分をなしています。

COLUMN

メソポタミア（文明）

ギリシア語で「複数の川の間」を意味するメソポタミア（メソ＝間、ポタモス＝川）は、チグリス川とユーフラテス川の間の沖積《ちゅうせき》平野です。地域的には、現在のイラクの一部にあたり、北部がアッシリア、南部がバビロニアで、さらに北部バビロニアがアッカド、下流地域の南部バビロニアがシュメールに分けられます。

古代メソポタミア文明は、メソポタミア地域に生まれた複数の文明の総称で、四大文明（メソポタミア文明、エジプト文明、インダス文明、中国文明）のひとつです。紀元前７千年紀（紀元前７０００年－紀元前６００１年）の前半に、この地域で最初の農耕文明が生まれたとされていますが、シュメール文明と呼ばれる古代メソポタミア文明初期を担ったシュメール人の民族系統は分かっていません。

紀元前６千年紀（紀元前６０００年－紀元前５００１年）の中頃、メソポタミア南部で大規模な定住が進み、紀元前４千年紀（紀元前４０００年－紀元前３００１年）の初め頃には、ジッグラト（「高い所」の意味）と呼ばれる神殿のある人工の丘を中心とした最初の都市文明が形成されました。メソポタミア地域では大洪水が何度も起き、洪水は「ノアの方舟」の物語に、ジッグラトは「バベルの塔」の伝説になりました。

こうした都市文明の代表がユーフラテス川下流にあるウルクで、これを成立させたのはシュメール人だといわれています。バビロニアの古住民は、台地部分をアッカド、低地部分をシュメール、この低地部分に定着した住民のことをシュメール人と呼んでいました。

紀元前３千年紀（紀元前３０００年－紀元前２００１年）のシュメール初期王朝時代（紀元前２９００年頃－紀元前

2335年頃）時代には、ウルク、ラガシュ、ウル、ニップルなど20ほどの新興シュメール都市国家が形成され、紀元前2900年頃にウルクがこの地方を統一しました。シュメール人は青銅器や楔形《くさびがた》文字を用い、多神教信仰、『ギルガメシュ叙事詩』（↓214頁参照）などの文化を生み出しました。この『ギルガメシュ叙事詩』に登場するギルガメシュは、紀元前2600年頃のウルク第1王朝の王です。ウルク遺跡からは、楔形文字を記した粘土板が大量に見つかっています。

紀元前2300年頃、メソポタミアの都市国家を統一したのは、セム語族*のアッカド人でした。アッカドはウルクを征服し、シリアからエラム（イラン南西部）に至るアッカド王国（紀元前2334年頃－紀元前2193年頃）を建国し、シュメールの都市国家を支配下に置きました。その後、アッカド王国は200年ほどで衰え、再びシュメール人がウル第3王朝（紀元前2112年－紀元前2004年）を作りました。しかし、これも長続きせず、紀元前1900年頃にアムル人の古バビロニア王国（紀元前2004年－紀元前1595年）によって統一されます。

古バビロニア王国の第6代のハムラビ王は、周辺の諸国を倒してメソポタミア全域を統一し、「目には目を、歯には歯を」で有名なハンムラビ法典を制定するなど国家を整備し、300年ほど栄えました。

＊セム語族の言語には、アッカド語、バビロニア語、アッシリア語、アラム語、フェニキア語、ヘブライ語、アラビア語がある。はじめは西アジアで遊牧生活を営んでいたが、次第に農耕定住生活に移り、紀元前3千年紀（紀元前3000年－紀元前2001年）にメソポタミアに侵入した。紀元前2300年頃にメソポタミア地域を支配したアッカド人をはじめ、バビロニア王国を作ったアムル人など東セム語族がまず登場しメソポタミア文明を発展させた。次いで紀元前1200年頃にシリア・パレスチナにアラム人、フェニキア人、ヘブライ人（いわゆるセム系三民族の活動）など北西セム語族が活動した。その後に登場するアフリカのエチオピア人、イスラムによって大帝国を作るアラブ人などは南西セム語族とされる。

紀元前２０００年頃から紀元前１５００年頃に西アジア（現在の中東地域）に大きな民族移動の波が押し寄せ、インド・ヨーロッパ語族**のヒッタイト人が西アジアに侵入します。その結果、古バビロニア王国は、紀元前１５９５年、小アジア（現在のトルコ共和国があるアナトリア半島）に成立したヒッタイト王国の攻撃を受けて滅亡しました。

ヒッタイト王国は、前１２００年頃、東地中海で活動した民族系統や実体の分かっていない「海の民」の侵入を受けて滅亡したと言われています。ヒッタイトが滅亡したことによって、彼らが独占していた鉄器製造技術が西アジアから東地中海一帯へと広がり、オリエントに世界帝国を出現させる前提となりました。

紀元前２０００年頃、メソポタミア北部のアッシュールに誕生したアッシリアは、鉄器文化を受容して鉄製の戦車と騎兵による強大な軍事力を有するようになります。アッシリア帝国は、紀元前9世紀には西アジアで最も有力になり、紀元前7世紀にエジプトを征服してオリエントを統一し、西アジア最初の世界帝国となりました。これによって、メソポタミア文明とエジプト文明は一体化し、オリエント文明に統合されることになりました。

オリエント世界を統一的に支配するために、各地の情報が首都ニネヴェに集められました。それらを粘土板に記した楔形文字の文書群が19世紀に発見され、「ニネヴェの王立図書館（アッシュールバニパルの図書館）」と名づけられました。これが、判明している世界最古の図書館だと考えられています。

＊＊ユーラシアから西アジア、南アジアに広く分布する語族。ゲルマン語（英語、ドイツ語、オランダ語、デンマーク語、スウェーデン語等）、ロマンス語（ラテン語、フランス語、イタリア語、スペイン語等）、スラヴ語（ロシア語等）、ギリシア語などと、インドのサンスクリット語、ヒンディー語、イランのペルシア語などは起源が同じであり、インド・ヨーロッパ語族と呼ばれている。インド・ヨーロッパ語族が登場するのは、紀元前２０００年から紀元前１５００年頃であり、遊牧生活から一斉に移動を開始し、西アジア、東地中海、インドなどに入って新しい文明をもたらした。はじめに西アジアに侵入し

たヒッタイトと、エーゲ海域に南下したギリシア人、インドに侵入したアーリア人、次にペルシア帝国を建設したイラン人、ローマ帝国のラテン人、アルプス以北のケルト人、さらに4世紀に民族大移動を開始したゲルマン人やスラヴ人などがその例である。

アッシリア帝国は紀元前612年に滅亡して、オリエントは、新バビロニア王国（カルデア王国）、エジプト王朝、リディア王国、メディア王国の四つに分立しましたが、この中では、バビロンを都にした新バビロニア王国が最も栄えました。新バビロニア王国のネブカドネザル王は、紀元前6世紀前半、新バビロニアを裏切ってエジプトについたユダ王国を滅ぼし、ユダヤ人をバビロンに連行（バビロン捕囚）しました。

その後、紀元前539年に新バビロニア王国はアケメネス朝ペルシアに滅ぼされ、メソポタミアはその支配を受け、バビロン捕囚で連行されたユダヤ人も解放されました。アケメネス朝は、楔形文字に代表されるメソポタミア文明を継承し、オリエント文明を開花させましたが、紀元前4世紀になるとマケドニアのアレクサンドロス3世（大王）の東方遠征によって滅ぼされました。アレクサンドロス大王の遠征によって、メソポタミア文明とエジプト文明を合わせたオリエント文明がさらにギリシア文明と融合して新たなヘレニズム文明を形成することとなりました。

アレクサンドロス大王の帝国が崩壊した後には、メソポタミアはギリシア系のセレウコス朝シリアに支配されますが、オリエント的要素はギリシア系文化と融合しながら継承され、パルティアとサーサーン朝ペルシアへと続いていきます。その後次第に、ペルシア帝国から始まったイラン人の文化的要素（その中心がゾロアスター教）が強くなっていきました。そして、7世紀にアラビア半島に興ったイスラム教が西アジアを席巻し、オリエント的・メソポタミア的文化要素は忘れ去られていくことになります。

古代メソポタミア文明～ヘレニズム文明

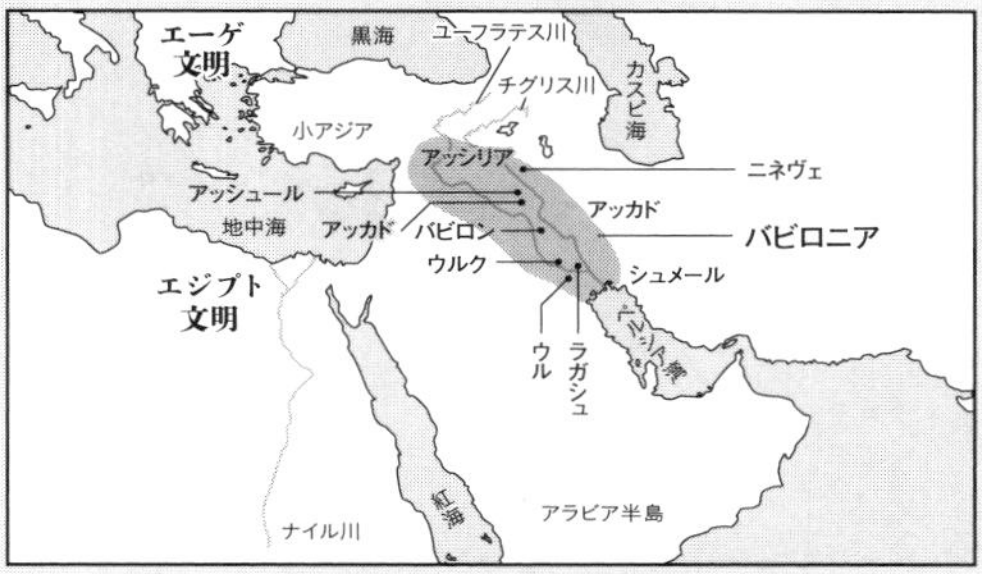

I　古代メソポタミア初期文明
（シュメール文明）
［紀元前3千年紀頃］

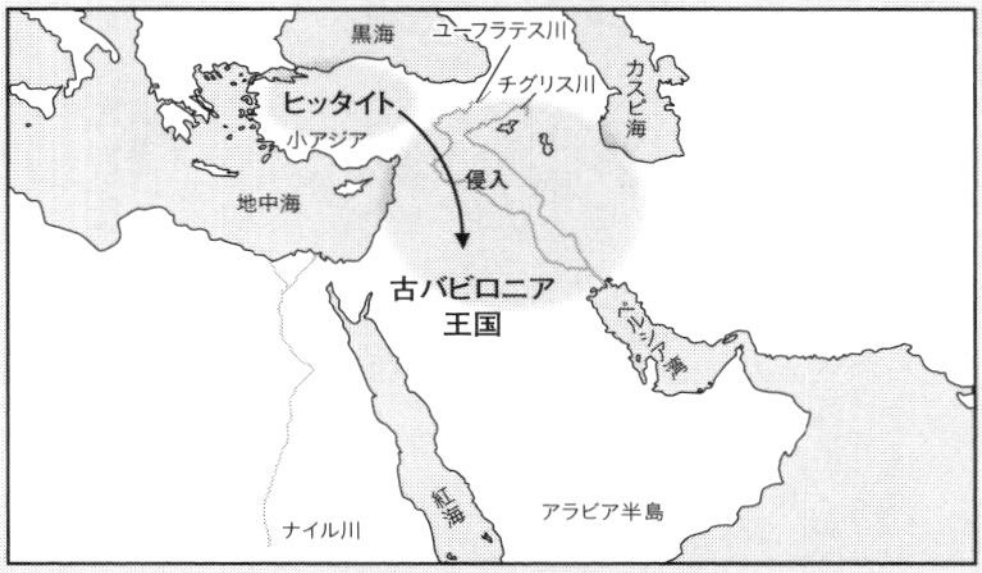

2　古バビロニア王国とヒッタイトの侵入
［紀元前2千年紀］

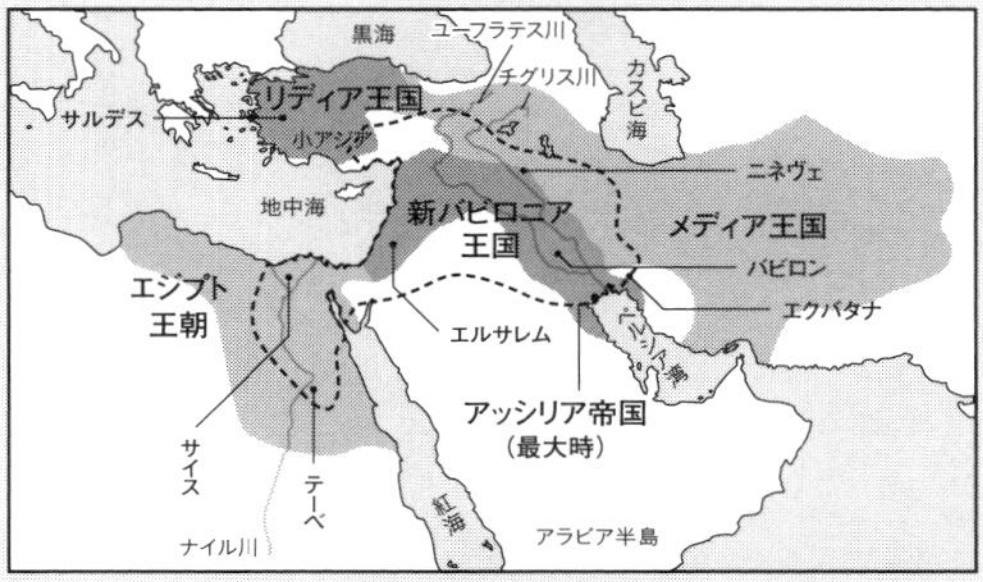

3　オリエント文明
［紀元前7世紀～紀元前4世紀］

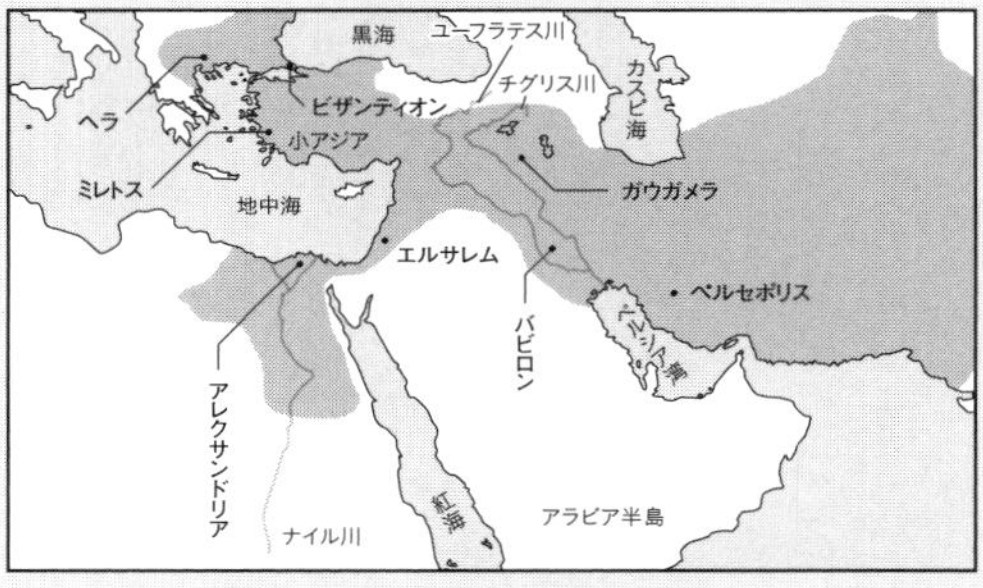

4　ヘレニズム文明
（古代メソポタミア文明の終焉）
［紀元前4世紀～紀元前1世紀］

2 ゾロアスター教

現在の世界の宗教の信者は、おおよその数で、キリスト教23億人（31・2％）、イスラム教18億人（24・1％）、無宗教12億人（16％）、ヒンドゥー教11億人（15・1％）、仏教5億人（6・9％）、民間信仰4億人（5・7％）、その他1億人（0・8％）、ユダヤ教1千万人（0・2％）といわれています（Pew Research Center "Religion & Public Life"）。このうち、キリスト教、イスラム教、仏教は「世界宗教」と呼ばれ、人種、民族、文化の枠を超え、世界中に広まっています。

こうした現代の宗教につながるものとして重要なのが、「世界最古の一神教」といわれ、古代ペルシア（現在のイラン周辺）を発祥の地とするゾロアスター教です。その起源は、紀元前2千年紀（紀元前2000年－紀元前1001年）にまでさかのぼるといわれています。

イラン高原に住んでいた古代アーリア人は、イラン神話のミスラ（インド神話の神ミトラ）などさまざまな神を信仰する多神教（原イラン多神教）でしたが、これをもとにザラスシュトラ（ゾロアスター）（紀元前18世紀？－紀元前7世紀？）が、イラン・インドの神話に共通する最高神ヴァルナを起源とするアフラ・マズダーを信仰の対象として創設したのがゾロアスター教です。ちなみに、ニーチェの『ツァラトゥストラはこう言った』（→264頁参照）の「ツァラトゥストラ」は、ザラスシュトラをドイツ語読みしたものです。

ゾロアスター教の特色は善悪二元論と終末論で、聖典『アヴェスター』によれば、世界は最高神アフラ・マズダーとそれに率いられた善神群と破壊神アンラ・マンユをはじめとする悪神群との闘争だとされていますが、最終的には善の勝利が確定しています。最高神としてアフラ・マズダーが存在するという意味では一神教的ですが、多くの善神と悪神が存在している点では多神教的でもあります。また、ゾロアスター教は、偶像を崇拝する代わりに、光（善）の象徴としての火を信仰したことから、拝火教とも呼ばれています。

３世紀初頭に成立したサーサーン朝ペルシア（２２６年－６５１年）では国教とされ、聖典『アヴェスター』が整備されました。ゾロアスター教は、活発なペルシア商人の交易活動によって中央アジアや中国へも伝播しましたが、７世紀後半以降はイスラム教徒の支配で衰退し、その活動の中心はインドに移りました。

COLUMN

ペルシア、イラン、アラブ

現在「イラン」と呼ばれている国は、かつては「ペルシア」と呼ばれていました。かつてのペルシアでは、１９２５年にレザー・パハラヴィーが即位した後、イスラム期以前の文化や遺産をイラン的なものとして賛美する気運が盛り上がりました。かつての「ペルシア」という国名は、古代ペルシア人が「パールサ」と自称していたのを、古代ギリシア人がファールス州の古名「パールス」にちなんで「ペルシス」と発音するようになり、さらにラテン語で「ペルシア」となったことによります。

イラン人自身は、古くから国の名を「アーリア人の国」を意味する「イラン」と呼んできました。パハラヴィー体制のもとでナショナリズムが高まると、歴史的・地理的および民族的にもより広い意味を持つ「イラン」を自称すべきとの考えが広がり、ペルシアは「イラン」に国名を変更しました。

同じ中東と呼ばれる地域に起源を持ち、イスラム教を主な宗教としていることから、ペルシア人とアラブ人は混同されることが多いですが、両者はそれぞれ異なる起源を持ち、言語的にも文化的にも背景が異なるグループであることには注意が必要です。

ペルシア人とは、主にペルシア語（インド・ヨーロッパ語族—インド・イラン語派—イラン語群）を話すイラン系民族のことで、中東・西アジアに含まれるイランを中心に住んでいる人々を指します。人種の分類については科学的根拠が明確でなく、学問的には使われていないため細心の注意を払う必要がありますが、一般的には、ペルシア人はイラン系民族で、人種的にはイラン・アーリア系だといわれています。

これに対して、アラブ人とは、主に北アフリカと湾岸諸国を含めた西アジアのアラブ世界に起源を持ち、アラビア語（アフロ・アジア語族のセム語派）を話す人々のことを指し、人種的特徴は幅が広いといわれています。

紀元前6世紀にアケメネス朝ペルシア（紀元前550年-紀元前330年）が興《おこ》りましたが、紀元前230年のアレクサンドロス3世（大王）の東進で崩壊しました。大王の死後、その広大な領域はいくつかに分断された後、中央アジア起源のパルティア人がペルシア全土を領有し、パルティア王国（紀元前247年-224年）は紀元後3世紀まで続きました。226年には、パルティア王国を滅ぼしてサーサーン朝ペルシア（226年-651年）が成立し、ゾロアスター教を国教と定めました。

正統カリフ時代のイスラム勢力（アラブ軍）の攻撃を受けて、651年にサーサーン朝ペルシア帝国は崩壊し、イスラム帝国は、イラン人のゾロアスター教からイスラム教への改宗、アラビア文字の使用などを推し進めました。

その後、中世を通じてペルシアにはトルコ・モンゴルの異民族王朝が興亡します。このトルコとは、今日の東欧・小アジアのトルコではなく、古代エジプトの『王書《シャー・ナーメ》』（↓304頁参照）の中でトゥーラーン（中央アジア近辺地域）とされたペルシア東方の国のことです。

3 セム的一神教

このように、それまでの複数の神々を信仰する多神教の世界から、アフラ・マズダーを信仰の対象とするゾロアスター教という一神教的な世界に移行したことが、それに続くセム的一神教（ユダヤ教、キリスト教、イスラム教）に影響を与えたとされています。ゾロアスター教は、天使、悪魔、救世主の存在についても説いていて、その点でも、ユダヤ教、キリスト教、イスラム教に影響を与えています。

『旧約聖書』にある「創世記」の「ノアの方舟」に出てくるノアの三人の息子（セム、ハム、ヤペテ）の中で、セムを祖先とすると伝えられる人々のことをセム族といいます。このセム族の一部が信じる唯一神ヤハウェ（エホバ）が人類救済のための預言者として選んだのがアブラハムです。

アブラハムは、同じ啓典（『聖書』『クルアーン』）をもとに成立している、ユダヤ教、キリスト教、イスラム教を信仰する「啓典の民」の始祖です。ノアの洪水後、神による人類救済の出発点として選ばれ祝福された最初の預言者であり、「信仰の父」と呼ばれています。そのため、セム的一神教は「アブラハムの宗教」とも呼ばれます。

比較宗教学の観点では、アブラハムの宗教（Abrahamic）は、インド宗教（Dharmic）、東アジア宗教（Taoic）と並ぶ三分類のひとつに位置づけられています。

４ ユダヤ教

ユダヤ教は、唯一神ヤハウェを神として、選民思想やメシア（救世主）信仰などを特色とするユダヤ人の民族宗教です。『タナハ』『ミクラー』と呼ばれるヘブライ語聖書を聖典とします。これはキリスト教の『旧約聖書』にあたりますが、キリスト教とは書物の配列が異なっています。イスラム教でも、『旧約聖書』の最初の五つの書である「モーセ五書」は、『コーラン』に次いで重要視されています。

ユダヤ教では、この他に「タルムード」（ヘブライ語で「研究」の意）などラビ（ユダヤ教の聖職者）の教えを中心とした口伝律法《くでんりっぽう》も重視します。ユダヤ教は信仰、教義そのもの以上に、その前提としての行為・行動の実践と学究を重視する点で、キリスト教とは違っています。

また、ユダヤ教には、一般的な宗教に見られる「死後の世界」というものは存在しません。最後の審判の時に全ての魂が復活し、現世で善行を成し遂げた者は永遠の魂を手に入れ、悪行を重ねた者は地獄に落ちると考えられています。

紀元前１２８０年頃、モーセが圧政により虐《しいた》げられていたヘブライ人（ユダヤ人）をエジプトから脱出させ（出エジプト＝the Exsodus）、シナイ山で神ヤハウェと契約（「モーセの十戒」）を結びます。地中海とヨルダン川・死海に挟まれたカナンの地（契約の地）に定着後、約２００年間は12部族からなるイスラエル民族が繁栄します。

紀元前１０２０年頃にヘブライ王国が成立し、ダビデ王とソロモン王の頃に最盛期を迎えます。その後、北のイスラエル王国（紀元前11世紀－紀元前8世紀）と南のユダ王国（紀元前９２６－紀元前6世紀）に分裂します。紀元前５８７年、ユダ王国が新バビロニア王国（紀元前６２５年－紀元前５３９年）に滅ぼされ（→64頁参照）、バビロンに捕囚されますが、この中でユダヤ民族はユダヤ教を中心としたアイデンティティを確立することになります。

紀元前５３９年、バビロンに捕囚されていたユダ王国の人々がユダヤに帰還し、捕囚期の宗教改革を受けたヤハウェ宗教の下で「エルサレム神殿の儀礼」と「神ヤハウェの教えであるトーラー（律法）の遵守」を二本の柱とするユダヤ教団を発展させました。

『旧約聖書』は、ユダヤ教およびキリスト教の正典です。「旧約」という呼称は旧約の成就としての『新約聖書』を持つキリスト教の立場からのもので、ユダヤ教にとっては、これが唯一の「聖書」（タナハ）です。『旧約聖書』は原則としてヘブライ語で記載され、一部はアラム語で記載されています。また、イスラム教においてもその一部（モーセ五書と詩篇に相当するもの）が啓典とされています。

『旧約聖書』は、律法（モーセ五書といわれる「創世記」「出エジプト記」「レビ記」「民数記《みんすうき》」「申命記《しんめいき》」）、預言書（予言者）、諸書の三部に大別されます。さらに、預言書は前預言書（「ヨシュア記」「士師記《しし き》」「サムエル記」「列王紀《れつおうき》」）と後預言書（「イザヤ書」「エレミヤ書」「エゼキエル書」「十二小預言書」）とに分かれます。現在でもユダヤ人の行動を律する法であり、民族の歴史を伝え、イスラエルの地を民族の故地とする精神的な基盤を与え、行為と歴史の両面において文化的な一体性を与える書でもあります。

『旧約聖書』の内容は、神による天地創造に始まり、バビロン捕囚を解かれてパレスチナに戻り、エルサレムに神殿を再建するまでのイスラエル民族の２０００年の歴史と教訓から成っていて、神との契約、神の救いというテーマによって貫かれています。

ユダヤ教の終末論においては、メシア（救世主）は、ダビデの子孫から生まれ、イスラエルを再建してダビデの王国を回復し、世界に平和をもたらす存在とされています。

5 キリスト教

キリスト教は、1世紀のはじめにパレスチナで神の国を説いたナザレのイエスの刑死の後、その生涯と教えに基づき、イエスを復活したキリストだと信じることによって成立した宗教です。キリストとは、「油を注がれた者」という意味のヘブライ語「メシア」のギリシア語訳「クリストス」からきていて、救世主を意味します。

ユダヤ教がその母体であり、ユダヤ教の聖書『タナハ』の一部をなす「モーセ五書」は、キリスト教成立の前提となっています。

イエスは、厳しい戒律に縛られ、ユダヤ民族だけを救いの対象とするユダヤ教を批判し、唯一の神ヤハウエを信じる者は誰でも救われることを説きました。キリスト教では、イエスが旧約の預言に従って生まれ、かつてイスラエル民族に与えられた神とイスラエル民族の契約(旧約)を全人類に拡大完成する新しい契約(新約)の仲介者であり、罪ある人間を救済するために自ら十字架にかけられ、その3日後に復活したと信じられています。

復活後40日間にわたり神の国について語り続けたイエスは、弟子たちに全世界に福音を伝えよと命じて昇天します。こうして、弟子たちによって教団が組織化されることになりました。キリストの教えは教派によって異なるところもありますが、その多くは、「父なる神」と「その子キリスト」と「聖霊」を唯一の神（三位一体）として信仰し、全ての教派に共通する教えの源泉は『聖書（旧約聖書、新約聖書）』です。

『新約聖書』は、１世紀から2世紀にかけてイエスの弟子たちによって書かれた聖書の第2部で、第１部の『旧約聖書』と並ぶ正典です。また、イスラム教でもイエスを預言者の一人として認めることから、その一部が啓典とされています。ユダヤ教の正典でもある『旧約聖書』が、モーセとの契約について記されたものであることに対して、『新約聖書』はキリストの誕生後の神の啓示を記したものです。イエス自身が書いたものではなく、イエスの行いや言行をその弟子たちが伝え、伝道される中でまとめられていきました。はじめは、布教の対象となった小アジアやギリシアで用いられていたヘレニズム世界の共通語であるギリシア語で書かれていましたが、グノーシス派という異端との対立から、正しい聖典を制定する必要に迫られ、３９７年のカルタゴ公会議で現在の27巻が公認され、４世紀末にはラテン語訳がなされました。

この27巻は、イエス・キリストの生涯と言行を記したマタイ、マルコ、ルカ、ヨハネの「四福音書」、ペテロ、パウロなどの弟子の活動を伝える「使徒行伝」、パウロの手紙と言われる使徒たちの「書簡」からなっていて、最後の「ヨハネの黙示録」では、ローマ帝国の迫害下にある信者に対して忍耐と希望を呼びかけ、終末での神の審判への期待を記しています。

「新約」の名は、「マルコ福音書」の「新しき契約」という語に由来します。神がモーセを通して与えた救いの契約である「旧約」は、民の律法の義務の不履行によって破られましたが、十字架上のイエスの受難を通して神と人類全ての間に新しい契約が結ばれたとします。

アンティオキアのイグナティウス（35年頃－１０７年頃）の「新約聖書は、旧約聖書の中に隠されており、旧約聖書は、新約聖書の中に現わされている」という言葉にあるように、キリスト教徒は、将来のメシア(救世主)の到来を信ずる『旧約聖書』を、イエス・キリストの出現を約束する救済史として読みます。(ただし、ユダヤ教からはイエスはメシアではないとされています。)

キリスト教は短期間のうちにローマ帝国内に広まり、厳しい迫害を受けながらも信徒を増やして、2世紀末には帝国全土に教線を拡大し、380年にはローマ帝国の国教となりました。

古代の教会はローマ教皇を首座とする司教制度のもとに統一されていましたが、395年の帝国の分裂後、東ローマ帝国内と西ローマ帝国内で、キリスト教はそれぞれ違った発展をします。特に、476年に西ローマ帝国が滅亡すると、東西両教会の交流が薄くなり、その後、数百年の間に、教義の解釈の違い、礼拝方式の違い、教会組織のあり方の違いなどが拡大していきました。

やがて、コンスタンティノポリス総主教庁とローマ教皇庁の対立は決定的なものになり、1054年、東の東方正教会(ギリシア正教会)と西のローマ・カトリック教会が相互破門することで分裂に至ります。

さらに、16世紀には、宗教改革によりローマ・カトリック教会の中からプロテスタントが独立し、その後、多くの分派に分かれることになります。

6 イスラム教

イスラム教は、7世紀にムハンマドが創始した宗教です。唯一絶対の神アッラー(アブラハムの宗教の唯一神ヤハウェに対するアラビア語呼称）を信仰し、神が最後の預言者ムハンマドを通じて人々に啓示したとされる『クルアーン（コーラン）』の教えを信じる一神教です。

イスラム教は、神がアラビア語をもって人類に下したとされる『クルアーン』を啓典とし、宗教上のほとんどの用語はアラビア語を起源としています。

イスラム教に帰依する者（イスラム教徒）をムスリムといい、ムスリムは自らの教えを、アラビア語で「身を委ねること」「神に帰依すること」を意味する「イスラム」の名で呼びます。偶像崇拝を徹底的に排除し、神への奉仕を重んじ、信徒同士の相互扶助や一体感を重んじる点に特色があります。

イスラム教の教典として全てのムスリムが認めるのは、アラビア語で「詠唱すべきもの」という意味の『クルアーン』だけです。『クルアーン』は、アダム、ノア、アブラハム、モーセ、イエスなどの預言者たちが説いた教えを、アッラーがムハンマドを通じてムスリム共同体に遣わした１１４章からなる啓典です。ムハンマドが語った内容が、ムハンマドおよび後継者の代に記録され、ムハンマドの死後にまとめられたもので、ムスリムにとっては、神の言葉そのものとして、社会生活の全てを律する最も重要な行動の指針です。

『クルアーン』の各章は、下された時期を基準として、ヒジュラ（６２２年前後にムハンマドとその信者達がメッカからアビシニアやヤスリブなどへと移住したこと）を境とする「マッカ啓示」と「マディーナ啓示」に大別されます。「マッカ啓示」は、ムハンマドが啓示を受け始めた直後のものを含み、非常に短いものも多く、内容は唯一神への信仰や終末に対する警告など宗教的情熱を伝えているのが特徴です。その後、イスラム共同体が形成され始めてからは、信者に信仰を促すような啓示が多く、続く「マディーナ啓示」では、イスラム共同体の法規定や信徒同士の社会生活に関して言及する啓示が多く見られます。

『クルアーン』で描かれるアッラーは、慈悲深さや優しさが強調されていますが、不義を行う者に関してはしばしば怒りを露《あら》わにして懲罰を課す場面も見られ、この点では『旧約聖書』の神の性格とも似ているといえます。

ムスリムはアッラーの前で等しく平等であるとされ、この平等主義が、イスラム教が世界宗教となった理由のひとつと考えられます。イスラム教は武力征服や貿易商人の力によって各地に広まり、今日ではアラビア半島を中心に、アジア、アフリカ、ヨーロッパに信者が広がっています。

7 インド発祥の宗教

インドには、バラモン教（古代ヒンドゥー教）、ヒンドゥー教、仏教などに伝わる、成立時期や伝承者によって異なるさまざまな神話があります。その中で、バラモン教とヒンドゥー教の聖典とされているのが、紀元前1000年頃から紀元前500年頃にかけて古代インド神話を編纂した宗教文書「ヴェーダ」（→216頁参照）です。この「ヴェーダ」群を起源とするインド発祥の宗教は、「ヴェーダの宗教」という呼び方をされます。インドの聖典は、「シュルティ（天啓）」と「スムリティ（聖伝）」に分かれ、「ヴェーダ」は前者の「シュルティ」に属します。

インドの宗教においては、キリスト教における『聖書』のように絶対的な権威を持つ聖典はなく、さまざまなものが併存しています。その中で、バラモン教が重視するのが、四大ヴェーダ「サンヒター」「ブラーフマナ」「アーラニヤカ」「ウパニシャッド」で、ヒンドゥー教で重視するのが、二大叙事詩『マハーバーラタ』

『ラーマーヤナ』や第五のヴェーダとも呼ばれる「プラーナ」です。

ヒンドゥー教、仏教、ジャイナ教、シク教といったインド発祥の宗教に共通する重要な概念として、「ダルマ（法）」があります。ダルマという言葉は古くはバラモン教にも見られ、その意味と概念の広がりは、数千年にわたって展開していったもので、ダルマに対して単一の簡潔な定義を示すことはできません。

ヒンドゥー教においては、ダルマは生命と宇宙を可能にする秩序であるリタ（天の法則）に従う行為を表すとされ、義務や権利、法、行為、徳などを含む、「生命の正しき道」を意味しています。また、仏教では宇宙の法と秩序、ジャイナ教ではティールタンカラ（救済者）の教えと人類の浄化に関する教義、シク教では正しい道と適切な宗教的実践を意味します。

インドでは宗教と哲学の境目がほとんどありません。もちろん、インドの宗教には哲学的でないものもあるので、インドの宗教が全てインド哲学であるわけではありませんが、インド哲学のもとになる書物は宗教聖典でもあります。

8　バラモン教・ヒンドゥー教

バラモン教は古代のヒンドゥー教です。バラモン教にインドの各種の民族宗教・民間信仰が加えられて、徐々にさまざまな人の手によって再構成されたのが現在のヒンドゥー教です。最高神は一定しておらず、儀式ごとにその崇拝の対象となる神を最高神とします。

カースト制を持ち、バラモン（司祭階級）を最上位として、クシャトリア（戦士・王族階級）、ヴァイシャ（庶民階級）、シュードラ（奴隷階級）という階級になっています。また、これらのカーストに収まらない人々（アウトカースト）は、それ以下の階級のダリット（不可触賤民）とされました。バラモン教では、バラモン（司祭階級）は宇宙を支配する根本原理であるブラフマン（梵）と同一であるとされ、敬われています。

紀元前15世紀頃にアーリア人が中央アジアからインドに侵入し、先住民族であるドラヴィダ人を支配する過程でバラモン教が形作られたとされます。その後、紀元前7世紀から紀元前4世紀にかけて、バラモン教の教えを理論化したウパニシャッド哲学が形成されます。

ウパニシャッド哲学では、ブラフマン（梵）と個人を支配する原理であるアートマン（我）が究極的に同一であることを認識すること（梵我一如）が真理の把握（悟り）であり、それによって輪廻《りんね》の業《ごう》から逃れて解脱《げだつ》することができると考えるものです。

紀元前5世紀頃までに聖典として「ヴェーダ」（→216頁参照）が現在の形で成立し、これがバラモン教の行動規準となります。

「ヴェーダ」はサンスクリット語で書かれていて、自由に読みこなすことができたのはバラモンだけだったことから、これに反発して、この時期に仏教やジャイナ教など多くの宗教が成立しました。1世紀から3世紀にかけて仏教に押されてバラモン教の勢力は失われていき、4世紀にほかのインドの民族宗教などを取り込み再構成され、ヒンドゥー教へと発展・継承されました。

イスラム勢力にインドが支配された15世紀に、一般のヒンドゥー教徒はイスラムの支配に従いましたが、イスラムへの従属を受け入れない一派により、シク教が作られることになりました。

ヒンドゥー教徒はインド国内で10億人、その他の国の信者を合わせると約11億人以上とされ、キリスト教、イスラム教に続いて、世界で第三番目に信者が多い宗教です。狭い意味でのヒンドゥー教は、バラモン教から聖典やカースト制度を引き継ぎ、土着の神々や崇拝様式を吸収しながら徐々に形成されてきた多神教です。ヒンドゥー教は紀元前5世紀頃から顕在化し始め、5世紀頃には当時優勢であった仏教をしのぐようになりました。

神々への信仰と同時に輪廻や解脱といった独特な概念を有し、生活様式、身分、職業までを含んだカースト制を特徴とする宗教です。（カーストによる差別は、形式的には、１９５０年に憲法によって禁止されています。）

三神一体と呼ばれる教義において、中心となる三大神のブラフマー（宇宙、世界に実存、実在の場を与える神）、ヴィシュヌ（宇宙、世界の維持、平安を司る神）、シヴァ（宇宙、世界を創造し、その寿命が尽きた時に破壊、破滅を司る神）は一体をなすとされています。しかし、現在では、ブラフマーを信仰する人は減り、ヴィシュヌとシヴァが中心とされています。

広い意味では、キリスト教やイスラム教などインド以外の地域で発祥した特定宗教以外の全ての宗教がヒンドゥー教に相当するとされ、インド憲法では、シク教、ジャイナ教、仏教を信仰する人も広義のヒンドゥー教徒として扱われています。ヒンドゥー教には極めてさまざまな信仰、霊性や風習が包括され、キリスト教に見られるような教会制度や宗教的権威、預言者やまとまった形の共通の聖典は存在しません。ヒンドゥー教徒は多神教、汎神論《はんしん》、一神教、不可知《ふかち》論、無神論、ヒューマニズムを自身の思想として自由に選ぶことができます。

このように、ヒンドゥー教の包含する信仰、思想、真理は広範で、ヒンドゥー教に包括的な定義を与えることは困難です。

9 仏教

仏教は、紀元前5世紀前後の北インドの釈迦（ゴータマ・シッダッタ）を開祖とする宗教で、紀元前450年頃にインドで始まりました。仏教はバラモン教への対抗勢力として現れ、カースト制に反対して、バラモン以外の全ての人々に真理への道が開かれ、誰でもブッダになれて成仏できるとされています。

仏教もまた、釈迦の死後、百年ほどすると、戒律の解釈の違いから進歩的な大衆部《だいしゅぶ》と保守的な上座部《じょうざぶ》とに分かれました。さらに、紀元前の終わり頃には、釈迦の教えを大衆に広げることを目指した大乗仏教が始まり、これが後に日本にも伝わることとなります。

その後も、禅の瞑想法、チベットや日本の真言宗に残る密教、浄土信仰など、教義や団体はさまざまな形に分かれていきました。『日本書紀』（→444頁参照）によれば、仏教が日本に伝来したのは飛鳥時代の552年のこととされています。

仏教の世界観の根底には、ウパニシャッド哲学の世界観から引き継がれた、輪廻と解脱の考えがあります。一切の事柄は直接的要因（因）と間接的要因（縁）により生じるという原因と結果の理解に基づいていて、この「原因に縁《よ》って結果が起きる」という因果の道理を「縁起」と呼びます。

仏教では、因果の道理に従って、死ぬまでの行いによって死んだ後が決まります。そのようにして、生まれ変わりながら永遠に苦しみ、何度も生まれ変わる輪廻転生《りんねてんしょう》を繰り返します。人の一生は苦（ドゥッカ）であり、永遠に続く輪廻の中で終わりのない苦しみから抜け出すことが解脱で、仏教の教義は解脱を目指すためにあります。

全ての結果には必ず原因というものがあり、輪廻転生にも原因があります。幸せも因果の道理に従って、自分の行いによって作られるものであり、苦しみや迷いの根本原因を知ってそれ断ち切れば、永遠に幸せになれるというのです。

仏教は、釈迦仏、その教えである法（ダルマ）、その実践者である僧からなる、仏・法・僧の三宝を中心に体系化されています。仏道を修行する者が修めるべき基本が、戒学《かいがく》（善を修める戒律）、定学《じょうがく》（心を集中する禅定）、慧学《えがく》（物事の真実を見極める智慧）の三学です。神（天）とは天道の生物であり、生命（有情《うじょう》）のひとつと位置づけられています。そのため、神々は人間からの信仰の対象ではあっても厳密な意味では仏ではなく、仏陀（ブッダ）には及ばない存在とされています。

「仏典」とは仏教典籍の略称で、仏教の聖典・経典の総称です。律・経・論に三分類され、ひとまとめにされたものが、それぞれ「律蔵」（出家修行者が守るべき戒律と僧団の運営規則）、「経蔵」（釈迦の教説である経典の集成）、「論蔵」（律や経に対する研究・解釈をまとめたもの）であり、この3種を総称して「三蔵」と呼びます。

漢字文化圏では、大乗仏教経典や偽経の追加、段階的な伝播・翻訳過程によって、もともとの「三蔵」の枠組みが壊れてしまいました。後に、「一切経」「大蔵経」として仏典群を総集・再編したので、もっぱらこれが「仏典」の総称として用いられています。

仏教の際立った特徴は、キリスト教などのセム的一神教に見られるような、全知全能の創造主としての神を認めず、世界に始まりと終わりはなく、因果の道理（縁起）に従って変化し、流転していくと理解していることです。バラモン教やヒンドゥー教でも、ブラフマーなど創造主としての唯一最高の神が世界や生命を作ったとされていますが、仏教では世界も生命も無始無終で、宇宙の始まりもありません。人々に幸福や不幸を与える神も、人々を大洪水によって罰する神もなく、全ての運命は自分の行いの結果によって決まるものとされています。

仏教にも梵天《ぼんてん》、帝釈天《たいしゃくてん》、四天王等の諸天、堅牢地神《けんろうじしん》、龍王、炎王《えんおう》などの善鬼神や、夜叉《やしゃ》、羅刹《らせつ》などの悪鬼神といった神の概念はありますが、仏教には、ヒンドゥー教のブラフマー（創造）、ヴィシュヌ（維持）、シヴァ（破壊）といった三大神のような神は出てきません。仏教の神は、因果の道理にかなった存在で、人間と同じように輪廻する迷いの衆生《しゅじょう》であるとされています。

また、仏というのは神ではなく、仏の悟りを開いた人のことをいいます。この世で悟りを開いたのは釈迦だけですが、大宇宙には、因果の道理に従って迷いを離れ、悟りを開いた者はたくさんいるとされています。因果の道理は、釈迦が作ったものではなく、常に存在している真理であり、それを悟って人々に説き聞かせているのが仏なのです。

キリスト教では、運命は神の与えたものであり、大地震で多くの人が苦しみ、キリスト教の教会が破壊されるのも、神の意志であり、なにか意味のある試練だと解釈します。

「なぜ全知全能の愛の神が世界を創造したのに、この世に悪が存在するのか」というのは、キリスト教神学上のひとつの大きなテーマですが、仏教では、自業自得の因果の道理に従って自分の行いが自分の運命を生み出す、つまり、運命は自分の業が作り出すものなのです。

仏教のもうひとつの大きな特徴は、釈迦がバラモン教やヒンドゥー教が唱える真我（アートマン）の存在を否定して、あらゆる事物は現象として生成しているだけで、それ自体を根拠づける不変的な本質は存在しない無我(ニラートマン)だとしたことです。

このように、一切の物事に固定普遍の実体はないということを「諸法無我《しょほうむが》」、実体がない状態を「空《くう》」といいます。しかし、「空」は「なにもない」という意味ではありません。現象の存在は認めながらも、そこに常に変わらず存在する実体というものを認めないということです。

物質的世界にも精神的世界にも実体はなく、あるのは単に生成・消滅し、移り変わる現象だけです。この世界も、自分の存在も、生も死も、全ては「空」であり、単なる現象に過ぎず、自分の生死についても執着する必要はないのです。

キリスト教では、物質も精神もともに実体を持つと考え、その実体は「霊」あるいは「魂」という名で呼ばれています。両者はともに、唯一の神を世界の創造の根源とするものであり、それぞれに実体を持っています。物質が実体を持つという考えを唯物論《ゆいぶつ》、精神が実体を持つという考えを唯心論《ゆいしん》といいますが、「空」の思想はそのどちらにも実体を認めません。

第2章

哲学と思想

西洋哲学・思想の流れ

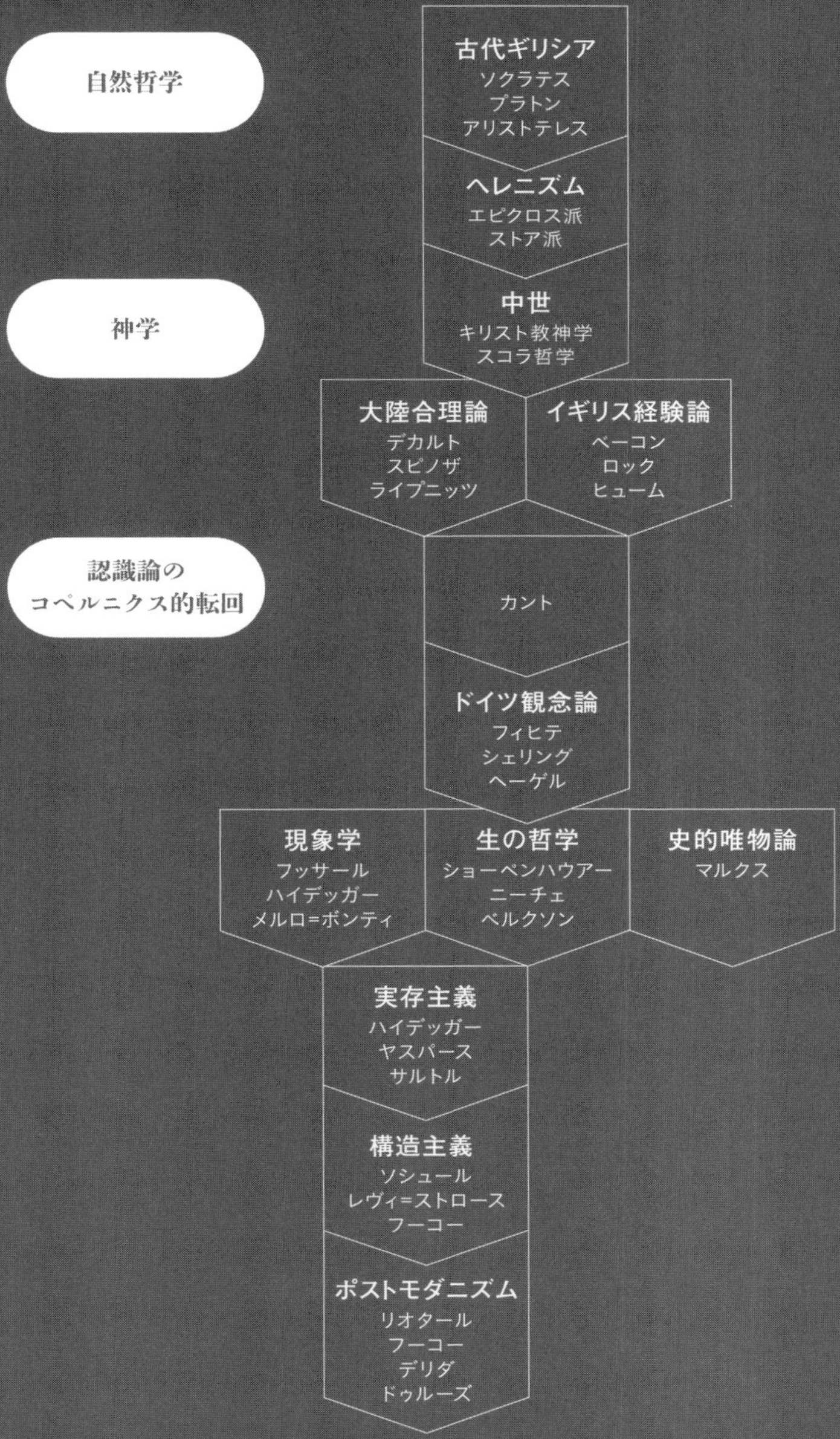

自然哲学
神学
認識論の
コペルニクス的転回
古代ギリシア
ソクラテス
プラトン
アリストテレス
ヘレニズム
エピクロス派
ストア派
中世
キリスト教神学
スコラ哲学
大陸合理論
デカルト
スピノザ
ライプニッツ
イギリス経験論
ベーコン
ロック
ヒューム
カント
ドイツ観念論
フィヒテ
シェリング
ヘーゲル
現象学
フッサール
ハイデッガー
メルロ=ポンティ
生の哲学
ショーペンハウアー
ニーチェ
ベルクソン
史的唯物論
マルクス
実存主義
ハイデッガー
ヤスパース
サルトル
構造主義
ソシュール
レヴィ=ストロース
フーコー
ポストモダニズム
リオタール
フーコー
デリダ
ドゥルーズ

I　哲学とはなにか

「哲学」という言葉は、教育家で啓蒙思想家の西周《にしあまね》によって、明治初めに英語の“philosophy”（フィロソフィー）の訳語として作られました。“philosophy”という言葉は、ギリシア語の“philosophia”（フィロソフィア）に由来し、“sophia”（ソフィア、知恵）と“philein”（フィレイン、愛する）が結びついたもので、「知恵を愛する」という意味です。人間は全知全能の神と同じではないが、知を愛し、それを求める中で、少しずつ本当の真理に近づいていく存在であるというのが本来の意味です。上智大学（Sophia University）の「上智」と、フィランソロピー（慈善活動）の「慈《いつくしみ》」だといえば、日本人にも馴染みがあるかもしれません。

この「フィロソフィア」という言葉は、古代ギリシアのヘラクレイトスやヘロドトスによって使われていましたが、哲学を表す名称として確立したのはソクラテスやプラトンからだとされています。

このほかに、同じく紀元前5世紀頃に哲学が生まれた地域としては、孔子や老子ら諸子百家の黄河流域、ウパニシャッド哲学と釈迦の北インドがあり、ギリシアも含めてこれらの哲学は、後世の哲学・思想・宗教の源流となりました。

仏教哲学者の井上円了《えんりょう》は、ソクラテス、イマヌエル・カント、孔子、釈迦の四人を古今東西の哲学を代表する聖賢として選び、「四聖《しせい》」と呼んでいます。また、ドイツの哲学者で精神科医でもあったカール・ヤスパースは、『歴史の起源と目標』の中で、紀元前５００年頃を中心とする前後３００年の時代に起きた世界規模での知の爆発を、「世界史の軸となる時代」という意味で「枢軸時代」（Axial Age）と呼びました。

これまで述べてきたように、さまざまな学問の源流となった哲学ですが、そもそも哲学というとつかみどころがなく、取りつきにくい感じがするかもしれません。そう感じるのは当然で、古代ギリシアから現代に至るまで、哲学には一定の考察対象というものが存在しません。「哲学の目的は思考の論理的明晰化である」（ルートヴィヒ・ヴィトゲンシュタイン）という言われ方をするように、人間の思考と時代の流れとともに、その対象も範囲も常に変化しているのです。

そこで、まずは全体の流れをつかむために、西洋哲学を中心にその成り立ちと今の立ち位置について概観してみましょう。

2　西洋哲学の源流：本質主義の始まりと認識論から存在論への転回

西洋哲学の特質はギリシア哲学とキリスト教信仰（ヘブライ信仰）をその基底としている点です。

イオニア（現トルコ）を中心に始まった初期ギリシア哲学では、その考察の対象は「自然」でした。そこで問われたのは、「世界はなぜできたのか」「世界はなにでできているのか」であり、ギリシア数学のような演繹《えんえき》法を用いた論理的思考にその特徴があります。

イオニアの吟遊詩人ホメロスの叙事詩『イーリアス』『オデュッセイア』（↓２１８頁参照）が作られた紀元前8世紀頃から、古代ギリシア最古の哲学者といわれる紀元前6世紀のタレスまでが、この時代にあたります。

これが、紀元前5世紀にアテナイにソクラテスが登場し、さらにプラトン、アリストテレスの時代になると、「人間はなんのために生きているのか」「人間はいかに生きるべきか」という内面の問題に焦点を当てるようになり、「自然」に加えて「人間」がその考察の対象になりました。

ソクラテスは、プロタゴラスに代表される、弁論術を駆使した当時のソフィストたちの相対主義（relativism）を克服し、普遍的で絶対的な真理を探究しようと努めました。こうしたソクラテスの理想主義を受け継いだのが、ソクラテスの弟子でアリストテレスの師であったプラトンです。

プラトン哲学の中心は「イデア論」（theory of Ideas）です。これは、我々が認識している生成変化する対象や世界の背後には、永遠不変の「イデア」（観念、理念、理想）という事物の「本質」があり、このイデアこそが真の「実在」で、表に現れた世界は不完全な仮象に過ぎないとするものです。

このように、全ての事物には変化しない核心部分としての本質（客体的な実在物）が存在し、事物のありようは本質によって決定されるという考え方を「本質主義」（essentialism）といいます。

古典的なヒューマニズム（人文主義）は、永遠不変の人間性（human nature）の存在を信じるという、人間についての本質主義的な考え方を前提にしています。つまり、人間には人間性や人間らしさというものが本質として存在していて、その存在自体は不変かつ疑いの余地がないものだとみなされてきました。

我々の認識の背後にはイデアという観念が実在するという考えは、観念的なものを本質だと考えるという意味で観念論（idealism）であり、認識の本質や方法、その限界などについて考察する認識論（epistemology）の源流であるともいえます。同時に、イデアという観念が実在するという意味で（素朴実在論に対する観念実在論としての）実在論（realism）の起源でもあります。（→92頁コラム参照）

こうしたプラトン哲学は、今に至る西洋哲学における論点の多くを網羅しており、イギリスの哲学者アルフレッド・ノース・ホワイトヘッドが、その著書『過程と実在』の中で、「西洋のすべての哲学はプラトン哲学への脚注に過ぎない」といっているほどです。

プラトンの本質主義は、実存主義 (existentialism) が登場するまでは、西洋哲学における中核的な概念であり続けました。後述するように、これは実存 (現実存在) がまずあって、その本質は実存 (行為主体) の実践によって決定される未決定なものだとする、ジャン＝ポール・サルトルなどの実存主義的な思想家たちによって批判されることになります。

事物には本質があるというプラトンのイデア論を継承しながらも、存在への問いを明確に立てて体系化したのがアリストテレスです。アリストテレスは、イデアが個物から超越して実在するという考えを批判し、事物の本質を個々の事物に内在するものとして捉え、まず現実の存在を見るべきだとする現実主義的な立場をとりました。

そしてアリストテレス以後、後述するカントの認識論 (Epistemology) における「コペルニクス的転回」までは、あらゆる存在するもの (存在者) が存在していることの根本的な意味を問い、存在そのものの根拠について考察する存在論 (ontology) が、西洋哲学の中心を占めることになります。

二人の考え方の違いは、世界にイデアがあることを前提に観念論的に考えるプラトンに対して、実証的で経験論的な立場をとるアリストテレスというように対比され、これが西洋哲学における二つの大きな潮流につながっていきます。

その後のヘレニズム・ローマ時代においては、「どのように生きれば幸福になるか」という身近な問題が哲学の主なテーマになっていきました。たとえば、精神的充実がもたらす快楽こそが善であり人生の目的であると説いたエピクロスに始まるエピクロス派や、自らに降りかかる苦難をいかに克服してゆくかを説いたゼノンに始まるストア派などです。中でも、自らの運命を受け入れながらも積極的に生きようというストア派の哲学は、五賢帝の一人であるマルクス・アウレーリウスをはじめとした、ローマ帝国の指導者たちの哲学として確立されていくことになります。

それに続く西ローマ帝国滅亡（476年）頃から東ローマ帝国滅亡（1453年）頃までのヨーロッパ中世においては、哲学の対象は主に「神」でした。中世におけるキリスト教の神は、世界と人間を完全に支配し、普遍的原理と秩序の根拠とされたという意味で、哲学は宗教に従属していたということができます。

特に、プラトンが開設したアカデメイアと、アリストテレスが開設したリュケイオンという二つの学問所が6世紀前半に閉鎖されると、学者と文献の多くはアラブの世界に受け継がれていきました。さらに、イスラム帝国が成立すると、アッバース朝（750年－1258年）は、国家的事業としてバグダードにシリア人学者を招き、シリア語のギリシア文献をアラビア語に翻訳させました。

後に、ヨーロッパ世界で哲学が再び開花するのは、イスラム哲学者たちによって継承されていた古代ギリシア・ローマの哲学、神学、科学の文献が、12世紀から13世紀頃にアラビア語からラテン語に翻訳された結果でもあるのです。

その後、西洋哲学がキリスト教から独立した地位を得るようになるのは、スコラ哲学によるところが大きいと考えられます。スコラ哲学は、イタリアの神学者であったトマス・アクィナスをはじめとする、ローマ・カトリック教会の神学者や哲学者によって確立されました。

スコラ哲学は、キリスト教の教義を絶対の真理とし、それをアリストテレス哲学によって精緻に理論化、体系化したものです。その発展は大学の誕生へとつながり、11世紀末にボローニャ大学が、12世紀前半にパリ大学が誕生することになります。

大学には、神学部、法学部、医学部という専門職養成のための三つの上級学部と自由学芸学部が置かれました。上級学部に進む前の学問の科目として、リベラルアーツ（liberal arts）と呼ばれる自由七科（文法学、修辞学、論理学、算術、幾何学、天文学、音楽）が公式に定められ、学生はこれらの科目を哲学部ないし学芸学部で学習しました。

　哲学はこの「人が持つべき実践的な知識・学問の基本」である自由七科の上位に位置し、それらを統治するものと位置づけられていました。しかし、その上位には神学が位置しており、「哲学は神学の婢《はしため》」、つまり宗教が主人で哲学がそれに仕える奴隷のような関係にあるといわれていました。

　この同じ時期に、東ローマ帝国（３９５年－１４５３年）は、古代ギリシア、ヘレニズム、古代ローマの文化にキリスト教、ペルシア、イスラムなどの影響を加えた独自のビザンティン文化を発展させていました。しかし、１４５３年にオスマン帝国軍の攻撃でコンスタンティノポリス（現在のイスタンブール）が陥落すると、多くの学者がイタリアに移住しました。そのため、東ローマ帝国で継承されていたギリシア語の古典文献の読解が可能となり、古代ギリシア・ローマの学問の復興を目指す文化運動としてのルネサンスが興隆することになります。

　ルネサンス（Renaissance）というのは、「再生」「復活」を意味するフランス語で、「文芸復興」と訳されることが多いです。イタリアでルネサンスが発展した背景には、富を蓄えた都市商人たちが文化事業を積極的に支援したことも挙げられます。こうして、教皇、皇帝、封建貴族が力を持った封建制の時代から、市民の現実的・世俗的感覚に基づく人間尊重の時代に移っていきます。

　その後、中世末期の16世紀初頭から始まる宗教改革は、罪の償いを軽減する贖宥状《しょくゆうじょう》に対するマルティン・ルターの批判がきっかけとなり、教皇位の世俗化、聖職者の堕落などへの信徒の不満と結びついて、ローマ・カトリック教会からプロテスタントが分離する事態へと発展しました。

フランスでは、ジャン・カルヴァンが「神の救済にあずかる者と滅びに至る者が予《あらかじ》め決められているとする」という「予定説」を唱えました。神から与えられた天職を禁欲的に全うすべきという禁欲的職業倫理は、またたく間にヨーロッパ各地に広がり、その後、マックス・ウェーバーが、『プロテスタンティズムの倫理と資本主義の精神』（→146頁参照）の中で、このカルヴァン派の予定説と職業倫理が資本主義の原型を生み出したという説を提示することになります。

このように、宗教改革でローマ・カトリック教会の権威が揺らぐ中で、14世紀にイタリアで始まったルネサンスで世界の中心が「神」から「人間」に移ることによって、人間の理性で自然を認識し、普遍的な真理に到達できるという世界観が生まれました。こうして、哲学における「神」の領域は徐々に狭められていき、その対象も「人間」に移行していくことになります。

COLUMN

存在論と認識論

古典的な分類では、哲学は、以下のように認識論、存在論、倫理学の三つに分けられます。

①認識論（知識論）：世界とそこに存在する事物に対する「認識」を問うもの。
②存在論（形而上学）：世界とそこに存在する事物の「本質」を問うもの。
③倫理学（倫理哲学、道徳哲学）：人間の良いあり方や、正しいあり方について問うもの。

認識論（独：Erkenntnistheorie、仏：Épistémologie、英：epistemology）は、認識や知識の起源、構造、範囲、方法などについて考察するもので、ヒトの外の世界をいかに認識していくかを問うものです。主題としては、「人はどのようにして物事を正しく知ることができるのか」「人はどのようにして物事について誤った考え方を抱くのか」「人間にとって不可知の領域はあるか、あるとしたらどのような形で存在するのか」などが扱われます。

認識主体と認識客体のいずれに重点を置いて考えるのかによって、観念論（観念的・精神的なものが外界とは独立してあるという立場）と実在論（概念や観念に対応するものがそれ自体として実在しているという立場）に分かれます。実在論は、対応するものが概念や観念の場合は観念実在論になり、物質や客観の場合は素朴実在論や科学的実在論になります。認識論は、自然科学の分野における科学的認識論と区別して、哲学的認識論とも呼ばれます。

存在論（独：Ontologie、仏：Ontologie、英：ontology）は、さまざまに存在するもの（存在者）の個々の性質を問うのではなく、存在者一般に関して、全ての存在者が共通に持つものやその根本的・普遍的な規定を考察し、規定するものです。

存在論は、しばしば形而上学と同義に用いられます。形而上学の主題の中心的なものに存在の概念があり、これはアリストテレスが『形而上学』において、存在全般の普遍的原理や原因を解明する学問を「第一哲学」と呼んだことに由来します。これに対して、その原理や原因の結果によって生じた、個々の具体的な存在（自然）を扱う自然哲学（今日の自然科学）を「第二哲学」と呼びました。つまり、アリストテレスは、存在の根本原理や原因を扱う学のほうがより重要であると位置づけ、それを「第一哲学」と呼んだことになります。ただし、アリストテレスの「第一哲学」が、「諸存在（万物）の根本的な原因・原理」をめぐる、感覚・非感覚・論理・数学・神学などを横断する幅広い考察であったのに対し、近代以降の形而上学の考察の対象は、自然科学の発展に伴い一部の狭い領域に押し込まれ、変質してきています。

これに対して、近代的な意味での認識論を成立させたのが、「近代哲学の父」といわれるルネ・デカルトです。デカルトは、「本当に確かなことはなにもない」という全面的な懐疑主義（skepticism）に対して、「我思う、ゆえに我あり（コギト・エルゴ・スム）」という言葉で、全ての事物を疑った（方法的懐疑）後に純化された精神だけが疑いえないものとして残ることを主張しました。

デカルトが認識の起源は理性（合理主義）であるとしたのに対して、「イギリス経験論の父」といわれるジョン・ロックは認識の起源は経験（経験主義）であるとしました。さらに、この合理主義と経験主義を統合したカントの「コペルニクス的転回」以降、哲学は認識論に傾斜することになります。

しかし、第一次世界大戦以降、存在論を認識論より体系的に上位に位置づける実在論的存在論を提唱したニコライ・ハルトマンの批判的存在論や、存在一般への問いの前に人間存在への問いが先行しなければならないというマルティン・ハイデッガーの基礎的存在論などにより、「認識論から存在論へ」という揺り戻しが始まることになります。

3 「知識は力なり」ベーコン：17世紀科学革命とイギリス経験論の誕生

信仰から合理性と科学の時代への移行を象徴するのが、イギリスの哲学者・科学者で政治家でもあったフランシス・ベーコンです。「知識は力なり」（scientia est potentia）という言葉で知られるベーコンは、スコラ哲学で用いられた演繹法（deduction）ではなく、自然に対する観測と実験から真理を引き出すという帰納法《きのう》（induction）を提言し、その認識の方法は経験論（empiricism）の出発点となりました。

17世紀のヨーロッパは科学革命の時代でした。宗教改革とルネサンスによりカトリック教会の神中心の世界観が後退し、大航海時代の幕開けにより膨大な知識と情報がもたらされました。さらに望遠鏡や顕微鏡などの観察・実験用具が発明され、また数学が自然現象の理論づけに用いられるようになったことで、科学が革命的な進歩を遂げました。

その先駆的な役割を果たしたのが、『星界の報告』（→３７７頁参照）で地動説を唱えた有名なガリレオ・ガリレイ、惑星の運行法則を発見したヨハネス・ケプラーらで、それらの科学を体系づけたのが、万有引力の法則を発見し、古典数学を完成させ、古典力学を創設したニュートンです。

ベーコンは、デカルトと共に、世界は原因と結果の連鎖によって動いているとする機械論的世界観の先駆者でもあります。彼の思想は、社会契約論を唱えた『リヴァイアサン』（→３０８頁参照）のトマス・ホッブズを経て、「イギリス経験論の父」と呼ばれる『人間知性論』（→２４８頁参照）のロックにつながり、『人間本性論』のデヴィッド・ヒュームによって、イギリス経験論（British empiricism）として完成を見ることになります。

ヒュームの思想は、後述するカントに強い影響を与えることとなりました。そして、同じスコットランド出身のアダム・スミスとの交流が、後に「近代経済学の父」や「古典派経済学の祖」と呼ばれるスミスの倫理学書『道徳感情論』と経済学書『国富論』（→１３４頁参照）につながることになります。

また、ヒュームと同時代のヨーロッパ大陸において、ホッブズやロックから社会契約の概念を継承したのが、ジャン＝ジャック・ルソーです。ルソーは『社会契約論』（→２５０頁参照）において、共同体（国家）のメンバーが総体として持つ「一般意志」の考え方を示し、フランス革命に強い影響を与えました。ルソーの思想は、カント、ヨーハン・ゴットリープ・フィヒテ、ゲオルク・ヴィルヘルム・フリードリヒ・ヘーゲルをはじめ、ドイツ観念論（German idealism）に強い影響を及ぼすことになります。

このようにベーコンから始まった経験論は、聖書や神学という権威を離れて人間本来の理性により世界を把握しようという、17世紀後半から18世紀にかけての啓蒙主義（enlightenment）の時代につながっていきます。ひいてはイギリスの名誉革命（1688年－1689年）やアメリカ独立宣言（1776年）、さらにはフランス革命（1789年－1799年）にも大きな影響を与えることになります。

4 「近代哲学の父」デカルト：存在論から認識論への転回と大陸合理主義の誕生

ホッブズと同時代にフランス哲学界に登場するのが、「近代哲学の父」「大陸合理論の祖」デカルトです。考える主体としての精神とその存在を定式化した、デカルトの「我思う、ゆえに我あり」は、哲学史上、最も有名な命題のひとつであり、理性で真理を探求していこうという近代哲学の出発点となりました。

17世紀科学革命の時代に生きたデカルトは、数学・幾何学によって得られた概念こそが疑い得ないものであると考えました。宗教的権威に基づく先入観を排除し、「全てのことを疑う」ことを通して確実な知識を求める方法的懐疑（確実なものに到達するまでの手段としての懐疑）を進めた結果、神の存在さえも疑うようになった当時の懐疑主義に対し、全てのものが懐疑にかけられた後にどれだけ疑っても疑い得ないものとして精神だけが残るとの結論に至りました。

このように、「存在について語る前にどのようにして存在を認識するかを論じなければならない」というデカルトの主張は、世界の普遍的原理を理性で認識しようという形而上学の中心課題を、存在論（ontology）から認識論（epistemology）へ転回させることになりました。

また、デカルトは、空間的広がりを持つが思考ができない「物質」の世界と、空間的広がりを持たないが思考はできる「心」という二つの実体があるとして、これらは互いに独立して存在するという物心（心身）二元論（mind-body dualism）を唱えました。これは、哲学における伝統的な問題であり、現在では、認知科学、神経科学、理論物理学、コンピューターサイエンスにおいても議論されています。

イギリス経験論では、人間は経験を通じてさまざまな観念・概念を獲得するとして帰納法的に真理を探るのに対して、デカルトに始まる大陸合理論（continental rationalism）では、人間は生まれながらにして基本的な観念や理性（生得観念）を持っていると考えます。そして、その理性的認識によって真理を捉え、そこからあらゆる法則を導こうとする演繹法が真理探求の方法とされました。

5 「近代哲学の祖」カント：認識論におけるコペルニクス的転回

イギリス経験論と大陸合理論は、共に数学的な確実性を足がかりに真理に到達しようという意味においては、表裏一体といえるものでした。そして、そこからこの経験論と合理論の統合を試みたのが、18世紀プロイセン(ドイツ)の哲学者カントです。

カントは、認識論における「コペルニクス的転回」をもたらした「近代哲学の祖」とされます。認識論とは人が外の世界をいかに認識するかを問うもので、それまで、認識は外部にある対象をそのまま受け入れることによって成り立つ、すなわち、認識は対象に依拠すると考えられていました。

カントはこの考え方を逆転させ、『純粋理性批判』(→254頁参照)の中で、人の知性には限界があり、認識は永遠に実像であるその「物自体」を捉えることができないため、人が見ているのは対象そのものではなく、認識の枠組みが捉えた「現象」であるとしました。つまり、人は物自体を認識することはできず、認識が現象を構成するのだとして、認識のあり方を180度反転させました(認識論的転回)。カントは、こうした認識論上の転回をコペルニクスによる天動説から地動説への転回にたとえて自ら「コペルニクス的転回」と呼び、ここに認識自体を問う近代的な認識論が成立することになります。


カント自身は大陸合理論の系譜につながりますが、同時代のヒュームやルソーの思想に触発され、人は自らの経験に基づく認識の枠組みでしか対象を見ることができないとして、合理論を批判しました。その一方で、全ての認識が経験に由来するわけでなく、人は生まれつき備わっている論理的な思考能力によって、対象の実在に近づくことはできるとして、経験論と合理論の統合を図りました。このことにより、それまでの理性による思考と進歩という啓蒙主義の時代は終わりを告げることになります。

カントは『実践理性批判』(→254頁参照)の中で、自然界における自然法則と同じように、人間界における道徳法則というものを置き、人間が自らの能力を高めればその法則が見えてきて、それに近づくことができると考えました。カントは、道徳法則が分かり、自分の信念(行動原理)に従って行動できるようになることを「自律」と呼び、自律することで人は自由になるのだとしました。

このような、経験論における白紙の人間でもなく、デカルトのいうような生得観念でもなく、認識の枠組みに焦点を当てて人間の普遍的な意識の構造を明らかにしていこうとする認識論における方向転換は、現代における心理学、認知科学、構造主義、現象学などさまざまな新しい学問を生み出していくことになります。19世紀は新たな哲学・思想が誕生して現代につながる基礎を形成した時期であると同時に、認識論の一部が哲学の外に出て心理学という学問になって独立し、また自然科学が哲学の領域を次々と置き換えていくなどした時代でした。その結果、最後に残された領域が、認識論（epistemology）と存在論（ontology）だったのです。

6 「近代哲学の完成者」ヘーゲルと実在論：ドイツ観念論から実在論への転回

カントは、デカルト的な主観と客観の二項対立の図式を前提としつつ、現象（主観）と物自体（客観）を区別し、人間の知性には限界があり、人間の認識は永遠に実像である物自体には至らないと考えました。これに対して、カントの二元論的な枠組みとその限界を弁証《べんしょう》法により乗り越えようとしたのが、18世紀後半から19世紀初頭のドイツが統一へと向かい始める転換期を生き、ドイツ観念論（German idealism）を完成させた、「近代哲学の完成者」ヘーゲルです。

弁証法というのは、同じ問題について二つの相対立する立場がぶつかり合っている状態から、その矛盾を新たな次元で統一する「止揚《しよう》」（Aufheben）を通じて、高次の段階へ至るというもので、「定立《ていりつ》」「反定立」「総合」という三段階で説明されます。ヘーゲル哲学の入門書と言われる『精神現象学』（→２６０頁参照）において、人間の精神活動も弁証法を積み重ねていくことで止揚を繰り返しながら進歩し、最後には主観的精神（心、魂、意識）と客観的精神（法、道徳、人倫）が一致した精神の最高段階である「絶対精神」を獲得するとしています。

カントは、人間の認識は永遠に実像である物自体には至らず現象のままで終わると考えましたが、ヘーゲルは人間の精神が弁証法によって絶対精神を勝ち取ることで、世界の対象を知ることが可能になるという、自我を中心とする一元論を考えたのです。

このヘーゲルを頂点とするドイツ観念論への反動として、19世紀から20世紀にかけて、ヨーロッパでさまざまな実在論（realism）が生まれました。実在論とは、言葉に対応する概念がそれ自体として実在していて、その認識は可能だとする立場で、代表的なものとしては、マルクス主義の史的唯物論（historical materialism）があります。

実在論は、実在を物的なものとする唯物論（materialism）、霊的なものとする唯心論（spiritualism）、物的なものと霊的なものとする二元論（dualism）に分けられます。たとえば、中世スコラ哲学における普遍論争では、個に先立って普遍というものが実在するのか、あるいは人間が作った名前に過ぎないのかの論争が繰り広げられました。普遍概念が実在するという前者の立場の源流は、普遍的本質としてのイデアが存在するとしたプラトンにあり、これは観念実在論（Idea realism）と呼ばれます。

また、カントやヘーゲルをはじめとする当時の哲学は、理性を中心に議論を展開しており、基本的に人間の「生」そのものは構想の対象から外れていました。

これに対して、ショーペンハウアーやニーチェらは、いわゆる生の哲学（philosophy of life）を探求し、デカルトのような心身二元論的な知性や理性に限定された存在よりも、体験や直観を重視して、流動的で非合理な人間の生そのものを哲学の対象としました。

西洋近代哲学の流れ

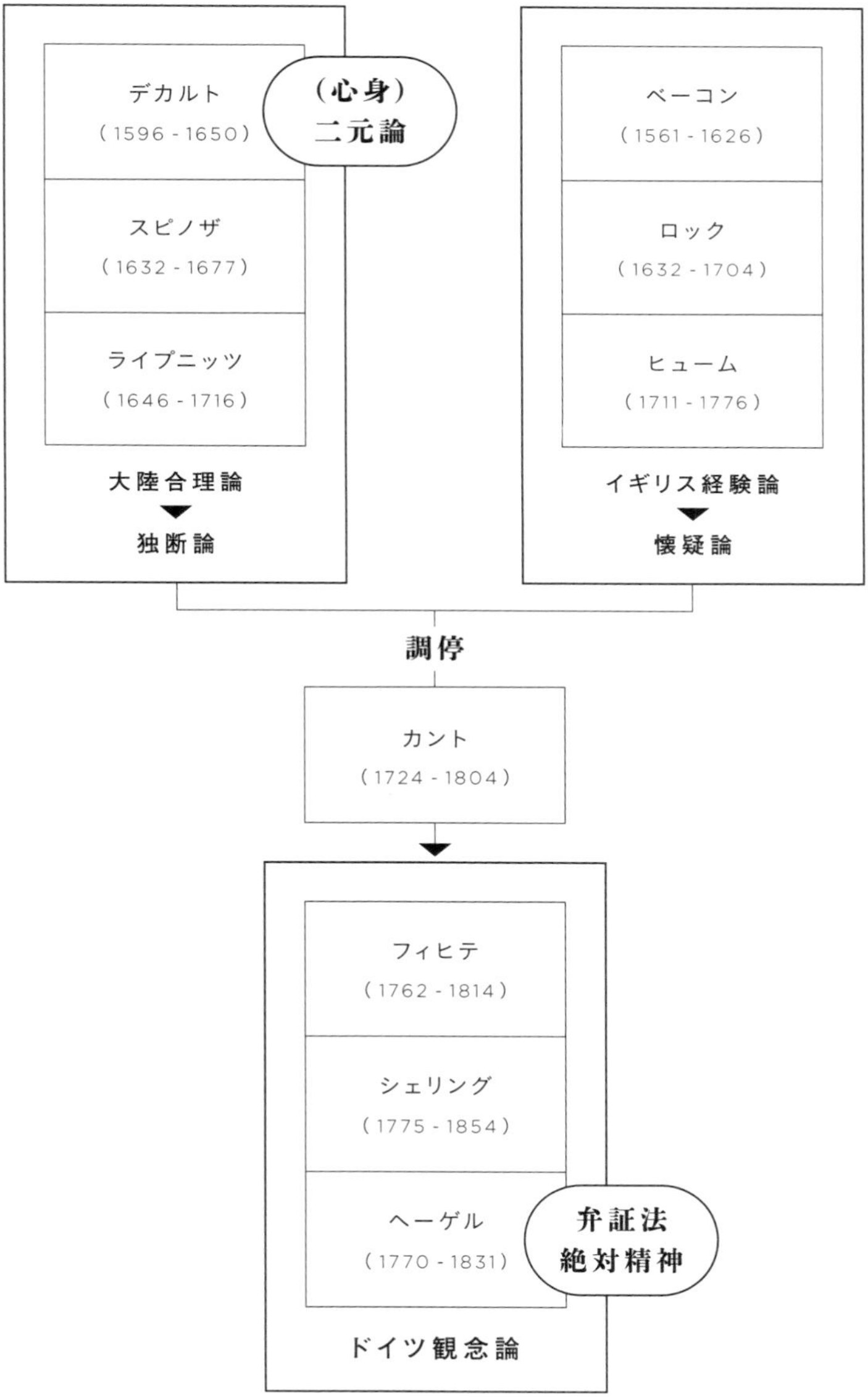
デカルト
(1596 - 1650)
(心身)
二元論
スピノザ
(1632 - 1677)
ライプニッツ
(1646 - 1716)
大陸合理論
独断論
ベーコン
(1561 - 1626)
ロック
(1632 - 1704)
ヒューム
(1711 - 1776)
イギリス経験論
懐疑論
調停
カント
(1724 - 1804)
フィヒテ
(1762 - 1814)
シェリング
(1775 - 1854)
ヘーゲル
(1770 - 1831)
弁証法
絶対精神
ドイツ観念論

7 実存主義、構造主義、ポスト構造主義：本質主義から実存主義、構造主義への転回

20世紀に入ると、人間の実存（現実存在＝事物一般が現実に存在することそれ自体）を説明しようとする実存主義（existentialism）の運動が起こります。これは、「実存（existentia）は本質（essentia）に先立つ」という言葉に表されるように、「人間がいかに自らの自由により自らの生き方を決断していくか」を中心に据えた哲学的立場です。ヘーゲルが弁証法による主観と客観の二項対立の克服と自我を中心とする一元論を考えたのに対して、実存主義は、神の前に立つ単独者としての、個別・具体的な存在としての人間を哲学の対象にします。実存主義の先駆者と言われるのがセーレン・キェルケゴールで、この立場はヤスパース、ハイデッガー、サルトルらの実存主義に受け継がれ広がっていきました。

実存主義が広まった背景には、二度の世界大戦、特に第二次世界大戦という、神や真実や善といった本質的存在を疑わざるを得ないような、人類が初めて体験した大きな災いが関係しているのは間違いありません。戦争で全ての意味が破壊される悲惨な状況を見て、人々は神が人生に意味を与えてくれなかったことを悟り、「自分の人生以外に、自分の人生に意味を与えるものはなにひとつない」、つまり、「まずあなたが存在する。そして、人生に意味を与える」と考えるようになったのです。

古典的ヒューマニズムは、永遠不変の人間性の存在を信じるという人間の本質主義的概念を前提にしていました。しかし、実存主義者は、実存がまずあり、その本質はその後に実存である人間主体の実践によって決定される未決定なものであると考えました。これは、キリスト教における、人間には本質（魂）があり、生

まれてきたこと自体が意味を持つという宗教的な考えを真っ向から否定するものでした。

その後、１９６０年代に入ると、実存主義は、「社会の構造が人間の意識を作るのであり、完全に自由な人間などいない」と考える、レヴィ＝ストロース、ジャック・ラカン、ミシェル・フーコーなどの構造主義(structuralism)による厳しい批判にさらされることになります。

構造主義は、社会人類学者で「構造主義の祖」レヴィ＝ストロースが、世界各地の神話に共通で普遍的な構造が存在するのを発見したことから始まります。社会と文化の根底には有機的な構造が存在すると考え、歴史的出来事の記述よりも、そうした構造がなんであるかを見つけ出そうとするものです。それによれば、自分の主観も、自分を取り巻く文化的な価値観、家族、育った場所など、さまざまな要素からなる構造に依拠しているのであり、それが人生に意味を与えているのだとされます。

さらに、静止的な構造を前提とする構造主義に対する反動として、１９６０年代後半から１９７０年代後半のフランスにおいて興ったのが、ジャック・デリダに始まるポスト構造主義（ポストモダニズム）(post-structuralism)です。

ポスト構造主義は、構造主義を「時間の流れや歴史的な変化を考慮せずに構造を分析しようとしており、生成や変化といったリアルタイムで進行しつつある出来事を扱い得ない」と批判しました。こうした、近代的な物語を解体して脱構築(deconstruction)しようとする試みは、20世紀の哲学全体に及ぶ大きな潮流となりました。

さらに、ヴィトゲンシュタインの「言語論的転回」は、現代の哲学にとっての大きな転機となりました。「言語論的転回」とは、現実を構成するのは言語で、我々が知ることができる全ては言語によって条件づけられているのだから、思想を分析するためには言語を分析すべきであるという、哲学における方法論の転換のことです。

ヴィトゲンシュタインは、「およそ語りうることについては明晰に語りうる、そして、論じえぬものについては沈黙しなければならない」として、神の存在や人間の意識の中身など探りようがない、世界の客観的存在などあり得ないとしました。

こうして哲学の中心的な命題が言語の分析に置き換えられてしまったことで、現代の哲学は、強力な説得力を持つ自然科学に対して劣勢に立たされることになります。

8 新実在論：ポスト構造主義から新実在論への転回

実存主義にせよ、構造主義にせよ、ポストモダニズムにせよ、その根底にあるのは、社会構造というのは人々が共同行為によって作り上げている夢のようなものであり、そこには当初から意味を持った現実などなにも存在しないという理解です。ポストモダニズムの特徴は「大きな物語」、つまり道徳的な善悪や法的な正義に関する万人に共通の普遍的な真理や規範は存在せず、もはや小さな集団の多種多様な意見があるだけだというものです。

こうした前提に基づいて、人々は1960年代から1980年代にかけて、第二次世界大戦やベトナム戦争のような社会を抑圧する大惨事から逃れ、皆が自由になるために社会をどのように変えられるだろうかと構想しました。そして、こうしたポストモダニズムの思想が経済体制として結実したのが、今のネオリベラリズム(新自由主義)であり、さらに、この社会的現実などなにもないのだというポストモダニズム的な思考を、政治の世界に持ち込んだのが、アメリカのドナルド・トランプ前大統領なのです。

全ての事物には変化しない核心部分としての本質が存在するという本質主義の考え方は、人類の歴史における中核的な思想であり続けてきました。しかし、ポストモダニズム以後、「あらゆるものは幻想である」という相対主義的傾向が強まり、同時に、それに対する批判も繰り返し行われてきました。

こうした半世紀にもわたる哲学上の対立の図式から抜け出す第三の道を開き、構造主義やポスト構造主義を克服する哲学として現れてきたのが、思考から独立した存在を考える新実在論(new realism)です。

現在、新実在論の中心にいるのが、フランスのクァンタン・メイヤスーです。メイヤスーは、ポストモダニズムにおいて頂点に達した「言語論的転回」という発想は、カントの「認識論的転回」から始まっており、さらにこれはデカルトにまでさかのぼるものだと考えます。つまり、近代哲学はカントにせよヴィトゲンシュタインにせよ、全て実在に対する人間の優位という立場から価値の相対性を説く相関主義(correlationism)に他ならないと考えます。

メイヤスーはこうした相関主義を乗り越え、人間の思考から独立した数学や科学によって理解できる存在を考えるために、科学的に考察可能な人類出現以前の「祖先以前性」や、人類消滅以後の「可能な出来事」をも想定します。

同時に、ドイツの新実在論の中心にいるが、現代思想界の若き天才といわれるマルクス・ガブリエルです。ガブリエルによれば、物事の実在はそもそも特定の「意味の場」と切り離すことはできず、「世界は、見る人のいない世界だけでもなければ、見る人の世界だけでもない」として、物理的な対象だけでなく、それに関する「思想」「心」「感情」「信念」、さらには一角獣のような「空想」さえも存在するとしています。

ガブリエルが構想する「新実在論」は、科学的な世界だけでなく、心（精神）の固有の働きをも肯定します。つまり、科学の有用性は十分に認めながらも、現代社会で広く支持されている、自然科学こそが唯一実在にアクセス可能だとする科学至上主義を否定しています。

見方はさまざまだという相対主義だけであれば、認識論（epistemology）の内側にとどまりますが、ガブリエルは存在論（ontology）にまで相対化を徹底して、「存在する」ということを「意味の場に現象する」ことと広く捉えています。そうした意味で、これは新しい実在論の形ということができます。これが、今、哲学の最前線で議論されていることなのです。

9 西洋哲学と東洋哲学の比較

以上が、現代思想において世界の主流を占めている西洋哲学の歴史です。そうは言っても、もちろん我々日本人のルーツは東洋にあります。そこでここでは、東洋哲学や日本哲学について、西洋との比較において概略します。

西洋哲学と東洋哲学の大きな違いを挙げると、まず、西洋は「学」としての哲学、東洋は「教」としての哲学と捉えることができます。西洋哲学は、数学に代表される論理的思考を前提として、世界の本質を言葉で理論的に解明しようとしています。

これに対して、東洋哲学は、論理的整合性よりは、「いかに生きるか」「いかに体得するか」という人生の実践に重点が置かれています。

また、西洋哲学では、主体と客体を分離した二元論的で要素分解的な思考によって真理を追究するのに対して、東洋哲学では、主体の内側に真理を求める一元論的な思考をするという違いがあります。

強いて言うなら、東洋哲学はより実践的な側面を重視するという意味では、古代ギリシア・ローマ時代のストア哲学に近いものです。また、西洋近代哲学を、イギリス経験論・大陸合理論・ドイツ観念論の三つに大別するなら、東洋哲学は、人間経験の裏づけによって哲学の有効性を判断するイギリス経験論に近いといえます。

こうしたことから、西洋哲学と東洋哲学とでは、たとえば「真理」の捉え方が異なります。西洋では、プラトンの時代から「真・善・美」の三つを価値ある理想（イデア）として追い求めてきましたが、その最初に挙げられるのが真理です。キリスト教の『新約聖書』（「ヨハネによる福音書」第1章）に、「はじめに言葉ありき」と書かれているように、西洋では言葉が重要な意味を持ち、真理も言葉によって表現できると考えてきました。

これに対して、たとえば仏教の「真理」は言葉では説明し尽くすことができないものだとされています。仏教では、存在の究極的な姿としての真理を「真如《しんにょ》」といい、これは「あるがままにあること」を意味します。しかし、言葉は不完全なものであることから、本当の真如は悟りを開いた仏陀にしか分からないとされています。このように、言葉では言い表せない真如を「離言真如《りごんしんにょ》」といいます。

仏教の一派である禅宗には、悟りは文字や言葉で伝えられるものではなく、師の心から弟子の心へ直接伝えられるものであるという「不立文字《ふりゅうもんじ》」という考え方があり、真理を悟るには修行（坐禅による瞑想）によるしかないとされています。禅宗の僧が悟りを開くために行う問答を「禅問答」といいますが、現代ではこれが転じて、「なにを言っているのか分からない難解な問答」や「まったく話のかみ合わない問答」を意味するのは周知の通りです。真理は言葉では言い表せないことを前提にしているのですから、禅問答が難解になるのは当然といえます。

そもそも、中国には古くから「言は意を尽くさず」（『易経』繋辞《けいじ》伝）のように、言葉は不完全なもので、人の心は正確に伝達できないという考え方があります。特に、諸子百家のひとつで老子、荘子に始まる道家の思想にはそうした考えが強く、『老子』には「知る者は言わず、言う者は知らず」（56章）、『荘子』にも「道は言うべからず、言えばすなわち非なり」（知北遊篇）と書かれています。

中国の代表的な古典に「四書五経」（四書は『論語』『大学』『中庸』『孟子』、五経は『詩』『書』『礼』『易』『春秋』）（→２２０頁参照）がありますが、ここに書かれているのは、儒教に基づく政治の実践的手法と社会秩序のあり方で、西洋的な意味における「哲学」ではありません。特に、皇帝を頂点とした政治的秩序に従うべきことを示した「忠」と、血縁社会の中で年長者に服すべきことを示した「孝」の重要性が強調されていて、これらによって社会が秩序だって形成されるとしています。

東洋哲学と西洋哲学とでは、「実在」（常住不変の存在）の捉え方も違います。西洋哲学では、伝統的には形而上と形而下、実在と現象といった二元論的な思考方法がされます。プラトンの「イデア（理想）」（目の前にある現象から共通の本質や類型や理念を抽出した理想形）、アリストテレスの「エイドス（形相）」（あるものが存在するのに不可欠な性質を与える本質的な原理）などでは、いずれも真の実在は自然を超越した場所にあるとされています。

これに対して東洋哲学では、真の実在は個々人の内面に求められます。たとえば、大乗仏教の経典『華厳経』にある「三界唯一心、心外無別法（さんがいにただいっしんのみ、しんげにべっぽうなし）」（三界の全ての現象は心によってのみ存在し、心が作り出したものであり、その三界にはただひとつの心があるのみだという意味）や、禅宗の「脚下照顧《きゃっかしょうこ》」（外に向かって悟りを追求せず、まず自分の本性をよく見つめよという意味）などです。

また、仏教でいう「浄土」（一切の煩悩《ぼんのう》やけがれを離れ、五濁《ごじょく》や地獄・餓鬼・畜生の三悪趣がなく、仏や菩薩が住む清浄な国土）と「穢土《えど》」（迷いから抜けられない衆生が住む、けがれた現世）、「涅槃《ねはん》界」（仏教での究極的目標である永遠の平和と安楽の世界）と「煩悩界」（身心を悩まし、苦しめ、煩わせる世界）などの区別も、全て個人の心の反映だとされています。

日本を代表する哲学者の西田幾多郎（→２６８頁参照）は、親友だった仏教学者の鈴木大拙（→４５４頁参照）の影響で始めた参禅を基礎として、東洋思想と西洋哲学を融合させた、日本独自の哲学を築き上げました。西田の哲学体系は「西田哲学」と呼ばれ、日本初の独創的哲学として大正から昭和初期にかけて大きな反響を呼びました。

西田は、近代西洋哲学を基礎としつつ、西洋哲学の主体と客体という二元論を乗り越えるために、禅の「無の境地」を理論化して、主体と客体が分離される以前のあるがままの「純粋経験」という概念を考えました。主観も客観もない主客合一の純粋経験は、全てを物の実在から見る唯物論や全てを自分という存在から見る観念論とは異なり、現実をある一方向からだけ見ることはしません。

このように、主体と客体という区別は抽象の産物に過ぎず、本来はひとつの働きの違う側面であるとした西田の思想は、純粋経験を唯一の実在とした一元論ということができます。

第3章

経済と資本主義

経済学の流れ

	古典派	アダム・スミス (1723 - 1790)	マルサス (1766 - 1834)	リカード (1772 - 1823)	
新古典派経済学(ミクロ経済学)	新古典派	マーシャル (1842 - 1924)	ワルラス (1834 - 1910)	メンガー (1840 - 1921)	
マルクス経済学	マルクス経済学	マルクス (1818 - 1883)			
ケインズ経済学(マクロ経済学)	ケインズ経済学	ケインズ (1883 - 1946)	マンキュー (1958 -)		
新自由主義	マネタリスト 新古典派総合	ハイエク (1899 - 1992)	フリードマン (1912 - 2009)	サミュエルソン (1915 - 2009)	ルーカス (1937 -)
	ゲーム理論 行動経済学	ノイマン (1903 - 1957)	サイモン (1916 - 2001)	カーネマン (1934 -)	

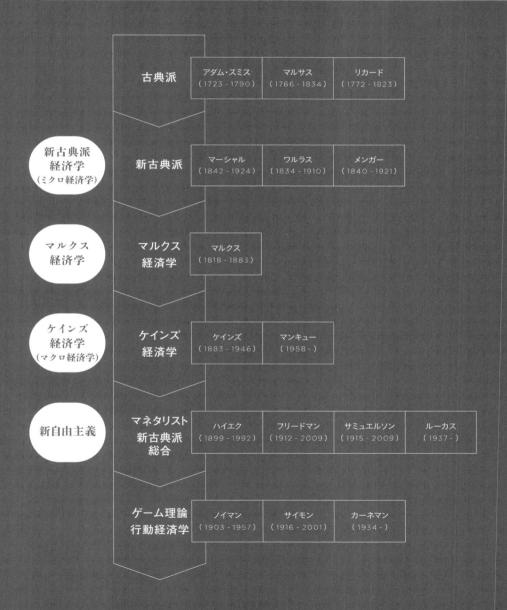

I　経済学(economics)の定義

経済学については、これまでさまざまな定義がなされてきました。イギリスの経済学者ライオネル・ロビンズは、『経済学の本質と意義』の中で、「他の用途を持つ希少性ある経済資源と目的について人間の行動を研究する科学」であるとしています。

しかし、こうした定義に対しては、たとえば、ジョン・メイナード・ケインズが、弟子のロイ・ハロッドに宛てた手紙の中で、「経済学は本質的に道徳学であり自然科学ではありえない」(『ケインズ全集第14巻』)と語っているように、経済学は本質的に価値判断を伴う倫理学であって科学ではないという批判がされています。

さらに、マックス・ウェーバーは、『社会科学と社会政策にかかわる認識の「客観性」』の中で、科学者は決して自らの「価値理念」から自由になれるわけではなく、それを自覚することでまやかしの「客観性」から解放されるとしています。

経済学は、広義には、交換、取引、贈与や負債など必ずしも貨幣を媒介としない、価値をめぐる人間関係や社会の諸現象を研究する学問であり、人類学、社会学、政治学、心理学と隣接します。現在の経済学の主流は、複数の主体の意思決定や行動を数学的なモデルを用いて解説するゲーム理論の影響受けて、経済活動における人や組織の行動の研究に移行しています。

経済学の中で、経済理論の前提となる概念や体系を方向づける思想や、その歴史を研究する学問分野は「経済思想」と呼ばれます。経済思想はなにに価値を置くかによって、たとえば、貿易によって国富の増大を目指す重商主義、富の源泉は農業だとする重農主義など、さまざまな考え方があります。人間や社会にとっての価値や幸福などを扱う分野であり、人々はなぜ争わずに商取引を行えるのか、商品の価値はどこから生まれてくるのか、貨幣はなぜ生まれてなぜ流通しているのか、売買と贈与はどこが違うのかなど、多くの点で哲学や倫理学での考察対象になっています。

なお、日本ではミクロ経済学やマクロ経済学を総称して「近代経済学」としていますが、この「近代経済学」というのは日本独特の呼び方です。日本でマルクス経済学（↓１２１頁参照）が主流であった時代に、１８７０年代の限界革命以降の経済学体系のうち、「マルクス経済学」以外の経済学の総称として用いられるようになったものです。

マルクス経済学では、資本主義という枠組みそのものの是非が問われます。一方、近代経済学では、そもそも価値判断には立ち入らず、資本主義を前提とした数学的モデルの構築とその分析に重点が置かれるのが通常です。

2　古典派経済学（classical political economy）

経済学というのは相対的に若い学問で、その歴史の流れを大きく分けると、18世紀後半から１００年続いた古典派経済学（classical political economy）、そこから誕生した新古典派経済学（neoclassical economics）、それからマルクス経済学（Marxian economics）とケインズ経済学（Keynesian economics）の四つに集約されます。

学問としての経済学は古典派経済学から始まりますが、その萌芽は古代ギリシアに見ることができます。"economy"という英語の語源はギリシア語の"oikonomia"（オイコノミア）で、これは、「家」を意味する"oikos"と「法則」を意味する"nomos"を合成したものです。つまり、自分の家の財産をいかに管理するかということで、古代ギリシアにおいてはこれが経済現象を示す概念でした。

「見えざる手」で有名なアダム・スミスは、『国富論』（→134頁参照）の中で、経済学を以下のように"political economy"（政治経済学）という言葉で表現しています。つまり、家長による家産の管理としてのオイコノミアから類推したのが、統治者による国家経済の運営としての"political economy"だったのです。

政治家あるいは立法者の科学の一部門と考えられる経済学〈political economy〉は、二つのちがった目標をめざしている。第一に、民衆に豊富な収入または生活資料を供給すること、つまり、もっと適切にいえば、民衆がみずからそのような収入または生活資料を調達できるようにすること、そして第二に、公務を行うのにたりるだけの収入を、国家または共同社会に供給することである。経済学は民衆と主権者の双方を富ますことをめざしている。

このように現代につながる経済理論の認識が生まれたのは、大航海時代に始まるヨーロッパ経済の発展を受けて重商主義が始まった16世紀半ば以降のことです。

経済学の出発点となる古典派経済学は、アメリカ独立宣言の年と同じ1776年に出版された『国富論』によって体系化されたので、経済学の歴史というのはわずか250年ほどしかありません。哲学はいうに及ばず、12－13世紀に成立したヨーロッパ中世の大学でのリベラルアーツ（文法学、修辞学、論理学、算術、幾何学、天文学、音楽）に比べても、数百年も遅れて登場した学問なのです。

古典派経済学の中心にあるのは、「人間の労働が価値を生み、労働が商品の価値を決める」という労働価値説（labour theory of value）です。これは、アダム・スミス、デヴィッド・リカードらの経済学の基礎をなし、カール・マルクスのマルクス経済学にまで受け継がれました。この古典派経済学の中心にあるのは、労働生産性を高めるためには市場における自由な競争が必要であり、国家は経済活動に規制や介入を加えるべきではないという自由主義経済思想です。これは自由な人間の活動や私有財産、利潤追求といった近代ブルジョワ民主主義社会の人間観とも合致するものでした。

スミスの経済理論は、リカードが自由貿易の利点を明らかにすることによって、１８３０年代以降のイギリスの自由貿易政策に取り入れられ、イギリス経済の繁栄を理論的に支え、経済学史上初の主流派経済学となっていきます。古典派経済学は、スミス、リカードを始め、トマス・ロバート・マルサス、ジョン・スチュアート・ミルといったイギリスの経済学者によって発展されたため、イギリス古典派経済学とも呼ばれています。

イギリスでは、ナポレオン戦争（１７９９年－１８１５年）後に大陸封鎖令が解除されると、地主貴族の利益を保護するために、穀物の輸入を制限する穀物法（１８１５年－１８４６年）が施行されます。「近代経済学の創始者」と呼ばれるリカードは、マルサスと穀物法論争を繰り広げ、産業資本家と自由貿易を擁護する立場から、『経済学および課税の原理』（→１４０頁参照）を出版し、各国が比較優位に立つ産品を重点的に輸出することで経済厚生は高まるとする比較生産費説（the law of comparative advantage）を主張しました。

これに対してマルサスは、『人口論』（→１３８頁参照）で、人口増加にともなう食糧の不足を貧困の原因と捉え、「幾何級数的に増加する人口と算術級数的に増加する食糧の差により人口過剰（貧困）が発生するが、これは必然であり、社会制度の改良では回避できない」というマルサスの罠（Malthusian trap）を主張していました。マルサスは、穀物法についても、地代の上昇は資本蓄積や人口増加による耕作地の拡張から生ずるものであり、地主の利益は社会全体の利益に沿うとして保護貿易を唱えました。

このように、有効需要の大きさが経済活動の水準を決定するという有効需要論（effective demand theory）を唱えたマルサスに対して、フランスのジャン＝バティスト・セイは、「供給はそれ自身の需要を創造する」というセイの法則（Say's law）を唱えました。セイは、「あらゆる経済活動は物々交換にすぎず、需要と供給が一致しないときは価格調整が行われ、仮に供給が増えても価格が下がるので、需要が増え需要と供給は一致する。したがって、需要とその合計としての国の購買力を増やすには、供給を増やせば良い」としました。

古典派経済学は、マルクス、レオン・ワルラス、ジョン・ヒックスといった多くの経済学者によって継承されましたが、後のケインズの『雇用・利子および貨幣の一般理論（一般理論）』（→154頁参照）によって、その問題点が広く認知されるようになります。

ケインズは、所得のうち消費されなかった残りにあたる貯蓄の一部が投資されない可能性を指摘して、セイの法則を批判しています。古典派経済学では、需給の均衡は財の価格が十分に調整し得るほどの長期において成立するとしますが、ケインズは、「長期的には我々はすべて死んでいる」（『貨幣改革論』）といい、このような長期的均衡は実現しないと批判しました。他方、マルサスの有効需要論については、「もしリカードではなくマルサスが19世紀の経済学の根幹をなしていたなら、今日の世界ははるかに賢明で、富裕な場所になっていたに違いない」と高く評価しました。

3 新古典派経済学（neoclassical economics）

古典派経済学は、１８７０年代に誕生した新古典派経済学によって論駁《ろんばく》されて、主流派経済学の座を譲り渡すことになります。その嚆矢《こうし》となったのが、１８７１年から１８７４年にかけ、レオン・ワルラス、ウィリアム・スタンレー・ジェヴォンズ、カール・メンガーという、それぞれフランス、イギリス、オーストリアと国籍の違う３人の経済学者が、ほぼ同時期にかつ独立に発表した限界効用理論（marginal utility theory）です。

それまでの古典派経済学は労働価値説に立脚していましたが、彼らは「価値は効用で決まる」という効用価値説（utility theory of value）を打ち出し、財を消費することから得られる効用（満足度）を考え、ある財をもう一単位だけ追加的に消費することにより得られる効用の増加を「限界効用」と呼びました。

その前提になっている人間観は、経済的合理性のみに基づいて選択を行う「ホモ・エコノミクス（経済人）」です。合理的な人間同士が自発的に交換を行う「交換の経済学」が、現代経済学の原型となりました。

そして、この限界効用理論を前提に、企業（生産者）と家計（消費者）が価格に反応して自己の効用が最大となるように合理的に行動し、価格の変化を通して社会的な需要と供給の均衡が実現されるという一般均衡理論（general equilibrium theory）を取り入れた経済学を、一般的に新古典派経済学と呼んでいます。

限界効用理論には、「財の消費量が増えるにつれて財の追加消費分（限界消費分）から得られる効用は次第に小さくなる」とする限界効用逓減《ていげん》の法則（law of diminishing marginal utility）があり、その変化率は微分法により数理分析が可能です。ワルラスとジェヴォンズは共に数学者でもあり、ここから現代の数理経済学が発展していくことになります。

このように、新古典派経済学は、従来の労働価値説に基づく絶対的な商品価値を前提とした経済学から、功利主義に基づく相対的な価値・効用にその範囲を拡張することで、経済学に「限界革命」をもたらしました。なお、一般的に「限界革命」の言葉が使われるようになったのは1970年代のことです。この頃に、科学史の分野でトーマス・クーンが科学革命の概念を提唱したことをきっかけとして、「経済学史上の限界革命は、果たして科学革命といえるのか」という議論が盛んになりました。

その後、ワルラスの経済学はローザンヌ学派として、メンガーの経済学はウィーン学派として受け継がれました。また、早世したジェヴォンズの経済学は、後にケンブリッジ大学のアルフレッド・マーシャルが批判的に受け継ぎ、ケンブリッジ学派と呼ばれるようになりました。

ワルラスは、経済分析に数学的手法を活用し、『純粋経済学要論』の中で、一般均衡理論（general equilibrium theory）を最初に定式化しました。一般均衡理論は多くの財を含む市場全体における価格と需給量の同時決定を扱う理論で、ひとつの財の市場における価格と需給量の決定を扱う部分均衡分析に対するものとして提唱されました。市場を通じて全ての商品で需要と供給が一致する価格が存在すること、市場均衡での資源配分がパレート最適（他の誰かの効用を悪化させない限り、誰かの効用も改善できない状態）であることなどを示しました。

この一般均衡理論は、その後、さまざまな諸理論により修正されつつも、いまなお現代経済学の基本として生き残っていて、これに代わるグランド・セオリー（一般理論）は、現代経済学ではいまだ確立していません。

マーシャルは、ケンブリッジ大学の教授としてケンブリッジ学派を形成し、ケインズやアーサー・セシル・ピグーを育てたことで知られています。スミスが「見えざる手」と称した市場の均衡と効用価値説を結びつけ、縦軸に価格、横軸に数量（購買量／生産量）を取る需要・供給曲線として需要・供給の法則を示したことで、限界革命に大きな貢献をしました。

また、その主著『経済学原理』の中で、“economics”という今日の経済学を示す単語として普及させたのもマーシャルで、経済学が“political economy”から“economics”になって、政治学から「科学」として独立したのが、このタイミングだといえます。

ピグーは、厚生経済学（welfare economics）の確立者として知られています。兄弟弟子であったケインズが反古典派経済学であるケインズ経済学を立ち上げたのに対して、古典派経済学を擁護しました。古典派経済学が影響力を失っていくなかで最後まで古典派の立場に立ち擁護したことから、「古典派最後の経済学者」といわれています。

新古典派経済学の背景にある政治思想は、18世紀の自由放任型自由主義です。政府の権力は最小化すべきと考え、政府からの自由を求める立場です。そのために、新古典派経済学は自由放任主義（laissez-faire）の理論だといわれることも多いですが、政治思想としての自由放任主義、特にリバタリアニズム（libertarianism）とは異なります。公共財の供給、市場の失敗への対処、マクロ経済安定化政策など政府にしか行えないものは政府に任せるべきだとするなど、政府の役割も重視しています。

新古典派経済学は、今でいうミクロ経済学（microeconomics）にあたり、さらにここから派生したのがゲーム理論（game theory）と行動経済学（behavioral economics）です。

また、その後に登場する新古典派総合（neoclassical synthesis）と呼ばれるものは、市場機能を重視（新古典派）する一方で、裁量的な財政・金融政策の有効性（ケインズ学派）を認める学派で、1950年代にポール・サミュエルソンが、その主著『経済学』によって広めたものです。

新古典派総合では、完全雇用（非自発的失業が存在していない状態）でない場合には価格が硬直的であるためケインズ政策は有効であるものの、完全雇用である場合には価格が伸縮的であるため、新古典派経済学が有効であるとしています。

なお、19世紀末から1920年代頃のアメリカにおいては、社会改良を第一の目的として、経済に関する現実の慣行や法制度を直接的に観察することによってその目的を達成しようとするアメリカ制度学派（American institutional school）が主流でした。社会における制度のあり方に注目するアメリカ経済学の一派で、ソースティン・ヴェブレンらが中心となって、古典学派や新古典学派などの一般化・抽象化された分析に対する批判から生まれたものです。

合理的個人の想定に基づく新古典派経済理論を批判し、経済現象を人間の社会的慣習という制度の問題として捉え、アメリカ社会の制度的特徴とその変化に即して経済を把握しようとしました。また、資本主義の発達とともに生じた独占、恐慌、労使対立、貧困などの問題については、市場の失敗に備えて、市場の監視や制限をする政府や団体や委員会などの制度を導入すべきだという社会改良論を展開しました。

当時のアメリカにおける制度学派の社会的影響力は大きく、その政策提言は、1929年の世界恐慌時の政策としても実行されました。

4 マルクス経済学(Marxian economics)

新古典派経済学とほぼ同時期の19世紀後半に登場したのがマルクス経済学です。

マルクスは、古典派経済学の労働価値説を継承しつつ、それを批判的に検証し、資本主義の運動法則を解明することで、資本主義経済は放っておくと不安定になりやがて崩壊するとしました。資本家が、労働者が賃金以上に働くことで生み出した剰余価値を生産手段に投資していくと利潤率が低下していくという利潤率低下の法則 (law of the tendency of the rate of profit to fall) がその根拠とされています。

マルクスの目指すところは、労働者の政党による独裁的な社会主義国家の完成にありました。政治思想は、富を民主的に分配するために生産手段の社会化 (国有化) を行うべきだとする社会主義であり、経済システムとしては政府による計画経済を目指しました。

1917年のロシア革命で、共産党独裁による社会主義国家であるソビエト連邦が誕生し、その後、ソ連はドイツやオーストリアの共産党を支援します。ただし、実際に両国民の支持を集めたのは、議会制民主主義を維持しつつ、経済危機を脱するために社会主義的な政策を実現しようという社会民主主義でした。

社会民主主義は、一党独裁を掲げることはありませんし、大きな政府による福祉の最大化を求めますが、資本主義体制は維持します。現在のヨーロッパ大陸の国々の社会民主党、社会党や、イギリスの労働党の政治・経済思想も、こうしたものです。

5 ケインズ経済学(Keynesian economics)

ケインズ経済学は、1929年のアメリカの株式市場の大暴落に端を発する世界恐慌の最中に完成しました。

不況は自律的に回復するという従来の経済学は、世界恐慌によって疑念の目で見られるようになり、古典派経済学の自由放任主義を修正する動きが出てきます。資本主義の無制限な競争が経済不安を引き起こしたとして、国家の介入・規制による雇用や社会福祉の政策など、混合経済を提唱したジョン・メイナード・ケインズによって確立された経済学をケインズ経済学と呼びます。

世界恐慌に対して有効な政策が取れなかった自由主義者で共和党のハーバート・フーヴァー大統領の後を受け、1933年に修正資本主義を掲げた民主党のフランクリン・ルーズベルトが大統領に就任し、危機から脱出すべく、政府による財政・金融政策を総動員しました。

アメリカとイギリスという国の違いはありますが、ケインズの経済理論が構築されたのは、政府が市場経済に積極的に関与するという、ルーズベルトが行った一連の経済政策(ニューディール政策)が行われた時期とも一致しています。

ケインズの貢献は、『雇用・利子および貨幣の一般理論(一般理論)』(↓154頁参照)において、総需要が決定されるメカニズムを説明し、有効需要(貨幣的支出に裏づけられた需要)の不足に基づく非自発的な失業の原因を明らかにしたことです。そして、非自発的な失業がむしろ一般的であり、完全雇用というのは極限的な場合に限られるとしました。

ケインズは、不況下における金融緩和などの金融政策には効果がなく、有効需要は市場メカニズムに任せていても増加しないけれど、減税・公共投資などの財政出動を行うことで、供給サイドの過剰な生産能力に見合うだけの有効需要を創出すれば回復できるとして、消費を直接的に増やす財政支出が最も効果的な政策であるとしました。

また、公共投資をすれば、それによって民間投資と個人消費が刺激され、政府の支出額以上に国民所得が増加するという乗数理論（theory of multiplier）を提唱し、国民所得が増えれば税収も増えることから、公共投資のための財源確保に国債を発行しても問題ないとしました。

こうした有効需要の原理（principle of effective demand）に基づいて、今日のマクロ経済学（macroeconomics）を確立させたケインズの経済理論は、経済学を古典派経済学者とケインジアン（ケインズの経済理論を支持する経済学者）とに大きく二分することとなったことから、「ケインズ革命」と呼ばれます。

6　経済的新自由主義（economic neoliberalism）

１９６０年代になると、ケインズ主義的な経済政策は「大きな政府」となって財政を破綻させ、増税が経済成長を阻害するという批判が巻き起こります。特に、１９７０年代以降、自由市場を信奉し、中央銀行による通貨供給だけを例外として政府の規制や介入を極力排除すべきであるとするシカゴ学派がノーベル経済学賞を席巻し、世界的な規制緩和や金融市場の自由化、公的部門の縮小を牽引する原動力となりました。

ミルトン・フリードマンらシカゴ大学の教授陣を中心として生まれたこのシカゴ学派の経済思想は、「マネタリスト」とも言われます。裁量的な財政政策へ傾倒していったケインズ的総需要管理政策への対立軸として生まれ、貨幣供給量の変動が、短期における実質経済成長および長期におけるインフレに対して決定的に重要な影響を与えるとします。フリードマンによる、「経済生産より早いペースで貨幣量が増えることによってのみ生まれ得るという意味で、インフレーションとはいついかなる場合も貨幣的現象である」という言葉が有名です。

このように、貨幣供給量（マネーサプライ）や貨幣供給を行う中央銀行の役割など、経済運営における貨幣の役割のみを重視する理論を「マネタリズム」と呼びます。

こうした市場原理主義（market fundamentalism）的な考えを、政府の経済・社会政策に適用したものが新自由主義（neoliberalism）です。１９７０年代のスタグフレーション（景気停滞"stagnation"と物価上昇"inflation"の共存）を契機に、物価上昇を抑える政策が重視され、新自由主義的な政策は、アメリカのロナルド・レーガン大統領、イギリスのマーガレット・サッチャー首相や、日本の中曽根首相、小泉首相など、先進各国の政治家によって実行されました。

特に、１９８０年代のレーガン政権（１９８１年－１９８９年）やサッチャー政権（１９７９年－１９９０年）では、規制緩和や財政支出の削減、減税など、自己責任を基本とした小さな政府に必要性が強調され、均衡財政、福祉・公共サービスの縮小、公営事業の民営化、グローバル化を前提とした経済政策、規制緩和による競争促進、労働者保護廃止などの経済政策がとられました。

この新自由主義経済政策の流れは今日まで続いています。たとえば、直近ではジョージ・W・ブッシュ政権（2001年－2009年）の下での大幅な金融自由化が挙げられます。これによって投機的な金融商品が増大し、2008年にそのバブルがはじけてリーマンショックが発生したことで、1929年の世界恐慌に迫る危機が再現されることになりました。

こうした中で大きな問題として浮上したのが、いわゆる貧富の格差問題です。

トマ・ピケティの『21世紀の資本』（→196頁参照）では、「投資収益（r）>経済成長（g）」という、歴史的な経済的不平等の拡大が実証されました。社会を不安定化する資本主義の仕組みをどのように是正していくのかが、今日の世界における最大の課題となっています。

7 宇沢経済学と社会的共通資本

経済学の歴史を概観すると、残念ながら日本人の名前がほとんど出てきません。しかしその中で、「日本人で最もノーベル経済学賞に近い」と言われた数理経済学者の宇沢弘文の存在を忘れることはできません。

宇沢は、数理経済学者として世界を舞台に活躍し、多くの著名な経済学者を育てました。たとえば、岩井克人（東京大学）、吉川洋（東京大学）、清滝信宏（プリンストン大学）らが、東京大学の宇沢ゼミ出身です。ノーベル経済学賞を受賞したジョセフ・スティグリッツ（コロンビア大学）とジョージ・アカロフ（UCバークレー）は、シカゴ大学で宇沢が主催したサマーセミナーに参加していました。
同時に、社会的共通資本(social common capital)の概念を提唱することで、いったん人間から離れてしまった経済学をもう一度、人間の側に引き戻すことに尽力し、今日の国連のＳＤＧｓ(持続可能な開発目標)に極めて近い考え方を、１９８０年代の早い段階から打ち出しました。

宇沢は、１９６４年に36歳の若さでシカゴ大学教授に就任しますが、ベトナム戦争当時、同僚だったフリードマンらの主流派経済学が唱える市場原理主義を批判してシカゴ大学を去り、１９６８年に東京大学に助教授として戻りました。人生の後半は、数理経済学の研究を続けるかたわら、自動車や水俣病などの公害問題、原子力発電問題、成田空港建設反対運動など社会問題にも積極的に関わりました。

「知の巨人」宇沢の業績とその意義を正しく理解することは容易ではありません。特に、宇沢の後半生の活動は、その中心に「人間尊重」を掲げたことで、思想的・哲学的に大きな広がりを持っています。

宇沢の経済学の根底には、哲学者のジョン・デューイ(→４３２頁参照)がいう、「人間は神から与えられた受動的な存在ではなく、一人一人がその置かれた環境に対処して、人間としての本性を発展させようとする知性をもった主体的実体」であり、「政治的権力、経済的富、宗教的権威に屈することなく、一人一人が、人間的尊厳を失うことなく、それぞれがもっている先天的、後天的な資質を充分に生かし、夢とアスピレーションとが実現できるような社会」を実現しようという、リベラリズム(liberalism)の理念が流れています。

ただし、宇沢が「日本にはリベラリズムに直接対応する言葉がない」と言っていたように、日本語にはリベラリズムの適切な訳語は存在しません。これをそのまま日本語訳すると自由主義(liberalism)になりますが、今でいう自由主義とは、経済的には市場原理に重きを置く新自由主義(neoliberalism)、思想的には個人の自由を追求するリバタリアニズム（libertarianism）のことで、これは本来のリベラリズムとはまったくの別物です。

新自由主義に理論的な根拠を提供したのが、フリードマンら新古典派の経済学者です。新古典派経済成長モデルでは、投資によって経済は拡大し、安定的な成長経路をたどるとするのに対して、宇沢が手掛けた地球温暖化をはじめとする環境保全などの運動は、成長優先の政策に対するアンチテーゼであり、宇沢による倫理面での批判は、フリードマン個人に対しても強く向けられました。

宇沢は、市場による支配（新自由主義的な資本主義）と国家による支配（社会主義、共産主義）の両方を否定し、そのどちらも、一人ひとりの人間的尊厳と魂の自立が守られ、市民の基本的権利が最大限に確保するという要請を満たしていないとします。

宇沢が提示する第三の道は、ソースティン・ヴェブレン（→１４５頁参照）が提唱した、社会に内在する問題を解消するための理想的な制度的条件を探求する制度主義の思想です。『社会的共通資本』（→１７６頁参照）の中で、「制度主義は、資本主義と社会主義を超えて、全ての人々の人間的尊厳が守られ、魂の自立が保たれ、市民的権利が最大限に享受できるような経済体制を実現しようとするものである。制度主義の考え方はもと、ヴェブレンが、19世紀の終わりに唱えたものであるが、１００年以上も経った現在にそのまま適応される。社会的共通資本は、その制度主義の考え方を具体的な形で表現したもの」だと語っています。

宇沢は、資本主義が個人の自由だけでは解決し得ない社会問題を引き起こすと考え、いかにして経済学に社会的な視点を導入できるかというテーマに取り組みました。そして、社会問題に対してどのように制度的に対応するべきかという制度派経済学的な視点から、社会的共通資本という答えを導き出しました。

１９８０年代のイギリスのサッチャー政権、アメリカのレーガン政権以降、新自由主義的な経済学が世界を席巻する中で、宇沢は孤軍奮闘を続けました。
宇沢の数理経済学者としての立ち位置は終生変わらず、２００３年の"Economic Theory and Global Warming"と２００５年の"Economic Analysis of Social Common Capital"では、地球温暖化と社会的共通資本に対して数理経済的な手法で取り組んでいます。これらの論文の前書きで、自分の研究を次世代の経済学者に発展させてもらいたいと書いていますが、残念ながら、その思想を明示的に受け継ぐ経済学者は現れませんでした。

そうした中でも、現在のスティグリッツや岩井の活動に、宇沢の思想は引き継がれています。

スティグリッツは、経済の成功はＧＤＰではなく人々の幸福によって計測すべきとして、経済を成長させながら万人を豊かにして貧富の格差を解消する「進歩的資本主義」の考えを提示しています（『スティグリッツ PROGRESSIVE CAPITALISM』）。

岩井もまた、宇沢と同様に理論経済学からスタートしましたが、その後、資本主義や株式会社の問題を研究する中で、経営者の「倫理」ということを強く提唱するようになりました（『資本主義と倫理』）。

２０１４年、残念ながら宇沢は研究の道半ばで倒れることになりますが、社会的共通資本は、２０１５年に国連が提唱したＳＤＧｓ（持続可能な開発目標）に通じる重要な概念であり、宇沢の問題意識は今でも陳腐化することなく、むしろ今の時代にこそ一層の普遍性を持つものだと思います。

『経済学は人びとを幸福にできるか』（→１７６頁参照）の冒頭で、ジャーナリストの池上彰は、宇沢について次のように解説しています。

経済学は、何のための学問か。人を幸せにする学問ではないか。人を幸せにするためには富の創造・蓄積が必要だが、それに傾注していると、いつしか当初の目的から逸脱して、人々を不幸にすることもある。人々を幸福に少しでも近づけるために、経済学の理論はどう構築されるべきなのか。これを生涯にわたって追究してきたのが、宇沢弘文氏です。

経済学を現実の人間像と切り離して、価値判断を持ち込まずに単なる科学的な道具として使うのであれば、「幸せとはなにか」といった人間にとっての根源的な問いが失われてしまいます。

２００８年のリーマンショックや２０２０年から始まった新型コロナウイルス（ＣＯＶＩＤ－19）の世界的流行を経て、世界が持続可能な社会の実現に向けて大きく舵を切ろうとしている中で、社会的共通資本の重要性を訴えた宇沢経済学が、これから再評価されることになるのは間違いないでしょう。

第 2 部

人類の歴史に残る200冊

第I章

資本主義
経済
経営

経済学の萌芽《ほうが》は、古代ギリシアの"oikonomia"（オイコノミア）にさかのぼりますが、学問としての経済学が確立されるのは、「近代経済学の父」アダム・スミスが登場する18世紀です。当初は"political economy"として始まった古典派経済学が、政治学から科学の一分野として独立し、現在の"economics"になったのは、古典派が新古典派経済学に移行したタイミングでした。

古典派経済学の中心にあるのは「人間の労働が価値を生み、労働が商品の価値を決める」という「労働価値説」で、これはマルクス経済学に引き継がれていきます。他方、新古典派経済学は「価値は効用で決まる」という「効用価値説」を打ち出し、財の追加的な消費から得られる限界的な効用を考える「限界革命」を起こします。労働価値説に基づく絶対的な価値から、人間の合理性を前提とした相対的な価値・効用に着眼点が移行したことで、経済学は、限りある財をどう分配するかという「希少性（scarcity）の学問」と呼ばれるようになります。

ところが、1929年のアメリカ発の世界恐慌により、不況は自律的に回復するという新古典派の経済理論が疑われるようになり、自由放任主義を修正して国家の介入・規制を重視するケインズ経済学が誕生します。

さらに、1960年代に入ると、ケインズ主義的な経済政策は「大きな政府」を生み出し、財政を破綻させるという批判が噴出する中で、市場原理を優先し、政府の規制や介入を極力排除すべきであるとする新自由主義が登場しました。これを実際の経済政策に反映させたのが、1980年代のアメリカのレーガノミクスやイギリスのサッチャリズムであり、さらには日本における中曽根行政改革でした。レーガンは、「政府が我々の問題を解決するのではない、政府自体が問題なのだ」とまで言い切りました。これ以降、世界経済の市場化と金融化が一気に進み、そして2008年のリーマンショックとそれに続く経済危機によって、世界は再び激震に襲われることになります。

こうした中で大きな問題として浮上したのが、資本主義経済がもたらす地球や社会の持続可能性や経済格差の問題です。これに対して国連は、2015年、グローバルな課題に取り組むためにSDGs（持続可能な開発目標）を掲げ、2030年までに世界が抱える課題を解決するべく行動を開始しました。

新型コロナウイルス問題を受けて、さらに不平等を拡大し、社会を不安定化していく今の資本主義の仕組みをどのように是正し、世界を持続可能なものにしていくかは、引き続き現代社会が抱える大きな課題となっています。

『道徳感情論　上・下』岩波文庫/水田洋［訳］
『国富論　1～4』岩波文庫/水田洋［監訳］/杉山忠平［訳］

『道徳感情論』『国富論』

アダム・スミス

『道徳感情論（道徳情操論）』（The Theory of Moral Sentiments）（初版1759年、第6版1790年）と『国富論（諸国民の富）』（An Inquiry into the Nature and Causes of the Wealth of Nations）（1776年）は、「近代経済学の父」アダム・スミス（1723年－1790年）が著した、倫理学書および経済学書です。

『国富論』には、後の経済学に見られる着想のほとんどが含まれていることから、近現代における経済学の出発点とみなされていますが、それに加えて、社会思想史上の古典としても位置づけられています。

スミスが生きた18世紀のイギリスは、政治の民主化、近代科学の普及、産業革命の進展という「啓蒙の世紀」である一方で、格差と貧困、財政難と戦争といった深刻な社会問題を抱えていました。当時のイギリスは名誉革命により立憲国家になっていましたが、その経済政策は、金銀などの貴金属を富と考え、国家による保護関税や産業保護などを主張する重商主義で、東インド会社などの特許会社による保護貿易を政策の柱としていました。

『国富論』は、その「諸国民の富」という原題の通り、富とはなにか、なにが国民にとって富にあたるのかについて述べています。この中でスミスは、貴金属こそが富だと考える重商主義を批判し、富の源泉は人間の労働であるという「労働価値説」を唱えました。つまり、国民の労働で生産される生活必需品や便益品こそが富であり、労働価値を高めるためには設備投資や資本の蓄積が必要だとして、ピン工場の例を挙げながら、国際的な分業と自由貿易の重要性を訴えました。

そして、個人が利益を求めて利己的に行動しても、「見えざる手」（invisible hand）によって導かれ、結果として経済はうまく回るとして、市場における自由競争によって生産性が高まるという、市場機能に基づく自由放任主義を唱えました。逆にスミスは、個々の投資行動をいちいち指図するのは、誰も責任を取ることのできない有害無益な行為であると考えました。

『国富論』には、「見えざる手」という言葉は一度しか出てこない上に、しばしば誤解されますが、「神の見えざる手」(invisible hand of God) という言葉は一度も出てきません。「神」に相当するものは、スミスの『天文学史』の中において、「ジュピターの見えざる手」(invisible hand of Jupiter) という言い回しで、「ジュピター」(古代ローマの最高神) として登場するだけです。しかし、その後、この言葉はスミスが使ったもとの文脈を離れ、現在では市場における自由競争が最適な資源配分をもたらすという、市場の自動調整機能を指すものとして使われるようになりました。

こうしたスミスの経済学説は、イギリス産業革命の理論的支柱となり、それまでイギリス政府がとっていた重商主義による保護貿易政策は見直され、１８３０年代の自由貿易主義への転換がもたらされました。

スミスは生前、『国富論』(Wealth of Nations) に加えて、「法と統治の一般原理と歴史」(Law of Nations) に関する書物も出版する計画でしたが、死の数日前に友人に命じてほぼ全ての草稿を焼却させてしまい、日の目を見ることはありませんでした。

『道徳感情論』は『国富論』の20年近く前に執筆されたスミスの処女作で、なぜ人々は法がない状況でも道徳的に振る舞い、社会は秩序を保っていられるのか、社会秩序を導く人間の本性とはなんなのかが、経験主義的に考察されています。

スミスは、神や聖書といった超越的ななにかに規範の源泉を求めるのではなく、人間の持つ「共感、同感」(fellow feeling, sympathy) というものを共通の出発点として、内面化された「公平な観察者」(impartial spectator) という立場から、物事の「適合性、適宜性」(propriety) を説明するという形で、人間そのものの中に、道徳や規範の根拠を求めようとしました。

スミスは、ホッブズが『リヴァイアサン』(→308頁参照)で述べている、人間の自然状態を、個人同士が互いに自然権を行使しあった結果としての「万人の万人に対する闘争」とする前提は誤っていると批判し、本書のタイトルに象徴されるように、社会秩序は理性ではなく道徳感情によって基礎づけられていると結論づけたのです。

また、スミスは、古代ギリシアのエピクロス派とストア派について、自らの考えと比較しながら論じています。人生の目的は快楽であり、自然で必要な欲求(友情、健康、食事、衣服、住居などを求める欲求)だけを追求して、苦痛や恐怖のない生活を送ることが善であるとしたエピクロス派に対し、ストア派は、徳は自然と一致した意志にこそ存するとして、規則に従って生きることを通じた道徳的・倫理的幸福の追求を提唱しました。

スミスは、エピクロス派の体系については、自分がこれまで確立しようと努めてきた体系と両立しないと述べる一方で、ストア派については、「賢人」と「公平な観察者」を重ね合わせて、肯定的な見解を示しています。

スミスは『道徳感情論』を生涯に6回も書き直しており、1790年の最終版では、1776年に出した『国富論』がその構想の一部であった旨を序論につけ加えています。

現在では、『国富論』は、単なる自由放任と弱肉強食を説いた市場至上主義的な思想書ではなく、共感を持つという人間像を前提とした経済理論であるとして、両書をいわば「車の両輪」とした幅広い見地からの研究がなされています。

経歴

アダム・スミス(1723年 - 1790年)は、イギリスの哲学者、倫理学者、経済学者。スコットランドに生まれ、グラスゴー大学で、自然法思想を継承するフランシス・ハッチソンの下で道徳哲学を学んだ。1751年にはグラスゴー大学の論理学教授に就任し、翌年、道徳哲学教授に転任。この頃に、イギリス経験論を代表するヒュームと出会い、大きな影響を受ける。1759年に『道徳感情論』を出版し、1763年にグラスゴー大学を辞職すると、スコットランド貴族ヘンリー・スコットの家庭教師として3年間フランスやスイスを旅行し、この間に、ヴォルテール、ケネー、テュルゴーなどのフランス啓蒙思想家とも交流を持った。イギリス帰国後は執筆活動に専念し、1776年に『国富論』を出版し、その後、グラスゴー大学名誉総長に就任。

参考図書

『人間本性論』デイヴィッド・ヒューム、『アダム・スミス:『道徳感情論』と『国富論』の世界』堂目卓生、『論語と算盤』渋沢栄一

『蜂の寓話』

バーナード・デ・マンデヴィル

『蜂の寓話《ぐうわ》：私悪は公益なり』(The Fables of the Bees: or, Private Vices, Public Benefits)（1714年）は、社会風刺家バーナード・デ・マンデヴィル（1670年－1733年）による著作です。

本書のタイトル「蜂の寓話」には、巣の中の個々の蜂は私利私欲の追求のために働いていても、巣全体としては豊かに富んだ社会生活が営まれているという寓意があります。また、副題の「私悪は公益なり」という有名な表現は、一般的に悪徳とされる私利私欲の追求が、結果的に社会全体の利益につながるとする逆説的な表現になっています。

マンデヴィルは1705年に風刺詩「ブンブンうなる蜂の巣」を書きますが、ここでの思想は、後に本書に組み込まれて拡張されています。ここにおける人間観は、人間の本性を理性よりも情念に見出し、自愛心の作用を強調することで、社会関係の本質を各個人の利益追求を動機とする相互的協力に求めています。

マンデヴィルは経済問題に関しても独自の考察を展開しています。富める者の悪徳である奢侈《しゃし》的消費を、雇用を創出して経済発展を促すものとしてその重要性を強調する一方、貯蓄という道徳的な活動を不況の原因だとしています。

マンデヴィルのこうした思想は、社会や同時代の知識人たちの非難の対象になりましたが、それにも関わらず、フランシス・ハッチソン、ヒューム、スミスのようなスコットランド啓蒙主義の思想家たちに大きな影響を与えることになりました。

経歴

バーナード・デ・マンデヴィル（1670年－1733年）は、イギリスの精神科医、思想家（風刺、散文）。
デジデリウス・エラスムス、ピエール・ベール、ラ・ロシュフコー、ピエール・ガッサンディ、ホッブズ、ロック、バールーフ・デ・スピノザ、ミシェル・ド・モンテーニュなどの影響を受けた。重商主義で繁栄していたオランダのロッテルダムの名門の家に生まれたが、英語を学ぶためにロンドンに渡り、そこで開業しながらイギリスに帰化することになった。

参考図書

『国富論』アダム・スミス

『人口論』光文社古典新訳文庫/斉藤悦則［訳］
『経済学原理　上・下』岩波文庫/小林時三郎［訳］

『人口論』『経済学原理』

トマス・ロバート・マルサス

『人口論』(An Essay on the Principle of Population)(1798年)は、イギリスの古典派経済学者トマス・ロバート・マルサス(1766年-1834年)による人口学の古典です。

本書の序文で、マルサスは次のように述べています。

「人口はつねに生活物資の水準におしとどめられる。これは明白な真理であり、多くの論者が指摘していることでもある。しかし、私の知るかぎり、人口をこの水準にとどめる方法については、誰も特別に研究していない。」

そしてこのテーマを研究することで、「幾何級数的に増加する人口と算術級数的に増加する食糧の差により人口過剰と貧困が発生するのは必然であり、社会制度の改良では回避できない」とする「マルサスの罠」を提唱しました。

当時のイギリスでは、社会改良による貧困の救済が主張されていましたが、マルサスは人口の原理を示すことで、社会は貧者を救済できないし救済すべきでない、救貧法は貧者に人口増加のインセンティブを与えるとして、貧困の救済や社会福祉的な改革を批判しました。

これは、「戦争、貧困、飢饉《ききん》は人口抑制のために良いし、食糧不足による餓死は人間自身の責任である」という生存権の否定につながる考えで、ダーウィンの進化論を支える思想にもなりました。ダーウィンは、自然界ではマルサスの言う通りの自然淘汰が起きるため、生存競争においては有利な個体差を持つものが生き残り、子孫は有利な変異を受け継ぐと結論づけました。

しかし、その後、イギリスは産業革命によって加速度的な経済成長を遂げ、またハーバー・ボッシュ法の開発で化学肥料が安定的に供給されることになったため、単位面積当たりの収穫量が飛躍的に増大し、実際にはその間の人口増加を支えることができたのです。

経済学原理

『経済学原理』（Principles of Political Economy Considered with a View to Their Applications）（１８２０年）は、マルサスが、経済成長のための有効需要の重要性を唱えた著作です。マルサスは本書で、「供給はそれ自身の需要を創造する」という「セイの法則」の有効性を否定し、供給能力を高めても需要は高まらないとしました。

本書は７章からなり、「富の定義」「価値の尺度」「地代についての議論」「労働の賃金」「資本の利潤」「富と価値の区別」「富の増大の原因」という構成になっています。本書は、資本の過剰な蓄積が社会に悪影響を与えると説き、ナポレオン戦争後の不況対策として、地主階級の消費支出を高めるための土地分割、貿易拡大、公共事業などを提案しています。

マルサスが本書を執筆した背景には、リカード（→１４０頁参照）の『経済学および課税の原理』の出版があります。マルサスとリカードは、１８１５年に地主を保護するためにイギリスが定めた、穀物の輸出入を制限する穀物法（１８１５年-１８４６年）をめぐって、いわゆる「穀物法論争」を繰り広げます。

リカードは、イギリスの穀物価格を上昇させて資本蓄積を阻害するとして、穀物法の廃止を主張したのに対して、マルサスは、食料輸入は不安定であり食糧自給を保証する必要があるとして穀物法を擁護しました。また、リカードが全般的な過剰生産を否定して「セイの法則」を支持し、資本家、労働者、地主間の分配だけを問題にしたのに対して、マルサスは有効需要の側面に重点を置いた需要供給論を展開し、財の「一般的な過剰」があり得るとしました。

経歴

トマス・ロバート・マルサス（1766年 - 1834年）は、古典派経済学を代表する経済学者。ケンブリッジのジーザス・カレッジを卒業後、イギリス国教会の牧師になり、その後、1805年に東インド会社が設立したヘイリベリ・カレッジの歴史学および経済学の教授に就任。1820年には『経済学原理』を出版し、穀物法に反対したリカードとの間に穀物法論争を展開した。マルサスの有効需要論は、20世紀になってケインズによって高く評価された。

参考図書

『経済学および課税の原理』デヴィッド・リカード、『経済学原理』ジョン・スチュアート・ミル

『経済学および課税の原理』

デヴィッド・リカード

『経済学および課税の原理』(On the Principles of Political Economy, and Taxation)(1817年)は、「近代経済学の創始者」デヴィッド・リカード(1772年-1823年)が、産業革命による工業生産力の発展を受けた、地主、資本家、労働者の間の分配法則を探究した著作です。

本書の序文には、次のように書かれています。

「大地《アース》の生産物——つまり労働と機械と資本とを結合して使用することによって、地表からとり出されるすべての物は、社会の三階級の間で、すなわち土地の所有者と、その耕作に必要な資財つまり資本の所有者と、その勤労によって土地を耕作する労働者との間で分けられる。だが、社会の異なる段階においては、大地の全生産物のうち、地代・利潤・賃金という名称でこの三階級のそれぞれに割りあてられる割合は、きわめて大きく異なるだろう。なぜなら、それは主として、土壌の実際の肥沃度、資本の蓄積と人口の多少、および農業で用いられる熟練と創意と用具とに依存しているからである。この分配を規定する諸法則を確定することが経済学の主要問題である。」

本書の課題は分配法則を確定することであり、リカードは、価値、価格、地代、賃金、利潤、富、貿易、通貨、利子、銀行などの経済学的特性を明らかにし、それに課税がどのような影響を与えるかを検証しました。その上で、自由貿易擁護論、投下労働価値説(商品の価値が投下された労働によって決まるという考え)、差額地代論(肥沃な土地の生産物が超過利潤を生み出すという考え)などを唱えています。

特にリカードは、スミス以来の自由貿易主義を発展させ、19世紀前半までのイギリスの保護貿易政策を批判しています。各国がそれぞれの生産性の高い分野に産業を特化する国際分業を行い、自由貿易が行われれば、各国が比較優位（comparative advantage）に立つ産品を重点的に輸出することで経済的な効用は高まるとする比較生産費説（比較優位論）（theory of comparative advantage）を展開しました。

ここでいう比較優位とは、スミスが提唱した絶対優位（absolute advantage）の概念を修正する形で提唱されたもので、自由貿易において各経済主体が最も優位な分野に特化・集中することで、それぞれの労働生産性が増大し、互いにより高品質の財やサービスと高い利益を享受できるようになるとするものです。

１７９９年に始まるナポレオン戦争における大陸封鎖令で高騰した穀物価格が、戦後に大暴落したことを受けて、１８１５年、イギリス議会は、地主を守るために国内価格が一定価格に達するまで外国産小麦の輸入を禁止する穀物法を定めました。

これに対してリカードは、この経済状況において穀物価格を保護すると偏った資本の蓄積をもたらすことになり、資本家、地主、労働者の所得分配に問題が生じるとして、同時代のイギリスの経済学者マルサス（→１３８頁参照）と穀物法論争を展開します。

リカードは、穀物の輸入制限は、穀物価格の高騰と賃金の高騰を通じて地代の増加と利潤率の低下をもたらすことから、地主階級の利害と資本家や労働者階級の利害は対立するとして、穀物の自由貿易への漸次的移行を提唱しました。結局、産業資本家の中にも自由貿易を主張する人々が増え、１８４６年に穀物法は廃止されることになります。

リカードの提唱した投下労働価値説はマルクス経済学の中心的枠組みになりました。また、差額地代論は希少性の原理としてワルラスに取り入れられ、限界効用理論につながります。

経歴

デヴィッド・リカード（1772年 - 1823年）は、自由貿易を擁護する理論を唱えたイギリスの古典派経済学者。ロンドン証券取引所で働き、若くして株式仲介人として大成功した。42歳でビジネスを引退し、研究生活に入った。スミス、マルクス、ケインズと並ぶ経済学の黎明期の重要人物とされるが、その中でもリカードは特に「近代経済学の創始者」として評価されている。

参考図書

『人口論』トマス・ロバート・マルサス、『経済学原理』トマス・ロバート・マルサス、『純粋経済学要論』レオン・ワルラス

『資本論』

カール・マルクス

資本論』(独：Kapital, Kritik der politischen Ökonomie)(１８６７年、１８８５年、１８９４年)は、「マルクス主義の生みの親」カール・マルクス(１８１８年－１８８３年)が、資本主義の経済的運動法則を解明し、社会主義・共産主義社会が到来する歴史的必然性(社会主義体制の優越性)を説いた著作です。

１８６７年に第1巻「資本の生産過程」が出版されましたが、第2巻「資本の流通過程」、第3巻「資本主義的生産の総過程」は、マルクスの死後、フリードリヒ・エンゲルスによって編集・出版されました。副題は「経済学批判」です。

本書は、社会主義の成立に科学的な根拠を与え、包括的な世界観と革命思想としてのマルクス主義を打ち立て、20世紀以降の政治・経済思想に極めて大きな影響を与えました。

18世紀半ばにイギリスで起こった産業革命は、19世紀にはヨーロッパ大陸へと拡大していき、19世紀の後半になると、資本家と労働者の貧富の格差の拡大し、貧困や過酷な工場労働に苦しむ人が増えていました。

マルクスは、人間の社会関係の基礎は経済関係にあると考え、資本主義社会を分析することで、これらの問題の解決法を見つけようとしました。スミス、リカード、ミルなどのイギリス古典派経済学の研究を進める中で、商品の価値の実体は労働であり価値の大きさは労働時間によって決まるという労働価値説を継承し、それをさらに、投下労働量による商品の交換価値という精緻な理論に仕上げ、産業資本の利潤の源泉は労働者の生み出す剰余価値にあることを示します。

そして、生産と流通を含む資本主義的生産過程という統一的な観点から資本主義を捉え直し、剰余価値を生む資本が、利潤、価格、地代などどのような形態をとり、どのような道筋で流通し、どのように再生産され、資本家と労働者の関係を拡大再生産していくかの道筋を明らかにしました。

そして、ヘーゲル哲学の弁証法を継承することで、人間社会の歴史に適用された弁証法的唯物論である史的唯物論（唯物史観）という批判的方法を確立して、資本主義はやがて不安定になり内部崩壊を引き起こして新しいシステム（社会主義、共産主義）へと移行すると予測しました。

史的唯物論は、人間社会にも自然界と同じような法則が存在すると考える歴史発展観です。人間社会を、物質的生産力の発展水準に応じた生産様式の歴史的変遷という視点から捉え、そこでの階級対立を通じて社会は発展してきたと考えます。そして、資本主義社会における階級対立は、生産手段を管理する支配階級（ブルジョワジー）と、賃金と引き換えに労働力を売る労働者階級（プロレタリア）の間に存在するとします。

この対立は、労働者階級の階級意識の発展をもたらし、労働者階級が政治的権力を獲得することで、最終的には階級のない自由な生産者の集まりとしての共産主義社会が確立されると考えます。その実現を推し進めるべく、労働者階級が資本主義を打倒するために組織的な革命的行動をとるべきだと訴えたのです。

『資本論』の中には、"kapitalistisches System"（資本制システム）という用語があり、日本語ではこれが「資本主義」と訳されていますが、"Kapitalismus"（capitalism）という用語そのものは登場しません。しかしその後、マルクス主義者たちによって、敵対者の立場を非難する用語として、"capitalism"（資本主義）が"socialism"（社会主義）や"communism"（共産主義）と対立する用語として使われるようになっていきました。

経歴

カール・マルクス（1818年 - 1883年）は、ドイツ・プロイセン王国の哲学者、思想家、経済学者、革命家。1845年にプロイセン国籍を離脱し、以降は無国籍者だった。1849年の以降はイギリスを拠点として活動し、エンゲルスの協力を得ながら、包括的な世界観および革命思想として科学的社会主義（マルクス主義）を打ち立てた。ライフワークとしていた資本主義社会の研究は『資本論』に結実し、その理論に依拠した経済学体系はマルクス経済学と呼ばれ、20世紀以降の国際政治や思想に多大な影響を与えた。

参考図書

『21世紀の資本』トマ・ピケティ

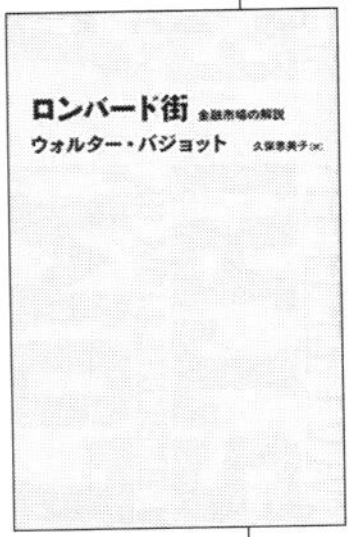

『ロンバード街』

ウォルター・バジョット

『ロンバード街：金融市場の解説』(Lombard Street: a Description of the Money Market)（１８７３年）は、経済ジャーナリストのウォルター・バジョット（１８２６年－１８７７年）が、ロンドンの金融街の構造と金融危機における中央銀行の役割を明らかにした金融史の古典です。ロンバード街は、シティ・オブ・ロンドンにある、イングランド銀行をはじめ多くの銀行、証券会社、保険会社が集中する金融街です。

バジョットは、「エコノミスト」紙の編集長を務め、ヴィクトリア朝の政治経済評論家としてイギリス金融界に大きな影響力を持ちました。１８６６年の金融危機に際しては、イングランド銀行総裁に対して、「中央銀行の意義は貨幣（ポンド）の価値を維持せしめることであり、貸し渋れば厖大な取り付け騒ぎが起こりうる」と提言し、恐慌収束に貢献しました。

本書では、中央銀行の役割を「最後の貸し手」(Lender of Last Resort)と定義し、その重要性を、「イングランド銀行は、平常時には多くの貸付主体のひとつにすぎないが、恐慌時には唯一の貸し手になる。われわれが望むのは、恐慌下の異常な状況を、平常時の一般的状況にできるかぎり戻すことだ」と説明しています。

中央銀行は危機時において、無制限に、しかし高い金利で貸出を行うべきという考え方は「バジョット・ルール」と呼ばれ、その後、広く受け入れられることになります。

経歴

ウォルター・バジョット（1826年 - 1877年）は、イギリスのジャーナリスト、経済学者。サマセット州ラングポートの銀行家の息子として生まれ、ロンドン大学のユニバーシティ・カレッジを卒業。家業の銀行業に従事しながら、「保守思想の父」として知られるイギリスの思想家エドマンド・バークの影響を受け、保守主義者として幅広い評論活動を行った。穀物法の廃止を訴える目的で「エコノミスト」紙を創設した、ジェームズ・ウィルソンの娘と結婚し、のちに同社の経営者となり、長年、編集長を務めた。

参考図書

『イギリス憲政論』ウォルター・バジョット、『21世紀の貨幣論』フェリックス・マーティン

『有閑階級の理論』

ソースティン・ヴェブレン

『有閑階級の理論』(The Theory of the Leisure Class)(１８９９年)は、「制度派経済学の創始者」ソースティン・ヴェブレン(１８５７年－１９２９年)が、当時の富豪たちの生活様式を人類学的に、皮肉を込めて記述した著作です。

ここでいう「有閑階級」とは、財産を持っていることで、労働に従事することなく時間を娯楽や社交などに費やしている階級のことです。

１８６５年の南北戦争終結から１８９３年の恐慌までの西部開拓時代におけるアメリカは、産業革命が進展し、ロックフェラーやカーネギーなどの巨大産業資本家が誕生した、「金ぴか時代」(Gilded Age)でした。

ヴェブレンは、こうした富豪たちの豪華な邸宅、調度品、パーティー、衣装などを、野蛮人たちのポトラッチ(贈答の儀式)、羽根飾り、祭祀などになぞらえています。

本書は、時代のアメリカで見られた、必要性や実用的な価値だけでなく、それによって得られる周囲からの羨望のまなざしを意識して行う「見せびらかしの消費(顕示的消費)」(Conspicuous Consumption)や「見せびらかしの余暇(顕示的余暇)」(Conspicuous Leisure)という言葉を用いるなど、その新奇な文体と言葉づかいで人々の注目を集めました。

当時は、ダーウィンの進化論が人間社会にも適用され、自然淘汰や適者生存を説く社会進化論(Social Darwinism)の考えが主流になった時代でもあり、歴史家で作家のヘンリー・アダムスは、これを「市場が宗教に取って代わった時代」と評しています。

経歴

ソースティン・ヴェブレン(1857年 - 1929年)は、アメリカの経済学者、社会学者。社会における制度のあり方に注目して経済活動を見る制度派経済学の創始者といわれている。マルクスとは異なった視点から現代産業社会への批判を行っており、私的所有より「社会資本」を重視し、営利企業は産業体制を管理し、消費者に消費財を公正に分配するのには適さないと考えた。

参考図書

『企業の理論』ソースティン・ヴェブレン、『社会的共通資本』宇沢弘文、『経済学の考え方』宇沢弘文

『プロテスタンティズムの倫理と資本主義の精神』

マックス・ウェーバー

『プロテスタンティズムの倫理と資本主義の精神』(独:Die protestantische Ethik und der 'Geist' des Kapitalismus)(1904年、1905年)は、ドイツの社会学者マックス・ウェーバー(1864年－1920年)が、資本主義成立の根拠をプロテスタンティズムに求めた著作です。

ウェーバーは、西欧近代文明を他の文明から区別する原理は「合理性」であるとして、その発展を「現世の呪術からの解放」として捉え、比較宗教社会学の手法で明らかにしようとしました。

そして、カルビニズム(カルヴァン主義)やピューリタニズムなどプロテスタンティズムの世俗内禁欲の思想が、資本主義の精神に適合性を持っていたという逆説的な論理を提示し、西欧特有の現象としての資本主義の成立を論じています。これは、当時のマルクス主義における、「上部構造としての宗教は下部構造である経済に規定される」という唯物論への反証でもあり、大きな反響と論争を引き起こしました。

ウェーバーによれば、中国やイスラム圏に比べて経済的に遅れていた西欧で資本主義が生まれた根拠は、プロテスタントの厳格な生活態度(エートス)に求められます。直感的には、宗教的束縛から人間の欲望が解放されたことで資本主義が始まったと考えがちですが、日常生活全体に禁欲が浸透したことが、その原因だというのです。

本書で特に強調されているのが、宗教改革の指導者カルヴァンが提唱した、「最後の審判に際して、神の救済に預かる者と滅びに至る者は予め決められている」とする「二重予定説」です。自分ではどちらに決まっているのかを予め知ることはできないため、神から課せられた職業人の使命としての世俗内労働の中に救いの確証を求め、欲望を厳しく自制し、生活を徹底して合理化して蓄財に励んだことで、それが再投資に回され、資本が無限の自己増殖を続ける現代の資本主義につながったというのです。

封建時代においては、労働は貴族階級からの蔑《さげす》みの対象でしたが、労働の苦しみは、それ自体が善であり気高いものであるという発想の転換がなされます。これが、労働そのものに意味があるという現代の労働観につながっているのですが、オランダ、イギリス、アメリカなど、カルビニズムの影響が強い国では資本主義が発達し、カトリックの影響が強い国では、その発達が遅れたというのです。

ウェーバーは、資本主義の「精神」を体現した人物として、アメリカ合衆国建国の父の一人であるベンジャミン・フランクリン（↓426頁参照）を挙げ、アメリカについて、次のように述べています。

「営利のもっとも自由な地域であるアメリカ合衆国では、営利活動は宗教的・倫理的な意味を取り去られていて、今では純粋な競争の感情に結びつく傾向があり、その結果、スポーツの性格をおびることさえ稀ではない。（中略）こうした文化発展の最後に現れる『末人たち《ニヒツ》』にとっては、次の言葉が真理となるのではなかろうか。『精神のない専門人、心情のない享楽人。この無のものは、人間性のかつて達したことのない段階にまですでに登りつめた、と自惚れるだろう』と。」

このように、時代とともに宗教的色彩は薄まり、内発的動機に基づいていた利潤追求が外圧的なものに変貌していき、自己目的化するようになりました。現代においては、もはや天職や禁欲に積極的な意味はありませんが、我々は知らず知らずのうちに、資本主義を基礎づける「鉄の檻《おり》」にとらわれて生きているのです。

経歴

マックス・ウェーバー（1864年 - 1920年）は、ドイツの政治学者、社会学者、経済学者で、社会科学全般にわたる業績を残している。当時のドイツで有力であったマルクス主義とは一線を画し、ナショナリスト、自由主義者として行動したが、ドイツ帝国には批判的であった。本書によって、比較宗教社会学は「世界宗教経済倫理」という形で研究課題として一般化され、ウェーバーは儒教と道教、ヒンドゥー教と仏教、古代ユダヤ教の研究へと進んだが、スペイン風邪を原因とする肺炎で命を落とし、その試みは未完に終わった。

参考図書

『支配の社会学』マックス・ウェーバー、「経済と社会」マックス・ウェーバー、『資本論』カール・マルクス、「孫の世代の経済的可能性」ジョン・メイナード・ケインズ、『ユダヤ人と経済生活』ヴェルナー・ゾンバルト、『ブルシット・ジョブ：クソどうでもいい仕事の理論』デヴィッド・グレーバー

『経済発展の理論　上・下』岩波文庫／塩野谷祐一、中山伊知郎、東畑精一［訳］
『資本主義、社会主義、民主主義　1～2』日経BPクラシックス／大野一［訳］

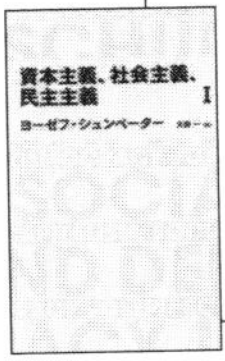

『経済発展の理論』『資本主義・社会主義・民主主義』

ヨーゼフ・シュンペーター

『経済発展の理論』(独：Theorie der wirtschaftlichen Entwicklung)（1912年）、『景気循環論：資本主義過程の理論的・歴史的・統計的分析』(Business Cycles: A Theoretical, Historical, and Statistical Analysis of the Capitalist Process)（1939年）、『資本主義・社会主義・民主主義』(Capitalism, Socialism and Democracy)（1942年）は、オーストリア生まれのアメリカの経済学者ヨーゼフ・シュンペーター（1883年－1950年）の主要三部作です。

『経済発展の理論』（1912年）の核心は、社会の均衡状態を想定したワルラスの一般均衡理論(general equilibrium theory)から出発し、それでは説明できない経済の動学的現象を説明しようと試みたところにあります。

ワルラスの一般均衡理論が、均衡を市場における財の最適配分として捉えるのに対して、シュンペーターは均衡を沈滞と考えます。イノベーションによる変化がなければ、市場経済は均衡状態に陥り、企業者利潤は消滅し、利子はゼロになります。したがって、企業者は、創造的破壊を起こし続けなければ、生き残ることができません。

つまり、シュンペーターの唱える「非連続な変化」と比べて、「連続的な変化」というのは静態的均衡であり、経済のダイナミズムとはまったくの別物だということです。

シュンペーターは、まったく新しい生産要素の組み合わせを新結合(new combination)と呼び、このイノベーションのパターンとして、①新しい生産物・品質の創出、②新しい生産方法の開発、③新しい組織の創出、④新しい販売市場の開拓、⑤原材料の新しい供給源の開拓、の五つを挙げています。

イノベーションを通じて、新たなビジネスを創造するのが、新しい試みや挑戦をいとわない、野心に満ちた企業者です。旧結合に甘んじている「単なる経営管理者」とはまったく異なる存在で、そうした企業者には、深い洞察力、精神的な自由、挫折に耐え抜く強い意志といった資質が求められるとしています。

このようにシュンペーターは、経済発展の原動力を、人口増加や気候変動などの外的要因ではなく、企業者（entrepreneur）の起こすイノベーション（innovation）という内的要因に求めたのです。

これに加えて、企業者に対する資金的援助を行うことで信用創造を行う、「交換経済の監督者」としての銀行家の役割も強調していて、企業者の資質を見極め、リスクの担い手として資金を提供するところに、その存在意義があるとしています。

本書の議論は、その後の『景気循環論』（１９３９年）にも受け継がれ、シュンペーターは、イノベーションによる自律的で非連続な創造的破壊（creative deconstruction）こそが、経済発展と景気循環を生み出す源泉の本質であるとしました。

創造的破壊とは、新たな効率的な方法が生み出されれば、古い非効率的な方法は駆逐されていくという新陳代謝のことをいいます。つまり、革新により新陳代謝が生じ、それが均衡状態に達し、新しい価値体系が生まれるというダイナミックな循環を繰り返す中で、経済は発展を遂げてきたということです。シュンペーターは、この源泉は企業内部のイノベーションであり、持続的な経済発展のためには、絶えずイノベーションによって創造的破壊を行うことが重要であるとしました。

以上のようなシュンペーターのイノベーションの概念は、同じオーストリア出身の経営学者ピーター・ドラッカー（→１５８頁参照）の、短期的なマネジメントと長期的なイノベーションの両方を組み込んだ「イノベーション経営」のほか、『イノベーションのジレンマ』（→１８０頁参照）のクリステンセンをはじめとする、数多くの経営学者に大きな影響を与えました。さらに、シュンペーターの議論は、経済学の範疇を超えて、比較体制論的な社会学の分野にまで発展します。

資本主義・社会主義・民主主義』（1942年）において、第1部「マルクス主義」、第2部「資本主義は存続できるか」、第3部「社会主義は機能するか」という構成で、資本主義の発展が不可避的に社会主義への移行をもたらす必然性を論じています。

資本主義が発展を遂げた段階では、やがて大企業による寡占状態を招き、経済発展の原動力である創造的破壊の担い手としての企業家の意欲は衰退し、起業家精神は失われ、イノベーションも起こらなくなります。そして、企業家の活動の場は、産業分野から次第に公共セクターや非営利セクターに移っていきます。その仕事は公的機関によって担われるようになり、企業家は官僚化された専門家へと移行し、資本主義の精神が衰退して経済の活力が削がれ、やがて資本主義は終焉を迎えて社会主義に取って変わられるということです。

シュンペーターは、社会主義が勃興する時代背景の中で、「資本主義はその欠点により滅びる」としたマルクスの理論を詳しく検証した上で、「資本主義はその成功により滅びる」という逆説的な理由によって同じ結論に達することになるのです。

他方、資本主義終焉後の社会主義の世界において、経済活動が公的機関によって運営されたとしても経済効率が下がるわけではなく、公的機関によっても経済を発展させるための創造的破壊は起こり得るとしています。もちろん、これはその後の社会主義国家で実際に起きた事実には反していますが。

さらに、シュンペーターは民主主義についても論じていて、社会主義が資本主義よりも優れている可能性を示唆します。18世紀の思想家たちのいう民主主義とは、「人民による人民の支配」であり、ルソーはそれによって一般意志が実現されると考え、ジェレミ・ベンサムやミルといった功利主義者は最大多数の最大幸福が実現すると考えました。

こうした個々の人民の意志と人民全体の意志が一致するという理論を、シュンペーターは「古典的民主主義」と呼びます。そして、そもそも個々の人民が思い描く公益の内容が一致しないこと、人民が理性的に公益を発見する能力自体が疑わしいことから、「民主主義では国民の意見を代表するものが統治するというのは誤りである」と指摘して、このような公益は存在しないと主張します。

その上で、こうした問題の解決のために、民主主義とは主導権を求める候補者たちによる政治闘争であり、議会の役割は政府の存続であると考え、新しい民主主義理論を提唱します。

古典的民主主義では選挙民に政治的決断を帰属させ、代表の選出は二義的な問題でしたが、シュンペーターの新しい民主主義では、代表の選出に力点が置かれています。そこでは、民主主義というのはひとつの政治的方法であり、民主主義を機能させるためには、①政治家の高度な資質、②政治決断の有効範囲の限定、③官僚制の確立、④国民の民主的自制の四つの条件が必要であると考えます。

つまり、シュンペーターの民主主義論は、資本主義と民主主義を切り離し政治体制の民主的性格を明確化したこと、つまり自由や平等という理念ではなく、代表を選出する選挙という制度として民主主義を定義したことに最大の特徴があるのです。

シュンペーターのこうした考えには、社会主義国家の台頭と民主主義の没落が議論されていた時代背景があります。当時は、社会主義国家の下での民主主義では、人民の意志が実質的に反映されることになるため、資本主義国家における民主主義よりも高次元なものであるということが真剣に議論されていたからです。

経歴

ヨーゼフ・シュンペーター（1883年 - 1950年）は、オーストリア・ハンガリー帝国モラヴィア生まれの経済学者。1932年にアメリカに渡り帰化している。オーストリアの大蔵大臣、ボン大学教授、ハーバード大学教授、計量経済学会会長、アメリカ経済学協会会長、国際経済学協会会長などを歴任。20代ですでに『理論経済学の本質と主要内容』『経済発展の理論』を発表して、自らの体系を確立。企業者によるイノベーションを中心とする独自の経済発展理論を展開。ハーバード大学では、サミュエルソンやジョン・ケネス・ガルブレイスといった超一流経済学者を育てるなど、シュンペーターの果たした教育者としての役割も大きい。

参考図書

『景気循環論』ヨーゼフ・シュンペーター、『理論経済学の本質と主要内容』ヨーゼフ・シュンペーター、『イノベーションと企業家精神』ピーター・ドラッカー、『マクロ経済学の再構築：ケインズとシュンペーター』吉川洋

『論語と算盤』

渋沢栄一

『論語と算盤』（1916年）は、「日本資本主義の父」渋沢栄一（1840年－1931年）が、『論語』を拠り所に道徳と利益の両立を掲げる「道徳経済合一説」を唱えた著作です。本書のタイトルにある「論語」は道徳・倫理を、「算盤」は利益を追求する経済活動を意味しています。

『論語』（→220頁参照）には、自分の身を正しく処し、人と交わる際の日常の教えが書かれています。実業家となった渋沢は、幼少期に学んだ『論語』の教えを範として、事業欲は常に持っておくべきものだとしながらも、それは、仁・義・徳という道理によって律することが求められ、道徳や倫理と離れた欺瞞《ぎまん》や権謀術数的な商才は、真の商才ではないとしています。そして、経済を発展させて国全体を豊かにするためには、個人が利益を独占するのではなく、富を社会に還元させるべきだと説きました。

本書は、「処世と信条」「立志と学問」「常識と習慣」「仁義と富貴」「理想と迷信」「人格と修養」「算盤と権利」「実業と士道」「教育と情誼」「成敗と運命」の10章からなり、以下のような言葉で綴られています。

「国の富をなす根源は何かといえば、社会の基本的な道徳を基盤とした正しい素性の富なのだ。そうでなければ、その富は完全に永続することができない。ここにおいて『論語』とソロバンというかけ離れたものを一致させることが、今日の急務だと自分は考えているのである。」

「正しい行為の道筋は、天にある日や月のように、いつでも輝いていて少しも陰《かげ》ることがない。だから、正しい行為の道筋に沿って物事を行う者は必ず栄えるし、それに逆らって物事を行う者は必ず滅んでしまうと思う。」

「かりに一個人だけが大富豪になっても、社会の多数がそのために貧困に陥るような事業であったなら、どうだろうか。いかにその人が豊かになったとしても、その幸福は繋がっていかないではないか。」

　こうした渋沢の理念は、幕末に「義利合一論」（義＝倫理、利＝利益）を論じた陽明学者の三島中洲《ちゅうしゅう》との交友が影響しているとされます。知識を得ることを第一に考える朱子学と違い、吉田松陰、西郷隆盛、高杉晋作などに大きな影響を与え、倒幕の論理的根拠を与えた近代陽明学は、実践的な倫理の必要性を説いています。

　このように渋沢は、金儲け一辺倒になりがちな経済活動を商業道徳で律し、公や他者を優先することで豊かな社会を築くべきことを唱えました。さらに、自身も常日頃からそうした生き方を実践し、第一国立銀行（現みずほ銀行）など約４８０社もの株式会社の設立と運営に関わったほか、社会活動や教育活動にも熱心で、数多くの病院や学校など公益法人の設立に尽力しました。

　渋沢の「道徳の伴った利益の追求」という思想は、現代のガバナンス（企業統治）、コンプライアンス（倫理法令遵守）、ＣＳＲ（企業の社会的責任）、さらには、ＳＤＧｓ（持続可能な開発目標）やＥＳＧ（環境、社会、ガバナンス）にも通じる普遍的なものです。

　渋沢が理想とした資本主義の姿は、公益を追及するのに最適な人材と資本を広く集めて事業を行い、そこで得た利益を出資した人たちで分け合う「合本主義」というもので、渋沢の玄孫で実業家の渋澤健は、これを、近年、欧米の経済界で提唱されている「ステークホルダー資本主義」の原型であると解釈しています。

経歴

渋沢栄一（1840年 - 1931年）は、日本の実業家、慈善家。江戸時代末期に農民から武士（幕臣）に取り立てられ、明治政府では大蔵省（現財務省）の役人として大蔵大輔の井上馨の下で国の財政政策に携わった。退官後は実業に転じ、第一国立銀行（現みずほ銀行）、東京海上火災保険（現東京海上日動）、王子製紙（現王子ホールディングス、日本製紙）、田園都市（現東急）、理化学研究所、東京証券取引所など、約480社もの設立に関わった。社会活動にも熱心で、養育院（現東京都健康長寿医療センター）の院長を務めたほか、東京慈恵会、日本赤十字社の設立などに携わった。教育面でも、二松學舍第三代舎長（現二松学舎大学）を務めたほか、商法講習所（現一橋大学）、大倉高等商業学校（現東京経済大学）の設立に尽力した。

参考図書

『渋沢栄一訓言集』渋沢栄一、『道徳感情論』アダム・スミス、『SDGs投資：資産運用しながら社会貢献』渋澤健、『社会的共通資本』宇沢弘文

『雇用・利子および貨幣の一般理論（一般理論）』

ジョン・メイナード・ケインズ

『雇用・利子および貨幣の一般理論（一般理論）』(The General Theory of Employment, Interest and Money)（１９３６年）は、「マクロ経済学の生みの親」ジョン・メイナード・ケインズ（１８８３年－１９４６年）が、経済学の歴史に「ケインズ革命」と呼ばれる一大転機をもたらした経済書です。

本書の根幹をなすのは有効需要の原理です。これは、古典派経済学が唱える「供給はそれ自身の需要を創造する」という「セイの法則」に対して、「供給は需要により制約される」、つまり、貨幣的支出に裏づけられた需要（消費と投資）が、国民所得や雇用量など一国の経済活動の水準を決めるとするものです。

当時の古典派経済学では、完全競争市場では自律的な調整が行われ、長期的に見れば失業は存在しないとされていました。そのため、古典派では、完全雇用のもとでのＧＤＰ（国内総生産）という特殊な状況を想定したのに対して、ケインズは、一般的に不完全雇用のもとでも均衡は成立し得ることから、有効需要によって決まる現実のＧＤＰは、古典派が想定する完全雇用ＧＤＰを下回るとしました。

１９２９年に始まる世界恐慌では、未曽有の大量失業が発生し、古典派の経済理論と現実との大きな齟齬が指摘され、批判されることになりました。これに対して、ケインズが、有効需要不足による生産設備の過剰と非自発的な失業の増加を明らかにしたことで、「豊富の中の貧困」の克服を目的にした総需要管理政策（ケインズ政策）が生まれることになります。

このように、経済を改善して失業を解消するため、財政政策（公共投資と減税）や金融政策（金利引下げ）などさまざまな手段で有効需要をコントロールし、完全雇用ＧＤＰを達成しようとする経済学を、ケインズ経済学と呼びます。その大きな特徴は、総消費のようなマクロ経済変数が、古典派が想定する各経済主体の最適化行動とはまったく異なるメカニズムで決定されるという点にあります。

さらにケインズは、大恐慌下では、金融政策より消費を直接的に増やす財政政策の方が効果的であると主張しました。セイの法則の下で実物的な交換を想定した古典派とは対照的に、ケインズ経済学では貨幣的な要因が重視され、将来的な不確実性に対する人々の不安から、全ての人が貨幣を手元に保有しようとすると「流動性の罠」が生じることで、需要が低下することを指摘しました。

こうした流動性選好に基づいて考えれば、先行きが明るければ社会の心理が上向き、投資が活発になり、それが行き過ぎればインフレーションが起きます。逆に、将来への不安が拡大すれば、人々は貨幣を保有しようとして設備投資や消費を抑制します。このように、将来の不確実性に対する楽観や不安は常に変動し、それが景気の循環を生み出すと考えました。ケインズの有名な「アニマル・スピリッツ」という言葉は、このような予測不能な不確実性の下にあっても、投資活動を行う投資家の積極的な心理を表したものです。

ケインズの経済理論は、大規模な公共事業計画、銀行制度立て直し、ドルの平価切下げなど、政府が市場経済に積極的に関与するという、ルーズベルトが行った一連の経済政策（ニューディール政策）の強力な後ろ盾となりました。同時に、経済学を伝統的な古典派経済学者とケインズ経済学を提唱するケインジアンとに二分することになり、のちに「ケインズ革命」と呼ばれるようになりました。

経歴

ジョン・メイナード・ケインズ（1883年 - 1946年）は、イギリスの経済学者。有効需要に基づいて「ケインズサーカス」（ケインズが一般理論を確立するために指揮した5人の若手学者集団）を率いてマクロ経済学を確立した。ケンブリッジ大学で金融論を担当した後、大蔵省に勤務し、第一次世界大戦後のパリ講和会議に大蔵省主席代表として出席し、ドイツに莫大な賠償金を課すことに反対して辞任。1929年に始まる世界恐慌ではマクミラン委員会委員として活躍。第二次世界大戦中は大蔵省顧問として戦時財政と金融政策の計画と実行に参画し、1944年には連合国国際通貨会議のイギリス首席代表として戦後の外為体制（ブレトン・ウッズ体制）を巡りアメリカと対立した。1946年には、国際通貨基金（IMF）と国際復興開発銀行のイギリス側理事となった。

参考図書

『なにがケインズを復活させたのか?』ロバート・スキデルスキー、『GDP:〈小さくて大きな数字〉の歴史』ダイアン・コイル、『ケインズ『一般理論』を読む』宇沢弘文、『二十一世紀の資本主義論』岩井克人、『アメリカ経済:成長の終焉』ロバート・ゴードン

『ケインズ　説得論集』日本経済新聞出版/山岡洋一［訳］

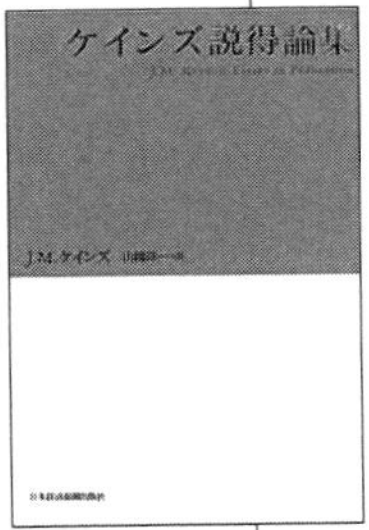

「孫の世代の経済的可能性」

ジョン・メイナード・ケインズ

「孫の世代の経済的可能性」(Economic Possibilities for our Grandchildren)（１９３０年）は、１９２９年に始まる世界恐慌の最中《さなか》に、イギリスの経済学者ジョン・メイナード・ケインズ（１８８３年－１９４６年）が著したエッセイ『ケインズ説得論集』(Essays in Persuasion)（１９３１年）に収められている論考です。

ケインズは本論考の中で、イギリスやアメリカのような先進諸国では、テクノロジーの進化によって生活水準が向上し、向こう１００年の間（２０３０年頃）には、１日３時間労働が実現しているだろうと予言しました。

当時は世界恐慌の最中にありましたが、長期的に見れば、経済は技術革新と資本蓄積によって急激な成長を遂げていました。ケインズは、この経済成長がそのまま続けば、人類にとっての経済問題は解決し、人々は働かなくても良くなり、人々の労働観も変わることから、余暇を有効に使える本当の意味で人生をわきまえた人が尊敬されるようになるだろうと考えたのです。

ケインズがこの論考を発表したのは、世界恐慌で資本主義経済の限界が議論される一方で、１９１７年のロシア革命によって成立したソビエト連邦が、１９２８年から始まる五カ年計画によって順調な経済成長を達成しているときでした。産業革命後以降、目覚ましい経済発展を遂げた19世紀が終わり、これからイギリスは衰退するのではないかと考える経済学者が増えていく中で、ケインズは革命や計画経済によらなくても、世界経済はこの不況を抜け出すことができるという信念を持っていました。

その後の資本主義経済の劇的な成長を見ると、経済発展についてはケインズの予想が正しかったことになります。他方で、人々の働き方についてのケインズの予言は当たりませんでした。今日の現実を見る限り、経済的問題は一向になくなっていませんし、１日３時間働けば生活ができるという世界は、この先もとても実現しそうにありません。

なぜこれほど豊かな社会になったにも関わらず、我々は働かなければならないのでしょうか。人間の性として、『有閑階級の理論』（→１４５頁参照）でヴェブレンが指摘した「顕示的消費」がなくならないこと、経済的な格差が進行して、経済成長の恩恵が一部の富裕層にのみ片寄っていることなどが考えられますが、人類学者のデヴィッド・グレーバーは、『ブルシット・ジョブ：クソどうでもいい仕事の理論』の中で、その理由を、テクノロジーがむしろ無意味な仕事を作り出すことに使われたからだと説明しています。

しかも、今はＡＩ（人工知能）が人間の仕事を奪うのではないかという後ろ向きな議論も多く、経済が成長したのに生き方は貧しいままという、我々は「回し車」のネズミのような状態から脱却できないでいます。

ケインズ自身も、「人間の労働からの解放」という点に関しては、別の意味で悲観的な見方をしていて、経済問題が解決された成熟社会においては、余暇における「退屈」こそが人類にとって真の課題になると考えていました。

なぜかと言えば、人類の誕生以来、生存のための闘争、すなわち経済というのは最も重要な課題であり続けてきたために、そうした問題の解決という目的に沿って本能を進化させてきた人類が労働から解放されてしまったら、多くの人々はなにもすることがない状態に堪え切れず、神経衰弱になってしまうと考えたからです。

経歴

『雇用・利子および貨幣の一般理論（一般理論）』（→154頁）参照

参考図書

『ブルシット・ジョブ：クソどうでもいい仕事の理論』デヴィッド・グレーバー

『ドラッカー名著集9 「経済人」の終わり』ダイヤモンド社/上田惇生［訳］
『ドラッカー名著集11 企業とは何か』ダイヤモンド社/上田惇生［訳］
『ドラッカー名著集2・3 現代の経営 上・下』ダイヤモンド社/上田惇生［訳］

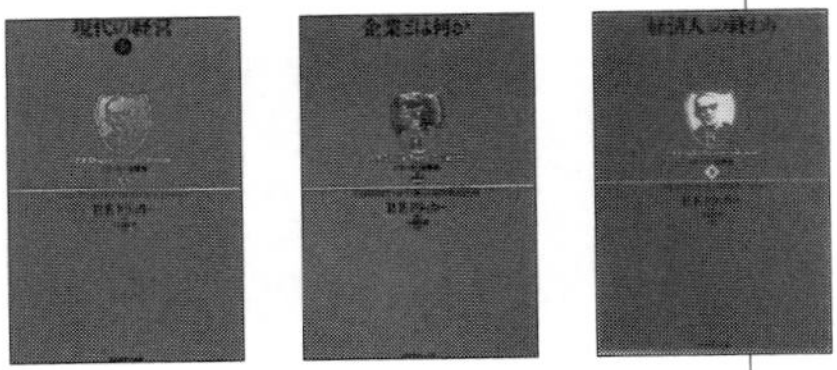

『「経済人」の終わり』『企業とは何か』『現代の経営』

ピーター・ドラッカー

『「経済人」の終わり』(The End of Economic Man)(1939年)、『企業とは何か(会社という概念)』(Concept of the Corporation)(1946年)、『現代の経営』(The Practice of Management)(1954年)は、「マネジメントの発明者」「マネジメントの父」と呼ばれる経営学者ピーター・ドラッカー(1909年-2005年)の社会制度とマネジメントに関する代表作です。

経営学者として広く知られるドラッカーですが、その研究対象は経営にとどまらず、非営利組織から社会や未来の問題にまで及びます。「マネジメント」の概念を生み出したただけでなく、「企業の社会的責任」「知識労働者」「民営化」など、さまざまな概念を打ち立てました。

「未来学者(フューチャリスト)」と呼ばれることもありますが、自らは人間によって作られた環境に関心を持つ「社会生態学者」「観察者」「文筆家」を名乗りました。つまり、自分は未来の預言者ではなく現実の観察者であり、過去と現在を見比べて、すでに起きつつあることの予兆を捉えて解説しているのだと考えていました。

ゼネラル・エレクトリック(GE)のジャック・ウェルチ、イトーヨーカ堂の伊藤雅俊、ファーストリテイリングの柳井正など、今も世界中の経営者たちに大きな影響を与え続けています。ドラッカーの著作は膨大で、しかも経営、組織から政治、社会、経済に関わるものまで多岐にわたりますが、大きくは、社会制度に関するものとマネジメントに関するものに分けられます。

『「経済人」の終わり』は、ファシズム(全体主義)台頭の社会的背景を分析した社会制度に関する代表作です。

常に自らの経済的利益に従って生き、そのために死ぬ「経済人」という、当時の古典派経済学に基づく経済社会の終焉と、経済至上主義からの脱却を説いた、ドラッカーの思想の原点です。

19世紀のブルジョア資本主義もマルクス社会主義も、この「経済人」の概念を基盤にしていました。しかし、第一次世界大戦後、民主主義が根づかなかった国では、デフレと失業が深刻化した結果、「経済人」の概念も終わりを告げました。そして、自由な経済活動が社会に自由と平等をもたらさないことを悟った大衆が、ブルジョア資本主義とマルクス社会主義に失望したことから、ファシズムが誕生することになるのです。

これに次ぐ『見えざる革命』は、高齢化社会の進展による人口構造の急激な変化とその影響を論じたものです。「社会主義を労働者による生産手段の所有と定義するならば、アメリカこそ史上初の真の社会主義国である」と指摘しています。アメリカで最大の資本家は年金基金であり、アメリカでは民衆が年金という仕組みを通じて企業を支配下に置く社会主義的な国（年金基金社会主義）への「見えざる革命」が起きていたという意味です。そして、資本家と労働者が同一化したことにより、アメリカの高齢者は豊かな年金を手にする可能性を得て、政治的にも経済的にも中心的役割を果たすことになるという高齢社会論が語られています。

さらに、『ポスト資本主義社会』では、資本主義の原型である少数資本家による支配が、１９８０年頃には従業員資本主義に移行したことが示されています。

かつては、資本家が大きな資本力で設備投資をしてさらに金持ちになっていくという構図でしたが、知識が収益の多寡を決めるというポスト資本主義社会に移行する中で、企業の組織がどう変わらなければいけないのかが語られています。また同時に、社会主義、共産主義が終焉する中で、社会問題を解決するのは大きな政府ではなく、単一目的を持ったＮＰＯやＮＧＯであり、この中で、一番効率の良い組織に実務を任せることで社会問題を解決すべきとしています。

ドラッカーの思想の根底にあるのは、仕事を通じた社会への貢献であり、人々の幸せの実現です。組織とは、個人が社会の一員として、こうした目的に貢献し、自己実現するための手段だということなのです。

『企業とは何か』から、ドラッカーの組織マネジメントに関する研究は始まります。ナチスの台頭に直面し、イギリスを経て家族と共にアメリカに逃れたドラッカーが目にした、社会を動かす新しい原理である巨大企業の社会的使命の解明に取り組んだ著作です。ドラッカーは、社会を分析するにあたって、人の生活と生き方を規定し、方向づけ、社会観を定め、問題を生み出し、解決していく組織を取り上げるべきだとして、アメリカでは企業がその組織にあたるとしました。

ゼネラルモーターズ（GM）からのコンサルティングの依頼を受けたドラッカーは、「事業体としての企業」「社会の代表的組織としての企業」「産業社会の存在としての企業」という三つの面から企業はいかに機能すべきかを考察し、同社の経営と組織を一年半かけて研究・報告しました。

『現代の経営』は、マネジメントの本質を明示することによって、世界中の企業に大きな影響を与えた著作です。『企業とは何か』を発表した後、産業社会の主たる機関としての企業とそのマネジメントの成否が社会の行方を左右するという認識のもとで集大成した、ドラッカー経営学の原点です。

ドラッカーは、事業の目的とは顧客創造であり、企業の機能はマーケティングとイノベーションであると定義しました。そして、事業と利益について次のように書いています。

「事業は利益の観点からは定義も説明もできないということである。事業体とは何かを問われると、たいていの企業人は利益を得るための組織と答える。たいていの経済学者も同じように答える。この答えは間違いなだけではない。的外れである。（中略）もちろん、利益が重要でないということではない。利益は、企業や事業の目的ではなく条件なのである。また利益は、事業における意思決定の理由や原因や根拠ではなく、妥当性の尺度なのである。」

ドラッカーは、『マネジメント：課題・責任・実践』の中で、マネジメントを「組織に成果をあげさせるための道具、機能、機関」と定義しています。

今日の社会は、組織社会として極度に多元化し、経済的な財とサービスの提供、医療、福祉、教育、知識の探求から環境の保護まで、社会的課題のほとんどが専門の社会的機関に委ねられています。こうした観点から、全ての組織を社会の機関として位置づけ、社会、コミュニティ、個人という顧客のニーズを満たすために存在しなければならないとしています。つまり、組織が社会やコミュニティ、個人のニーズを満たすというミッションを達成し、その成果を上げるために存在するのがマネジメントだというのです。

ドラッカーは、組織を運営するマネジメント層が組織を機能させ、貢献へと導くには、「自らの組織に固有の目的と使命を果たさせる」「仕事を生産的なものにして、働く人たちに成果をあげさせる」「自らの社会的インパクトを管理し、社会的責任を果たす」という三つの役割を果たさなければならないとします。

そして、その唯一の目的である顧客創造のために企業が持つべき機能は、マーケティングとイノベーションの二つだけだとします。マーケティングとは、顧客のニーズを探り対応する製品やサービスを提供する機能で、イノベーションとは、顧客の新しい満足を作り出していく機能です。この二つを有効に機能させることが、マネジメントの最重要課題だということです。

経歴

ピーター・ドラッカー（1909年 - 2005年）は、ウィーンの裕福なドイツ系ユダヤ人家庭に生まれた。ドラッカーの家系は代々、政府関係者や大学教授などを輩出する家柄で、父親も外国貿易省長官やウィーン大学教授を務めた。1929年、ドイツの経済新聞「フランクフルター・ゲネラル・アンツァイガー」の記者になる。1933年、ヒトラーの弾圧を避けてロンドンに移住し、ケインズの講義を受けながら投資銀行に勤める。1939年、アメリカに移住し、ニューヨーク大学の教授を経て、1971年にクレアモント大学の教授に就任。

主要著作一覧

『「経済人」の終わり』（1939年）、『産業人の未来』（1942年）、『企業とは何か（会社という概念）』（1946年）、『新しい社会と新しい経営』（1950年）、『現代の経営』（1954年）、『創造する経営者』（1964年）、『経営者の条件』（1967年）、『断絶の時代』（1969年）、『マネジメント：課題・責任・実践』（1973年）、『見えざる革命』（1976年）、『イノベーションと企業家精神』（1985年）、『新しい現実：政治、経済、ビジネス、社会、世界観はどう変わるか』（1989年）、『非営利組織の経営』（1990年）、『ポスト資本主義社会』（1993年）、『プロフェッショナルの条件：いかに成果をあげ、成長するか』（1998年）、『明日を支配するもの：21世紀のマネジメント革命』（1999年）、『ネクスト・ソサエティ：歴史が見たことのない未来がはじまる』（2002年）、『ドラッカー20世紀を生きて』（2005年）

『新版　経営行動』ダイヤモンド社／
二村敏子、桑田耕太郎、高尾義明、西脇暢子、高柳美香［訳］

『経営行動』

ハーバート・サイモン

『経営行動：経営組織における意思決定過程の研究』(Administrative Behavior: a Study of Decision-Making Processes in Administrative Organization)（１９４７年）は、政治学者、認知心理学者、経営学者、情報科学者のハーバート・サイモン（１９１６年－２００１年）が、限定合理的な人間像をもとに組織の意思決定過程を解明した著作です。

「本書は組織の解剖学と生理学を扱うものであり、組織の病気のために処方をしようとしてはいない。本書の領域は、組織の医学というよりは、むしろ組織の生物学である。そして、本書が経営の実際問題に貢献するという唯一の主張は、健全な臨床医学は有機体の生物学についての完全な知識を基礎としてのみつくられうるということである」とあるように、経営について議論するためには、その前提となる組織そのものを知ることが必要だという考えに基づいています。

サイモンは、後に心理学やコンピュータ科学など多方面にわたり活躍しますが、その研究は人間の問題解決法という点で一貫しており、本書でも、組織とは情報の受け渡しを媒介とする意思決定（情報処理）システムであるとしています。

サイモンは、経営人（経済主体）は限定合理性を持つ主体だといいます。これは、古典派経済学の想定した合理的な経済人モデルと対比される、完全に合理的な振る舞いをするわけではない人間を意味しています。

本来、客観的合理性を実現するためには、以下のようなプロセスによって全ての行動を統合されたものにすることが必要になります。

①全ての代替的戦略をパノラマのように概観すること。
②個々の選択から生じる諸結果の複合体全体を熟考すること。
③全ての代替的選択肢から一つを選び出す価値基準を明確にすること。

しかし、実際の経営の場では、特定の選択肢によって一定の目的が達成されるのであれば、他の選択肢の全てを考慮することはしません。

「経営人は、最大化をはかるよりも満足化をはかるので、全てのありうる行動の代替的選択肢を最初に調べずに、また、それらが本当に全ての代替的選択肢であるのか確かめることなしに、選択できる。世界をずっと空疎に扱い、全てのことがらの間の相互関連性は無視するので（そうして思考と行動を麻痺させて）、思考の容量に対して不可能な要求をしない比較的単純な経験則で決定することができる。単純化は誤りを導くかもしれないが、人間の知識および推論の制約に直面すれば他の現実的な選択肢はない」のです。

つまり、限定合理的な経営人は合理的な経済人と違い、合理性を「最大化」しようとはせず、「満足化」で良しとしてしまうのです。しかも、その経験則が固定化された習慣を生み出し、意思決定も固定化されてしまい、決まった範囲でしか物事を考えられなくなってしまいます。さらに、「いつものことを、見たいように見る」ことから、「正常性バイアス」が働き、限定合理的な判断すらできなくなってしまうのです。

このように、サイモンは人間の認知能力を限定的なものと捉えていますが、その発想の根底には、個としての人間は「限られた合理性」しか達成できないとしても、組織としてはその限界を超えられるはずであるという、組織の可能性への期待があります。

こうしたサイモンの研究は、常に合理的な行動を取るという人間像を前提にしていたそれまでの経済学に大きな影響を与えると同時に、組織の動きをその構成員の意思決定の相互の影響関係として定式化することで、近代組織理論の基礎を提供することになりました。

経歴

ハーバート・サイモン（1916年 - 2001年）は、心理学、人工知能、経営学、組織論、言語学、社会学、政治学、経済学、認知科学、システム科学など、数多くの分野において大きな影響を与え、1978年、「経済組織における意思決定過程の先駆的研究」を理由にノーベル経済学賞を受賞した。その一方で、人工知能のパイオニアでもあり、アレン・ニューウェルといくつもの意思決定支援システムの構築に携わった。

参考図書

『経営者の役割』チェスター・バーナード、『現代経済学：ゲーム理論・行動経済学・制度論』瀧澤弘和

『隷従への道』

フリードリヒ・ハイエク

『隷従への道』(The Road to Serfdom)（1944年）は、オーストリア出身の経済学者・哲学者のフリードリヒ・ハイエク（1899年－1992年）が、中央計画経済は必然的に国民生活の隷従をもたらすことになるとした政治学書です。

本書によってハイエクは、ファシズム（全体主義）やナチズム（国家社会主義）は社会主義に対抗する概念であるという、当時の一般的理解を覆し、それらの本質的な同一性を明らかにしました。すなわち、ファシズムやナチズムと社会主義は、国家の個人に対する優越を主張し、市場経済の代わりに中央計画経済を導入する点において同根の思想であると考えたのです。

さらに、フランスに見られるような理性の傲慢さのもたらす危険性を問題視し、デカルト以来の理性主義を設計主義的合理主義と呼び、一部のエリートが主導することで、国家や社会という複雑なものを合理的に設計できるという中央計画経済の非現実性を批判します。

同時に、ケインズ政策も同じく全体主義に至る道だとします。つまりハイエクは、各自が一般的な基準に従いながら妥当な分け前を獲得できる体制とそれができない体制という選択ではなく、少数の計画者によって分け前が決定される体制と個人や企業によって決められる体制の選択であるとしました。

中央計画経済は経済に対する政治の優越を前提としていますが、ハイエクは、人間は既存の秩序を全て破壊して、まったく新しい秩序を建設できるほど賢明ではないと考えます。そして、イギリス経験論的で自然発生的な秩序の重要性を説き、参加者が自らの利益や選好に基づいて判断を下す市場こそが最も効率の良い手段だとしました。

ハイエクは、本書で次のように述べています。

「われわれの共通の倫理的規範を形作っている様々なルールはどんどん少なくなり、かつより一般的な性格のものになってきている。(中略)誰も、すべてを包括する価値尺度を持つことができない、(中略)つまり、彼がいわゆる『利己的』か『愛他的』か、ということ――も、さして重要なことではない。きわめて重要なことは、どんな人間であろうが、限られた分野以上のことを調査することや、ある一定の数以上のニーズがどれだけの緊急性を持っているかを考慮することは、不可能であるという、基本的な事実である。」

本書を著したことで、ハイエクは個人的な自由と経済的な自由の双方を重視する政治思想であるリバタリアニズム(自由至上主義)の思想家の一人とみなされ、その思想は、サッチャリズム、レーガノミクス、小泉構造改革にまで影響を与えたといわれています。

フリードマンは、本書を20世紀末の社会主義の崩壊と市場主義の勝利を招いた、18世紀以降におけるアダム・スミス的な意味を持っていると評価しています。また、ケインズは、マクロ経済政策による市場への介入をめぐってハイエクと対立したライバルとみなされていますが、本書を偉大な著作であり道徳的にも哲学的にも全面的に同意を与えたいと語っています。他方、社会経済学者のカール・ポラニーは、自由市場こそが社会秩序を脅威に直面させており、繰り返される不況とバブルの崩壊こそが独裁者の出現をもたらしているとして、ハイエクの考えを批判しています。

経歴

フリードリヒ・ハイエク(1899年 - 1992年)は、ウィーン生まれの経済学者、哲学者。オーストリア学派の代表的学者の一人で、当初は貨幣的経済理論で有名だったが、その研究領域は経済学にとどまらず、科学方法論、政治哲学、法哲学、社会思想など広範な分野に及び、自由主義の思想家としても活躍した。
景気対策としての財政・金融というマクロ経済政策による市場介入の是非に関して、生涯のライバルであったケインズとの論争が有名。ハイエクの思想は、アーレントやポパーと同じく、全体主義に反対して個人の自由を擁護するものだが、ハイエク本人は古典的自由主義者を自称した。

参考図書

『ケインズとケンブリッジに対抗して』フリードリヒ・ハイエク、『資本主義と自由』ミルトン・フリードマン、『ケインズかハイエクか:資本主義を動かした世紀の対決』ニコラス・ワプショット、『資本主義の思想史:市場をめぐる近代ヨーロッパ300年の知の系譜』ジェリー・ミュラー

『決定版　ゆたかな社会』岩波現代文庫／鈴木哲太郎［訳］
『新版 バブルの物語』ダイヤモンド社／鈴木哲太郎［訳］

『ゆたかな社会』『バブルの物語』

ジョン・ケネス・ガルブレイス

『ゆたかな社会』（The Affluent Society）（1958年初版、1984年第四版）は、アメリカの制度派経済学者で「経済学の巨人」と呼ばれたジョン・ケネス・ガルブレイス（1908年－2006年）が、経済的な豊かさを手にしたことでアメリカ社会がどのように変容したのかと、その問題点を論じた古典的名著です。

ガルブレイスは、「ゆたかな社会」では、生産の増加が全てに優先する重要課題だと指摘します。そして、生産量の拡大を豊かさの基準として追求する経済学のあり方を、19世紀的な神話（生産至上主義という価値観）に縛られたものだとして批判しました。

さらに、社会が豊かになるにつれて欲望を満足させる過程が同時に欲望を作り出していく程度が大きくなるという点で、生産至上主義的な経済学の考え方は、豊かさ自体に対する脅威にさえなっているとしています。つまり、現代の消費は、生産者の広告やマーケティングなどによって、消費者の本来意識されない欲望がかき立てられることで依存的に生み出されたものだとして、これを依存効果（dependence effect）と名づけました。

「ゆたかな社会の最も奇異な特徴」として、民間主体の生産に対しては惜しみない配慮と奨励が与えられるのに対して、公共部門に求められる役割には厳しい制約が課されていることも挙げています。政府の非効率性が強調され、税金が自由に対する脅威とみなされ、豊かさの中にありながら貧困の中に置き去りにされた人々が無視されているとして、両者の社会的バランス（social balance）を取り戻すのが政府の役割だとしています。このような言説から、ガルブレイスは、しばしば最初の脱物質主義者の一人とされています。

本書は出版と同時に大きな反響を呼び、ジョン・F・ケネディ、リンドン・ジョンソン両政権で実施された公共投資政策（「貧困との戦い」）に大きく貢献しました。他方、リバタリアン（自由至上主義者）のアイン・ランドからは、「ガルブレイスが主張しているのは、中世の封建主義に過ぎない」と厳しく批判されています。

『バブルの物語：人々はなぜ「熱狂」を繰り返すのか』(A Short History of Financial Euphoria)（1990年）は、ガルブレイスが、数世紀にわたり世界で発生したバブルとその崩壊の過程を調べ、バブルを希求する人間と資本主義の本質に迫った著作です。

ガルブレイスは、バブルの生成と崩壊の過程を、ひとたびユーフォリア（陶酔的熱病）が生じると、人々は富が増える素晴らしさに目を奪われ、自分もその流れに加わろうと必死になり、それがさらに価格を押し上げ、最後にはバブル崩壊という破局が訪れる、という一連の流れとして分析します。そして、バブルの全てに共通するのはレバレッジ、つまり借入を使って出資の投資効率を上げる梃子《てこ》の効果です。

こうしたユーフォリアが再び起きてしまうと、もはや金融規制や経済学は役に立たないどころか、バブルの絶頂期においては懐疑派に対する排斥が激しくなる傾向があるといいます。

ガルブレイスは、このようなバブルが繰り返し発生するのは、人間が本質的にそれを求めているからであり、そもそも人間というのは、バブルへの当然の警戒心さえ忘れて熱狂へと身を投じてしまう生きものなのだといいます。

バブルというのは、このようにその種が資本主義自体に内蔵されており、その危険から身を守るためには、強い警戒心を欠かさず、常にバブルに共通する特徴を見逃さないようにするしかないというのが本書の結論です。

経歴

ジョン・ケネス・ガルブレイス（1908年-2006年）は、カナダ出身の制度派経済学者。身長は2メートルを超え、偉大な業績とも相まって「経済学の巨人」と評された。経済学の数学的なモデリングを忌避し、平易な記述の政治経済学を指向したこともあり、20世紀においてその著作が最も読まれた経済学者といわれている。終身教授であったハーバード大学で教鞭をとった1934年から1975年にかけて、50作以上の著書と1000を超える論文を著し、ルーズベルト、ハリー・S・トルーマン、ケネディ、ジョンソンの各政権にも仕えた。ケネディ大統領とは友人であり、1961年からアメリカの駐インド大使として赴任、同地でインド政府の経済開発の支援を試みた。1972年にはアメリカ経済学会の会長を務めた。

参考図書

『不確実性の時代』ジョン・ケネス・ガルブレイス

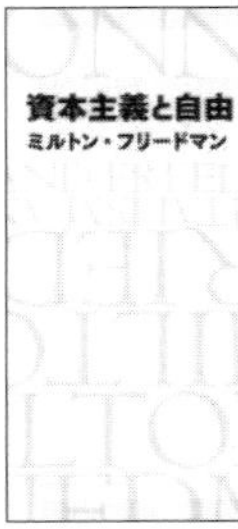

『資本主義と自由』

ミルトン・フリードマン

資本主義と自由』（Capitalism and Freedom）（１９６２年）は、アメリカの経済学者ミルトン・フリードマン（１９１２年－２００６年）が著した、ミルの『自由論』、ハイエクの『隷従への道』と並ぶ「自由」に関する古典です。

フリードマンが理想としたのは規制のない自由主義経済で、あらゆる市場への規制は排除されるべきだと考えました。本書はその思想を表明したもので、1章で、「自由な社会をめざすうえで、経済は二つの役割を演じる。まず経済体制の自由は広義の自由の一構成要素であるから、経済上の自由それ自体が一つの目的となる。と同時に、経済的自由は政治的自由を実現するために欠かせない手段である」と述べています。

また、「一九世紀の自由主義者は、自由の拡大こそ福祉と平等を実現する効率的な手段だと考えたが、二〇世紀の自由主義者は、福祉と平等が自由の前提条件であり、自由に代わり得るとさえ考えている。そして福祉と平等の名の下に、国家の干渉と温情主義（paternalism）の復活を支持するようになった」として、現代のリベラリズム（自由主義）を批判し、農産物の買取保証、輸入関税と輸出制限、物価や賃金の統制、産業や銀行に対する規制、通信や放送に関する規制、老齢・退職年金制度などの社会保障制度と福祉、事業や職業に対する免許、公営住宅、平時の徴兵制、国立公園など、政府が行うべきでない政策、あるいは廃止すべき14の分野を挙げています。

このように、国家の機能は個人の自由の妨げにならない必要最低限なものに限定されるべきとした上で、自由主義者は無政府主義者ではないとして、政府が市場の失敗を是正することを認めています。また、通貨制度の管理・運営という中央銀行の金融政策だけは市場に任せられないとして、この点では、貨幣発行自由化論を唱えたハイエクと対照的な立場を取りました。

財政政策は、財政支出による一時的な所得の増加と乗数効果によって景気を調整しようとするものですが、フリードマンは、ケインズ政策はスタグフレーションにつながるとして、これを完全に否定します。そして、ケインズ政策の実行→景気拡大→失業率の低下→インフレ期待の上昇→賃金の上昇→物価の上昇→実質ＧＤＰ成長率の低下→失業率の再上昇というメカニズムによって、結果的に物価だけが上昇すると主張して、裁量的な財政政策を批判しました。

また、フリードマンは、企業が利潤以外の社会的なことに関心をもつことを否定し、企業の援助や慈善活動を「不適切な資本の使い道」だと断言しています。企業の最終所有者は株主であり、企業経営者の使命は株主利益の最大化であるとして、利潤追求以外の企業の社会的責任を認めません。

そして、次のような結論を述べています。

「政府の施策が持つ重大な欠陥は、公共の利益と称するものを追及するために、市民の直接的な利益に反するような行動を各人に強いることだ。(中略)しかしこのような政策は、反撃を食う。人類が持っている最も強力で創造的な力の一つ、すなわち何百何千万の人々が自己の利益を追求する力、自己の価値観にしたがって生きようとする力の反撃に遭うのである。政府の施策がこうもたびたび正反対の結果を招く最大の原因は、ここにある。この力こそは自由社会が持つ大きな強みの一つであり、政府がいくら規制しようとしてもけっして抑えることはできない。」

経歴

ミルトン・フリードマン(1912年-2006年)は、ケインズ的総需要管理政策を批判したマネタリストで、新自由主義を代表する学者。経済に与える貨幣供給量の役割を重視し、それが短期の景気変動および長期のインフレーションに決定的な影響を与えるとした。特に、貨幣供給量の変動は長期的には物価にだけ影響して実物経済には影響は与えないとする貨幣の中立性を提唱した。シカゴ学派のリーダーとして多くの経済学者を育て、1976年にノーベル経済学賞を受賞。

参考図書

『ショック・ドクトリン：惨事便乗型資本主義の正体を暴く』ナオミ・クライン、『経済学はどのように世界を歪めたのか：経済ポピュリズムの時代』森田長太郎、『ノーベル経済学賞の40年：20世紀経済思想史入門』トーマス・カリアー、『思想としての近代経済学』森嶋通夫、『自由論』ジョン・スチュアート・ミル、『隷従への道』フリードリヒ・ハイエク

『貧困と飢饉』

アマルティア・セン

『貧困と飢饉』(Poverty and Famines: An Essay on Entitlement and Deprivation)（１９８１年）は、インドの経済学者・哲学者で、アジア初のノーベル経済学賞受賞者でもあるアマルティア・セン（１９３３年－）が、ミクロ経済学の観点から貧困のメカニズムを解明した著作です。

本書は、ベンガル飢饉（１９４３年）、エチオピア飢饉（１９７２年）、サヘル地域干ばつ・飢餓（１９６８年）、バングラデシュ飢饉（１９７４年）など、20世紀に世界各地で発生した大飢饉の原因を究明し、一国レベルの食料供給能力不足によるものであるというそれまでの通説を否定しています。その上で、食物分配のメカニズムに着目して、飢饉の発生は人々が食料を手に入れる能力と権原(entitlement)が損なわれた結果であることを実証的に解明しました。

ベンガル飢饉では、６千万人の州人口のうち２００万－３００万人が飢餓、マラリア、不衛生な環境などによって死亡したと推計されています。その中で最も被害を被ったのは、漁業労働者、運送業労働者、農業労働者、手工芸職人、その他の生産従事者で、最も影響を受けなかったのは小農と小作農でした。

この飢饉はベンガルでの顕著な食料不足のために生じたものではなく、第二次世界大戦の戦時経済下でのインフレによる価格上昇、投機によるパニック的貯蔵・購入と売り控え、穀物の州外輸出禁止措置などにより、穀物が急速になくなったのが原因であることがデータで示されています。

本書は、単純に生産性の問題だと考えられていた貧困が、市場の失敗によりもたらされていたことを実証した点で画期的なものであり、開発経済学の新たな地平を切り開くことになりました。

さらにセンは、経済学は数字だけを扱うのではなく、共感性、関わり合い、利他性を重視し、弱い立場の人々の悲しみ、怒り、喜びに触れることができなければならないと考えました。そして、社会の良し悪しを評価する際には、経済的な豊かさではなく潜在能力（capability）が発揮できるかどうかが重要だと考えました。

こうしたセンの提唱する人間の資質の向上を通じた貧困撲滅という人間開発論は、１９８０年代後半から国連、ＵＮＤＰ（国連開発計画）、世界銀行などの国際機関で取り入れられるようになっていき、１９９０年に開発されたＵＮＤＰの人間開発指数（ＨＤＩ）などにも取り入れられました。

２０００年の国連ミレニアム・サミットでは、21世紀の国際社会の目標としてＭＤＧｓ（ミレニアム開発目標）が採択され、この最初に掲げられたテーマが「極度の貧困と飢餓の撲滅」です。このＭＤＧｓが、２０１５年に国連で採択されたＳＤＧｓ（持続可能な開発目標）につながることになります。

また、２００１年、センと緒方貞子国連難民高等弁務官（当時）を共同議長に、日本政府とコフィー・アナン国連事務総長（当時）のイニシアティブによって、「人間の安全保障委員会」が創設され、２００３年にアナン事務総長に最終報告書が提出されました。

「人間の安全保障」は、伝統的な「国家の安全保障」と相互補完関係にあり、個人の自由と可能性を実現し、尊厳ある生活を確保するために、人々を恐怖と欠乏の二つの脅威から解き放つことを目指すものです。さらに、２０１２年の国連総会においては、人間の安全保障の共通理解に関する総会決議が採択されるに至っています。

経歴

アマルティア・セン（1933年 - ）は、インドの経済学者、哲学者。祖父はアジア人初のノーベル賞受賞者である詩人のラビンドラナート・タゴールと懇意で、センの名づけ親はタゴールだと言われている。アマルティアとは「永遠に生きる人＝不滅の人」を意味する。インドのベンガル地方の名門一族に生まれ、9歳の時に1943年のベンガル飢饉を経験する。カルカッタ・プレジデンシー大学（現在のコルカタ大学）を卒業後、ケンブリッジ大学トリニティ・カレッジに学び、1959年に同大学で博士号を取得。デリー・スクール・オブ・エコノミクス、ロンドン・スクール・オブ・エコノミクス、ハーバード大学などを歴任し、ケンブリッジ大学トリニティ・カレッジの学長を務めた後、再びハーバード大学の教授に就任した。配偶者のエマ・ジョージナ・ロスチャイルドは、第三代ロスチャイルド男爵ヴィクターの三女であり、経済史学者でケンブリッジ大学名誉教授、ハーバード大学歴史学教授。

参考図書

『不平等の経済学：ジェームズ・フォスター、アマルティア・センによる補論「四半世紀後の『不平等の経済学』」を含む拡大版』アマルティア・セン、『不平等の再検討：潜在能力と自由』アマルティア・セン

『学習する組織』

ピーター・センゲ

『学習する組織：システム思考で未来を創造する』(The Fifth Discipline: the Art and Practice of the Learning Organization)（1990年）は、アメリカの経営学者ピーター・センゲ（1947年－）が、自律的で柔軟に変化し続ける「学習する組織」の理論を提唱した、経営学の世界的ベストセラーです。

本書は、「ハーバード・ビジネス・レビュー」で、「過去75年間における最も優れた経営書」のひとつに選ばれ、「ファイナンシャル・タイムズ」でも、「最も重要な5大マネジメント書」のひとつとして評価されています。

センゲが定義する「学習する組織」とは、人々がたゆみなく能力を伸ばし、心から望む結果を実現しうる組織、革新的で発展的な思考パターンが育まれる組織、共通の目標に向かって自由にはばたく組織、共同して学ぶ方法をたえず学びつづける組織です。つまり、共通の目標に向けて効果的に行動するために、目標達成能力を効果的に伸ばし続けられる組織のことです。

その中核となるキーワードはレジリエンス（resilience）、すなわち、回復力やしなやかな強さというべきものです。学習する組織には定型があるわけではなく、むしろ変化の激しい環境下で、さまざまな困難に耐え、復元力を持ち、環境変化に適応し、学習し、自らをデザインして進化し続けられることが重要なのです。

センゲは、組織が「起こりうる最良の未来」を実現するためには、次の五つの「ディシプリン」（学習し習得するべき理論および技術の総体であり実践されるべき課題）が不可欠だといいます。

①システム思考：他の四つを統合する役割を果たし、「学習する組織」の根幹をなす概念。人間の活動や様々な事象を相互に関連したシステムとして捉える見方で、全体最適化や複雑な問題解決への手法として応用される考え方でもある。

②自己マスタリー（mastery）：マスタリーとは熟達を意味し、自己に熟達するとは人間として成長するということを表す。自分にとってなにが大事かを常に明らかにし続け、どのようにすれば現実の姿がもっとはっきりと把握できるようになるか学習し続けることによって、ビジョンと現実との間の創造的な緊張関係に身を置き、学習を継続させていくこと。

③メンタルモデル：個人や組織の奥底にある、固定化されたイメージやマインドセット。現実を認識するひとつのパターンであり、心の癖ともいえる。それぞれの人が世の中に関わる前提であり、個人や組織の行動パターンを生み出しているため、個人や組織の変革や成長は、このメンタルモデルを認識した上で行うことが必要になる。

④共有ビジョン：組織を形成する個々人が共有しているビジョン。センゲは、本物のビジョンがあれば、人々は学び、力を発揮するとしている。また、共有ビジョンは個人のビジョンから生じるとして、個人のビジョンを明確にし、組織として浸透して共有されるビジョンを創り出すプロセスを重視している。

⑤チーム学習：ビジョンを共有したチームが協働して学び合っていく過程のこと。複雑化する環境の中で成長していくためには、個人だけでなく、チームでの成長が重要になる。

このように、個人とチームの学習能力の根源を探り、組織マネジメントの新常識を打ち立てたセンゲの組織論は、大きなムーブメントを引き起こし、今では企業やＮＰＯなど世界中の多くの組織で実践・活用されています。

経歴

ピーター・センゲ（1947年 - ）は、マサチューセッツ工科大学（MIT）経営大学院上級講師、組織学習協会（SoL）創設者。MITスローンビジネススクールの博士課程を修了、同校教授を経て現職。旧来の階層的なマネジメントパラダイムの限界を指摘し、自律的で柔軟に変化し続ける「学習する組織」の理論を提唱。1999年の「Business Strategy」は、センゲを、「この100年の間にビジネス戦略上の最も大きな影響を与えた24人の1人」としている。

参考図書

『ティール組織：マネジメントの常識を覆す次世代型組織の出現』フレデリック・ラルー

『貨幣論』ちくま学芸文庫

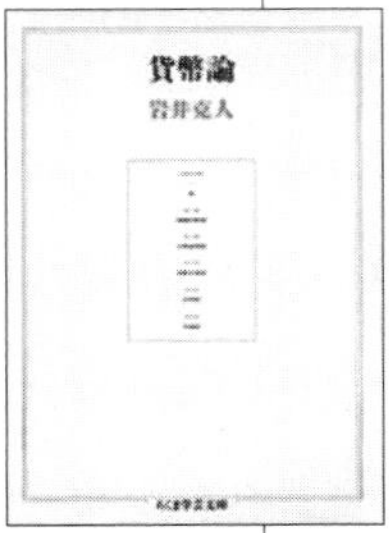

『貨幣論』

岩井克人

『貨幣論』（１９９３年）は、経済学者の岩井克人（１９４７年－）が、貨幣が通用する根拠とその意味を検証した著作です。

マルクスは『資本論』（→１４２頁参照）の中で、貨幣を労働価値説の視点から捉え、労働生産物としての金銀によって貨幣の価値を説明しました。しかし、現代において国が金銀や財源の裏づけがない紙幣の発行を増やすのは普通であり、この説は成立しないと岩井は指摘します。また、貨幣商品説では、「金銀が貨幣として使われるのは、それが価値の高い商品だから」と説明されますが、これは、「貨幣が示す価値はその原材料の価格を常に上回っている」という事実に反しています。さらに、経済学で通説になっている貨幣法制説では、法律で貨幣として定めたから流通するのだと説明されます。

これらに対して岩井は、我々がおカネを受け取るのは、「ほかの人」がその価値があるものとして次に受け取ってくれると信じているからであり、貨幣の価値というのは社会が与えているのだといいます。つまり、貨幣には、車や宝石といったそのモノ自体に対する欲望のような実体はなく、「誰もが貨幣として受け取るから貨幣なのだ」という自己循環論法になっているというのです。「自分がモノとして使うためではなく、将来、ほかの人に売るために買う」という投機の定義からすれば、それ自体では何の使い道もないおカネを使い、流通させるという行為こそが、最も純粋な投機行為だといえます。

現代の中央銀行による銀行貨幣制度は、この自己循環論法そのものであり、本来的に、経済の効率性を高めると同時に不安定性をも高めるという二律背反性を内在していることになります。

古代ギリシアのアリストテレスはこの貨幣の不思議に気づき、『政治学』（→２９８頁参照）の中で、貨幣はもともと交換のための手段であったのが、次第にそれを貯めること自体が目的化し、人々は善く生きることではなく、ただ生きることに熱中するようになると指摘しました。まさにここで、より多くの貨幣を求め続ける「貨幣の無限の増殖活動」としての資本主義が始まることになったのです。

マルクスは、法だけではなくおカネの下でも人間は平等だといっています。貨幣は個人をあらゆる共同体的な束縛から自由にし、独立した平等な市民からなる民主制の発展を促したからです。他方、貨幣社会は本質的に投機的で不安定であり、人間の自由そのものが社会の危機をもたらすことになり、その行き着く先は、ポピュリズムや全体主義という悪夢です。

岩井は、資本主義の最悪の状況としての「恐慌」(カネのバブル)と「ハイパーインフレ」(カネのパニック)に関して、「人間社会において自己が自己であることの困難と、資本主義社会において貨幣が貨幣であることの困難とのあいだには、すくなくとも形式的には厳密な対応関係が存在している」といいます。

貨幣は人間を自由にします。自分の領域を持っていて、自分で目的を決定できることが自由の本質であり、それが人間の尊厳だからです。しかし、自由と安定は両立しません。

そこで岩井は、カント(→２５４頁参照)の「他のすべての人間が同時に採用することを自分も願う行動原理によって行動せよ」と命ずる道徳律に着目します。この、他者を邪魔しない最低限の義務としての規範は、同情や共感といった個々の感性ではない、より普遍的な行動原理であり、岩井はここに資本主義社会の次の可能性を見出すのです。

経歴

岩井克人(1947年 -)は、国際基督教大学特別招聘教授、東京大学名誉教授、日本学士院会員。東京大学大学院経済学研究科長、東京大学経済学部長、日本学術会議経済学委員会委員長などの要職を歴任。ミクロ経済学的基礎に基づくマクロ的不均衡動学理論を体系化した。近年は、株式会社の二階建て構造論(二階では株主がモノとしての会社を所有し、一階では会社がヒトとして工場を所有し、従業員を雇い、製品を作っているという構造)をベースに、会社と経営者の信任関係を定式化した。

参考図書

『岩井克人「欲望の貨幣論」を語る』丸山俊一、NHK「欲望の資本主義」制作班、『21世紀の貨幣論』フェリックス・マーティン

『社会的共通資本』『経済学は人びとを幸福にできるか』

宇沢弘文

『社会的共通資本』（1994年）は、数理経済学者の宇沢弘文（1928年－2014年）が、社会的共通資本の概念とその重要性を説いた著作です。

現代の資本主義社会とその背後にある経済学が抱える閉塞感の根本にあるのは、マルクス以来の人間疎外であり、これは資本主義対共産主義の闘いに終止符が打たれた現在でも変わりません。

「資本主義の中にも人々が本来の人間性を取り戻せる仕組みを埋め込めないか」「人間が社会の中心に置かれず、グローバル市場経済の大きな歯車にすり潰されなければならないのはなぜか」というのが、宇沢が抱いていた強い危機感でした。

宇沢の唱える社会的共通資本とは、「一つの国ないし特定の地域に住むすべての人々が、ゆたかな経済生活を営み、すぐれた文化を展開し、人間的に魅力ある社会を持続的、安定的に維持することを可能にするような社会的装置」のことです。

具体的には、①自然環境（山、森林、川、湖沼、湿地帯、海洋、水、土壌、大気）、②社会的インフラ（道路、橋、鉄道、上・下水道、電力・ガス）、③制度資本（教育、医療、金融、司法、文化）の三つに分けられます。

それらは、国家的に管理されたり、利潤追求の対象として市場に委ねられたりしてはならず、職業的専門化集団によって、専門的知見と職業的倫理観に基づき管理・運営されなければならないとされます。これはまさに、現代のＳＤＧｓ（持続可能な開発目標）に通じる考え方です。

『経済学は人びとを幸福にできるか』で宇沢が提唱したのが、社会的共通資本の概念を軸に、効率性よりも人間の尊厳を大切にした社会を作ろうという「人間のための経済学」です。ここでは象徴的な二つのエピソードを紹介します。

ひとつは、１９８３年に宇沢が文化功労者に選ばれ、昭和天皇に経済学の講義をご進講した際のエピソードで、次のように書かれています。

「私はそれまで、経済学の考え方になんとかして、人間の心を持ち込むことに苦労していた。しかし、経済学の基本的な考え方はもともと、経済を人間の心から切り離して、経済現象の間に存在する経済の鉄則、その運動法則を求めるものであった。経済学に人間の心を持ち込むことはいわば、タブーとされていた。（中略）この、私がいちばん心を悩ましていた問題に対して、『経済、経済というけど、人間の心が大事だと言いたいのだね』という昭和天皇のお言葉は、私にとってコペルニクス的転回ともいうべき一つの大きな転機を意味していた。」

もうひとつは、ローマ法王が重要な問題に関して公式の考え方を全世界に配布する、「レールム・ノヴァルム」という回勅についてのエピソードです。

１８９１年に当時のローマ法王が出した回勅の副題は、「資本主義の弊害と社会主義の幻想」でした。それから１００年後、ヨハネ・パウロ２世から新しい回勅についての協力を依頼された宇沢は、「社会主義の弊害と資本主義の幻想」というテーマを提案します。

それに基づいて１９９１年に新しい回勅が出されました。その中では、資本主義と社会主義はどちらも大きな弊害・欠陥を抱えており、人間が人間らしく生きることができる新しい経済体制を考えるのが経済学者の仕事ではないのかという問題提起がなされています。

経歴

宇沢弘文（1928年 - 2014年）は、日本の経済学者。専門は数理経済学。東京大学名誉教授。意思決定理論、二部門成長モデル、不均衡動学理論などで功績を認められ、1983年文化功労者、1989年日本学士院会員、1995年米国科学アカデミー客員会員、1997年文化勲章、2009年ブループラネット賞などを受賞。1976年から1977年まで計量経済学会会長。

参考図書

『自動車の社会的費用』宇沢弘文、『経済学の考え方』宇沢弘文、『宇沢弘文傑作論文全ファイル』宇沢弘文、『資本主義と闘った男　宇沢弘文と経済学の世界』佐々木実、『経済学の宇宙』岩井克人、『貧乏物語』河上肇、『有閑階級の理論』ソースティン・ヴェブレン

『新装版　知識創造企業』東洋経済新報社/梅本勝博［訳］

『知識創造企業』

野中郁次郎、竹内弘高

知識創造企業』（The Knowledge Creating Company）（１９９５年）は、ナレッジマネジメント（知識経営）の生みの親である野中郁次郎（１９３５年－）と経営学者の竹内弘高（１９４６年－）が、組織的知識創造こそが日本企業の競争力を支える原理だとした著作です。当初、英語で書かれた本書は、その後、日本語をはじめ多くの言語に翻訳されてベストセラーとなりました。

野中と竹内は、自動車や家電業界など、当時躍進めざましかった日本企業における知識のマネジメントのあり方に注目し、日本企業がなぜ国際社会で成功したのかを研究しました。そして、その普遍的原理を、新しい知識を作り出し、それを組織全体に広め、製品、サービス、業務プロセスなどに具体化する組織全体の能力である「組織的知識創造」にあるとしました。

二人は、「人間知」を、言語や文章などの形式言語で表現できる言語値である「形式知」と、個人一人ひとりの経験から成り、形式言語では表現するのが難しい経験値である「暗黙知」に分けます。西洋は形式知、東洋は暗黙知を重視する文化であり、日本企業が優れているのは組織の成員が持っている暗黙知と形式知をうまく連動させるところにあります。暗黙知は、信念、価値観、直観、物の見方といった無形の要素を含んでいて、人間の集団行動にとって重要な要素であるにも関わらず、これまでの経営学では無視されてきました。

ドラッカーが、21世紀には知識が最も重要な資源となると語ったように、知識は天然資源のようにもとから存在するものではなく、人が関係性の中で作る経営資源です。利用する人の思い、理想、感情などで、意味や価値が変化するダイナミックな資源といえます。これを経営に生かしたのが知識創造企業であり、本書では、企業を単なる収益を生み出す道具ではなく、知の創造体として捉えることが重要だとしています。

二人は、本書を通じて、社員の知識、経験、ノウハウを共有することで、企業全体の生産性、競争力、企業価値を高めていく「ナレッジマネジメント」の考えを経営学の世界に広めました。この知識創造を組織的に実現していくためのプロセスを体系化したのがＳＥＣＩモデルで、これは共同化(Socialization)、表出化(Externalization)、結合化(Combination)、内面化(Internalization)の四つのプロセスを高速回転させてスパイラルアップすることにより、創造性と効率性を両立するという経営手法です。そして、イノベーションとは、ＳＥＣＩモデルのスパイラルそのものだというのです。

本書はこのように、知識をキーワードとしてさまざまな哲学的考察から書き起こし、西洋と東洋の知のあり方の違いに焦点を当てて、企業の商品開発などにおける知識の活用を分析した異例の経営書です。「人間知」はギリシア古代以来、常に認識論(知識論)の中心課題でした。これまでの経営学では、「どう在るか」の意味を問う存在論に焦点が当たってきましたが、知識創造経営は、これと「どう知るか」の真理を問う認識論を総合するものであり、その本質は、利益追求を目的とする経営を超え、良い生き方を追求するプロセスとして捉える新しい企業観です。

本書の続編が、『ワイズカンパニー：知識創造から知識実践への新しいモデル』(The Wise Company: How Companies Create Continuous Innovation)（２０１９年）であり、そこではさらに、知識創造からソクラテスの唱えたフロネシス(実践知)、すなわち「知恵」に重点を移し、企業が知識実践をどう行うべきかが記述されています。

経歴

野中郁次郎（1935年 - ）は、日本の経営学者で、知識経営の生みの親として知られる。一橋大学名誉教授、カリフォルニア大学バークレー校特別名誉教授。2017年、カリフォルニア大学バークレー校ハース・ビジネス・スクールから同大学最高賞の生涯功績賞を史上５人目として授与された。英語で出版された『知識創造企業』は多くの賞を受賞し、「ハーバード・ビジネス・レビュー」にもその論文が掲載された。そのほか多くの著作が英語で出版されており、アメリカで知られる数少ない日本人経営学者である。
竹内弘高（1946年 - ）は、日本の経営学者。ハーバード大学経営大学院教授、一橋大学名誉教授、国際基督教大学理事長。専門はマーケティング・企業戦略など多岐にわたる。

参考図書

『ワイズカンパニー：知識創造から知識実践への新しいモデル』野中郁次郎、竹内弘高

『増補改訂版　イノベーションのジレンマ』翔泳社／玉田俊平太［監修］／伊豆原弓［訳］

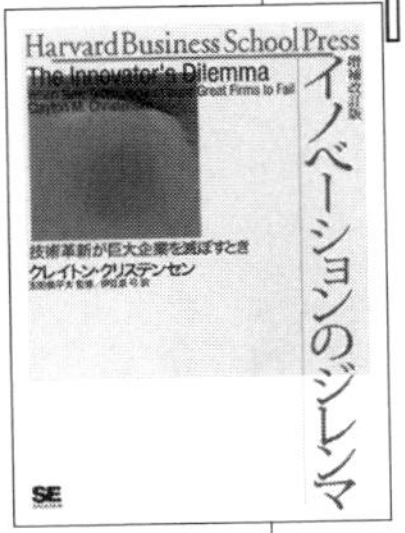

『イノベーションのジレンマ』

クレイトン・クリステンセン

『イノベーションのジレンマ：技術革新が巨大企業を滅ぼすとき』(The Innovator's Dilemma: When New Technologies Cause Great Firms to Fail)（1997年）は、ハーバード・ビジネス・スクール教授のクレイトン・クリステンセン（1952年-2020年）が、巨大企業が新興企業との競争で遅れをとってしまう理由を説明した、「イノベーションのジレンマ」という経営理論を提唱した著作です。

クリステンセンは、イノベーションのタイプを、①従来製品の価値を破壊して新しい価値や市場を生み出す「破壊的(disruptive)イノベーション」、②従来製品の改良を進める「持続的(sustaining)イノベーション」、③従来製品の改良を進める「効率化(efficiency)イノベーション」の三つに分類しています。

破壊的イノベーションの例としては、たとえば、アップルのパーソナルコンピュータの登場によって業務用ミニコンピュータ市場が消滅したことなどが挙げられます。持続的イノベーションとして挙げられるのは、コンピュータチップの処理能力向上の歴史で、この場合、製品は代替わりしていくだけなので、イノベーション自体は企業が成長する源泉にはなりません。効率化イノベーションは、より少ないリソースでより多くの製品を作ることを目的とするもので、たとえば雇用を削ってフリーキャッシュフローを増やすことなどです。

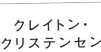

実際のイノベーションの大半は、持続的イノベーションあるいは効率化イノベーションです。したがって、キャッシュフローが次の破壊的イノベーションに投資され、それぞれ異なる役割を担う三つのイノベーションが繰り返し起こるという事業サイクルは、なかなか生まれません。

大企業にとって、破壊的イノベーションによって生まれた製品は、最初は既存製品に比べて出来も利益率も悪いので、魅力なく映ります。また、既存の商品には優れた点があるため、そこを改良することだけに注力してしまい、顧客の新たな需要に注意が向かず、破壊的イノベーションを軽視しがちです。そのために、大企業は新興市場への参入に遅れをとってしまい、他社の破壊的イノベーションの価値が広く認められるようになる頃には、従来製品の価値は破壊されてしまい、市場での地位を失ってしまうということです。

このように、革新的な技術やビジネスモデルで既存の企業を打ち破った企業が、大企業になると革新性を失ってしまう、「偉大な企業はすべてを正しく行うが故に失敗する」という状態を、イノベーションのジレンマと呼びます。

クリステンセンは、近年、先進国で成長を生み出すイノベーションサイクルが機能しなくなっている原因のひとつとして、1970年代以降のファイナンス理論が挙げられるとしています。

たとえば、投資効率を図るための指標であるRONA（Return On Net Asset：純資産利益率）を引き上げたければ、よりイノベーティブになって利益を創出して分子（利益）を大きくするか、全てを外注するなどして分母（純資産）を減らすかのいずれかしかありませんが、方法論としては後者のほうがはるかに楽です。IRR（Internal Rate of Return：内部利益率）についても同様で、財務的に見ると、資本を使った上に投資回収にも期間がかかる破壊的イノベーションよりも、市場が確立している製品の効率化イノベーションへの投資の方が奨励されることになります。

経歴

クレイトン・クリステンセン（1952年 - 2020年）は、アメリカの経営学者、ハーバード・ビジネス・スクール教授。ブリガムヤング大学経済学部を首席で卒業後、オックスフォード大学の経済学修士、ハーバード・ビジネス・スクールの経営管理学修士、経営学博士を取得。ボストン・コンサルティング・グループでコンサルタント及びプロジェクトリーダーとして、製造業向けのコンサルティングサービスに従事。1992年からハーバード・ビジネス・スクールの教員となり、初の著作である本書によって破壊的イノベーションの理論を確立させ、企業におけるイノベーションの研究における第一人者となった。イノベーションと企業の成長に関する研究が評価され、最も影響力のある経営思想家トップ50を隔年で選出する「THINKERS 50」のトップに3回連続で選ばれた。

67歳で白血病の治療による合併症で逝去。若い頃から健康上の問題を抱えており、30歳で1型糖尿病と診断され、58歳で心臓発作を起こし、ガンも発見されていたが、こうした大病を何度も乗り越えてきた。学問と人柄の両面で広く敬愛された経営学者だった。

参考図書

『両利きの経営：「二兎を追う」戦略が未来を切り拓く』チャールズ・A・オライリー、マイケル・L・タッシュマン、『両利きの組織をつくる：大企業病を打破する「攻めと守りの経営」』加藤雅則、チャールズ・A・オライリー、ウリケ・シェーデ

『ショック・ドクトリン』

ナオミ・クライン

『ショック・ドクトリン：惨事便乗型資本主義の正体を暴く』(The Shock Doctrine: The Rise of Disaster Capitalism)（2007年）は、カナダのジャーナリストのナオミ・クライン（1970年－）が、アメリカの「ショック・ドクトリン」を通じた世界経済支配の実態を暴いた著作です。

「ショック・ドクトリン」とは、「惨事便乗型資本主義」と呼ばれる、大惨事につけ込んで強行する過激で原理主義的な市場改革のことです。アメリカ政府とグローバル企業は、戦争、政変、津波やハリケーンといった自然災害などの大きな危機につけ込んで、あるいは危機を意図的に引き起こすことで、過激な経済改革を強行するというのです。

クラインは、そのおおもとをたどると、ケインズ主義に反対して「真の変革は、危機状況によってのみ可能となる」といい、徹底的な市場原理主義、規制撤廃、民営化を主張した、シカゴ学派のフリードマン（→168頁参照）にいきつくといいます。

「ショック・ドクトリン」の最初の例は、1973年の軍事クーデターで成立したチリのピノチェト政権下で実施されたフリードマンの弟子たちによる新自由主義経済改革でした。シカゴ学派は、大きな政府や福祉国家を攻撃するとともに、ミクロ経済学的な手法を、市場経済だけでなくさまざまな社会現象の分析へ適用しようと試みました。しかし、そうした政策は国民から拒絶され、アメリカ国内で推進することができませんでした。

こうしたシカゴ学派の改革を受け入れたのがチリでした。1956年、アメリカ政府の呼びかけにより、チリ・カトリック大学の学生をシカゴ大学経済学部に送る「チリプロジェクト」がスタートします。やがて卒業生たちは、ピノチェト政権下での主要ポストを占めるようになります。同時に、ピノチェトはＣＩＡの支援を受け、経済政策をいわゆる「シカゴ・ボーイズ」（シカゴ大学出身の経済学者）に任せ、「小さな政府」の旗印の下、公共部門の民営化、福祉・医療・教育などの社会的支出の削減を断行しました。フリードマンはこうした新自由主義的改革の成果を「チリの奇跡」と呼びましたが、実際には、この時期のチリは経済成長が鈍化し、社会の貧困化を招くことになりました。

その後も、天安門事件（１９８９年）、ソ連崩壊（１９９１年）、アメリカ同時多発テロ事件（２００１年）、イラク戦争（２００３年）、スマトラ島沖地震津波（２００４年）、ハリケーン・カトリーナ（２００５年）などの政変、戦争、災害などに便乗して、各地で過激な経済改革が進められてきました。

たとえば、スマトラ沖大地震の津波で被害を受けたスリランカ沿岸部では、一気に、外資導入によるリゾート開発計画（アルガムベイ資源開発計画）が進められました。スリランカ政府はこの被害を「悲惨な運命のいたずら」としながらも、「この天災はスリランカにまたとないチャンスをプレゼントしてくれた」との見方を示しました。

ハリケーン・カトリーナによる高波で甚大な被害が出たニューオーリンズでも、同地選出のリチャード・ベーカー下院議員が、「これでニューオーリンズの低所得者用公営住宅がきれいさっぱり一掃できた。我々の力ではとうてい無理だった。これぞ神の御業だ」とコメントして問題になりました。

こうした発言に加えて、市場経済改革を実現させるには大災害が不可欠だとする経済学者が多いことに対しても、クラインは非常に憂慮しています。

経歴

ナオミ・クライン（1970年 - ）は、カナダのジャーナリスト、作家、活動家。カナダのモントリオール生まれ。両親はベトナム戦争に反対してアメリカからカナダに移住した。21世紀初頭における、世界で最も著名な女性知識人、活動家の一人として知られている。「ガーディアン」「ニューヨーク・タイムズ」「ボストン・グローブ」「ネーション」「ニューヨーカー」などの新聞・雑誌に寄稿するほか、調査報道サイト「インターセプト」の上級特派員も務める。

参考図書

『これがすべてを変える：資本主義VS.気候変動』ナオミ・クライン

『ブラック・スワン』

ナシーム・ニコラス・タレブ

『ブラック・スワン：不確実性とリスクの本質』（The Black Swan: The Impact of the Highly Improbable）（２００７年）は、認識論学者で元ヘッジファンド運用者のナシーム・ニコラス・タレブ（１９６０年－）が、予期せぬ破壊的現象である「ブラック・スワン」について一般向けに解説した著作です。

ブラック・スワンとは、ヨーロッパでは白鳥というのは白いもの（ハクチョウ）だけだと思われていたのが、１６９７年にオーストラリアで黒い白鳥（コクチョウ）が発見されたことにより、それまでの常識が大きく覆されることになった出来事から名づけられました。

今では、リーマンショックや東日本大震災や福島原発事故など、従来の経験や確率論からでは誰も予測できない、極端でしかも影響力の大きい金融危機や自然災害などを示す言葉になっています。確率分布の裾が正規分布（平均値の付近に集積するようなデータの分布を表した確率分布）のように指数関数的には減衰しない、それよりも緩やかに広がっている分布を表すヘビーテール（分布の裾が重い）、ファットテール（分布の裾が厚い）、ロングテール（分布の裾が長い）も、ブラック・スワンと同様の発想です。

タレブは、ブラック・スワンについて、普通ではまずあり得ない事象のことであり、①予測できないこと、②非常に強い衝撃を与えること、③いったん起こってしまうと、いかにもそれらしい説明が後づけされ、偶然ではなく、あらかじめ分かっていたように思えてしまうこと、という三つの特徴を持つとしています。

しかも、歴史の流れを決定づけるような重大な出来事であるとして、特に、金融のグローバル化と集中化によって、「一方ではボラティリティが下がって安定しているように見えながら、そのもう一方ではもろいところがつながりあって共鳴するようになる。つまり、壊滅的な黒い白鳥が生まれるのだ」と警鐘を鳴らしています。

タレブは、ソクラテスに始まる懐疑主義の視点から、我々は自分で思っているほど物事を知っているわけではなく、未来を予測するために、むやみに過去のデータを使うべきではないとしています。そして、人間は世界がなんらかの構造を持っていて理解可能なものだと見る傾向があるとして、これを"the Platonic fallacy"（プラトン的誤り）と称し、次の三つの歪みを生み出しているとしています。

①Narrative fallacy：後づけでストーリーを構築して、事象に特定可能な原因があると思い込む。

②Ludic fallacy：構造を持たない無作為性を、ゲームなどに見られる構造化に似ていると思い込む。

③Statistical regress fallacy：確率の構造は一群のデータから導出できるものと思い込む。

こうしたことから、タレブは、安易に構築された数理モデルや統計学モデルに強い不信感を抱いていて、ランダムウォークモデル（株価の値動きについて確率論による数学的記述を与える理論）やそれに関連する確率論に対して非常に批判的です。そして、多くの人々がブラック・スワンの存在を無視しているとして、金融関係の学界、特に経済学者を批判する発言を繰り返しています。

なお、タレブは、２０２０年から始まった新型コロナウイルス（ＣＯＶＩＤ－19）のパンデミックに関連して、この種の感染症の流行について早い段階で警告を発して、しかもその感染拡大は非線形的に複雑な経路をたどるだろうと予測していました。世界のコネクティヴィティが高まっている中で、今回は完全に予測できた「ホワイト・スワン」だったということです。

経歴

ナシーム・ニコラス・タレブ（1960年 - ）は、ウォール街で長年デリバティブトレーダー（個別の金融商品ではなく、金融派生商品を売買するトレーダー）として働き、その後、認識論の研究者になった。人が理解していない世界でどのように暮らし行動すべきか、偶然性と未知のことにどのように取り組むかなどを研究し、予期しない稀な現象に関する「ブラック・スワン」を提唱しており、2008年に始まった国際金融危機の後に、"Black Swan robust society"を立ち上げている。

参考図書

『反脆弱性：不確実な世界を生き延びる唯一の考え方』ナシーム・ニコラス・タレブ、『身銭を切れ：「リスクを生きる」人だけが知っている人生の本質』ナシーム・ニコラス・タレブ

『貧困のない世界を創る』

ムハマド・ユヌス

『貧困のない世界を創る：ソーシャル・ビジネスと新しい資本主義』(A World Without Poverty)（２００８年）は、バングラデシュのグラミン銀行の創設者ムハマド・ユヌス（１９４０年－）が、社会問題を解決する新しい企業形態である「ソーシャル・ビジネス」の理念と実践について語った著作です。

ユヌスは、「貧困のない世界を創る」という壮大なビジョンを掲げて、１９７６年に農村の主婦らに低金利で少額の融資を行い、生活向上の支援をするための非政府組織（ＮＧＯ）を立ち上げました。１９８３年にはグラミン銀行（ベンガル語の「村」(gram)に由来する）として政府の認可を得て、マイクロ・クレジット（無担保少額融資）で農村部の貧しい人々の自立を支援する手法を全国で展開した結果、バングラデシュの貧困軽減に大きく貢献しました。

これが多くの国際機関やＮＧＯなどの支援活動の模範となり、マイクロ・クレジットは貧困対策の新たなあり方として国際的に注目されることになりました。その活動が世界中に広がった結果、ユヌスは２００６年にノーベル平和賞を受賞することになります。あらゆる面から貧困撲滅を目指すユヌスとグラミン銀行は、貧しい人々の住宅、教育、医療などを支援するサービスを次々と開発していきました。また、多くの「グラミン・ファミリー」と呼ばれる関連企業を創設して、地場産業の振興、携帯電話やインターネットの普及、再生可能エネルギーの利用なども進めています。

本書では、フランスの食品大手ダノンとの合弁によるグラミン・ダノン・フーズ設立などの例を挙げながら、企業の持っている技術とリソースを利用することで、グローバル社会が抱えている、貧困、疾病、教育、環境、エネルギーなどの問題を解決しようという提言を行っています。

ユヌスのビジネスのいくつかは、本書の副題にもなっているソーシャル・ビジネス（社会的事業）の形態で運営されています。ソーシャル・ビジネスとは、「それぞれの国や社会が抱える問題を、ビジネスの手法で解決しようという特定の社会的目標を追求するものであり、その目標を達成する間に総費用の回収は目指すが、利益は株主に配当をせず、ソーシャル・ビジネスの趣旨や社会貢献のために使う」というものです。

ユヌスは、現在の資本主義は、人間というものを利益の最大化だけを目指す一元的な存在であると見なしているといいます。こうした資本主義の原理では、お金の増殖以外を目的にするのは難しく、「時代の役に立ちたい」という人々の願望に答えることが構造的にできません。したがって、営利企業に社会的責任（ＣＳＲ）を求めるのは構造的に無理があると考えました。

実際の人間はもっと多元的な存在であり、ビジネスは利益の最大化のみを目的とするべきではないと考えたユヌスは、営利企業とは別の新たなビジネスモデルとして、ソーシャル・ビジネスを提唱しました。これは、株主の利益の最大化ではなく、社会的利益の最大化を目標とする新しい企業体であり、会社を持続可能にする収益を保ちながら社会貢献ができるという点で、営利企業のＣＳＲや慈善事業に代わるものとして注目を集めることになりました。

また、ここでは、社会的利益そのものを追求する企業のほかに、貧しい人々により所有され、最大限の利益を追求して彼らの貧困を軽減するビジネスも、ソーシャル・ビジネスの可能性として挙げられています。

経歴

ムハマド・ユヌス（1940年 - ）は、バングラデシュの経済学者。1983年にグラミン銀行を創設し、その功績に対して、「アジアのノーベル賞」といわれるマグサイサイ賞、世界食糧賞、日経アジア賞、福岡アジア文化賞など数々の国際的な賞が贈られており、2006年にはノーベル平和賞を受賞した。国連のSDG Advocates（主唱者）の一人。2018年には、芸能事務所の吉本興業とユヌスとの共同出資で、脱貧困と格差社会を減らすためのマイクロ・クレジットの会社ユヌス・よしもとソーシャルアクション株式会社（yySA）が設立された。

参考図書

『データでわかる　2030年　地球のすがた』夫馬賢治

『グローバリゼーション・パラドクス』

ダニ・ロドリック

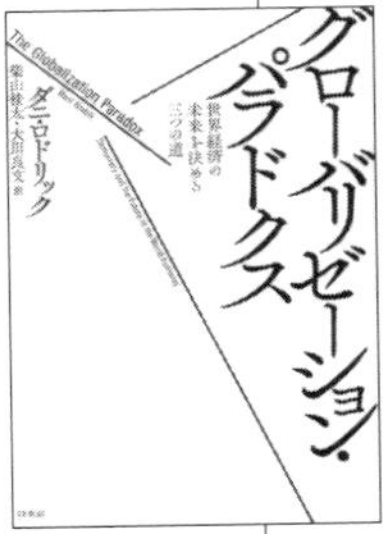

『グローバリゼーション・パラドクス：世界経済の未来を決める三つの道』(The Globalization Paradox: Democracy and the Future of the World Economy)(２０１１年)は、トルコ出身の経済学者ダニ・ロドリック(１９５７年－)が、グローバリゼーション(economic globalization)、国家主権(national determination)、民主主義(democracy)の三つのうち、同時には二つしか実現できないという「世界経済の政治的トリレンマ」の考え方を説いた著作です。

国際金融政策において、自由な資本移動、固定相場制、独立した金融政策の三つは同時には実現できないとする、「国際金融のトリレンマ(不可能の三角形)」と呼ばれる仮説がありますが、本書が提示するのは、この国際政治版ともいうべき仮説です。

ロドリックは、これからのグローバル化における選択肢として、①グローバリゼーションと国家主権を取って民主主義を犠牲にする、②グローバリゼーションと民主主義を取って国家主権を捨て去る、③国家主権と民主主義を取ってグローバリゼーションに制約を加える、という三つがあるとしています。

ロドリックは、三つの中で犠牲にすべきなのは、グローバリゼーションだといいます。つまり、グローバルな自由貿易のもたらす便益を認めつつも、③を選択することでグローバリゼーションを「薄く」とどめ、世界経済に安定を取り戻そうというのです。我々が今立っている世界の現実を出発点として、国家が政治的、経済的、社会的生活の単位として存続し続けることを認める限り、グローバル化の逆説はいつまでも残り続けるからです。

現在、市場と政府は対立関係にあると考えられる場合が多いですが、ロドリックは、市場は統治なしには機能しないと考えます。戦後のブレトンウッズ体制（米ドルを基軸とした固定為替相場制により国際貿易を安定させる仕組み）はアメリカという覇権国の存在によって成立しました。しかし、ブレトンウッズ体制が崩壊し、東西冷戦も終結し、「Ｇゼロ時代」（→１９２頁参照）を迎えた21世紀に、覇権国なしで新たな国際協調の枠組みが作れるのかという問題があります。

加えて、③の選択にはそれ以外の困難もあります。たとえば、ロドリックは、新興国の持続的発展のためには、民主主義が必要だとしていますが、民主主義が常に正しい答えを導くわけではないことは、先進国の経験を見ても明らかです。国家主権と民主主義に基づく統治は、国家間の対立を深めて世界経済を不安定にしてしまう可能性もあります。

国家間には市場統治のルールが適用されない隙間があるなら、ＴＰＰのような共通のルールを設定すれば良いという反論もあり得ますが、ロドリックは、それが明確に間違いであると指摘します。

市場が円滑に機能するためには、金融、労働、社会保障などの分野で一連の制度が発達していなければならず、政府による再分配やマクロ経済管理が適切に行われていなければなりません。市場と統治という視点に立つと、グローバル市場の働きを円滑にするための制度がまだ発達していない、全体を管理するグローバルな政府も存在しないという、根本的な問題があります。

つまり、一国レベルでは一致している市場と統治が、グローバルなレベルでは乖離しているということです。貿易や金融は国境を越えて拡大していきますが、統治の範囲は国家単位にとどまっているところに、グローバル経済の抱える最大のパラドクスがあるというのがロドリックの問題提起なのです。

経歴

ダニ・ロドリック（1957年 - ）は、プリンストン高等研究所教授。専門は国際経済学、開発経済学、国際政治経済学。トルコ・イスタンブールに生まれ、ハーバード大学を卒業後、プリンストン大学大学院に進学し、経済学の博士号取得。ハーバード大学助教授・准教授、コロンビア大学教授、ハーバード大学ケネディスクール教授を経て、2013年より現職。

参考図書

『文明の衝突』サミュエル・ハンチントン、『「Ｇゼロ」後の世界：主導国なき時代の勝者はだれか』イアン・ブレマー

『ワーク・シフト』プレジデント社/池村千秋［訳］
『LIFE SHIFT』東洋経済新報社/池村千秋［訳］

『ワーク・シフト』
リンダ・グラットン

『LIFE SHIFT』
リンダ・グラットン
アンドリュー・スコット

『ワーク・シフト：孤独と貧困から自由になる働き方の未来図〈2025〉』(The Shift: The Future of Work is Already Here)（2011年）は、組織論の世界的権威であるロンドン・ビジネス・スクール教授のリンダ・グラットン（1955年－）による、今始まっている、①テクノロジーの進歩、②グローバル化の進展、③人口構造の変化と長寿化、④社会の変化、⑤エネルギー・環境問題の深刻化、という五つの大きなトレンドが、人々のキャリアとそのデザインにどのような影響をもたらすかを予想した著作です。

ロンドン・ビジネス・スクールを中心とした「働き方の未来コンソーシアム」が描き出した、2025年に働く人々の生活は、孤独で貧困な「漫然と迎える未来」と、自由で創造的な「主体的に築く未来」に二極化しています。

グラットンは、これからは、誰と、どこで、どのように働きたいかを主体的に選ぶことが可能な時代であり、こうしたシナリオのどちらの人生を生きることになるかは、個人がワーク・シフトできるか否かにかかっているといいます。あらゆる角度から近未来の働き方を予測した上で、ワーク・シフトの具体的方法として、①ゼネラリストから連続スペシャリストへ、②孤独な競争からみんなでイノベーションへ、③金儲けと消費から価値ある経験へ、という三つの道を提示しています。

そして、漫然と未来を迎えて、訪れる暗い現実をただ受け入れるのではなく、自分にとって納得感のある選択をし続けることで、未来を主体的に築いていくことが重要だと語りかけています。

『LIFE SHIFT：100年時代の人生戦略』(The 100-Year Life: Living and Working in an Age of Longevity)（2016年）は、リンダ・グラットンとロンドン・ビジネス・スクール教授のアンドリュー・スコッ

ト（1965年－）が、「人生100年時代」を前提とした人生設計を論じた著作です。

これまでは、「20年学び、40年働き、20年休む」という「教育、仕事、老後」に分けられた3段階の人生設計が一般的でした。しかし本書では、長寿化によって、先進国の2007年生まれの2人に1人が103歳まで生きる「人生100年時代」が到来するとして、それを前提としたマルチステージの人生設計の必要性を論じています。

100歳まで生きることが一般化する社会では、我々は70代、80代まで働かなくてはなりません。次々と新しい職種が登場し、変化を経験する機会が増えるため、これまで培ってきたスキルだけで生き残るのは困難です。子育て後の人生が長くなることで、家庭と仕事の関係が変わり、老いて生きる期間ではなく若々しく生きる期間が長くなることから、年齢による人生の区切りがなくなり、学び直しや転職、長期休暇の取得など人生の選択肢が多様化します。

こうしたマルチステージの人生で重要な資産は、お金だけではなく無形資産です。具体的には、①生産性資産（仕事に役立つ知識やスキル）、②活力資産（健康や良好な家族・友人関係）、③変身資産（変化に応じて自分を変えていく力）の三つであり、無形資産は「良い人生」を送る上で価値があるだけでなく、有形資産の形成を後押しするという点でも重要です。

本書は、政治家の小泉進次郎が「人生100年時代」というフレーズを使用したことで、日本でもベストセラーとなり、2017年9月、首相官邸に「人生100年時代構想会議」が発足しました。

経歴

リンダ・グラットン（1955年－）は、ロンドン・ビジネス・スクール教授で、人材論、組織論の世界的権威。世界で最も権威ある経営思想家ランキング「THINKERS 50」では毎回ランキング入りを果たしている。組織のイノベーションを促進する「Hot Spots Movement」の創始者であり、「働き方の未来コンソーシアム」を率いる。アンドリュー・スコット（1965年－）は、ロンドン・ビジネス・スクール経済学教授。財政政策、債務マネジメント、金融政策、資産市場とリスクシェアリング、開放経済、動学モデルなど、マクロ経済を研究対象としている。

参考図書

「孫の世代の経済的可能性」ジョン・メイナード・ケインズ、『イノベーション・オブ・ライフ：ハーバード・ビジネススクールを巣立つ君たちへ』クレイトン・クリステンセン、ジェームズ・アルワース、カレン・ディロン、『ブルシット・ジョブ：クソどうでもいい仕事の理論』デヴィッド・グレーバー

『「Ｇゼロ」後の世界』

イアン・ブレマー

『「Ｇゼロ」後の世界：主導国なき時代の勝者はだれか』（Every Nation for Itself: Winners and Losers in a G-Zero World）（２０１２年）は、アメリカの政治学者イアン・ブレマー（１９６９年－）が、有力なリーダーがいない世界を説明する「Ｇゼロ」という概念を提唱した著作です。

Ｇゼロとは、欧米の影響力の低下と発展途上国の国内重視によって生じた国際政治における権力の空白のことで、世界的な目標を推進する能力と意志を持つ単一国家やグループが存在しない世界を説明するために提唱された概念です。

第二次大戦後は、アメリカの圧倒的な指導力に基づくＧ１の世界でした。しかし、アメリカの経済力の衰退とともに主要先進国で構成されるＧ７（アメリカ、イギリス、ドイツ、フランス、日本、イタリア、カナダ）に取って代わられました。それが、２００８年のリーマンショック以降、ＥＵ、ロシア、中国、インド、ブラジル、メキシコ、南アフリカ、オーストラリア、韓国、インドネシア、サウジアラビア、トルコ、アルゼンチンといった新興国を加えたＧ２０へと移行しました。

しかし、共通の価値観と目標を持たないＧ２０は、実際には指導者がいないＧ０（Ｇゼロ）という「真空状態」で、これは「災厄を生み出す孵卵器」であると分析しています。

そこでは、強制力のある国際的なルールや規制がないため、アジアを中心として地域内での紛争が多発するリスクが高まっています。世界は「中国の台頭」「中東の混乱」「欧州の再設計」という三つの影響を受け、Ｇゼロに適応できる国とそうでない国が存在するとして、勝者の例として、複数の国との関係を持ちリスクを分散できるブラジル、トルコ、アフリカ大陸を、敗者の例として、政治力学のリスクに常にさらされる日本やイスラエルを挙げています。

ただし、Gゼロは次の時代のリーダーシップを取る国が出てくるまでの移行期であり、どこが次の時代のリーダーシップを取るかが問題だとしています。そこでのポイントは、米中がパートナーとなるのか敵対するのか、米中以外の国が独立した役割を果たす力を持つのかどうかです。

ブレマーは、①米中がパートナーシップに基づいて責任を分担する「G2」のシナリオ、②G2を基本としながら他のいくつかの強国がリーダーシップを分担する「協調」のシナリオ、③米中が敵対関係になる「冷戦2・0」のシナリオ、④世界全体に権力が分散する「地域分裂世界」、という四つのシナリオを挙げています。

その上で、アメリカ、ヨーロッパ、日本といった先進国は国内問題にとらわれ、経済や安全保障政策に対して共通の道筋を構築できないこと、中国はG2に伴って生じる責任に関心がない上に、中国とアメリカでは「国家資本主義と自由市場主義の違い」についての見解が異なることなどから、③か④のシナリオに進む可能性が高いとしています。

ただし、中国は指導者に相応しい世界的な公共財を提供することはできないし、アメリカに対抗するような政治的、社会経済的なイデオロギーを提供する国は出てきそうにないことから、いずれの場合においても、アメリカの果たす役割は大きいだろうとしています。そして、アメリカが指導力を取り戻すためには、巨額の財政赤字と党派的対立を克服しなければならないし、イデオロギーに傾斜した自らの外交政策が最良のものでないことを認める必要があると指摘しています。

経歴

イアン・ブレマー（1969年 - ）は、アメリカの政治学者、コンサルティング会社ユーラシア・グループ社長。コロンビア大学、東西研究所、ローレンス・リバモア国立研究所、ワールド・ポリシー研究所を経て、1998年にユーラシア・グループを設立。

参考図書

『グローバリゼーション・パラドクス：世界経済の未来を決める三つの道』ダニ・ロドリック、『自由市場の終焉：国家資本主義とどう闘うか』イアン・ブレマー、『データでわかる　2030年　地球のすがた』夫馬賢治

『イノベーション・オブ・ライフ』

クレイトン・クリステンセン、ジェームズ・アルワース、カレン・ディロン

『イノベーション・オブ・ライフ：ハーバード・ビジネススクールを巣立つ君たちへ』(How Will You Measure Your Life?)（2012年）は、クレイトン・クリステンセン（1952年-2020年）が学生たちに人生訓を語った最終講義を中心に、クリステンセンの言葉をまとめたものです。

クリステンセンは、ハーバード・ビジネス・スクール（HBS）で彼と同級生でその後マッキンゼーの史上最年少パートナーを経てエンロンのCEOにまで上り詰めたジェフリー・スキリングが、今は刑務所に入っているのを見て、なにかが彼の人生を大きく狂わせたことに大きな衝撃を受けたそうです。

スキリングに限らず同窓会で再会するHBSの卒業生たちの多くが、職業人としては成功しているにも関わらず、人生においては明らかに不幸になっていることに気づいたクリステンセンが、心臓発作、悪性腫瘍、脳卒中といった困難から立ち上がり、講義の最終回で学生たちに語った内容を中心に、一冊の本にしたのが本書です。

本書の冒頭には、次の三つの質問が出てきます。

①どうすれば幸せで成功するキャリアを歩めるだろう？

②どうすれば伴侶や家族、親族、親しい友人たちとの関係を、ゆるぎない幸せのよりどころにできるだろう？

③どうすれば誠実な人生を送り、罪人にならずにいられるだろう？

この質問はいずれも「自分の人生を評価するものさしは何か？」という、本書の原題でもある問いにつながっています。これらは、一見簡単そうに見えますが、彼の同級生の多くが一度も考えなかった質問だそうです。そして、本書を通じてその答えを見つけて欲しいというのが、クリステンセンの願いなのです。

クリステンセンは、ビジネスの問題というのは人間の集合体としての組織の問題であり、人生の問題に直面した時に、経営の理論は必ず個人の生き方の問題にも重なってくると言います。そして、真の動機づけと人生の優先事項の関係、人生計画と偶然の機会のバランスの取り方、戦略を実行するための資源配分の方法などが、企業や個人の成功例や失敗例を交えて数多く紹介されています。

本書の最後で、クリステンセンは、次のように語っています。

「わたしは学生たちに請け合う。じっくり時間をかけて人生の目的について考えれば、あとでふり返ったとき、それが人生で発見した一番大切なことだったと必ず思うはずだ。（中略）自分の目的をはっきり意識することは、長い目で見れば、活動基準原価計算（ABC）やバランススコアカード、コアコンピタンス、破壊的イノベーション、マーケティングの4P、ファイブフォース分析といった、ハーバードで教える重要な経営理論の知識に勝るのだ。（中略）本書を読んで、誠実な人生を送る決意を新たにしてくれれば嬉しい。だがわたしたちが何より望んでいるのは、だれもが自分にとって最も重要なものさしで、成功を評価されることだ。あなたが人生を評価するものさしは、何だろう？」

クリステンセンは、戦略論や経営学の分野で卓越した業績を残しただけでなく、敬虔なクリスチャンで人格者としても高名であり、本書のもとになった"How Will You Measure Your Life?"という論文は、HBS史上最多のダウンロード数を獲得しました。

本書の出版は、ニティン・ノーリア学長のもとで、HBSが徳や人格をより重視する教育へ舵を切り始めた時期とも重なっており、クリステンセンの言葉と彼の生き様が周囲に与えた影響の大きさがうかがえます。

経歴

『イノベーションのジレンマ』（→180頁）参照

参考図書

「後世への最大遺物」内村鑑三

『21世紀の資本』

トマ・ピケティ

『21世紀の資本』（仏：Le Capital au XXIe siècle）（２０１３年）は、フランスの経済学者トマ・ピケティ（１９７１年－）が、株、債券、不動産などの資産が生み出す「資本収益率（r）」は「経済成長率（g）」よりも高いということをデータで実証した、「21世紀の『資本論』」とも呼ぶべき世界的ベストセラーです。

過去２００年以上のデータを丹念に検証してみると、資本収益率（r）は平均で年5％程度ですが、経済成長率（g）は1％から2％の範囲で収まっています。このことから、経済的不平等が増していく基本的な力は、r＞gという不等式にまとめることができます。資本から得られる収益率が経済成長率を上回れば、富裕層は株や債券や不動産を保有しているだけで富が蓄積されていきますが、普通の労働者の賃金は緩やかにしか上がりません。

ここで重要なのは、格差の大きさそのものではなく、格差が正当化されるかどうかですが、近年は働かなくても相続によって利益を増やしている世襲富裕層が増大しています。このように、富が公平に再分配されないことによって、「持てる者」はより豊かに、「持たざる者」はより貧しくなることで格差が広がり、社会を不安定なものにしてしまうということです。

昔はそうした格差はなく、今が「たまたま」格差社会なのだという意見もありますが、ピケティは、二度の世界大戦や世界恐慌があった１９１０年代から１９５０年代は例外的に格差が小さかった時代であったに過ぎないと反論します。

また、第二次世界大戦後の高度成長時代も、高い経済成長率によって、相続などによる財産の重要性を減らすことになりましたが、１９７０年代後半からは、富裕層や大企業に対する減税などの政策によって、格差が再び拡大に向かうようになりました。

　このようにピケティは、「資本主義経済では経済成長の初期には格差が拡大するが、その後格差は縮小に向かう」というマクロ経済学者のサイモン・クズネッツの仮説を否定し、この仮説が発表された１９５５年時点では、確かに格差は縮小していたものの、１９８０年代になると格差が再び拡大しているということをデータで示しました。

　資本主義の特徴は、資本の効率的な配分であり、公平な配分を目的とはしていません。アメリカでは、生まれが貧しくても努力することで裕福になれるという「アメリカン・ドリーム」が信じられていましたが、ピケティは、現在のアメリカは他国と比べても社会の流動性は高くないということを実証しました。

　したがって、富の不均衡は、富の再分配によって解決すべきであり、グローバル化の進む中で格差を是正するためには、最高税率年２％の累進課税による財産税を世界で一律に導入し、最高80％の累進所得税と組み合わせれば良いとしています。その際、富裕層が資産をタックスヘイブン（租税回避地）で税金逃れできるような場所に移すことを防ぐため、国家間の国際租税条約を締結する必要があるというのが、本書の主題です。

　本書で特徴的なのは、それまであまり注目されず、データも不十分だった貧富の格差論を、世界の２００年以上の膨大な税務データを積み上げて、15年もの歳月をかけて分析したことです。ピケティは、本書で使用された全てのデータ、グラフ、表をウェブサイト上で公開していて、それらはフランス語、英語、日本語で参照することができます。

経歴

トマ・ピケティ（1971年-）は、経済的不平等の専門家であり、特に歴史比較の観点からの研究を行っている。パリ経済学院設立の中心人物であり、現在は同学院教授。社会科学高等研究院の研究部門代表者でもある。経済的不平等の分野でのピケティの業績は数多く、理論的かつ標準的なものになっている。

参考図書

『資本論』カール・マルクス、『暴力と不平等の人類史：戦争・革命・崩壊・疫病』ウォルター・シャイデル

『21世紀の貨幣論』

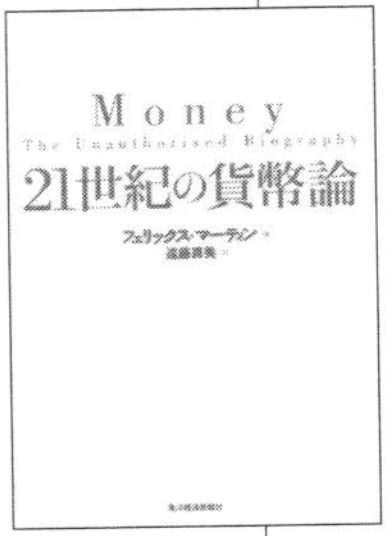

フェリックス・マーティン

『21世紀の貨幣論』(Money: The Unauthorised Biography)（2013年）は、エコノミストのフェリックス・マーティン（1974年－）が、信頼に基づくモノのやり取りという「信用システム」がマネーの本質であるとした異端の貨幣論です。

本書の最初に、南太平洋に浮かぶヤップ島の巨大なフェイ（石貨）の話が出てきます。これを実際に持ち運ぶのは無理なので、所有者が変わっても常に同じ場所に置かれています。標準的な貨幣論では、物々交換の不便さから貨幣が生まれ、次第に金や銀が貨幣として用いられるようになったとされます。しかし、実際に物々交換だけで成り立っている経済を見た人はいませんし、ヤップ島の経済も物々交換ではありませんでした。

ヤップ島の住民は魚、ヤシ、ナマコなどを取引しますが、それは信用売買によります。取引によって債権債務関係が生じ、ある期間の終わりにそれが相殺によって決済され、決済後に残された差額は繰り越されて、相手が望めばフェイによって支払われます。

このように、貨幣（マネー）というのは鋳造された金貨や銀貨、あるいは紙幣を指すわけではなく、その素材はなにであっても構いません。マネーの実態はモノではなく、譲渡可能な信用という形で取引を循環させる「社会的な技術」なのです。

本書では、二人の「ジョン」、すなわち、ジョン・ロックとジョン・ローが対照的に取り上げられています。一般的には、ロックが近代社会のあり方を示した道徳哲学者として肯定的に取り上げられるのに対して、ローは紙幣の大量発行によってフランスの経済と社会を大混乱に陥れた詐欺師とされています。

ローは「新大陸」のフランス領ルイジアナを開発するために、ミシシッピ会社と呼ばれる株式会社を作り、その株を公債と交換しました。これによってフランス政府の赤字は解消され、その功績でローはフランスの財務総監に指名されます。ところが、ルイジアナの開発が実際には絵に描いた餅であることが分かると、株価は暴落し、銀行券も信用を失ってしまい、結局、ローはフランスを追われることになります。

この二人のジョンに対するマーティンの評価は、世間一般とはまったくの逆です。ロックは貨幣には一定量の貴金属が含まれなければならないとして、金融市場を危機にさらすことになる原因を作ったのに対して、ローは財政問題を解消して景気を良くするには、金銀の準備高にとらわれずに紙幣を発行すべきとして、貨幣供給量を人為的に調節することを初めて試みたからです。その後、世界が不換紙幣本位の変動為替制に移行したことを見れば、先見の明はむしろローにあったというのです。

マネーは、①経済的価値という普遍的な概念、②価値単位で記録する慣習、③譲渡の分権化、という三つの要素を必要とします。この中で、①については、物理的世界ではなく社会的現実の属性であり、富や所得をどう分配し、誰が経済的リスクを負うのかという倫理の問題もはらむため、政治によって決められるべきものです。

こうしたことから、マーティンは、経済を正しく理解することは、政治、歴史、心理学、そして倫理を理解することでもあるといいます。そして、ケインズの「経済学は、道徳科学であって、自然科学ではない」という言葉を引用して、経済学者は「数学者であり、歴史家であり、政治家であり、哲学者でもなければならない」と語っています。

経歴

フェリックス・マーティン（1974年-）は、ロンドンの資産運用会社ライオントラスト・アセットマネジメントのマクロエコノミスト、ストラテジスト。オックスフォード大学で古典学、開発経済学、ジョンズ・ホプキンス大学で国際関係学を学んだ後、世界銀行で旧ユーゴスラビア諸国の紛争後復興支援に関わった。

参考図書

『貨幣論』岩井克人、『二十一世紀の資本主義論』岩井克人、『貨幣の「新」世界史：ハンムラビ法典からビットコインまで』カビール・セガール、『ロンバード街：金融市場の解説』ウォルター・バジョット、『モモ』ミヒャエル・エンデ、『エンデの遺言：根源からお金を問うこと』河邑厚徳、グループ現代

『限界費用ゼロ社会』

ジェレミー・リフキン

『限界費用ゼロ社会：〈モノのインターネット〉と共有型経済の台頭』（The Zero Marginal Cost Society: The Internet of Things, the Collaborative Commons, and the Eclipse of Capitalism）（２０１４年）は、文明評論家のジェレミー・リフキン（１９４５年－）が、財やサービスを生産する限界費用がゼロになるという経済パラダイムの大転換が進行していることを説いた著作です。

リフキンは、新たなテクノロジーが効率性と生産性を極限まで高めることで、モノやサービスを追加的に生み出すコスト（限界費用）が限りなくゼロに近づき、初期投資と初期費用以外にコストがかからなくなることで、将来、モノやサービスはほとんど無料になるだろうといいます。

たとえば書籍の場合、初版には設備費、人件費、印刷代、紙代、インク代など多くのコストがかかりますが、二版以降になると印刷代、紙代、インク代しかかかりません。さらにこれが電子書籍になると、版数の概念がなくなってしまいます。知的財産権の束縛をなくしてしまえば、最初の設備費と人件費はかかりますが、データをコピーするだけなので限界費用はゼロになります。

このほかにも、３Ｄプリンターは、原材料の無駄が少ない上に、従来の中央集中型の製造と異なり人間による関与が少ないため、製造コストを大幅に抑えることができます。また、ＭＯＯＣ（Massive Open Online Courses）などの大規模オンライン講座では、限界費用がゼロになり講座がほぼ無料になると、一流大学が世界中の学生に無料で教育を提供できるようになります。

近代経済学の理論は、資源の希少性を前提にしています。しかし、お金を支払わなくても誰もが必要なものを確保できるようになれば、稀少性から利益を生み出すことができなくなり、利益は消失してしまいます。

こうして、近代経済学の理論、すなわち、資本主義を駆動させる市場原理は意味を持たなくなり、資本主義は衰退することになるという究極の矛盾をはらんでいるのです。

これまでの市場型経済に代わって登場するのが共有型経済です。人々が協働してモノやサービスを生産し、共有し、管理する、「協働型コモンズ（共有地）」が出現するというパラダイムシフトが起きます。そこでは、これまでの売り手（生産者）と買い手（消費者）に代わって、生産者と消費者が一体化した「プロシューマー」(prosumer)が登場し、所有権はコモンズへのアクセスに、市場はネットワークに取って代わられます。人々は市場経済から解放され、モノの交換価値やステイタスよりも、使用価値や経験価値にはるかに大きな関心を向けるようになります。誰もがアクセスできる共有資源が乱獲され、枯渇してしまうという「コモンズの悲劇」は、「コモンズの喜劇」へと逆転することになるのです。

こうして、「ホモ・エコノミクス」（合理的経済人）による私利私欲の追求は、「ホモ・エンパチクス」（共感するヒト）による共感を通じた繁栄と幸福へと変化することになります。実際、どれほど多くの富を手にしてもその状況に慣れてしまい、さらなる欲望に突き動かされてきたこれまでの世代と比較して、ミレニアル世代（1980年代から2000年代初頭までに生まれた世代）は物質的なものに価値を置かなくなってきているといわれています。

稀少性や交換価値ではなく、潤沢さや使用価値・シェア価値を中心に経済を再構成するという考えは、これまでの常識とはかけ離れていますが、それこそが今まさに起こり始めているパラダイムシフトなのです。

経歴

ジェレミー・リフキン（1945年 - ）は、文明評論家、経済動向財団代表、ペンシルバニア大学ウォートンスクールの経営幹部教育プログラム上級講師。コンサルティング会社代表として、ヨーロッパとアメリカで協働型コモンズおよびIoTインフラ作りを進めている。欧州委員会委員長、ドイツのアンゲラ・メルケル首相をはじめ、世界各国の首脳・政府高官のアドバイザーを務めている。

参考図書

『ヨーロピアン・ドリーム』ジェレミー・リフキン、『フリー：〈無料〉からお金を生みだす新戦略』クリス・アンダーソン

『ゼロ・トゥ・ワン』

ピーター・ティール

『ゼロ・トゥ・ワン：君はゼロから何を生み出せるか』(Zero to One: Notes on Startups, or How to Build the Future)（２０１４年）は、シリコンバレーで最も影響力を持っている起業家ピーター・ティール（１９６７年－）が、母校スタンフォード大学で行った起業についての講義録をまとめたものです。

ティールをはじめとする、オンライン決済サービスのペイパル（PayPal）の創業メンバーたちは、２００２年にイーベイ（eBay）に株式を売却すると、ユーチューブ（YouTube）、テスラ（Tesla）、スペースX（SpaceX）、イェルプ（Yelp）、ヤマー（Yammer）といった、そうそうたるベンチャー企業を立ち上げては、次々と成功に導いてきました。

彼らはその団結力の強さから、「ペイパル・マフィア」と呼ばれていて、その中にはテスラのイーロン・マスクも含まれています。このペイパル・マフィアのドンと呼ばれるのがティールです。

ティールは、西ドイツで生まれ、1歳のときに家族と共にアメリカに移住しました。小さい頃から神童と言われ、スタンフォード大学に飛び級入学して哲学を学びます。その後スタンフォード・ロー・スクールを卒業し、裁判所、法律事務所、投資銀行で働いたのちにペイパルを立ち上げ、ペイパルの株式を売却してからはスタートアップ企業への投資を始めました。LinkedInの共同創業者リード・ホフマンを介してマーク・ザッカーバーグと知り合って意気投合し、フェイスブック（Facebook）の初の外部投資家にもなっています。

ティールが語った、「空飛ぶクルマが欲しかったのに、手にしたのは１４０文字だ」という有名な言葉があります。「１４０文字」というのは、革新的なものがなにもないツイッター（Twitter）を揶揄したものです。

彼は、人間の進歩に必要なのは、今あるものをコピーして世界に広げていく「１→N」という水平的進歩ではなく、テクノロジーの力でまったく新しいものを生み出す「0→1（ゼロ・トゥ・ワン）」の垂直的進歩だといいます。

本書の最大の特徴は、「競争というのは負け犬のすることで、独占こそがイノベーションの源泉だ」と説いていることです。これは、競争こそが企業の成長の源泉であるとした、世界的に著名な経営学者のマイケル・ポーター以来の現代経営論を大きく覆す考え方です。

ティールは、競争が商品のコモディティ化を生み、利益を生まない価格競争を招くことになると指摘する一方、独占的企業は高い利益率を享受でき、思い切った研究開発に資金を投入する余裕が生まれ、革新的なテクノロジーを生み続けることができると言い切ります。

アマゾン（Amazon）が書籍のオンライン小売市場を始め、やがて世界一のオンラインショップになった例を挙げて、小さな市場をまず支配して、それを徐々に大きくしていくことが大切だと語っています。つまり、市場そのものを独占することが必要だということです。そして、「賛成する人がほとんどいない大切な真実は何か？」を問い続けることで、「隠された真実」を見つけることによって、支配すべき市場を見つけることができるといっています。

ティールに言わせれば、これこそが「ゼロ・トゥ・ワン」を生み出す最も重要な要素なのです。そして、試行錯誤を繰り返しながら少しずつ成長していく「リーン・スタートアップ」のように小さな成功で満足するのではなく、長期的ビジョンと計画を策定して持続的な成長をするべきだと訴えています。

経歴

ピーター・ティール（1967年 - ）は、西ドイツのフランクフルト生まれのアメリカの起業家、投資家。PayPalの創業者。シリコンバレーで大きな影響力を持つ「ペイパル・マフィア」のドンと呼ばれている。慈善活動や政治的活動にも携わり、ティール財団を通じてブレイクアウト・ラボとティール・フェローシップを運営している。政治的にはリバタリアン（自由至上主義者）として知られ、2016年11月には、トランプ前大統領の政権移行チームのメンバーになった。

参考図書

『ピーター・ティール　世界を手にした「反逆の起業家」の野望』トーマス・ラッポルト、『ジェフ・ベゾス　果てなき野望：アマゾンを創った無敵の奇才経営者』ブラッド・ストーン、『イーロン・マスク　未来を創る男』アシュリー・バンス、『フェイスブック　若き天才の野望』デビッド・カークパトリック、『スティーブ・ジョブズ』ウォルター・アイザックソン

『HARD THINGS』

ベン・ホロウィッツ

『HARD THINGS』(The Hard Thing About Hard Things: Building a Business When There Are No Easy Answers)（2014年）は、シリコンバレーの著名ベンチャーキャピタリストであるベン・ホロウィッツ（1966年－）が、経営という難問（Hard Things）の中で、本当に難しい難問（Hard Thing）とはなにかについて語った経営指南書です。

ホロウィッツは、コンピュータサイエンス専攻の学生、ソフトウェアエンジニア、共同創業者、CEO、投資家という経歴から得た体験と洞察をブログに書いていて、現在、1000万人近い人々に読まれています。

本書で取り上げられている難問には、人を正しく解雇する方法、幹部を解雇する準備、親友を降格させること、友達の会社から人を引き抜くこと、大企業の幹部がベンチャー企業で成功しない理由、社内政治を最小限にする方法、正しい野心と間違った野心、優秀な人材が最悪の社員になる時、平時のCEOと戦時のCEOの違いなど、さまざまなテーマが含まれています。

ホロウィッツは、マネジメントの啓発書を読むたびに、本当に難しいのはそこではないと感じていたそうです。本当に難しい局面というのは、当初の大きな夢が悪夢に変わり、冷や汗を流しながら深夜に飛び起きる時、会社がどん底に落ち込んでいる中で社員の士気を取り戻さなければならない時で、そのような局面に適用できるマニュアルなどないのだといいます。

そうした意味で、本書は経営学者やコンサルタントの教科書とは根本的に次元が異なっています。ホロウィッツにいわせれば、「戦時のCEOは目前の敵を追いかけるのに必死なので、レモネードの屋台でさえ経営した経験のないコンサルタントの書いた経営書などは読まない」のです。

本書では、心理的な問題に多くのスペースが割かれています。著者が経験から学んだCEOとして最も困難なスキルは、自分の心理をコントロールすることだからです。組織や業務プロセスのデザイン、業務の計量化、採用と解雇などは、自分の心のコントロールに比べれば、比較的シンプルな課題だとして、次のように書いています。

「CEOには『もうこんな仕事は投げ出したい』と思う瞬間が繰り返し訪れるものだ。実際、私は多くのCEOがこの圧力に負けて酒浸りになったり、辞めていったりするのを見てきた。どの場合にも彼らは怖気づいたり、投げ出したりすることを合理化するもっともな理由を挙げた。（中略）私は成功したCEOに出会うたびに『どうやって成功したのか？』と尋ねてきた。凡庸なCEOは、優れた戦略的着眼やビジネスセンスなど、自己満足的な理由を挙げた。しかし偉大なCEOたちの答えは驚くほど似通っていた。彼らは異口同音に『私は投げ出さなかった』と答えた。」

多くのベンチャーキャピタルは、スタートアップ企業から創業者を排除して、プロフェッショナルCEOにすげ替えようとしがちですが、ホロウィッツにいわせれば、本当にやるべきなのは、イノベーターである創業者がどうすればこうした困難を乗り越え、優れたCEOになれるのかを教えることなのです。

現代のビジネスは、誰も明確な海図を示してはくれません。ベンチャー経営者だけに限らず、未来永劫続くかに見える安定した大企業のサラリーマンにとっても、教科書的な机上の空論ではなく、裸でジャングルに放り込まれてもなんとかサバイバルできるタフな実践知が求められる時代なのです。

経歴

ベン・ホロウィッツ（1966年 - ）は、シリコンバレー拠点のベンチャーキャピタル、アンドリーセン・ホロウィッツの共同創業者兼ゼネラルパートナー。次世代の最先端テクノロジー企業を生み出す起業家に投資している。投資先には、エア・ビー・アンド・ビー（Airbnb）、ギットハブ（GitHub）、フェイスブック（Facebook）、ピンタレスト（Pinterest）、ツイッター（Twitter）などがある。それ以前は、オプスウェア（Opsware）（元ラウドクラウド）の共同創業者兼CEOとして、2007年に同社を16億ドル超でヒューレット・パッカードに売却した。

参考図書

『エンジェル投資家：リスクを大胆に取り巨額のリターンを得る人は何を見抜くのか』ジェイソン・カラカニス

『ティール組織』

フレデリック・ラルー

『ティール組織：マネジメントの常識を覆す次世代型組織の出現』(Reinventing Organizations: A Guide to Creating Organizations Inspired by the Next Stage of Human Consciousness)（２０１４年）は、コンサルタントのフレデリック・ラルー（１９６９年－）が、テクノロジーの進歩により可能になった個人の自律を前提とした会社のあり方（自己組織化する組織＝ティール）を提唱した社会変革の啓蒙書です。

上下関係も、売上目標も、予算もない、まったく新しい経営手法「ティール」(Teal)の名称は、マガモの頭の羽の色に由来しています。ラルーは、人間、組織、社会、世界を統合的に捉えるためのフレームワークである「インテグラル（統合）理論」に基づいて、組織の発展段階を色で表現しています。そして、現在、世界中で五段階目の新たな進化型モデルが生まれ始めているとして、これを「鴨の羽色（ティール）」で表現しているのです。

テクノロジーの分野において、人類はこれまでさまざまなイノベーションを起こしてきました。今では、数年前には想像もできなかったような製品が次々と現れる一方、組織形態については、はるか昔に生まれた軍隊的な組織運営から小さな改善を繰り返しただけで、さほど大きなイノベーションは起きていません。そこをブレークスルーしようというのが、本書の原題になっている“Reinventing Organizations”（組織の再発明）です。

組織形態の前段階としては、まず「無色（グレー）」という血縁関係中心の小集団、神秘的（マゼンタ）という数百人の人々で構成される種族があります。そして、組織形態の第一段階が「衝動型（レッド）」で、これはマフィアやギャングなどに見られる、恐怖が支配するものです。第二段階が、「順応型（アンバー）」で、教会や軍隊に見られるように、ここでは規則、規律、規範による階層構造が支配しています。現代社会で主流なのが、第三段階の「達成型（オレンジ）」です。未来を予測し目標を設定して効率を高めることで成果をあげようとするもので、ヒエラルキー構造になっていて効率と成果を追求するあまり、人間らしさを無視してしまうリスクがあります。第四段階の「多元型（グリーン）」は、達成型モデルへのアンチテーゼとして生まれたものですが、このモデルの極端な平等主義は、多様な意見をまとめきれずに袋小路にはまってしまうリスクもはらんでいます。

こうした問題を打破すべく生まれたのが、第五段階の「進化型（ティール）」です。これは階層構造におけるトップダウン型の意思決定でも、ボトムアップ型の合意形成による意思決定でもない、変化の激しい時代における生命型組織です。第四段階までの人々は、他の人々との比較において、自分達の世界観の正当性を訴えますが、進化型では意思決定の基準が外的なものから内的なものへと移行し、良い人生を送るために、他人からの評価、成功、富、帰属意識などを求めるのではなく、内的に充実した人生の実現に努めるようになります。

社会思想家のリチャード・バレットは、「企業を動かすものは、エゴを失う恐れか人に対する愛情のいずれかである」といっていますが、ティール組織では、職場が愛情と信頼をベースにした生物のアナロジーで捉えられています。

世の中の急速な変化に対して旧来型の働き方がそぐわなくなったことで、今、働き方改革の議論が盛んに行われています。しかし、本書で気づかされるのは、今我々に必要とされているのは、働き方改革の前提になる組織自体の改革だということです。

経歴

フレデリック・ラルー（1969年 - ）は、エグゼクティブ・アドバイザー、コーチ、ファシリテーター。長年、マッキンゼー・アンド・カンパニーで組織変革プロジェクトに携わった後に独立。2年半にわたって世界中の組織の調査を行い、本書を執筆し、現在はコーチや講演活動などを行いながら、本書のメッセージを伝えている。

参考図書

『学習する組織：システム思考で未来を創造する』ピーター・センゲ

『モラル・エコノミー』

サミュエル・ボウルズ

『モラル・エコノミー：インセンティブか善き市民か』（The Moral Economy: Why Good Incentives Are No Substitute for Good Citizens）（２０１６年）は、ラディカル派経済学者のサミュエル・ボウルズ（１９３９年－）が、人々の道徳的な原理で動く「モラル・エコノミー」という経済思想を提唱した著作です。

ボウルズは、新古典派経済学から出発して、次第に主流派の経済学に疑問を持つようになり、「ラディカル・エコノミックス」という新しい経済学を定式化します。これは、既存の経済学を批判し、現実を的確に説明する道具として使えるように革新していこうという運動でもあります。さらに、行動科学や複雑系科学などの研究を経て、人々の道徳的な原理で動く経済活動であるモラル・エコノミーという考えにたどり着きました。

ヒューム、スミス、ベンサムなどの経験論的な社会学者は、人間の行動原理の中心に「利己心」を置いた上で、社会秩序が成り立つのはなぜかを考察してきました。これに加えて、スミスは、『道徳感情論』（→１３４頁参照）において、ここに人間の持つ「共感」を持ち込み、それを社会存立のための中心的な行動原理として据えています。

経済学は、制度や政策を設計する際には、利己心をうまくコントロールする報酬や罰金などのインセンティブを組み込むことで、人間や企業の最適行動を導けると考えてきました。その前提になっているのは、「ホモ・エコノミクス」（合理的経済人）という人間像であり、自己の利益を最大化するようインセンティブに誘導されて行動する人間です。

ボウルズは、主流派の経済学者が人間の合理的選択を考察の出発点としたのに対して、アリストテレス、マキャヴェリ、ヒュームなどの思想史の系譜を踏まえた上で、これを人間の倫理的選択に置き換え、市民社会における「モラル」の存在を強調します。

そして、人間の行動原理を金銭的な損得勘定に還元することは、人間が本来持っている責任、義務、利他性といった、市民的なモラルの力を弱めることになるため、インセンティブに基づく法制度や政策は往々にして成功しないと指摘しました。

たとえば、本書では、イスラエルの保育園での子供のお迎えのケースが挙げられています。子供の引き取り時間に遅れる親が多かった保育園で、遅刻者に低額の罰金を課すことにしたところ、現実には遅刻者が増えてしまいました。多くの親は、低額の罰金によって遅刻をモラルの問題から金銭的の問題に捉え直して、遅刻時間を金で買えるものとして考えて、安心して遅刻するようになってしまったのです。

このように、政策を間違えると、インセンティブの持つ他律性が人間の自律性を抑えることになり、場合によっては期待とは正反対の効果をもたらすことさえあるのです。

ボウルズは、こうしたジレンマを抜け出すには、互恵的で他者考慮的な選好を持つ個人の存在が重要であり、ルール自体によって参加者が教育されて、態度が変わるといっています。良い法が良い市民を育て、結果として利己的な個人が協力し合うようになれば、より良い結果が導き出されるのであり、人々が協力し合うようにルール形成することが重要だというのです。

これが、ボウルズが提示する善きモラルに導かれた市民社会の新しい姿です。そして、立法者はこうした互恵的で他者考慮的な価値を育み、人々が協力に向かうようルール形成するべきであるというのが本書の結論です。

経歴

サミュエル・ボウルズ（1939年 - ）は、進化社会科学に基づくミクロ経済学を発展させてきた、指導的なラディカル派経済学者。もともと新古典派経済学を学んだが、次第に主流派経済学に対して根元的な懐疑を抱くようになり、マルクス経済学の概念的枠組みに傾斜した。1968年にラディカル政治経済学連合（URPE：Union for Radical Political Economics）を設立して「ラディカル・エコノミックス」という考え方を定式化し、発展させてきた。

参考図書

『アメリカ資本主義と学校教育』サミュエル・ボウルズ、ハーバート・ギンタス、『アメリカ衰退の経済学：スタグフレーションの解剖と克服』サミュエル・ボウルズ、トーマス・E. ワイスコフ、デーヴィッド・M. ゴードン

『良き社会のための経済学』

ジャン・ティロール

『良き社会のための経済学』（仏：Économie du Bien Commun）（２０１６年）は、フランスの経済学者ジャン・ティロール（１９５３年－）が著した、経済学のあるべき姿を論じた一般向けの啓蒙書です。

原題を直訳すれば、『共通善の経済学』になります。ティロールは、リーマンショック以降、経済学に対する人々の不信感が高まる中で、人々が共通に追及する幸福のために経済学はどのように貢献できるのか、経済学者のなすべきことはなんなのかを、「社会と経済学」「経済学者」「経済の制度的枠組み」「マクロ経済の課題」「産業の課題」の五つの視点から解き明かしています。

そして、国家と市場の関係、企業組織・企業統治、気候変動、失業、ヨーロッパ経済、金融、金融危機、競争と産業政策、デジタル革命、イノベーション、産業規制など、世界が直面する難題に対して、経済学がどのような解決策を示すことができるのかを具体的に論じています。

これらに共通するのは、情報の非対称性が引き起こす問題だということです。主流派経済学者というと市場を絶対視するイメージが強いですが、市場はあくまで手段であり、それ自体が目的ではないこと、また国家と市場は相互補完的な関係にあり、政府の仕事は市場の失敗を正すことですが、決して市場の代わりにはなれないと論じています。

ティロールにとっての経済学は、「コミュニティが維持されるための前提としての自由で平等な人民にとっての共通の価値」という、アリストテレスが示した共通善（common good）を達成するための手段です。そのために、経済学はどう貢献できるかという問いに対しては、世界をより良くすることを目指し、全体の利益を高めるような制度や政策を提示することが経済学の仕事だとして、次のように述べています。

「経済学は、私的所有や自己利益の追求を後押しするものではないし、まして国家を利用して自分たちの価値観を押し付けようとしたり、自分たちの利益を優先させようとする人々に資するものでもない。経済学は、市場がすべてを決めることにも、政府がすべてを決めることにも与しない。経済学は共通善に尽くし、世界をより良くすることを目指す。この目的を達成するために、全体の利益を高めるような制度や政策を示すことが経済学の仕事となる。」

近代経済学は、ホモ・エコノミクス（合理的経済人）という仮説に立って、経済理論を構築してきました。その間に、社会学、法学、哲学、歴史学、政治学などのかつての近隣学問分野から分かれ、独自の研究分野を切り開いてきました。しかし、近年、脳科学、心理学、神経科学、ヒトゲノムなどの研究を通して人間行動に関するデータ蓄積と研究が進み、人間は経済理論で想定したような合理的行動に従っているのではないことが明らかになってきました。

さらに、リーマンショックなど多くの経済危機を通して経済理論の限界が議論されている現在、ティロールは、個人の行動や社会現象について、経済学者は他の分野から多くを学ぶべきであり、逆に、経済学の成果は他の学問に新しい視点を提供できるとしています。文化人類学、法学、経済学、歴史学、哲学、心理学、政治学、社会学は、同じ人間、集団、社会を扱っているのだし、そもそも19世紀の終わりまで、これらの学問はひとつにまとまっていたのだから、社会科学が再統合されるのは必然なのだということです。

経歴

ジャン・ティロール（1953年 - ）は、フランスの経済学者。フランス国立社会科学高等研究院（EHESS）教授などを経て、現在はトゥールーズ・スクール・オブ・エコノミクス運営評議会議長。研究範囲は幅広く、産業組織論、規制政策、組織論、ゲーム理論、行動経済学、ファイナンス、マクロ経済学、心理学などの分野でそれぞれ第一級の研究を行っている。2014年、「市場の力と規制に関する分析の功績」によりノーベル経済学賞を受賞。

参考図書

『政治学』アリストテレス、『データでわかる　2030年　地球のすがた』夫馬賢治

第2章

宗教 哲学 思想

世界各地に残る神話には、旅立ち、試練と勝利、帰還という、「英雄の旅」(hero's journey)という基本的なストーリーが共有されているといわれます。これらはただの物語ではなく、部族の祭儀的な文脈の中に組み込まれています。他方、神話は世界の始まりなどについての共通の理解ではあっても、宗教のように必ずしも規範性を持つものではありません。

西洋哲学は、自然をどう理解するのかという対象の検証からスタートします。世界はどう始まったのか、自然はなにでできているのかという、我々を取り巻く外界についての理解です。しかし、古代ギリシアの哲学からは、自然だけでなく、さらに人間の本質とはなにか、人間をどう捉えるのかにも関心が向かいます。そしてプラトンのイデア論以降、物事にはまず本質がある、人間にも人間性の本質があるという本質主義が基本的な考え方となるのです。

こうした、「人間の知覚や経験を超えた本質に、理性・論理・数学などによって接近・到達できる」とする理性主義的・論理主義的発想は、キリスト教文化と融合して中世の神学(スコラ哲学)に、さらには近代哲学の大陸合理論に受け継がれます。また、人間は経験を超えた物事の本質を認識することはできないとするイギリス経験論が、理性と経験の限界を示すヒュームの懐疑論によって完成します。

18世紀に入ると、カントは理性自体の批判を通じて、人間は経験を生み出す「物自体」を認識することはできず、人間の認識が現象を構成するのだとして、認識のあり方を180度反転させ（コペルニクス的転回）、ここから人間の認識自体を問う近代的な認識論が成立することになります。

20世紀に入り、はじめから本質があるという考えは間違いで、まず実存（現実存在）があってそれが本質を決める、自分がどう振る舞うかで自分という人間の本質が決まると唱えたのが、サルトルらの実存主義です。さらに、自分を規定しているのは環境（構造）であって、その構造を見つけることがなにより大事だとする、レヴィ＝ストロースらの構造主義が登場します。

それに対して、20世紀後半になり、構造といってもそれ自体が日々変化しており、静態的な真実や構造など存在しないとしたのが、デリダに始まるポスト構造主義（ポストモダニズム）です。構造の殻をどんどん脱ぎ捨てていくという意味で、これを「脱構築」といいます。

もはやここまで来ると、全ては相対的なもので（相対主義）、真実などどこにもないということになります。これが、「大きな物語の終焉」と呼ばれるものです。

『ギルガメシュ叙事詩』

作者不詳

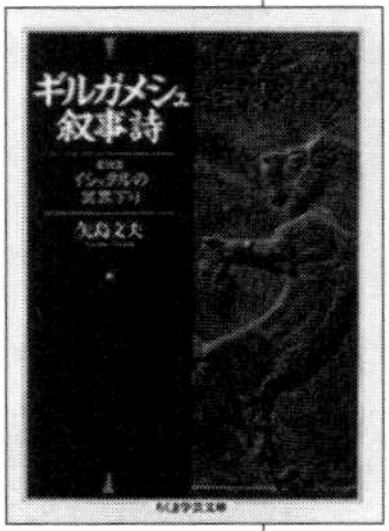

『ギルガメシュ叙事詩』(The Epic of Gilgamesh)(紀元前２１００－紀元前１０００年頃)は、ウルク第1王朝時代に実在した古代メソポタミアの王ギルガメシュ(紀元前２６００年頃)の半生を綴った、世界最古の物語(神話)です。

ギルガメシュは、ウルクの王ルガルバンダを父に、女神リマト・ニンスンを母に持つ、3分の2が神、3分の1が人間の半神半人ですが、不死の神ではなく死すべき運命の人間として描かれています。

現在一般に知られている内容は、新アッシリア時代の都ニネヴェにあった「アッシュールバニパルの図書館」から出土し、紀元前１３００－１２００年頃に標準バビロニア語でまとめられた「標準版」と呼ばれるものです。

考古学者のジョージ・スミスは、このアッシュールバニパルの図書館跡から見つかった2万数千点の粘土板に楔形文字で書かれた物語が、ギルガメシュという英雄を主人公にした叙事詩の一部で、その中にある大洪水の話が旧約聖書の「ノアの方舟」の原型であることに気づきます。そしてこの発見は、それまで『聖書』が世界最古の書物であると信じていた西欧社会に大きな衝撃を与えることになります。

『ギルガメシュ叙事詩』のストーリーは、『千の顔をもつ英雄』(→２７８頁参照)でジョーゼフ・キャンベルが示した、①主人公は非日常世界への旅に出て(旅立ち)、②数々の苦難を乗り越えて(試練と勝利)、③元の世界に帰還する(帰還)、という構造になっています。

ギルガメシュは強い英雄でしたが非情な暴君でもありました。その横暴ぶりを嘆いた市民たちの訴えを聞いた天の最高神アヌは、女神アルルにギルガメシュの傲慢を諫《いさ》めるために競争相手を造るよう命じ、アルルは粘土からエンキドゥを造ります。エンキドゥは自分の使命に気づくことなく荒野で獣たちと暮らしていましたが、ある日、巫女からギルガメシュのことを聞いてウルクに向かいます。

ギルガメシュもエンキドゥのことを夢で見ていました。二人は出会って早々、喧嘩することになりますが、決着はつかず、互いの力を認め親友となりました。そして、一緒にさまざまな冒険を繰り広げる中で森の番人である怪物フンババを倒し、その首を携えウルクに凱旋《がいせん》します。その雄姿を見た女神イシュタルは、ギルガメシュを誘惑しますがギルガメシュはそれを拒絶し、怒ったイシュタルはアヌに頼んで天の牡牛によってウルクを破壊しました。再度、力を合わせて天の牡牛を倒したギルガメシュとエンキドゥでしたが、エンキドゥはフンババと天の牡牛を殺した償いとして、神によって死を宣告されることとなりました。

エンキドゥの死によって死を恐れるようになったギルガメシュは、永遠の生命を求めてシュルッパクの聖王ウトナピシュティムを訪ねる旅に出ます。ウトナピシュティムは、洪水を生き残り、唯一の不死となっていたからです。ウトナピシュティムは洪水伝説を語り、「不死は神から与えられるもので、人間の手には入らない」と諭しますが、ギルガメシュはあきらめません。そこでウトナピシュティムは、ギルガメシュを憐れんだ妻に説得され、海底にある永遠の若さを保つ植物を手に入れれば不死の肉体になると教えました。ギルガメシュはその後、この植物を手に入れますが、ウルクに戻る途中に泉で水浴びをしていた際、一匹の蛇によってその植物は持ち去られ、結局不死を手に入れることはできませんでした。ギルガメッシュはウルクに帰ったのち城壁を建造し、後世に名を残すこととなりました。

経歴

作者不詳。現在残されている『ギルガメシュ叙事詩』の最古の写本は、紀元前2千年紀（紀元前2000年‐紀元前1001年）初頭のシュメール語版。その編纂は紀元前3千年紀（紀元前3000年‐紀元前2001年）にさかのぼると考えられるが、オリジナル版は残っていない。シュメール語版をもとに、バビロニア、アッシリア、ヒッタイトなどの諸民族の言語に翻訳され、楔形文字で粘土板に記録されて各地に広まっていった。

参考図書

『善と悪の経済学：ギルガメシュ叙事詩、アニマルスピリット、ウォール街占拠』トーマス・セドラチェク、『世界最古の物語：バビロニア・ハッティ・カナアン』セオドア・ガスター、『千の顔をもつ英雄』ジョーゼフ・キャンベル

「ヴェーダ」

作者不詳

「ヴェーダ」（梵：वेद、英：Veda）は、一人の著者によって書かれたものではなく、紀元前１０００年頃から紀元前５００年頃までに、長い時間をかけて口述や議論を経て編纂されてきたものが後世になって書き留められた古代インド神話の総称で、インド最古の文献です。

古代インドは、ハラッパーやモヘンジョダロなどの都市文化のあるインダス文明を発端にしています。紀元前１５００年頃、その地域にアーリア人が侵入し、インド北西部のパンジャーブ地方に定着します。紀元前１０００年頃になると、アーリア人はガンジス川流域にまで進出してきました。

ここで編集されたのが、アーリア人をはじめとするインド・ヨーロッパ語族共通時代にさかのぼる、自然神崇拝に基づくヴェーダ神話です。「ヴェーダ」とはサンスクリット語で「知識」を意味しています。

インドの聖典はシュルティ（天啓）とスムリティ（聖伝）に分かれますが、「ヴェーダ」は古代のリシ（聖人）によって神から授かったといわれるシュルティに属します。その大半は、讃歌集としての「リグ・ヴェーダ」「サーマ・ヴェーダ」「ヤジュル・ヴェーダ」「アタルヴァ・ヴェーダ」という四つのサンヒター（本集）として残っています。

それぞれは、主要部分であるサンヒター（本集）と注釈書や付属文書であるブラーフマナ（祭儀書）、アーラニヤカ（森林書）、ウパニシャッド（奥義書）の４部で構成されています。この中で、ウパニシャッドは神秘的哲学を説くもので、特に宇宙を支配する原理・ブラフマン（梵）と個人を支配する原理・アートマン（我）の本質的同一性（梵我一如）を説く思想は、後のインドの世界観に大きな影響を与えました。

四つの本集の中でも最も古いものが「リグ・ヴェーダ」で、アーリア人がインダス川流域に移住した紀元前１５００年頃以降の、紀元前１２００年から紀元前１０００年頃に編纂されました（前期ヴェーダ時代）。他の三つの本集は、ガンジス川流域に移住した紀元前１０００年頃から紀元前５００年頃に作られました（後期ヴェーダ時代）。このアーリア人がガンジス川流域に拡大を終えた５００年頃までの時代をヴェーダ時代と呼びます。

「リグ・ヴェーダ」は、神々への賛歌（リグ）を集大成したものです。全10巻で、１０２８篇の讃歌からなっています。「リグ・ヴェーダ」を中心とするアーリア人の宗教では、ヴェーダを暗唱して儀式を司る祭祀階級が成立し、バラモンといわれる最上位の身分に置かれるようになります。これがバラモン教です。

「サーマ・ヴェーダ」は、祭式において旋律に乗せて歌われる神々への讃歌（サーマン）を収録したものです。「ヤジュル・ヴェーダ」は祭式において唱えられる祭詞（ヤジュス）が集められたものです。「アタルヴァ・ヴェーダ」は、主に呪術的な儀式典礼が集められたものです。アタルヴァとは、「アタルヴァンという名の種族が伝えた」という意味で、主に呪法とその具体的な内容について書かれています。

「ヴェーダ」群の中にはさまざまな神話が含まれていますが、創造神であるブリハスパティやヴィシュヴァカルマンによる万物創造も書かれています。しかし、ヒンドゥー教の二大叙事詩『マハーバーラタ』『ラーマーヤナ』（↓２３４頁参照）の時代になると、世界の最高原理ブラフマンが人格神ブラフマーとなり、創造神ブラフマー、維持神ヴィシュヌ、破壊神シヴァが三神一体の最高神とされ、ブラフマーによる宇宙創造が説かれるようになりました。

経歴

作者不詳。「ヴェーダ詠唱の伝統」は、ユネスコ無形文化遺産保護条約の発効以前の2003年に「傑作の宣言」がなされ、「人類の無形文化遺産の代表的な一覧表」に掲載され、2009年の第1回登録で無形文化遺産に登録された。

『イーリアス』『オデュッセイア』

ホメロス

『イーリアス 上・下』平凡社ライブラリー／呉茂一［訳］
『オデュッセイア　上・下』岩波文庫／松平千秋［訳］

『イーリアス』（古希：Ἰλιάς、英：Iliad）、『オデュッセイア』（古希：ΟΔΥΣΣΕΙΑ、Ὀδύσσεια、Odysseia、英：the Odyssey）は、紀元前8世紀半ば頃の古代ギリシアの長編叙事詩です。作者のホメロスは吟遊詩人であったとされていますが、ホメロスが実在の人物なのか、本当にこれらの作者であったのかは確認されていません。

『イーリアス』はミケーネ文明期（紀元前１４５０年頃－紀元前１１５０年頃）のトロイア戦争（紀元前１２００年半ば頃）を題材としていて、『オデュッセイア』は英雄オデュッセウスのその後の放浪を描いています。古代ギリシアにおいて、両書は、ギリシア神話と同様に教養ある市民が必ず知っているべき知識のひとつとされていました。

『イーリアス』は全24巻からなる叙事詩です。物語はギリシア神話を題材として、ギリシアの遠征軍が小アジアのトロイアを包囲して迎えたトロイア戦争10年目のある日に生じた英雄アキレウスの怒りから、イリオス（トロイ）の英雄ヘクトールの葬儀までの出来事を描写しています。

アキレウスは、トロイア遠征軍の総帥アガメムノンに対して、ギリシア軍に矢を降らせる太陽神アポロンの怒りを鎮めるために、戦争で得たアポロンの神官の娘を返すよう迫ります。王は返還に応じる代わりに、アキレウスの戦利品であった愛妾《あいしょう》をもらうと言い張ります。アキレウスは女神アテーナーになだめられて愛妾を引き渡しますが、腹を立てて戦いから身を引いてしまいます。その後、アキレスは戦いに復帰して、敵の名将をことごとく討ち取り、たった一人で形勢を逆転させました。最後はアキレウスとトロイアの王子ヘクトールの一騎打ちになりますが、アキレウスの圧勝に終わり、ヘクトールの父であるプリアモス王が懇願してヘクトールの遺体を引き取り、その葬儀の記述をもって物語は終わります。

トロイア戦争は、ミケーネを中心とするアカイア人の遠征軍がトロイア（イリオス一帯地域）に対して行った戦争です。この記述から、『イーリアス』『オデュッセイア』のほか、『キュプリア』『アイティオピス』『イーリアスの陥落』などから成る一大叙事詩環が派生しました。これらは、かつては神話と考えられていましたが、１８７０年代のシュリーマンのトロイア遺跡発掘によって、事実を反映していることが判明しました。

『オデュッセイア』は「オデュッセウスの歌」という意味で、『イーリアス』の続編になります。イタケーの英雄オデュッセウスが、トロイア戦争の後、10年にわたる放浪の末、故国イタケーに戻り王位に復するまでの物語です。今日では、『イーリアス』より一世代ほど遅れて作られたもので、作者もホメロスではないという見方が多くなっています。

トロイの木馬でトロイ戦争を勝利に導いた知将オデュッセウスは、凱旋帰国の途中、海の神のたたりで船を地中海の各地に押し流され、数々の苦難と冒険の後に、パイアケス人の王アルキノオスの援助で20年ぶりに故郷のイタケーに帰国します。

そこで、息子テレマコスに会って留守の間のことを聞きます。妻ペネロペイアに求婚する無頼漢たちが、オデュッセウスをもはや亡き者として扱い、彼の領地をさんざんに荒らし、財産を食いつぶしているのを知ると、彼らを退治して妻に再会するという物語です。オデュッセウスの長い帰還の旅にちなみ、長い苦難の旅路は「オデュッセイ」という言葉で表現されるようになりました。

経歴

ホメロスは、紀元前8世紀末のアオイドス（吟遊詩人）であったとされる人物。西洋文学最初期の二つの作品、『イーリアス』と『オデュッセイア』の作者と考えられている。「ホメロス」という語は「人質」、もしくは「付き従うことを義務付けられた者」を意味する。今日でもなお、ホメロスが実在したのかそれとも作り上げられた人物だったのか、また本当に二つの叙事詩の作者であったのかを断ずるのは難しい。

参考図書

『ギルガメシュ叙事詩』『リグ・ヴェーダ讃歌』

『論語』

孔子

『論語』(The Analects)(紀元前5世紀−紀元前1世紀)は、儒教(confucianism)の始祖である孔子(紀元前552年／551年−紀元前479年)とその高弟の言行を、孔子の死後約400年かけて弟子たちがまとめた書物です。

孔子は、春秋時代末期の思想家で、魯国《ろこく》(現在の山東省)に生まれました。周王朝が有名無実化し、政治も人の道も乱れ、社会は秩序を失う中で、孔子は周初への復古を理想として、身分制秩序の再編と仁道政治を唱えました。

『論語』が重要な経典となったのは、宋学(朱子学)における四書の確立によってです。南宋の儒学者・朱熹(朱子)によって大成された宋学では、『詩』『書』『礼』『易』『春秋』という五経の代わりに、『論語』と『孟子』に加えて、『礼記』の中から抜き出した『大学』と『中庸』を合わせた四書を、儒学の中心に置きました。それ以降、『論語』は儒教の中心経典として、中国思想の根幹となりました。

『論語』は、512の短文が全20篇で構成され、全10巻から成っています。その文章は、孔子が折に触れて人に語った言葉をそのまま記録しているため、マックス・ウェーバーが『儒教と道教』で、「インディアンの老首長の語り口に似る」と評した通り、体系化された理論にはなっていません。

『論語』は学問に関する記述が多く、それ以外にも社会秩序などに関する内容がありますが、その説くところは、日常生活に即した実践的倫理です。孔子の道徳思想の徳目は、「忠」「孝」「仁」「義」「礼」「智」「信」「恕」など多岐にわたりますが、中心は「忠」に基づく人間愛としての「仁」の強調です。以下のような、自己を完成させる学の喜びとともに、親への孝行、年長者への悌順《ていじゅん》などが述べられています。

「学びて時にこれを習う、亦《ま》た説《よろこ》ばしからずや」(学んだことを実践する機会を得られるというのは嬉しいことではないか)

「これを知るをこれを知ると為《な》し、知らざるを知らざると為せ。是れ知るなり」（知っていることは知っている、知らないことは知らないと認めることが、本当に知るということだ）

「故《ふる》きを温《あたた》めて新しきを知る、以て師と為るべし」（古いことを勉強してそこから新しい道を見つけることができる人なら、師と仰いでも良いだろう）

「朋《とも》あり、遠方より来たる、亦た楽しからずや」（友人が遠方から来てくれる、こんな嬉しいことはない）

「過《あやま》ちて改めざる、是れを過ちと謂う」（過ちをしても改めない、これを本当の過ちと言うのだ）

論語の注釈史は、そのまま中国学術の歴史となっています。漢代にはすでに、馬融《ばゆう》や鄭玄《じょうげん》などが注釈していますが、現存最古のものは、魏の何晏《かあん》がまとめたとされる『論語集解《しっかい》』（古注）です。さらに、南宋の儒学者の朱熹《しゅき》は、独自の立場から注釈を作り、『論語集注』（新注）としてまとめました。

『論語』は日本には応神天皇の時代（３９０年頃）に百済《くだら》を経由して伝来したといわれています。江戸時代以降、朱子学が盛んになると、『論語集注』をはじめとする『四書集注』が必読書とされました。

ヨーロッパでは、中国大陸で布教活動を行っていたイエズス会の宣教師により、『大学』『中庸』とともにラテン語に翻訳され、17世紀にフィリップ・クプレによって出版されました。中国の哲学はシノワズリ（ヨーロッパで流行した中国趣味）の一部として、ヴォルテール、シャルル・ド・モンテスキュー、ケネーといった啓蒙思想家などに大きな影響を与えました。

経歴

孔子（紀元前552年/551年 - 紀元前479年）は、春秋時代の中国の思想家。ヨーロッパではラテン語化された“Confucius”（孔夫子の音訳、夫子は先生への尊称）の名で知られる。釈迦、キリスト、ソクラテスと並び四聖人（四聖）に数えられる。孔子の死後、儒家は八派に分かれ、孟子は性善説を唱え、孔子が最高の徳目とした仁に加えて実践が可能とされる徳目義の思想を主張し、荀子は性悪説を唱えて礼治主義を主張した。儒教は、戦国から漢初期にかけては勢力が振るわなかったが、前漢・後漢に勢力を伸ばして国教化されて以後、中国思想の根幹となった。『詩』『書』『礼』『楽』『易』『春秋』といった周の書物を六経として儒教の経典とし、その儒教的な解釈学の立場から『礼記』や『易伝』『春秋左氏伝』『春秋公羊伝』『春秋穀梁伝』といった注釈書や論文集である伝（注釈）が整理された。

参考図書

『論語と算盤』渋沢栄一

「ソクラテスの弁明」

プラトン

「ソクラテスの弁明」（古希：Ἀπολογία Σωκράτους、英：Apology of Socrates）（紀元前4世紀）は、古代ギリシアの哲学者プラトン（紀元前４２７年－紀元前３４７年）の初期対話篇で、民衆裁判におけるソクラテスの死刑判決とソクラテスの弁明が描かれています。

古代ギリシアの哲学者ソクラテスは、紀元前３９９年、70歳の時に、「若者を堕落させ、神を信じなかった罪」で告発されました。ソクラテスはこれに対して全面的に反論し、死刑の判決を受けましたが、この裁判については、その死後何年にもわたり論争が続きました。

ペロポネソス戦争でアテナイがスパルタに敗北し、その後の政治の混乱を招いたことから、ソフィスト（弁論術や政治・法律などを授けた職業的弁論家）や哲学者などの異分子を糾弾する動きが起こります。

ソクラテスも、「神霊（ダイモニオン）」から諭しを受けていると公言していたことが、「新しい神格を輸入した」として非難の対象になり、「国家の信じない神々を導入し、青少年を堕落させた」として「涜神罪」（神を冒涜した罪）で訴えられます。

本書はこうした場面を題材として、紀元前３９９年、アテナイの民衆裁判所で、５００人の市民陪審員を前にしたソクラテスに対する論告・求刑弁論が終わり、それを受ける形でソクラテスが自身に対する弁護・弁明を開始するところから話が始まります。

そして、無罪有罪決定投票、量刑確定投票の2回の投票を挟み、それを受けてソクラテスが聴衆に向かって最後の演説をする場面までが描かれています。ソクラテスは追放刑を提案して死を免れることもできたにも関わらず、全面的に反論して一切の妥協を見せなかったために死刑が宣告されます。

裁判で問題とされたソクラテスの行動は、「ソクラテスより賢いものはいない」というデルポイの神託に対する反駁として始まったものでした。ソクラテスは、真の知を追求し魂の世話をすることを薦めるのは、神から与えられた自分の使命であり、国家の命令がこれを禁じようともやめることはできないと考えました。そして、数々の知者と呼ばれる人との対話により、自分は知者ではないが、知者ではないことを知っている分だけ、より賢いという結論に達します。

この発想は、本書の続編である「クリトン」においても繰り返されています。ソクラテスにとっての正義とは、熟慮の結果、最善と思えることを貫くことであり、いかなる場合においても、自身を弁明できるようにしておくことなのです。つまり、ソクラテスにとっては、命乞いをして生き延びるよりも、死を選択することのほうが美しく立派なことだったのです。

ソクラテスの裁判では、不敬神という内面の問題以上に、共同体の行動規範に従わない態度そのものが大きな罪だと見なされました。こうしたソクラテスの生き様を見た弟子のプラトンが創設した学園が、その後９００年続くことになるアカデメイアです。そこは言論の自由と論者の安全が保証され、特定の政治信条に左右されることなく議論が行え、より真理に近づける場所でした。これが今の大学の概念につながっています。

２４００年も前に著された本書から分かるのは、真実を語り組織の同調圧力に従わないことは、死に直結するほど危険な行為であるということ、そしてその危険から身を守り、自由と真実を追求するために存在するのが大学だということです。

経歴

プラトン（紀元前427年 - 紀元前347年）は、古代ギリシアの哲学者。ソクラテスの弟子で、アリストテレスの師にあたる。プラトンの思想は西洋哲学の主要な源流であり、哲学者ホワイトヘッドは「西洋哲学の歴史とはプラトンへの膨大な注釈である」という趣旨のことを述べている。現存する著作の大半は対話篇という形式を取っており、一部の例外を除けば、プラトンの師であるソクラテスを主要な語り手とする。数回にわたってイタリア半島やシチリア島を訪れ、ピタゴラス学派とも接した。60歳の頃、シラクサの僭主ディオニュシオス２世を指導して哲人政治の実現を目指したが、流言飛語により失敗に終わった。晩年はアテネにアカデメイアを創設し、真に理想国家の統治者たるべき人材の養成を行った。

参考図書

『国家』プラトン

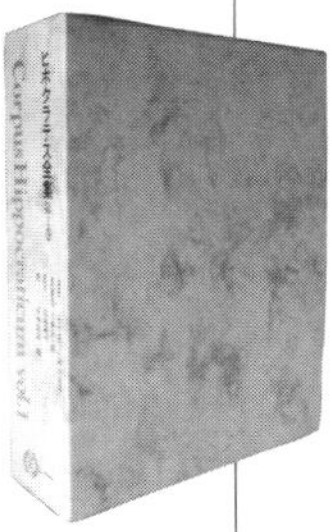

「誓い」

ヒポクラテス

「誓い」（古希：Ἱπποκράτειος ὅρκος、英：The Hippocratic Oath）は、古代ギリシアの医者で「医学の父」と呼ばれるヒポクラテス（紀元前４６０年頃－紀元前３７０年頃）の死後、弟子たちによって編纂された『ヒポクラテス全集』に収められている、医師の倫理や客観性などについて書かれたギリシアの神への宣誓文です。

ヒポクラテスの最も重要な功績のひとつに、医学を原始的な迷信や呪術から切り離し、臨床と観察を重んじる経験科学へと発展させたことが挙げられます。それまでの医学が、医神アスクレピオスへの祈祷や呪術といった魔術的なものだったのに対し、ヒポクラテスは病気を自然の現象と考え、科学に基づく医学の基礎を作りました。

こうしたヒポクラテスの医学は、古代ローマ時代のギリシアの医学者ガレノスを経て、西洋医学に大きな影響を与えたことから、「医学の父」と呼ばれています。「人生は短く、術のみちは長い」「汝の食事を薬とし、汝の薬は食事とせよ」などの有名な言葉も、ヒポクラテスのものとされています。

「誓い」は、ギリシアの世襲医家の子弟が修業を終え、正式にその一員に加えられるときに行われた宣誓で、現在でも医学部の卒業式などで朗読されています。また、１９４８年の第2回ＷＭＡ（世界医師会）総会では、「誓い」の倫理的真意の現代的な改定・系統化を意図したジュネーブ宣言が採択されました。

この誓いは、「医神アポロン、アスクレピオス、ヒュギエイア、パナケイア、およびすべての男神・女神たちの御照覧をあおぎ、つぎの誓いと師弟誓約書の履行を、私は自分の能力と判断の及ぶかぎり全うすることを誓います。」という前文で始まります。

その後に続く誓いは、「この術を私に授けていただいた先生に対するときは、両親に対すると同様にし、共同生活者となり、何かが必要であれば私のものを分け、また先生の子息たちは兄弟同様に扱い、彼らが学習することを望むならば、報酬も師弟誓約書もとることなく教えます。また医師の心得、講義そのほかすべての学習事項を伝授する対象は、私の息子と、先生の息子と、医師の掟てに従い師弟誓約書を書き誓いを立てた門下生に限ることにし、彼ら以外の誰にも伝授はいたしません。」から、最後の「以上の誓いを私が全うしこれを犯すことがないならば、すべての人々から永く名声を博し、生活と術のうえでの実りが得られますように。しかし誓いから道を踏みはずし偽誓などすることがあれば、逆の報いを受けますように。」までの、九つに分かれています。

その中では、現代の医療倫理の根幹をなす、患者の生命と健康保護、患者の身分や貧富による差別禁止、専門家としての尊厳の保持なども謳われています。

経済学者の岩井克人（↓１７４頁参照）は、株式会社のガバナンス研究の中で、会社と会社の経営者を人形浄瑠璃の人形と人形使いとの関係になぞらえています。つまり、経営者（人形使い）は株主の代理人ではなく、会社（人形）の信任の受託者であり、この信任関係を維持するために、一方の当事者には、自己利益追求を抑えて他方の当事者の利益にのみ忠実に仕事をすべしという忠実義務が課されるといいます。

岩井がここでいう、経営者に求められる「職業倫理」というのは、医師や弁護士などの専門家の世界では当然に求められているもので、この背景にあるのが「誓い」の理念なのです。

同様に、「社会的共通資本」の考えを打ち出した宇沢弘文（↓１７６頁参照）も、「社会的共通資本に関わる職業的専門化集団」の倫理・任務を、この「誓い」と同じ文脈で語っています。

経歴

ヒポクラテス（紀元前460年頃 - 紀元前370年頃）は、古代ギリシアの医者。イオニア地方南端のコス島で医術を行っていた家系に生まれ、伝説上の先祖はアポロン神の子であるアスクレピオスとされている。医学を学びギリシア各地を遍歴したと言い伝えられるが、その生涯について詳しいことは分かっていない。ソクラテスと同時代で、プラトンの対話篇にも登場している。自然哲学者で原子論を説いたデモクリトスは友人だった。彼のギリシア語の医学書がアラビア語に翻訳されてアラビア世界に伝えられ、それがさらにヨーロッパに伝えられることになった。

参考図書

『経済学の宇宙』岩井克人、『会社はだれのものか』岩井克人、『会社はこれからどうなるのか』岩井克人

『ニコマコス倫理学　上・下』岩波文庫/高田三郎［訳］

『ニコマコス倫理学』

アリストテレス

『ニコマコス倫理学』（古希：Ἠθικὰ Νικομάχεια、英：Nicomachean Ethics）（紀元前4世紀）は、古代ギリシアの哲学者で「万学の祖」と呼ばれるアリストテレス（紀元前384年－紀元前322年）の倫理学に関する草案や講義ノートなどを、息子のニコマコス（60年頃－120年頃）らが編纂した倫理学書です。

アリストテレスの名で伝わる倫理学書には、『エウデモス倫理学』と『大道徳学』もありますが、これらに比べて本書はより完全な形で伝承されています。

アリストテレスは、人間の本性が「知を愛する」ことにあると考えました。ギリシア語ではこれを「フィロソフィア」（philosophia）と呼び、現在の哲学（philosophy）の語源となりました。彼のいう哲学とは、知的欲求を満たす知的行為そのものと、その結果の全体であり、現在の学問のほとんどがその範疇に含まれています。

アリストテレスの倫理学の出発点は幸福です。人間が善につながる決断をする理性的な生き物であると信じ、理性に従って最善の選択をすれば、幸福はおのずから得られると考えました。

本書の冒頭では、「いかなる技術、いかなる研究も、同じくまた、いかなる実践や選択も、ことごとく何らかの善（アガトン）を希求していると考えられる」として、人間の目的としての「善」の追求が挙げられています。そして、人間が求める究極的な目的としての「最高善」とは、快楽や富や名誉ではなく、「幸福」のことであるとします。

アリストテレスは、実践哲学の究極目的は最高善について知ることではなくて、最高善を目指して善く生きることであると考えました。そして、「すべていかなることがらもかかる固有の卓越性に基づいて遂行されるときによく達成されるのである。（中略）『人間というものの善』とは、人間の卓越性に即しての、またもしその卓越性が幾つかあるときは最も善き最も究極的な卓越性に即しての魂の活動である」とします。

その上で、この「卓越性（アレテー）」、すなわち「徳」とはなにかを知ることによって、魂に徳を備えた善い生き方ができると考え、徳の探究を自らの倫理学の中心課題としました。ここでいう徳とは人間に備わった性質であり、知恵、節制、敬度、正義などさまざまな種類があります。アリストテレスは、これを「知性的卓越性」「知性的徳」と「倫理的卓越性」「倫理的徳」の二つに区別します。そして、前者は理性によって学ぶことで得られるのに対して、後者はそうした活動を「習慣づけ（エトス）」することによってしか得られないとして、次のように語っています。

「ひとは建築することによって大工となり、琴を弾ずることによって琴弾きとなる。それと同じように、われわれはもともろの正しい行為をなすことによって正しいひととなり、もろもろの節制的な行為をなすことによって節制的なひととなり、もろもろの勇敢な行為をなすことによって勇敢なひととなる。」

そして、倫理的に追求すべき徳には、超過と不足という二つの悪徳の間に存在する「中庸（メソテース）」という共通の構造があり、善い行為とは極端な行為ではなく節度ある行為であるとして、「中庸の徳」を説きました。

本書の続編として「善き人間になる」ための実践的方法を論じたものが『政治学』（→２９８頁参照）です。

経歴

アリストテレス（紀元前384年 - 紀元前322年）は、古代ギリシアの哲学者。マケドニアの都市スタゲイラ（現在のギリシア北部）でマケドニア王の侍医の息子として生まれた。アテナイにあったプラトンのアカデメイアに学んだ。マケドニア王フィリッポス２世の招聘により、マケドニアの王子アレクサンドロス（後のアレクサンドロス大王）の家庭教師を務めた。アレクサンドロスが王に即位した後は、アテナイに戻り、アテナイ郊外にリュケイオンという学園を開設した。
当時の哲学を、倫理学、自然科学をはじめとした学問として分類し、それらの体系を築いたことから「万学の祖」と呼ばれる。アリストテレスの著作には、形而上学、倫理学、論理学といった哲学関係のほか、政治学、宇宙論、天体学、自然学（物理学）、気象学、博物誌学的なものから、生物学、詩学、演劇学、および現在でいう心理学なども含まれるなど多岐にわたっており、イスラム哲学や中世スコラ学、さらには近代哲学・論理学にまで大きな影響を与えた。

主要著作一覧

『オルガノン』（論理学書の総称）、『自然学』『天体論』『生成消滅論』『気象論』『霊魂論』『自然学小論集』『宇宙論』『動物誌』『動物部分論』『動物運動論』『動物発生論』『形而上学』『ニコマコス倫理学』『大道徳学』『エウデモス倫理学』『政治学』『詩学』

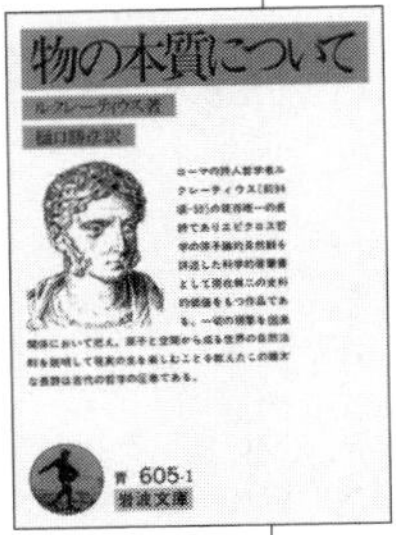

『物の本質について』

ティトゥス・ルクレティウス・カルス

『物の本質について』（羅：De rerum natura、英：On the Nature of Things）（紀元前1世紀）は、共和政ローマの詩人・哲学者ティトゥス・ルクレ（ー）ティウス・カルス（紀元前99年頃－紀元前55年）が、エピクロス（紀元前341年－紀元前270年）の宇宙論を6巻7400行からなる六歩格詩の形式で著して、原子論的自然観と無神論を説いた書物です。

本書は、現存する唯一のルクレティウスの長詩です。長い間その存在は知られていませんでしたが、1417年、古書発掘の専門家だったイタリアの人文主義者ポッジョ・ブラッチョリーニによって、ドイツの修道院で写本が発見されました。

2012年のピューリッツァー賞を受賞した『一四一七年、その一冊がすべてを変えた』は、ブラッチョリーニが本書の写本を発見してから、それがどのようにルネサンス期のヨーロッパに広まり、中世キリスト教世界観から人々を解き放ったかを記述しています。

エピクロスは、快楽主義で知られる古代ギリシアの哲学者で、エピクロス派の始祖です。現実の煩わしさから解放された状態を「快」として、人生をその追求のみに費やすことを訴えました。後世、エピキュリアン＝快楽主義者という意味に転化してしまいますが、エピクロス自身は肉体的な快楽ではない精神的快楽を重視しており、肉体的快楽をむしろ「苦」と考えていました。エピクロスは、幸福を人生の目的としましたが、これは人生の目的は道徳や倫理の追求であり、幸福はその結果に過ぎないとしたストア派とは逆の考えでした。

本書に見られるエピクロスの自然思想は、デモクリトスの原子論に負っています。つまり、「物質（原子）と空虚（真空）以外なにもない」という原子論に立脚し、それ以上分割できない粒子である原子と空虚から世界が成り立つとして、「自然の先ず第一の原理は、次の点からわれわれは始めることとしよう。即ち、何ものも神的な力によって無から生ずることは絶対にない、という点である」といっています。

エピクロスは、雷、地震、日食など説明のつかない自然現象を見て恐怖を感じ、そこに神々の干渉を見ることから人間の不幸が始まったとのだと考えました。そして、こうした自然現象について、神を持ち出さずに全て原子の振る舞いによって説明することができれば、人々は迷信から脱却し、不安はなくなり、平穏で幸福に暮らすことができるのだとして、自然界の基本的構成要素と普遍的法則の理解が人生の最も深い喜びの一つなのだといっています。

このように、エピクロスは、一切の現象を因果関係において捉え、原子と空間からなる世界の自然法則を説明しています。そうした存在を把握する際に用いられるのが感覚であり、感覚を知識の唯一の源泉かつ善悪の判断基準としているのです。

さらに、死によって全ては消滅するとの立場から、「精神の本質は死すべきものである、と理解するに至れば、死は我々にとって取るに足りないことであり、一向問題ではなくなって来る」という死後の罰への恐怖から、人間を解き放とうとしています。

本書はヴィーナスへの祈りの詩で始まりますが、これを絵画として描き出したのが、サンドロ・ボッティチェリの有名な絵画「ヴィーナスの誕生」です。また、モンテーニュの『エセー』（→４２２頁参照）の中には、本書から１００近い引用があり、特に、死後の世界の悪夢によって道徳を強制するという方法を批判するルクレティウスに共感を覚えていたことがうかがえます。

経歴

ティトゥス・ルクレティウス・カルス（紀元前99年頃 - 紀元前55年）は、共和政ローマ期の詩人・哲学者。

参考図書

『エセー』ミシェル・ド・モンテーニュ、『一四一七年、その一冊がすべてを変えた』スティーヴン・グリーンブラット

『語録　要録』

エピクテトス

『語録　要録』（古希：Ἐπικτήτου διατριβαί, Ἐγχειρίδιον Ἐπικτήτου、英：The Discourses of Epictetus, The Enchiridion of Epictetus）（1世紀頃）は、古代ギリシアのストア派の哲学者エピクテトス（50年頃－135年頃）の語録をまとめたものと、その要約版です。

ストア派哲学を一言で表せば、生きるための実際的な知恵です。その発言録である「語録」と「要録」は、全てのストア派のテキストの中で最も広く読まれ、後世に大きな影響を与えました。

苦難の中にあって平静を保つことを説いたその教えは、同じストア派で「哲人皇帝」と呼ばれた第16代ローマ皇帝マルクス・アウレーリウス・アントニヌス（→418頁参照）をはじめ、キリスト教の教父たちや、近世のパスカルなどにも引き継がれています。

セネカ、マルクス・アウレーリウスと並んで、後期ストア派の三代哲人の一人といわれるエピクテトスですが、奴隷の子として生まれ、ローマに売られました。皇帝ネロの重臣エパプロディトスに仕え、その後ストア派哲学を学び、解放されてからドミチアヌス帝による哲学者追放までローマで哲学を講じ、その後はギリシアに移住し学校を創設しています。

エピクテトス本人は著作を残しませんでしたが、2世紀のローマの政治家・歴史家アッリアノスが、若い頃エピクテトスの下で学んだとき、エピクテトスが話すのを「できるだけそのままの言葉で」書き留めたものが「語録」として広まりました。

エピクテトスの教えで最も重要なことは、「自分の意志によって変えられるものとそうでないもの、自分の力が及ぶものとそうでないものを区別する」ということです。

自分を主体とする意見や意欲や欲求といった活動は自由になりますが、身体、財産、評判、権力など外的なものは我々の力ではどうにもならないものです。前者は他から妨害されないものですが、後者は主体から切り離された、他に妨害されたり属したりするものです。もし、この本質を見誤り、自分のコントロール外のものを自由にできると思い込めば、予期せぬ妨害にあったと悲しんだり落ち込んだりして、周囲を非難することになります。したがって、まずこの区別を明確にして、取捨選択しなければ、自由と幸福は得られないといっています。

こうしたエピクテトスの哲学は、次のような言葉に現れています。

「人々を不安にするものは、事柄ではなくて、事柄についての思惑だ。」

「出来事が、きみの好きなように起こることを求めぬがいい、むしろ出来事が起こるように起こることを望みたまえ。そうすれば、きみは落ち着いて暮らせるだろう。」

「きみを侮辱するものは、きみを罵ったり、なぐったりする者ではなく、これらの人から侮辱されていると思うその思惑なのだ。それでだれかがきみを怒らすならば、きみの考えがきみを怒らせたのだと知るがいい。」

「ひとの気に入りたいという気持ちから、外部に心惹かれるということが、もしきみに、いちどでもあるならば、きみの計画は、ご破算だと知るがいい。」

「きみはいますぐ、きみ自身のために、きみのあり方と生き方とを決めておいて、それをきみ独りのときでも、人々と会うときでも、守るがいい。」

「ふつうの人の立場や特質――それは、彼が利害をけっして自分自身から期待しないで、外界から期待するということである。哲学者の立場や特質――それは、彼がすべて利害を自分自身から期待するということだ。」

経歴

エピクテトス（50年頃 - 135年頃）は、古代ギリシアのストア派の哲学者。小アジアのフリギアに生まれ、ローマで哲学を講じたのち、86年にギシリアのニコポリスに赴き、そこで教団を開いて生涯を終えた。エピクテトスの教えを伝える文書は、「語録」「要録」とエピクテトスへの言及を集めた資料集「断片」しか残っていない。この3書を合わせたものが『人生談義』という邦題で出版されている。

参考図書

『生の短さについて』ルキウス・セネカ、『自省録』マルクス・アウレーリウス・アントニヌス、『迷いを断つためのストア哲学』マッシモ・ピリウーチ、『完訳 7つの習慣：人格主義の回復』スティーブン・コヴィー

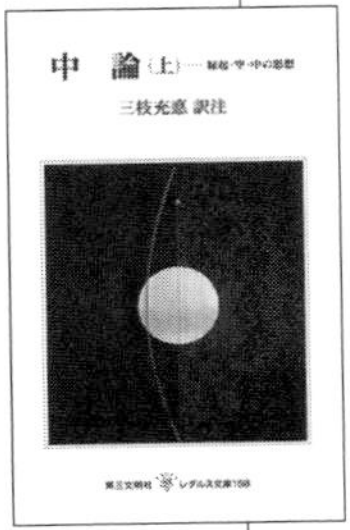

『中論』

龍樹

『中論』（正式名称『根本中頌《こんぽんちゅうじゅ》』、梵*：Mūlamadhyamaka-kārikā、ムーラマディヤマカ・カーリカー）（200年頃）は、初期大乗仏教の僧・龍樹《りゅうじゅ》（梵：Nāgārjuna、ナーガールジュナ）（150年頃－250年頃）が、原始仏教以来の縁起説（他との関係が縁となって現象が生起するという仏教の教説）に独自の解釈を与え、その後の大乗仏教（→80頁参照）の思想展開に大きな影響を及ぼした仏教書です。

サンスクリット（梵語）原典では27章449偈《げ》（漢訳は445偈）の偈頌《げじゅ》（仏の教えや徳を讃える韻文）からなる詩文に、青目（ピンガラ）（生年不明）が注釈したもので、さらに、鳩摩《くま》羅什《らじゅう》（344年－413年）が加筆し漢訳しました。

本書は、仏教諸部派や経典類（アビダルマ、梵：Abhidharma、巴*：Abhidhamma）で論じられてきた、形而上的実体としての法（ダルマ、梵：dharma、巴：dhamma）を想定する考え方を、釈迦の説いた教えの本義から外れたものとして、ひとつずつ論駁するために書かれたものです。それが、「自立的なものは何もない」という、龍樹の「無自性」（空）、「相依性」（相互依存性）の思想につながっています。

真の涅槃（ニルヴァーナ）（繰り返す再生の輪廻から解放された、完全な静寂、自由、最高の幸福の状態）とは、一切の分別（諸々の事理を思量し、識別すること）や戯論（無意味で無益な言論）が滅した境地です。人間の有り様に関する因果の道理を明らかにし、道理に対する無知が苦悩の原因だったと悟ることで、苦悩が消滅し、輪廻もなくなるということです。

本書はこのように、大乗仏教の経典群である『般若経』で強調されている「空」（この世の一切は因縁によって生じたものであり実体がなく空しいということ）の概念に基づく「空観」による「中道」（有無の二辺を離れた不偏で中正な道）を説いています。大乗仏教に理論的基礎を与え、中観派《ちゅうがんは》（梵：Mādhyamika、マーディヤミカ）、三論宗（中国・東アジアの大乗仏教宗派のひとつ)、チベット仏教が依拠する重要な論書(仏教の教説を解説した書物)となっています。

インドでは、３世紀に本書を基本典籍として、龍樹を祖師とする中観派という一大学派が興ります。また、４世紀に入ると瞑想(ヨーガ)を通じて心の本質を見て、あらゆる諸存在がただ八種類の識(視覚、聴覚、意識などの認識作用)によって成り立っているという瑜伽行《ゆがぎょう》唯識派が登場し、インド大乗仏教の二大流派を形成しました。瑜伽行唯識派では、まず仮に心だけは存在するとして、深層意識の阿頼耶識《あらやしき》(個人存在の根本にある意識や心や生命)が自分の意識も外界にあると認識されるものも生み出していると考え(唯識無境《ゆいしきむきょう》)、最終的には阿羅耶識もまた空であるとします(境識倶泯《きょうしきぐみん》)。

さらに、同じく龍樹の『十二門論』とその弟子・提婆の『百論』が中国に伝わって、この三つを経典とする三論宗が形成され、これが日本にも伝わり、南都六宗(三論宗、成実宗、法相宗、倶舎宗、華厳宗、律宗)の一派になりました。

＊サンスクリット語(梵語)は、インドなど南アジア・東南アジアで用いられた古代語で、文学、哲学、学術、宗教などで広く用いられた文語・雅語。ヴェーダ文献(→２１６頁参照)に用いられていたヴェーダ語を祖とする。ヒンドゥー教の礼拝用言語でもあり、大乗仏教でも多くの経典がサンスクリット語で記された。これに対して、パーリ語(巴語)は、南伝上座部仏教の経典で使用される古代インドの俗語のひとつ。パーリ語で書かれた偈の歴史は紀元前３世紀頃までさかのぼり、上座部仏教経典の散文やその注釈は、５－６世紀以後にまで及ぶ。

経歴

龍樹(150年頃 - 250年頃)は、インド仏教の僧。サンスクリット語(梵語)の「ナーガールジュナ」の漢訳名。デカン高原クリシュナ川流域の仏教遺跡で有名なナーガルジュナコンダの出身ともいわれている。バラモン教を習得したのち仏教に転向し、当時の上座部仏教と初期大乗仏教を学んだ。中観派の祖であり、蓮如以後の浄土真宗では八宗(全ての大乗仏教の宗派)の祖師と称される。「龍猛(りゅうみょう)」とも呼ばれ、真言宗では龍猛が「付法の八祖」(正当な8人の祖師)の第三祖(龍猛菩薩)とされる。

『新訳　ラーマーヤナ　1～7』東洋文庫／中村了昭［訳］
『マハーバーラタ　上・中・下』第三文明選書／
C・ラージャーゴーパーラーチャリ［著］／奈良毅、田中嫺玉［訳］

『ラーマーヤナ』
バールミーキ

『マハーバーラタ』
ベーダ・ビヤーサ

『ラーマーヤナ』（梵：Rāmāyana、英：Ramayana）は、サンスクリット語で書かれた、全7巻、2万4000頌《しょう》（頌は16音節2行の詩）の詩句からなる古代インドの長編叙事詩です。成立は3世紀頃と考えられ、詩人バールミーキ（紀元前5世紀？－紀元前1世紀？）がヒンドゥー教の神話とコーサラ国のラーマ王子の伝説を編纂したものとされています。

「ラーマーヤナ」は「ラーマ王行状記」の意味で、ラーマ王子が、誘拐された妃シーターを奪還すべく、大軍を率いてラークシャサの魔王ラーバナに挑む姿を描いています。本書の中で、ラーマ王子はヴィシュヌ神の化身とされていて、後世のラーマ崇拝につながっています。

本書には、多くの神話や伝説が収められていて、宗教文学的な色彩が強く、現代でも絵画、彫刻、建築、音楽、舞踏、演劇、映画など多くの分野で、東南アジア一円に深く浸透し、親しまれています。日本では、平安末期の『宝物集』の中にも紹介されています。

『マハーバーラタ』（梵：Mahābhāratam、英：Mahabharata）も古代インドの長編叙事詩です。「マハー」は「偉大な」、「バーラタ」は「バラタ族」で、直訳すると「偉大なバラタ族の物語」という意味になります。ヒンドゥー教の聖典のひとつで、グプタ朝（320年－550年頃）の頃に成立したとされています。作者はベーダ・ビヤーサ（ビヤーサは「編纂者」の意）といわれますが、実際には紀元前4世紀頃からの物語が吟遊詩人によって口伝され、4世紀末頃に現在の形になったものと考えられています。

原本はサンスクリット語（梵語）で書かれ、全18巻、10万頌の詩句と1万6千頌の付編からなり、『聖書』の4倍もの長さがあります。『ラーマーヤナ』と共にインド二大叙事詩とされ、インド神話の重要な文献のひとつです。また、古代ギリシアの『イーリアス』『オデュッセイア』と共に、世界三大叙事詩のひとつとされています。

本書は、人類が増えすぎて大地の女神がその重みに耐えられなくなったことを発端に起こる、バラタ族の大戦争を描いています。多くの神々、英雄、賢者を巻き込みながら、やがて18日間にわたる大戦争「クルクシェートラ（クル平原）の戦い」へと発展していく内容になっています。

インドの正式な国名が「バラタ王の国」を意味する「バーラト」であるように、古代インドで英雄的に活躍したバラタ王の子孫がバラタ族です。このバラタ王の子孫であり、同じバラタ族に属するパーンダヴァ族の五兄弟（ユディシュティラ、ビーマ、アルジュナ、ナクラ、サハデーヴァ）とカウラヴァ族の百兄弟が、王位を巡って対立することになります。

挿話としての「サービトリー物語」（マドラ国の王女サービトリーの貞女物語）、「ナラ王物語」（ニシャダ国王ナラと妃ダマヤンティーの物語）、哲学詩「バガバッド・ギーター」（パーンドゥの王子アルジュナの戦いの物語）は、現在でも独立の文学としてインド国民に親しまれています。中でも、一人の妻ドラウパディーを共有するパーンダヴァ族の五兄弟、特に俊英アルジュナや怪力ビーマと、カウラヴァ族の百人兄弟の長男である悪役ドゥルヨーダナの対決は大衆の人気を呼んでいます。

しかし、こうした主題の部分は全体の半分以下で、過半は神話、伝説、道徳、教訓など、多くのエピソードに充てられています。本書はその後、インドの諸言語に訳され、ジャワ、マレー、タイ、バリにも伝えられ、各地の文化に大きな影響を与えてきました。エピソードの中には、歌舞伎十八番の「鳴神」の原型とされる「リシュヤシュリンガ（一角仙人）の物語」もあり、２０１７年には歌舞伎座で『極付印度伝　マハーバーラタ戦記』も上演されました。

『告白　1〜3』中公文庫/山田晶［訳］
『神の国　1〜5』岩波文庫/服部英次郎、藤本雄三［訳］

『告白』
『神の国』

アウレリウス・アウグスティヌス

『告白』(羅：Confessiones、英：Confessions)（398年）は、キリスト教の神学者アウレリウス・アウグスティヌス（354年−430年）による自伝で、古代キリスト教文学の名作です。アウグスティヌスは、ローマ・カトリック教会の存在意義を明らかにし、キリスト教神学の土台を確立したことで、キリスト教の聖人に列せられています。また、その思想は、それ以降の西欧思想の土台を築いたことから、「西欧の父」と呼ばれています。

本書の前半では、アウグスティヌスの青年時代の罪深い生活から、神の存在を確信するに至るまでの人生をたどっています。罪に溺れた性的な生活を送り、盗みを働いたことなど、自分がこれまでいかに罪深い人生を送ってきたか、また友人の死に直面し死を恐れ始め、キリスト教に回心するまでの10年間、善悪二元論のマニ教を信奉していたのが、生きる上で「哲学をすること」の重要性を説くマルクス・トゥッリウス・キケロの『ホルテンシウス』を読んで、マニ教と距離を置くようになったことなどを赤裸々に綴っています。

後半では、まず『旧約聖書』の「創世記」の解釈論を展開することで、ローマ・カトリック教会が旧約と新約の両方の聖書をともに拠り所とする基礎を提供しました。また、神は天地創造以前に何をしていたのかという問いを立て、そこから時間論を展開しています。

『神の国』(羅：De Civitate Dei contra Paganos、英：The City of God Against The Pagans)（426年）は、異民族の侵入によって西ローマ帝国が衰退していく中で、教会の立場を擁護し、その存在意義を明らかにした著作です。全22巻から成り、前半10巻で世俗世界としての「地の国」、後半12巻でそれに覆い隠されている「神の国」という、世界の創造以来の二つの歴史(二国史観)を記述しています。

本書は、アウグスティヌスが、４１０年の西ゴート族（古代ゲルマン系民族）によるローマ陥落（ローマ略奪）を機に噴出した、異教徒によるキリスト教への非難・攻撃に対して応えようとして書いたものです。彼は、人間には精神的な世界である「神の国」を見ることはできず、教会こそが「地の国」において「神の国」を代表するものであるという点で、教会に優位性があるとしました。そして、ローマ帝国という「地の国」がなくなったとしても、信者には「神の国」という拠り所があり、それがローマ教皇を頂点とした教会なのだと説きました。

このように、アウグスティヌスの思想は、ローマ帝国の国教となったキリスト教とその教会を、国家に奉仕するための存在ではなく、国家に優越する存在であるということを示す有力な根拠を与えました。

また、創造主である「父なる神」、現世に現れた「神の子イエス」、父なる神と子なるイエスから出た「聖霊」の三つのペルソナ（位格）は本質的に一体であるとする「三位一体説」は、アウグスティヌスによってカトリックの中心的な思想として理論づけられました。

13世紀のスコラ学の代表的神学者トマス・アクィナスは、アウグスティヌスの思想を継承しながら、神学とアリストテレスの哲学を調和させ、信仰と理性を統合した総合的な神学体系を構築しました。アクィナスの主著『神学大全』（→２４０頁参照）では、『告白』と『神の国』から多くの引用がされています。

さらに、『告白』に見られるような個人主義的な信仰と、『神の国』で論じられた教会でさえも世俗的であるという思想は、教会批判の有力な根拠となり、その後の宗教改革に大きな影響を与えることになりました。

経歴

アウレリウス・アウグスティヌス（354年 - 430年）は、ローマ帝国（西ローマ帝国）時代のキリスト教の神学者、哲学者、説教者。テオドシウス１世がキリスト教を国教として公認した時期に活動した。正統信仰の確立に貢献した教父であり、古代キリスト教世界のラテン語圏において多大な影響力を持つ。カトリック教会、聖公会、ルーテル教会、正教会、非カルケドン派における聖人であり、聖アウグスティヌスとも呼ばれる。

参考図書

『三位一体論』アウレリウス・アウグスティヌス、『キケロ『ホルテンシウス』：断片訳と構成案』廣川洋一、『神学大全』トマス・アクィナス

『正法眼蔵』

道元

『正《しょう》法眼蔵《ぼうげんぞう》』（1253年）は、日本の曹洞宗の開祖・道元（1200年－1253年）が、1231年から1253年まで生涯をかけて著した87巻にも及ぶ仏教思想書です。中国の曹洞宗の教えを引き継ぎ、さらに坐禅によって釈迦に還れと唱え、理論よりも実践を重んじた道元の思想を表したものです。

正法眼蔵という言葉は、本来は仏法の重要な事柄を意味し、その書として次の3種類が伝えられています。

①『正法眼蔵』（1147年）3巻。大慧宗杲《だいえそうこう》著

②（仮字）『正法眼蔵』（仮名記述）75巻＋12巻＋拾遺4巻。道元著

③（真字）『正法眼蔵』（漢文記述）300則の公案集。道元選

道元による（仮字）『正法眼蔵』は、道元の禅思想を表現するために、その語録から特に公案（参禅者の考える手がかりにするために示される開祖の言動）で使われてきた重要な問答を取り出し、それに説明・注釈する形で書かれています。その種本が（真字）『正法眼蔵』で、10種類ほどの禅語録から重要な300則の禅問答を抜き出しています。

当時の仏教者の書物は全て漢文で書かれていましたが、道元は、真理を正しく伝えるために、日本語かつ仮名で記述しています。古い巻の記述を書き直し、新しい巻を追加して、100巻にまで拡充する予定でしたが、病のため87巻で終了してしまいました。その後、編纂から抜け落ちたものとして4巻が発見され、追加されています。

本書は、全ての仏法の根源である釈迦の「自内証《じないしょう》」（悟りの原体験）に直結する、道元の「禅定《ぜんじょう》」（心が動揺しなくなった状態）体験を通して、坐禅こそが正しく伝えられた完全な仏法であり、万人の拠るべき安楽の道であると説いています。

そして、成仏（修行を実践して究極の目的である悟りに到達し、仏陀になること）というのは一定のレベルに達することで完成するものではなく、たとえ成仏したとしても、さらなる成仏を求めて無限の修行を続けることこそがその本質であり（修証一等《しゅしょういっとう》）、釈迦にならい、ただひたすら坐禅に打ち込むべきだとしています（只管打坐《しかんたざ》）。

曹洞宗は、中国の禅宗五家（曹洞、臨済、潙仰《いぎょう》、雲門、法眼）のひとつ、日本仏教では、禅宗（曹洞、日本達磨、臨済、黄檗、普化）のひとつです。ひたすら坐禅するところに悟りが顕現するという思想で、出家と在家に関わらず、求道者各自が悟りを開くものとします。

禅宗は６世紀初頭にインドから中国に渡った達磨を祖とし、坐禅を基本的な修行形態とします。坐禅を中心に行う仏教集団が「禅宗」と呼ばれ始めたのは、中国の唐代末期からで、中国禅は、唐から宋にかけて発展し、明の時代に入ると衰退していきました。

日本に禅宗が伝えられたのは、鎌倉時代のはじめ頃で、曹洞宗と臨済宗は鎌倉仏教として広がり、室町時代に幕府の庇護の下で日本仏教として発展しました。日本では、坐禅修行を主とする仏教宗派が「禅宗」と総称されることが多く、明治維新以降は、禅者で仏教学者の鈴木大拙（→４５４頁参照）によって日本からアメリカ、ヨーロッパへと禅が紹介されました。

さらに、サンフランシスコ禅センターを開創した鈴木俊隆による"Zen Mind, Beginner's Mind"や、弟子丸《でしまる》泰仙《たいせん》のヨーロッパでの布教により、Ｚｅｎが世界的に広まり、曹洞宗、臨済宗ともにアメリカやヨーロッパに寺院を構えています。

経歴

道元（1200年 - 1253年）は、鎌倉時代初期の禅僧。日本における曹洞宗の開祖。諸説あるが、父は内大臣久我通親（こがみちちか）、母は摂政関白藤原基房の女（むすめ）伊子（いし）と言われている。3歳で父を、8歳で母を亡くした後、14歳で出家して比叡山で修学し、貞応2年（1223年）、明全（みょうぜん）とともに入宋。天童山、天台山など諸山を歴訪し、曹洞禅を体得して嘉禄3年（1227年）に帰国。寛元2年（1244年）、越前に吉祥山永平寺（大佛寺）を建立し、曹洞宗を開いた。宝治元年（1247年）には、北条時頼の招きにより鎌倉に赴き、布教を行った。

参考図書

『道元』和辻哲郎、『日本精神史研究』和辻哲郎、『歎異抄』親鸞、唯円

『神学大全』

トマス・アクィナス

『神学大全』（羅：Summa Theologica）（13世紀）は、中世のスコラ神学者トマス・アクィナス（1225年頃－1274年）が、それまでのカトリック神学を体系化し、スコラ哲学（教義の学問的根拠づけを目指して中世ヨーロッパの教会や修道院付属学院"schola"で研究された神学、哲学）を完成させた神学書です。

本書は、神の存在と教会の正当性を論証する著作として、後世のキリスト教に大きな影響を与え、アウグスティヌスの『神の国』（→236頁参照）、カルヴァンの『キリスト教綱要』とともに、キリスト教三大古典のひとつといわれています。

「神学大全」というのは、「神学の要綱」「神学の集大成」という意味で、広義には、13世紀に中世的なキリスト教神学が体系化される中で作られた神学書のことを意味しますが、一般的には、このアクィナスの神学書を指します。

本書は、1266年から書き始められましたが、アクィナスの突然の執筆中断により完結せず、弟子のレジナルドが補足して書き上げました。1273年12月6日、ミサを捧げていたアクィナスは、神の圧倒的な直接的体験をして、突然、心境の変化が起こったと伝えられています。

さまざまな著作を参照しながら、その理論の矛盾や論点を抜き出し、組み合わせながら独自の見解を考察していて、引用される学者たちは、アリストテレス、ペトルス・ロンバルドゥス、アウグスティヌスなど、当時の神学で大きな影響力を持っていた人々です。

第1部の神論では、神、三位一体、神による創造と被創造物など、第2部の人間論では、神へと向かう理性的被造物である人間の信仰や行い、第3部のキリスト論では、神と人間を仲介するキリストと赦《ゆる》しなどについて記述されています。全体を通して、聖書に記された出来事を理解するという、キリスト中心の世界観で書かれています。

アクィナスの最大の業績は、キリスト教思想とアリストテレスの哲学を統合して信仰と理性の調和を図り、統一的で総合的な学問体系を構築したことです。中世のキリスト教世界では、神学とキリスト教以前のアリストテレスの哲学との矛盾が指摘されていて、整合性を図るための議論が長く続けられていました。これに対してアクィナスは、たとえば世界の永遠性という問題は理性では証明できないとして、信仰と理性とを分けて考えることにより、この問題を克服しました。

また、神の存在を自然的理性で証明できるとの立場に立ち、地上で昼と夜が交替するのは、太陽や月などの付着するいくつかの天球が地球の周りを回っているからだと説明し、巨大な天が動くことこそが、天の彼方に「動かし手」としての神がいる証明だとしました。こうして、中世において天動説が揺るぎないものとなりました。

叙述形式としては、中世の大学特有の授業形式である討論にならい、２６６９個の項は全て問いの形をとっています。冒頭に問題（テーゼ）が、次に反対する見方として対論が提示され、最後にこれらを踏まえて全体を高次に統合した解答が示されています。

スコラ哲学の言葉として知られる「哲学は神学の婢《はしため》」は、本書における、「聖なる教は他の諸学よりも高位のものであるか」という問いに対する考察に由来します。神学は理性を超越する事柄を対象とするのに対し、他の諸学はただ理性に服する事柄を考察するに過ぎないことから、神学は哲学よりも学問として高位に置かれる（哲学は神学に奉仕する）ということです。

経歴

トマス・アクィナス（1225年頃 - 1274年）は、中世ヨーロッパにおけるスコラ学の代表的神学者。修道院で教育を受け、パリの修道院と大学で神学を教えた。1256年に神学者としての最高学位を受け、大学で教えながら多くの著書を書き上げた。聖人パウロやアウグスティヌス（→236頁参照）と並び立つ人物といわれ、“Doctor Angelicus”（神の使いのような博士）と呼ばれた。1323年、アヴィニョンの教皇ヨハネス22世によって聖人に列せられた。

参考図書

『神の国』アウレリウス・アウグスティヌス、『キリスト教綱要』ジャン・カルヴァン

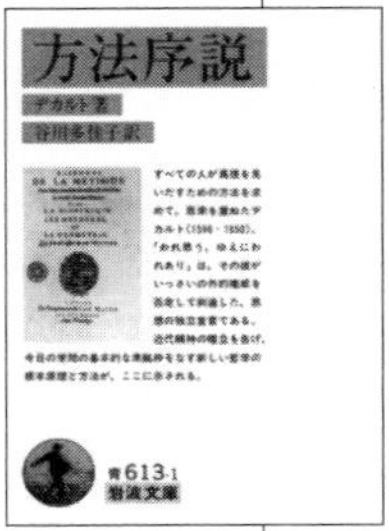

『方法序説』

ルネ・デカルト

『方法序説』（仏：Discours de la méthode）（１６３７年）は、「近世哲学の祖」ルネ・デカルト（１５９６年－１６５０年）が、真理を探究するための方法論（方法序説）を著した著書です。刊行当時の正式名称は、『理性を正しく導き、学問において真理を探究するための方法の話（方法序説）。加えて、その試みである屈折光学、気象学、幾何学』で、元は三つの科学論文集三試論を収めた５００ページを超える大著でした。今日の『方法序説』は、その書籍の最初の78ページの序文にあたる部分を指します。

本書は、人々の共通了解の可能性を示したという点で重要な意味を持っています。キリスト教が絶対的真理だった時代に、宗教や文化の違いを超えて理性によって普遍性に到達しようとしたデカルトは、それまでの哲学者たちとはまったく異なる視点を持っていました。

本書の核心である、考える主体としての自己（精神）とその存在を定式化した、「我思う、ゆえに我あり（コギト・エルゴ・スム）」は、哲学史上でもっとも有名な命題のひとつです。これは、当時のスコラ哲学の教えである「信仰」による真理の獲得ではなく、人間の持つ「自然の光（理性）」を用いて真理を探求していこうとする近代哲学の出発点を意味しています。

理性は神によって与えられたものではあるものの、人間が理性によって存在を判断することができるのを合理的に証明したことで、独立した判断力を持った近代的個人の概念が生まれ、理性に基づく自然科学が発展していく基礎になりました。

本書の第１部は、「良識〈bon sens〉はこの世でもっとも公平に分け与えられているものである」という有名な言葉で始まり、伝統的なスコラ哲学には確実なものがほとんど見当たらないとして、これを批判しています。

その上で、真理を得るために、「明証性の規則」（正しいと言い切れる物だけを受け入れるという規則）をはじめとする規則と格率（自らが決めごととして持つ行為規則）を設け、正しいと言い切れないものは全て切り捨てていきます。このようにひとつずつ疑っていくことで真理にたどり着こうする方法を「方法的懐疑論」といいます。

数学的な永遠真理さえ含めて全ての事物がいったんは懐疑にかけられた後に、どれだけ疑っても疑い得ないものとして、純化された精神だけが残るとしました。そして、考えている自己は存在するとして、「我思う、ゆえに我あり」だけは疑うことのできない真理であり、これが哲学の第一原理であるとしました。

デカルトは、思考することができる空間的広がりを持たない思惟実体（心）と、空間的広がりを持つ思考できない延長実体（物質）という二つの実体があるとし、これらが互いに独立して存在するとしました。このように、精神と物質が独立して存在するものであるという考え方を「心身（物心）二元論」といいます。

そこからさらに、神の存在と本性・霊魂について演繹し、「神の存在証明」を行っていきます。数学・幾何学の研究によって得られた概念は疑い得ない永遠真理であり、神によって創造されたものであると考えます。そして、それも他の被造物と同様に神に依存するものだとして、そこから神の存在を導き出しています。つまり、「完全なもの（永遠真理）が不完全なもの（人間）に由来することはあり得ないから、神は存在すると言わざるを得ない」という論理構成なのです。

経歴

ルネ・デカルト（1596年 - 1650年）は、フランス生まれの哲学者、数学者。信仰と理性は調和するという考えからスコラ哲学をカリキュラムに取り入れていたイエズス会のラ・フレーシュ（La Flèche）学院に入学。特に数学を好んだが、厳密性に欠く神学・スコラ学を基礎にした学院の知識に対して、懐疑が生まれることになった。ポワティエ大学に進み、医学と法学を学び、法学士号を取得。大学卒業後は見聞を広げるためヨーロッパを旅して回り、この過程で『方法序説』の肝となる普遍数学の構想を固めた。地動説を唱えたガリレオ・ガリレイが異端審問で1633年に有罪判決を受けたことで、『宇宙論（世界論）』の公刊を断念。『方法序説』ではこの内容を略述しているが、宗教裁判で異端とされることを恐れて、初版は偽名で出版された。当時、学術的な論文はラテン語で書かれるのが通常で、カトリック教会の公用語としても使われていたが、デカルトは、『方法序説』を母語であるフランス語で書いている。“Je pense, donc je suis”（私は考えるので私はある）を、彼の友人がラテン語で“Cogito ergo sum”（コギト・エルゴ・スム：我思う、ゆえに我あり）と訳し、デカルト自身も、後にラテン語で執筆した『哲学原理』で、この表現を用いた。

参考図書

『省察』ルネ・デカルト、『哲学原理』ルネ・デカルト

『エチカ』

バールーフ・デ・スピノザ

『エチカ：倫理学』（羅：Ethica）（1677年）は、オランダの哲学者バールーフ・デ・スピノザ（1632年－1677年）が著した倫理学（エチカ）の本です。

正式名称は、『エチカ：幾何学的秩序に従って論証された』（羅：Ethica, ordine geometrico demonstrata、英：Ethics, Demonstrated in Geometrical Order）で、スピノザが生涯をかけて思索した、形而上学、心理学、認識論、倫理学の全てを、ユークリッド幾何学的な方法によって展開した一大体系書です。

本書は、スピノザの死の2年前に完成していましたが、彼の『神学・政治論』が禁書となっていたことから、生前は出版されず、死後に友人の手によって刊行されました。その内容は、それまでの常識をくつがえす革新的なものであったため、出版当初は無神論者による冒涜の書として黙殺されていましたが、18世紀後半のドイツにおける汎神論論争（スピノザの哲学をどう受け入れるかという一連の論争）を契機に見直されることになります。

スピノザの思想は、「事物の汎（全て）が神である」という汎神論のひとつとされています。これは、神は現実の事物の全てに内在しており、事物は神が姿を変えて現れたものだという一元論的な思想です。

スピノザの汎神論は、「神即自然」という言葉で表され、神は全ての事象の中に存在し、事象はまた全て神の中に存在するとします。こうした考えは、伝統的なキリスト教の人格的な神の概念と根本的に対立するもので、ユダヤ教、キリスト教、イスラム教が共通の根本教義とする超越神を世界観から排除したことは、当時の常識を大きく逸脱した過激なものだと受け取られました。

伝統的な哲学においては、個物（他と区別される一つひとつの物）も実体でしたが、スピノザが考える実体は神だけでした。神だけが、それ自身において存在し、その存在のために他の何ものも必要としない完全自立の存在であり、それに対して、個物は他のものに限定されることによって成立し、相互関係の中でのみ存在できるものだと考えました。

また、スピノザは、あらゆる対象は精神性を備えており、動物、植物、鉱物でさえも神の一部だとしました。この「存在するあらゆるものはただひとつの実体からなっている」とする概念は、実体一元論として後世に大きな影響を与えました。

スピノザ以前の世界観というのは、プラトンに代表されるように、現実の世界と理念の世界を別々のものとして、二元論的に考えています。しかし、スピノザにおいては、理念も現実も同じ実在(神)を別々の属性で表すものでしかありません。スピノザの真理観というのも、汎神論同様、観念と現実が一体となった自己充足的なひとつの世界のみが存在するというものです。

永遠存在である神は全体を把握することができます。これに対して、有限存在である人間は全体のごく一部しか把握できず、自由意志という錯覚から逃れられません。人的行為だけでなく、歴史的現象、自然現象も含めて、全てが目的によって規定されているという目的論が、古代から中世にかけての人間の思考の枠組みでした。

スピノザは、こうした意志も目的も価値も、全て有限存在である人間独自の想像の産物であり、人間の有限性を無限である実在(神)に投影しているだけのものでしかないとして、目的論を否定しています。

経歴

バールーフ・デ・スピノザ(1632年 - 1677年)は、オランダの哲学者。ラテン語名はベネディクトゥス・デ・スピノザ。デカルト、ゴットフリート・ライプニッツと並ぶ17世紀近世合理主義哲学者として知られる。その哲学体系は代表的な汎神論と考えられ、後世の無神論や唯物論に強い影響を与えた。カント、フィヒテ、フリードリヒ・シェリング、ヘーゲル、マルクスなどに影響を与えたほか、現代ではフランスの思想家ジル・ドゥルーズが、スピノザ哲学の現代性を評価し、『スピノザと表現の問題』『スピノザ：実践の哲学』などの研究書を著している。

参考図書

『神学・政治論』バールーフ・デ・スピノザ、『スピノザと表現の問題』ジル・ドゥルーズ、『スピノザ：実践の哲学』ジル・ドゥルーズ

『パンセ　上・中・下』岩波文庫/塩川徹也［訳］

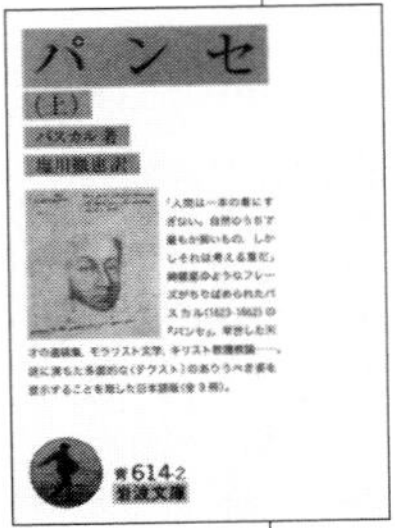

『パンセ』

ブレーズ・パスカル

『パンセ』（仏：Pensées）（１６７０年）は、フランスの哲学者ブレーズ・パスカル（１６２３年－１６６２年）が、自らの書籍の出版に向けて、その準備段階で書き留めた数多くの断片的な記述を、彼の死後、遺族らが編纂・刊行した遺稿です。初版の正式なタイトルの和訳は、『宗教および他のいくつかの問題に関するパスカル氏の諸考察：氏の死後にその書類中より発見されたるもの』です。

「パンセ」とは、フランス語で「考えられたこと＝思想」を意味します。宗教問題を理性によって議論しようとする自由思想家たちの主張を論駁し、キリスト教の正当性を擁護し、人々を信仰へと導く目的で企画していた『キリスト教護教論』の断章を集成したものです。１６６２年のパスカルの死により未完成に終わりますが、残された原稿は遺族らが整理して、１６７０年に公刊されました。

パスカルは、科学が急速に進歩し、キリスト教に代わって理性が真実を明らかにするという考えが広まっていた当時のヨーロッパにおいて、理性万能主義の危うさを指摘します。そもそも、人間とは異なる秩序にある神の存在は論理的に証明できるものではないと考え、同時代のデカルト（→２４２頁参照）の「幾何学的精神」「機械論的自然観」を含め、哲学的な神の存在証明の方法論を否定して、次のようにいっています。

「本当の雄弁は雄弁をばかにする。本当の道徳は道徳をばかにする。すなわち判断の道徳は知性の道徳をばかにする。それは規則にとらわれないのだから。というのも、判断とは、直感が関与する領域だからだ。ちょうど学問が知性の領域であるように。繊細は判断の持ち分であり、幾何学は知性の持ち分である。哲学をばかにすること、これこそ本当に哲学することだ。」

そして、本書で最も有名なのが、「人間は考える葦《あし》である」という次の一節です。

「人間は一本の葦にすぎない。自然のうちで最もか弱いもの、しかしそれは考える葦だ。人間を押しつぶすのに宇宙全体が武装する必要はない。一吹きの蒸気、一滴の水だけで人間を殺すのには十分だ。しかし宇宙に押しつぶされようとも、人間は自分を殺すものよりさらに貴い。人間は自分が死ぬこと、宇宙が自分より優位にあることを知っているのだから。宇宙はそんなことは何も知らない。こうして私たちの尊厳の根拠はすべて考えることのうちにある。私たちの頼みの綱はそこにあり、空間と時間のうちにはない。空間も時間も、私たちが満たすことはできないのだから。だからよく考えるように努めよう。ここに道徳の原理がある。」

人間は葦のように自然の前に無力である反面、人間には考える力があり、考えることによって宇宙を包み込む偉大な存在です。同時に、倦怠と気晴らしのための社交生活に明け暮れ、政治権力の不正を止められず、おろかで悲惨な存在でもあります。このような偉大と悲惨という二重性の中にある人間という存在を、聖書の「（キリストは）傷ついた葦を折ることなく」（「イザヤ書」）から引用して、「考える葦」という言葉で表現したのです。

パスカルは、こうした偉大さと悲惨さをあわせ持つ人間を救うのは、人間学的次元にある哲学ではなく、神学的次元にあるキリスト教なのだとしました。そして、無力な理性を退け、心から神を探し求めよと説きます。パスカルはこのように、人間の矛盾を解いて悲惨から脱する道が、キリスト教によって示されていることを明らかにしようとしたのです。

経歴

ブレーズ・パスカル（1623年 - 1662年）は、フランスの哲学者、自然哲学者、物理学者、思想家、数学者、キリスト教神学者、発明家、実業家。税務関係の地方行政官であった父の下、中部フランスのクレルモン（現在のクレルモン・フェラン）に生まれる。39歳で早逝した早熟の天才で、思想家であると同時に科学者であり、その才能は多分野に及び、計算機の発明や大気圧の研究で知られる。「パスカルの原理」（流体の平衡についての理論）や気圧の単位である「ヘクトパスカル」にその名を残している。

『人間知性論　1～4』岩波文庫/大槻春彦［訳］
『完訳　統治二論』岩波文庫/加藤節［訳］

『人間知性論』『統治二論』

ジョン・ロック

『人間知性論』（『人間悟性論』）（An Essay Concerning Human Understanding）（１６８９年）と『統治二論』（『市民政府論』）（Two Treatises of Government）（１６９０年）は、イギリスの哲学者ジョン・ロック（１６３２年－１７０４年）の代表的な著作です。

ロックは、哲学者としては『人間知性論』でイギリス経験論を体系化し、「イギリス経験論の父」と呼ばれました。また、政治学者としては『統治二論』における自由主義思想が、イギリス名誉革命（１６８８年－１６８９年）を理論的に正当化し、社会契約や抵抗権についての考えは、アメリカ独立宣言（１７７６年）、フランス人権宣言（１７８９年）に大きな影響を与えました。

王権神授説（王権は神から授けられた神聖で絶対的なものだとする政治思想）を否定したロックは、イギリス国王からの迫害を恐れ、１６８３年にオランダに亡命しますが、１６８８年に名誉革命が起きるとその翌年に帰国し、以後、執筆活動に力を注ぎました。

１６８９年に出版された『人間知性論』は、人間の知識がどれほどの範囲内で確実性を持ち得るのかを明らかにするために書かれました。ロックは、人間は生まれつき観念を持っているという生得説を否定し、人間は生まれた時はいわば「タブラ・ラサ」（白紙）であり、観念は経験を通して得られると主張しました。そして、我々はあくまで経験的に外的事物の観念を得るしかない以上、我々にできるのはせいぜいそれらを認識して加工することに過ぎない、その事物に本来的にどれだけの性質が属しているかは分かりえないとしました。その後、１７００年には『人間知性論』のフランス語訳が出版され、この翻訳本によってロックの経験論はヨーロッパ大陸へと広く普及していきました。

『統治二論』は、二篇の論文からなる政治哲学書で、１６９０年に出版されました。ロックは社会契約説（個人間の契約によって政治社会が成立したとする政治学説）によって王権神授説を否定し、公権力に対して個人の優位を主張しました。

ロックは国家を基礎づけるために、自然状態についての考察から始めます。ここでの自然法の規範によれば、全ての人間には自然権としての所有権が認められていて、この所有権の起源は労働に求められます（労働価値説）。もし自然法が認識されずに権利が侵害されることになれば、その当事者には抵抗する権利（抵抗権）があります。

そして、我々は自然権を一部放棄することで、社会の秩序を守るための力を政府に与えたのであり、もし政府が国民の意向に反して生命、財産、自由を奪うことがあれば、政府を変更することができるのだと考えました。この抵抗権によって人間の生命や財産の所有は保障されるという考え方は、人間の自然権を宣言した１７７６年のアメリカの「バージニア権利宣言」に受け継がれていきます。

また、ロックは、政府は自然権を保障するために人民の信託に基づいて設立されたものであり、立法権と執行権が同一人の手にあると、それが恣意的に用いられる恐れがあるため、権力分立を採用しなければならないとしました。

ロックの権力分立論は、三権が平等ではなく、立法権を有する国会が最高権を有するものとされました。これは、名誉革命に基づいた現実的な立憲君主制を擁護するための理論でしたが、これがその後の、モンテスキューの『法の精神』による、司法権、立法権、行政権の三権分立論に発展していくことになります。

経歴

ジョン・ロック（1632年 - 1704年）は、イギリスの哲学者。「イギリス経験論の父」と呼ばれ、『人間知性論』において経験論的認識論を体系化した。また、「自由主義の父」とも呼ばれ、政治哲学者としても有名。『統治二論』などにおけるロックの政治思想は、名誉革命を理論的に正当化するものとなり、その中で示された社会契約や抵抗権についての考えは、アメリカ独立宣言、フランス人権宣言に大きな影響を与えた。

参考図書

『社会契約論』ジャン＝ジャック・ルソー、『法の精神』シャルル・ド・モンテスキュー

『人間不平等起原論』岩波文庫/本田喜代治、平岡昇［訳］
『社会契約論』岩波文庫/桑原武夫、前川貞次郎［訳］

『人間不平等起原論』『社会契約論』

ジャン＝ジャック・ルソー

『人間不平等起原論』（仏：Discours sur l'origine et les fondements de l'inégalité parmi les hommes）（１７５５年）は、フランスの政治哲学者ジャン＝ジャック・ルソー（１７１２年－１７７８年）が、１７５３年にフランス中東部に位置する都市ディジョンのアカデミーの「人々の間における不平等の起源は何であるか、そしてそれは自然法によって容認されるか」という懸賞論文に応募した論文です。ルソーの論文は落選しましたが、１７５５年にオランダで本書として刊行されることになりました。

第1部では、社会が形成される以前の人間の自然状態とはなにか、そこでの自然人とはどのようなものかについて論じています。第2部では、自然状態にあった人間が、なぜ、どのように変容して社会を形成することで、どのように不平等を積み重ねていったのか、また自然法（人間の自然の本性や理性に基づく普遍的に守られるべき法）の観点から不平等は許容できるのかを論じています。

ルソーによれば、人間の自然状態というのは、自己愛（自己保存の欲求）と他者への憐れみに基づく平和な状態でした。そこでの自然人は、与えられた環境のもとで自足的に生きる無垢な精神を持っていました。しかし、人間が農業を始め、土地を耕し、家畜を飼い、文明化していく中で、私有財産制が、ホッブズが『リヴァイアサン』（→３０８頁参照）でいうところの「万人の万人に対する闘争」状態を招き、こうした自然状態は失われていきました。

さらに、文明化によって人間は「協力か死か」という状況に陥りますが、相互不信があるため協力関係を築くことは難しく、やがて争いで滅亡しないように「欺瞞の社会契約」が交わされます。その結果、富の私有を公認する私有財産制が法になり、富の格差とこれを肯定する法が強者による弱者への搾取と支配を擁護するものとなり、国家によって財産が守られるようになります。

結果として、人間は「徳なき名誉、知恵なき理性、幸福なき快楽」だけの存在になり、不平等という弊害が拡大していくにつれて社会に悪が蔓延し、不平等が制度化され、現在の社会状態へと移行したのだと結論づけています。つまり、ルソーは、「私有財産制度がホッブス的闘争状態を招いた」のだと指摘しています。

このようにルソーは、文明化によって人間が本源的な自由を失い、社会的不平等に陥った過程を追究し、当時の社会を批判したのです。その上で、不平等が人間にとって必然的にもたらされる結果ではあったとしても、法によって人為的に許容される不平等が自然な不平等よりも大きいなら、それは不自然な不平等で自然法に反するものであるから容認できないと結論づけています。

本書は、不平等によって人間にとっての自然が破壊され、やがて道徳的な退廃に至るという、ルソーの文明に対する批判という意味を含んでいます。その結果、ルソーは、１７５５年のリスボン大震災*の解釈をめぐって、啓蒙思想家のヴォルテールと反目するようになり、さらに、人間の理性に信頼を置いていた、当時のフランスの啓蒙思想家たち進歩的知識人と対立するようになっていきます。

＊リスボン大震災は、１７５５年11月１日の聖人の日に発生した地震で、西ヨーロッパの広い範囲で強い揺れが起こり、リスボンを中心に全ヨーロッパに大きな被害を出した。推定マグニチュードは９・０で、５万５０００人から６万２０００人が死亡したとされている。ヨーロッパ随一の繁栄を誇った海洋国家の首都を壊滅させ、ポルトガル衰退の契機になった。

当時、地震は自然現象ではなく神罰と考えられており、多くの教会を援助し、海外植民地にキリスト教を宣教してきた敬虔なカトリック国家ポルトガルが、なぜ神罰を受けねばならないのか、なぜ祭日に地震の直撃を受けて多くの聖堂もろとも町が破壊され、善人も悪人も罪のない子供たちも等しく死ななければならなかったのかについて、神学や哲学では納得のいく説明ができなかった。

この地震は当時の思想家たちにも強いショックを与え、哲学者の多くがリスボン地震に言及している。特にヴォルテールは、『カンディード（カンディードまたはオプティミスム）』（１７５９年）や『リスボンの災禍についての詩』（１７５５年）で、

「神は可能な限り最善の秩序を与えたという意味で、この世界は最善の世界である」という楽観論を痛烈に批判し、災害によってリスボンが破壊されて10万もの人命が奪われたのだから、神（創造主）が慈悲深いわけはないと主張した。（出典：研究調査報告書『リスボン地震とその文明史的意義の考察』（２０１５年３月、公益財団法人ひょうご震災記念21世紀研究機構））

『社会契約論』（仏：Le Contrat social）（１７６２年）は、『人間不平等起原論』の続編として書かれたもので、ホッブス（→３０８頁参照）やロック（→２４８頁参照）から「社会契約」の概念を継承しながらも、より近代的な社会契約説を提唱しています。そこでは、特権政治を否定し、自由で平等な市民としてさまざまな人々が社会契約に参加して共同体を形成できるような社会が構想されています。

ルソーは、まず社会契約にあたって、「各構成員の身体と財産を、共同の力のすべてをあげて守り保護するような、結合の一形式を見出すこと。そうしてそれによって各人が、すべての人々と結びつきながら、しかも自分自身にしか服従せず、以前と同じように自由であること」を前提とします。

その上で、暗黙に承認されなければならない社会契約の条項として、「各構成員をそのすべての権利とともに、共同体の全体にたいして、全面的に譲渡すること」を挙げています。ここでの構成員は、集合的に見れば「人民」、主権に参加する者としては「市民」、国家の法律に従う者としては「国民」と呼ばれることになります。

そこでは全ての人の条件は等しいものとされ、特定の誰かに権利が集中することはなく、各人は同じ権利を交換し合い、それによってより大きな力を得ることになります。しかし、各人が私利私欲を追求することになれば国家は崩壊してしまうため、各構成員は共通の利益を志向する「一般意志」（自らの意志を持つ公共我）のもとに統合されるべきだとしています。

そして、社会契約によって全ての構成員が自由で平等な単一の市民となり、公共の正義を欲する一般意志に基づいて自ら法律を作成し、自らそれに服従するという、自律に基づいた政治体制を確立するべきだとします。その上で、市民は国家から生命と財産の安全を保障されるのだという考えを示しました。

また、ルソーは、政府は人民の公僕であるべきだと論じつつ、代議制を否定して直接民主制の可能性についても論じています。間接民主制ではどうしても支配層と被支配層に分かれてしまうとして、人民が直接集まって意思決定する、つまり一体である人民が一体である人民の意志に従うという直接民主制を支持します。ルソーは、ヴォルテールをはじめ当時の啓蒙思想家が理想としていたイギリスの間接民主制を批判して、「イギリスの人民は自由だと思っているが、それは大まちがいだ。彼らが自由なのは、議員を選挙する間だけのことで、議員が選ばれるやいなや、イギリス人民はドレイとなり、無に帰してしまう。その自由な短い期間に、彼らが自由をどう使っているかをみれば、自由を失うのも当然である」といっています。

このように、『社会契約論』は、主権者と市民との同一性に基づく人民主権論を展開することで、近代民主主義の古典として、以後の政治思想に大きな影響を及ぼすことになりました。

経歴

ジャン＝ジャック・ルソー（1712年 - 1778年）は、ジュネーヴ共和国に生まれ、主にフランスで活動した哲学者、政治哲学者、作曲家。1728年、ジュネーヴを出奔した後、ヴァランス男爵夫人の庇護を受け、カルヴァン派の新教徒からカトリックに改宗。以後、1742年パリに向かうまで、自立の道を求め、さまざまな仕事を試みるが、成功しなかった。この間に、自然科学、教育などの論文、詩、音楽、演劇など、多くの創作活動を行っているが、1743年から1744年にヴェネツィア駐在フランス大使の秘書を務めたのを除くと、1750年に『学問芸術論』がディジョンのアカデミーの懸賞論文に入賞するまでは、パリで秘書や家庭教師をしながら音楽を主とした活動を続けた。ディドロ、ダランベールが計画する『百科全書』の音楽の項目の執筆を担当した時期もある。1755年のリスボン大地震について、啓蒙思想家のヴォルテールら進歩的知識人と反目するようになり、1762年に出版された『社会契約論』と『エミール』は、パリやジュネーヴなどで、社会の秩序を乱してキリスト教の教えを破壊するという理由で禁書処分を受けた。ルソー自身にも逮捕状が出され、スイス、イギリス、フランスと各地をさまよい、逃亡者として放浪の生活を送った。

参考図書

『エミール』ジャン＝ジャック・ルソー、『学問芸術論』ジャン＝ジャック・ルソー、『リヴァイアサン』トマス・ホッブズ、『統治二論』ジョン・ロック

『純粋理性批判　上・中・下』岩波文庫/篠田英雄［訳］
『実践理性批判』岩波文庫/波多野精一、宮本和吉、篠田英雄［訳］
『判断力批判　上・下』岩波文庫/篠田英雄［訳］

『純粋理性批判』『実践理性批判』『判断力批判』

イマヌエル・カント

『純粋理性批判』(独：Kritik der reinen Vernunft)(１７８１年)、『実践理性批判』(独：Kritik der praktischen Vernunft)(１７８８年)、『判断力批判』(独：Kritik der Urteilskraft)(１７９０年)は、「ドイツ古典主義哲学(ドイツ観念論哲学)の祖」イマヌエル・カント(１７２４年－１８０４年)の哲学書で、あわせて「三批判書」と呼ばれています。

カントが「批判」(徹底的な検証)をしたのは、「純粋理性(純粋理論理性)」「実践理性(純粋実践理性)」「判断力」の三つです。「純粋理論理性」とは我々がなにかを認識する際の知的な認識能力、「純粋実践理性」とは我々が善悪を判断してなにをするべきかを選択する能力、「判断力」とは我々が自然や美についての美しさを感じる能力のことです。

プラトン(→２２２頁参照)以来、西洋の哲学では、存在するものの本性である「本質存在」は知覚や経験の対象とならない超越的なものであり、理性、論理、数学などによってのみ接近・到達できると考えられてきました。こうした理性主義的発想は、中世の神学(スコラ学)(→２４０頁参照)や、それまでの哲学の主流であったデカルト(→２４２頁参照)に代表される理性主義(大陸合理論)にも継承されますが、その根拠となる「理性」というもの自体は曖昧なままでした。

大陸合理論では、神という存在の後見のもとで理性的認識が可能になるという前提がありました。つまり、人間は神から等しく分け与えられた理性を正しく用いれば、世界の法則も理解することができると考えたのです。他方、ロック(→２４８頁参照)に始まるイギリス経験論では、全ての知識は経験に由来するものであり、そもそも先験的な(経験を超えた)超越的真実在(世界そのもの＝物自体)については認識しようもありませんでした。

これに対して、大陸合理論とイギリス経験論の統合を試みたカントは、それまでは、対象は認識以前に存在し、それに主観が従うことで認識が成立するとされていたのを逆転し、主観における超越論的(先験的)形式が対象の認識を成立させるとしました。

つまり、「我々の認識が対象に従う」のではなく「対象が我々の認識に従う」のだとして、我々において客観的妥当性を持つ対象は「物自体」ではなく、認識能力によって規定される「現象」であると考えたのです。カントは、こうした認識論における自らの思考法の転変を、コペルニクス（→３７６頁参照）が地動説を唱えて天文学に大転回をもたらしたのになぞらえて、「コペルニクス的転回」と呼びました。

このように、従来の哲学が理性に基づいて形而上学を探求していたのに対して、カントは、「私はなにを知ることができるのか」という問いが根本問題であるとして、理性自体の「批判」を通じて、人間の理性的認識はどこまで可能なのかについての境界策定を試みました。「批判」によって人間の理性の限界が確定されることで、初めて、真の哲学が構築できると考えたからです。

そして、カントが「三批判書」における「批判」によって企図したのは、「理性」（考える力が集めた情報をまとめてひとつの考え方を作る能力で、上級認識能力のひとつ）、「悟性」（五感が読み取ってきた情報を分析して意味あるものにする能力で、上級認識能力のひとつ）、「感性」（五感である視覚、聴覚、嗅覚、味覚、触覚で、下級認識能力のひとつ）の三つからなる人間の認識能力の限界を示し、それぞれの役割を規定することでした。つまり、これらの著作は、真の哲学（形而上学）に到るための予備学だったのです。

このようにカントは、限定的な範囲ではあるものの、神の存在がなくても世界の理性的認識は可能だとして、人間の精神の自立をうながし、人間を世界の主役に据えたのです。この「三批判書」にちなんで、カントの哲学は「批判哲学」と呼ばれます。カント自身は、自らの哲学を「超越論的観念論（先験的観念論）」と呼び、哲学史における他の立場と自らの立場を区別しました。

『純粋理性批判』において認識上の真理の探究が、『実践理性批判』において倫理上の善の探究が、『判断力批判』において審美上の美の探究が行われており、その意味で、プラトンの哲学における「真・善・美」の三つのイデアが、全てここに包含されているとも考えられます。

『純粋理性批判』（第一批判）は、カントが、大陸合理論とイギリス経験論の両方を継承し、かつそれらを批判的に乗り越えようとした、西洋哲学史上、もっとも重要な書物のひとつです。

本書は、次のような序文で始まります。「人間の理性は、或《あ》る種の認識について特殊の運命を担っている。即ち理性が斥けることもできず、さりとてまた答えることもできないような問題に悩まされるという運命である。斥《しりぞ》けることができないということは、これらの問題が理性の自然的本性によって理性に課せられているからである、また答えることができないというのは、かかる問題が人間理性の一切の能力を越えているからである。」

そして、それに続く「緒言　純粋認識と経験的認識との区別について」では、「我々の認識がすべて経験をもって始まるということについては、いささかの疑いも存しない。（中略）そうだからといって我々の認識が、必ずしもすべて経験から生じるのではない。その訳合いは、恐らくこういうことになるだろう、即ち——我々の経験的認識ですら、我々が感覚的印象によって受け取るところのもの〔直観において与えられたもの〕に、我々自身の認識能力〔悟性〕が（感覚的印象は単に誘因をなすにすぎない）自分自身のうちから取り出したところのもの〔悟性概念〕が付け加わってできた合成物だということである。」

このように、カントは、人間の思考にはさまざまな制約があり、考えられることには限界があると主張しました。つまり、カントが認識は可能だと考えたのは自然や科学であり、神や霊魂など宗教に関することは認識することができないと考えたのです。

本書では、まず先験的（超越論的）な世界そのもの（物自体）と人間に見えている世界（現象）を分別して、人間がどのように物事を認識するかを考えました。伝統的な懐疑論では、認識の内容は人間の精神によるものであるとして、認識の妥当性そのものを否定しました。しかしカントは、先験的な制約は全ての人間に共通であり、その制約下にある認識は全ての人間に妥当すると考えました。その上で、理性による認識はどこまで可能なのか（認識の限界）、理性は世界そのもの（物自体）とどう関われるのか（認識の可能性）について考察します。

人間の認識を成り立たせるのは対象です。しかし、それを認識へと整理するのは、「悟性（知性）」（感覚で捉えたものに言葉や概念を当てはめる能力）と「感性」（外からの刺激を感覚で捉える能力）によって媒介される、主観の側にある先天的形式です。そして、認識において理性は直接的に作用せず、人間は世界そのもの（物自体）を推論することはできても、世界そのもの（物自体）を知ることはできないとして、理性の限界が示されました。

これらを基礎として、カントは、「宇宙の始まりはあるのか」「世界を細かく分割していくと最小単位（原子など）にたどり着くのか」「人間に自由意志はあるのか」「神は存在するのか」という人間存在の根本に関わる四つの問題に対して考え方を提示します。

『実践理性批判』（第二批判）は、人はある状況に直面したときになにをすれば良いのか、どのような基準や手掛かりによってなにをすべきかを決めれば良いのかという、自由意志の問題と道徳原理を主題とした実践哲学（倫理学、道徳学）の書物です。

「自分はどのように生きるべきか」という問いが立てられ、ここでカントは、「汝《なんじ》の意志の格律がつねに普遍的立法の原理として妥当しえるように行為せよ」（定言命法）という、経験から独立して意志を規定する、普遍的に妥当する道徳法則を提示します。これを分かりやすく言えば、「誰も自分を特別扱いしてはならない。自分だけが得をしてはならないが、自分だけが責任を背負いこむことによって義務感や罪悪感を抱く必要もない」ということです。そして、打算から（条件つきで）ではなく、行為の目的や結果に関わりなく、道徳法則に無条件に従うことを求める定言命法を動機とするときにしか、道徳的行為は成立しないとしました。また、道徳法則に従って自分の規則を定めて行動することを「自律」と呼び、そのときに意志の自律としての自由が成立するとして、これを理想の生き方としました。こうしたことから、道徳法則は自由の認識根拠であり、自由は道徳法則の存在根拠だとされています。

「純粋実践理性」は、理性に意志が関わるという点で、「純粋理論理性」と異なります。第一批判（純粋理論理性の領域）では、「純粋理論理性」は経験的認識においてその能力を限界づけられるとされ、その働きは消極的なものにとどまりましたが、第二批判（純粋実践理性の領域）では、「純粋実践理性」は人間の道徳性を成り立たせる積極的な能力を持つとされたのです。

「純粋理論理性」では、意志の自由、霊魂の不死、神の存在は証明できませんが、それらは「純粋実践理性」によって、実在を確信できるようになります。快・不快に基づく個々人の傾向性に安定性がないのに対し、尊敬や義務に基づく道徳性は定言命法に従うものであるため、心の安定性を保つことができ、自らをより高めようという動機を与えてくれます。ここで、快・不快に基づく生き方と、道徳法則に基づく生き方との決定的な違いが示されることになります。

判

『判断力批判』（第三批判）は、「判断力」による美的判断や趣味判断を扱っている美学の書物です。真偽に関わる「純粋理論理性」と善悪に関わる「純粋実践理性」を媒介する能力としての「判断力」を主題としています。絵画や音楽や自然の美しさに感銘を受けるのはなぜなのかということが論じられています。

「美」についての判断は、芸術にとって欠くことができません。カントは、それは主観的なものであって客観的な根拠を持ち得ないとしながら、同時に普遍的な同意を求めるものでもあり、またその要求には妥当性があるといいます。そして、そうした「美」の主観性と普遍性を、絵画、音楽、彫刻、建築、詩などさまざまな芸術の形態を取り上げて説明していきます。

美学的判断には、趣味判断（美的判断）としての「美」と、精神的感情から生じた「崇高」とが関係します。趣味判断とは、人間が物事の美醜を判断する際の基準は、個人の趣味によるものであるということです。つまり、対象の性質を認識することによって行われる客観的判断ではなく、主観における快・不快を基準とする判断です。ある物を美しいと知覚したら、それは自分自身にとって快楽をもたらすものであり、趣味であるという考え方です。この点について、本書では、次のようにいっています。

「趣味判断は認識判断ではない、従ってまた論理的判断ではなくて美学的判断である。なおここで美学的判断というのは、判断の規定根拠が主観的なものでしかあり得ないということである。（中略）表象と快・不快の感情との関係だけは客観的であり得ない。実際、快・不快の感情に対する関係は、客観における何か或るものを指示するものではない、かかる関係においては主観が、表象によって触発されるままに自分自身を感じるにすぎないのである。」

これに対して、精神的感情から生じる「崇高」とは、数字的な意味で大きいと直感的に判断させるものや、人が抵抗できないような大きな災厄のことで、具体的には、険岩、雷雲、火山、暴風、大洋、瀑布（滝）、荒天、嵐、地震、戦い、神などが挙げられます。

「美」の感情が、悟性（知性）と想像力からもたらされる合目的で調和的な快感であるのに対して、「崇高」の感情は、理性と想像力によってもたらされます。そして、カントは、「崇高」を感受し、意識し、志向していく過程は、純粋理論理性から離れて自由意志を養った美学的判断が、道徳性の下にある純粋実践理性に近づいていく際の重要な役割を担っているとしました。

経歴

イマヌエル・カント（1724年 - 1804年）は、プロイセン王国（ドイツ）の哲学者。ケーニヒスベルク大学の哲学教授。東プロイセンの首都ケーニヒスベルク（現ロシア領カリーニングラード）に生まれ、生涯のほとんどをその地で過ごした。もとは天文学者で、哲学者として本格的に活動を始めて『純粋理性批判』を書いたのが57歳の時だった。カントの批判哲学は、「合理論と経験論の総合」の試みとして説明され、フィヒテ、シェリング、ヘーゲル（→260頁参照）へと続くドイツ観念論哲学の祖とされる。

参考図書

『美と崇高との感情性に関する観察』イマヌエル・カント

『精神現象学　上・下』ちくま学芸文庫/熊野純彦［訳］

『精神現象学』

ゲオルク・ヴィルヘルム・フリードリヒ・ヘーゲル

『精神現象学』（独：Phänomenologie des Geistes）（1807年）は、「近代哲学の完成者」ゲオルク・ヴィルヘルム・フリードリヒ・ヘーゲル（1770年－1831年）が、人間の精神が、感覚という最も低い意識の段階から出発して絶対知に至るまでの過程を説いた著作です。

ヘーゲルは、フィヒテ、シェリングと並ぶドイツ観念論を代表する哲学者です。ドイツ観念論というのは、18世紀末から19世紀半ばにかけてドイツを中心に展開された、世界を普遍的理念による体系として把握しようとする哲学の学派です。ヘーゲルは、カントの『純粋理性批判』（→254頁参照）を批判的に継承して、ドイツ観念論を完成させました。

序文にある、「生とは、それが死を怖れ、荒廃を避けてみずからの純粋さを守ろうとするのではなく、かえって死に耐え、死のなかでじぶんを維持するときにこそ精神の生である。精神がみずからの真のありかた《ヴァールハイト》を獲得するのは、ひとり精神が絶対的に引き裂かれたありかたにあってじぶん自身を見いだす場合なのだ」という一節が、本書におけるヘーゲルの立場を端的に示したものとして有名です。

本書は、「なにが確実か」ということをテーマに、「意識」「自己意識」「理性」「精神」「宗教」「絶対知」の6段階に分けて話が弁証法的に進んでいきます。弁証法とは、ヘーゲル哲学の方法論の中核を成すもので、ある命題（定立）に対して、それに反する命題（反定立）が出されたとき、これらを統合してより高次の解決案（総合定立）を示すプロセスのことです。ヘーゲルは、これを積み重ねることによって、人間の精神が、現象の背後にある実体を認識して全てを包括するような「絶対精神」に至るまでの過程を論じています。

ヘーゲルによれば、精神の本質というのは自分の外部に根拠を持たないものであり、「絶対精神」というのは、精神が弁証法的な過程を経て、周囲の影響を受けることなくその本来の能力を発揮できるようになったものです。自然的な世界も精神的な世界も、「絶対精神」という同一の原理によって成り立っており、「絶対精神」が物の形をとると自然的な世界となり、意識の形をとると精神的な世界となるとされます。

これによってヘーゲルが目指したのは、カントの「現象」と「物自体」との不一致という二元論を克服し、自我を中心とする一元論の哲学の体系を構築することです。カントが人間の精神を静的に捉え、理性の有限性を主張したのに対して、ヘーゲルは人間の精神は動的なものであり、弁証法的に成長していくものだと考えました。それは、「絶対精神」が実体であるとともに主体であるからです。そして、精神が成長し続けた結果、自分に立ち向かってくる異質な力がなくなった時に「絶対精神」を獲得すると考えました。

このようにして、理性が理解できる範囲が無限に拡大していくのであれば、もはや「物自体」の世界は限りなく小さくなり、全てが理解の範囲内になるのだと考えました。

そして、その領域を拡大していくのが人間精神であるとして、人間が自然を支配する哲学的な根拠が示されることになり、その後の産業革命期の近代化や機械化を推し進める根拠となりました。また、世界を不断の変化・発展の過程として捉え、これを「絶対精神」の基本運動によるものとする弁証法の原理は、マルクス主義に継承されていくことになります。

経歴

ゲオルク・ヴィルヘルム・フリードリヒ・ヘーゲル（1770年 - 1831年）は、ドイツ観念論を代表する哲学者。神聖ローマ帝国の領邦国家ヴュルテンベルク公国の首都シュトゥットガルト生まれ。1788年にテュービンゲン大学に入学し、哲学と神学を学び、1789年に隣国のフランスでのフランス革命を体験する。その後、ハイデルベルク大学を経て、フィヒテの後任としてベルリン大学の教授に招かれ、数々の講義を担当してヘーゲル学派を形成した。1829年に大学総長に選出されたものの、当時猛威を奮っていたコレラに倒れ、1831年に急逝。18世紀後半から19世紀初頭の時代を生き、領邦分立の状態からナポレオンの侵攻を受けてドイツ統一へと向かい始める転換期を歩んだ。ナポレオンのプロイセン侵攻の際に、たまたま馬上のナポレオンを目撃したヘーゲルは、ナポレオン個人を「世界精神」と見なし、その「世界精神が馬に乗って通る」と表現している。哲学の分野で『精神現象学』『法の哲学』『大論理学』といった著作を残しているだけでなく、『美学講義』『歴史哲学講義』など、多岐にわたる業績を残している。

参考図書

『法の哲学』ゲオルク・ヴィルヘルム・フリードリヒ・ヘーゲル、『大論理学』ゲオルク・ヴィルヘルム・フリードリヒ・ヘーゲル

『死に至る病』

セーレン・キェルケゴール

『死に至る病』(デンマーク語：Sygdommen til Døden)(1849年)は、デンマークの哲学者セーレン・キェルケゴール(1813年-1855年)が、アンティ・クリマクスという偽名を用いて、同時代のヘーゲルを頂点とする近代の理性主義とキリスト教会を批判するために著した哲学書です。原書の副題は「教化と覚醒のためのキリスト教的・心理学的論述」です。

「死に至る病」とは、『新約聖書』の「ヨハネによる福音書」第11章4節で、キリストが病気で死んだ友人ラザロを蘇生させた際に、「この病は死に至らず」と述べたことに由来しています。本書における「死に至る病」とは、「絶望」のことを意味します。

本書は、第1編「死に至る病とは絶望のことである」、第2編「絶望は罪である」の2部構成になっています。

第1編は、「人間とは精神である。精神とは何であるか？　精神とは自己である。自己とは何であるか？　自己とは自己自身に関係するところの関係である」という有名な言葉で始まります。その上で、絶望を、①無限性の絶望、②有限性の絶望、③可能性の絶望、④必然性の絶望、の四つの形態に分け、死に至らない病が希望であるのに対して、死に至る病は絶望であると述べ、それは「自己の喪失」であると結論づけています。

つまり、死ぬことが絶望なのではなく、今を生きる本当の自分から目をそらしていることが絶望の始まりだというのです。絶望は本来の自己の姿を知らない無自覚の状態から始まります。そして、自分との関係がうまくいかずに自暴自棄になり、投げやりになったときなどに、自覚的な絶望に至り、さらに絶望が絶望を呼ぶことになります。キェルケゴールは、むしろそうした絶望の深化こそが、「真の自己」に至る道であるとしています。

第2編では、自己の喪失は神との関係の喪失でもあり、絶望は肉体の死をもってすら終わることのない病であり、罪であるとしています。この病の対処法としてキリスト教の信仰を挙げ、神の前に自己を捨てることが信仰であり、病の回復につながるとしています。人間は動物と違って自己というものを持つからこそ絶望できるので、人間は絶望に意味を見出すことができるというのです。

そして、現実世界でどのような理想や可能性を追求しても、死によってもたらされる絶望を回避することはできないことから、神による救済の可能性だけが信じられるとしました。これは、従来のキリスト教の、信じることによって救われるという考え方とは異質なものでした。

当時のヨーロッパを席巻していたヘーゲル哲学は、世界や歴史全体を論理的（＝弁証法的）に説明するものでした。これに対してキェルケゴールは、これでは現実を論理に従って記述していく中で、いまこの現実を生きている「私」というものは体系の中へと回収され、類型化されてしまうと考えました。つまり、ヘーゲル哲学では、具体的な状況において決断をしたり、そこから逃避したりする「私」のありようが抜け落ちてしまっているのに対して、キェルケゴールは、人間の生にはそれぞれ世界や歴史には還元できない固有の本質があるという見方を示したのです。

キェルケゴールの哲学が実存主義の先駆け、または創始者として評価されるのは、一般的・抽象的な概念としての人間ではなく、個別・具体的な事実存在としての人間を哲学の対象としたからだといえます。

経歴

セーレン・キェルケゴール（1813年 - 1855年）は、デンマークのコペンハーゲン生まれの哲学者、思想家。実存主義の創始者、またはその先駆けとされている。父ミカエルが敬虔で厳格なキリスト教徒であり、後のキェルケゴールの思想に大きな影響を与えた。ヘーゲル哲学の影響を受けながらも、その理性中心主義に反対して、ヘーゲル及びヘーゲル学派の哲学と当時のデンマーク国教会を痛烈に批判し、不安と絶望のうちに個人の主体的真理を求める主観主義の立場をとった。20世紀に入るまでデンマーク国外ではほとんど知られていなかったが、1909年からドイツで神学者シュレンプによる翻訳全集が出て、カール・バルト、ハイデッガー、ヤスパースらの弁証法神学者や実存哲学者に大きな影響を与え、世界的に知られるようになった。

参考図書

『キルケゴール著作集　1　あれか、これか』セーレン・キェルケゴール、『不安の概念』セーレン・キェルケゴール、『NHKラジオ深夜便　絶望名言』頭木弘樹、NHK〈ラジオ深夜便〉制作班

『ツァラトゥストラはこう言った　上・下』岩波文庫/氷上英廣［訳］
『道徳の系譜』岩波文庫/木場深定［訳］

『ツァラトゥストラはこう言った』『道徳の系譜』

フリードリヒ・ニーチェ

『ツァラトゥストラはこう言った』（独：Also sprach Zarathustra）（1883年－1885年）は、「実存主義の先駆者」「生の哲学者」と呼ばれるフリードリヒ・ニーチェ（1844年－1900年）の代表作です。ニーチェは、ソクラテス以前の古代ギリシアに憧れ、世界や理性を探求するだけの哲学を批判し、現にここにある人間というものの探求を行いました。

本書は、主人公のツァラトゥストラが「永劫回帰」「神の死」「超人」を語るという体裁をとっています。

10年間、山にこもっていたツァラトゥストラは、神が死んだことを知り、その叡知を人々に分け与えるために下山します。永劫回帰、神の死、超人について教えようとしますが、いまだに古い道徳に縛られている人々は耳を貸そうとしません。結局、ツァラトゥストラは、人々に対して自らの思想を語ることをやめて山に帰りますが、山中で高等な人々と会い、彼らとの交流の中で歓喜します。最後には、ツァラトゥストラが再び山を降り、もう一度同じ道程を繰り返すところで、物語は終わります。

「永劫回帰」というのは、世界は何かの目標に向かっているのではなく、現在と同じ世界を何度も繰り返すという世界観です。生きることの苦しみを来世の解決に委ねるというキリスト教の考え方を否定し、意味のない人生であっても無限に繰り返し生き抜くという考え方は、彼の超人思想につながっていきます。

ニーチェは、西洋社会を支配してきたキリスト教的価値観や形而上学的な世界観・人間観というのは、現にここにある生から人間を遠ざけるものだと考えました。そして、「神は死んだ」として、ソクラテス以降の西洋社会を支え続けた根幹にある思想の死を宣言しました。人間は決して理性的な生き物ではなく、弱者が強者に対して抱くルサンチマン（怨恨）という負の感情に突き動かされて生きています。ニーチェは、こうした、軋轢を恐れ、生活の保証、平安、快適、安楽を求める一般大衆を「末人」（奴隷とともに畜群を構成する低次の人間）と名づけました。逆に、それを超越した人間が強者であり、「超人」（高次の人間）なのです。

『道徳の系譜』（独：Zur Genealogie der Moral）（１８８７年）は、「善と悪・よいとわるい」「負い目・良心の疾《やま》しさ・その他」「禁欲主義的理想は何を意味するか」という三つの論文からなる著作です。前年に出版された『善悪の彼岸』の内容を詳述するために執筆されました。

本書は、人間に善悪の判断が生まれてきた理由と善悪の判断そのものの価値を明らかにするために、道徳の系譜をさかのぼって考察していきます。ここでいう「道徳」とは、キリスト教的な「神の真理への道」（＝道徳的諸価値）です。ニーチェは、人がルサンチマンを抱く過程で生み出された道徳を「奴隷道徳」と呼び、それに対して、戦士階級の道徳、自己肯定の表現としての道徳を「貴族道徳」と呼びます。両者の違いは、ルサンチマンの人間が価値の基準を自らの外部に求めるのに対して、貴族的人間は自らの内部からそれを作り出すという点にあります。

ニーチェは、キリスト教は弱者のルサンチマンに呼応して現れ、これを助長することで、内面の価値尺度で良し悪しを判断する道徳を否定しようとしていると批判します。その上で、伝統的なキリスト教的道徳観を覆そうと試みたのです。

経歴

フリードリヒ・ニーチェ（1844年 - 1900年）は、ドイツ連邦・プロイセン王国出身の哲学者、古典文献学者。現代では実存主義の代表的な思想家の一人として知られる。26歳の若さでスイスのバーゼル大学の古典文献学教授となり、これ以降、プロイセン国籍を離脱して無国籍者であった。健康上の理由から35歳で大学を辞職した後は、在野の哲学者として執筆生活に入り、1889年に精神を病むまで、多くの著書を世に出した。ニーチェの思想は、後世の哲学者や思想家や文学者に大きな影響を与えた。
『ツァラトゥストラはこう言った』は、哲学や思想の枠にとどまらず、文学や芸術など多方面に影響を与えており、「哲学的叙事詩」と呼ばれることもある。リヒャルト・シュトラウスが本書からインスピレーションを得て作曲した交響詩『ツァラトゥストラはこう言った』は、映画『2001年宇宙の旅』の冒頭でも使われている。

参考図書

『善悪の彼岸』フリードリヒ・ニーチェ、『人間的な、あまりにも人間的な』フリードリヒ・ニーチェ

『精神分析入門』

ジークムント・フロイト

『精神分析入門』（独：Vorlesungen zur Einführung in die Psychoanalyse）（１９１７年）は、オーストリアの心理学者で「精神分析学の父」と呼ばれるジークムント・フロイト（１８５６年－１９３９年）の講義録をまとめた著作です。

本書は、フロイトが１９１５年から１９１７年にかけてウィーン大学で行った講義内容を編集したもので、第1部「錯誤行為」、第2部「夢」、第3部「神経症総論」と「精神分析入門（続）」から構成されています。

「錯誤行為」とは、意図したものとは異なる行為をしてしまう二つの意図の葛藤の表れであり、何かをしようとする意図を抑圧することが原因になります。「夢」とは、無意識的なものを歪曲した代理物、つまり睡眠を妨げる願望を幻覚的な充足によって解決するものです。また、「神経症」は患者の無意識が発現したものであり、錯誤行為や夢と同じような意味があるとされています。

「精神分析」とは、フロイトが神経症の治療法として始めた精神療法と、そこから発展した深層心理学の体系を指します。フロイトは、夢の分析や無意識の理解など、精神病理という分野に光を当てて、精神分析の発展に大いに貢献しましたが、他方、その精神分析理論の科学性については批判も多く、いまだに議論の対象になっています。

フロイトは、人間の行動は理性に基づくものではなく、身体、過去の経験、他者の存在、成長環境、感情といった非理性的要因に強くコントロールされていると考えました。そして、心の過程を、「意識」「前意識」「無意識」に分け、無意識の中に抑圧され、押し込められてコンプレックスの基になっている幼児期の性的体験を重視しました。

その前提にある人間の心の構造として、フロイトは、「超自我」「自我」「イド（エス）」を置きました。イド（エス）というのは、本能エネルギーが詰まった、「リビドー」（性の欲動）と攻撃性（死の欲動）が発生する部分です。

全ての人間活動は、さまざまな欲求に変換可能で性的な性質を持つ心的エネルギーである「リビドー」の変形であり、このイド（エス）を源泉とするものだと考えました。特に、文化的活動や道徳的防衛はリビドーの変形したもの、あるいはリビドーから身を守るために自我が無意識的に防衛したもので、芸術や科学の活動についても、そのように解釈しました。また、人間の異常行動は、無意識に属しているイド（エス）とその放出を抑えようとする自我と超自我の葛藤の表れだとしました。

こうしたリビドーの考え方は、ヴィクトリア朝時代の性に対して非常に抑圧的・抑制的な道徳観が関係しています。一人の人間が消費できる心的エネルギー量は限られており、それ以上の消費を行うと病気や神経衰弱を招くという、エネルギー保存の法則に影響を受けて、こうした理論が構築されました。

正常か異常かを問わず、人間の心理は共通の原理で動いており、人の行動には無意識的な要素が作用しているという考えは、人間の合理性を信じて疑わない19世紀の知識人たちに衝撃を与えました。

フロイトが創設した精神分析療法は、それ以後も、文化的・社会的要因を重視した新フロイト派などとして各国で発展しました。

また、精神分析の考え方は、近代的理性中心主義の幻想性を指摘するものとして、文学、社会学、教育学、文化人類学など、多くの分野に影響を与えています。

経歴

ジークムント・フロイト（1856年 - 1939年）は、オーストリアの精神科医、心理学者。オーストリア・ハンガリー二重帝国の小都市フライベルク（現チェコ領）のユダヤ人家庭に生まれた。ウィーン大学医学部で生理学、進化論、神経病理学を学んだのち、パリに留学し、神経症の治療に関心をいだく。神経病理学者を経て精神科医となり、精神分析理論を展開する。神経症研究、自由連想法、無意識研究を行った精神分析学の創始者として知られる。1938年、ナチスのウィーン占領の際、ロンドンに亡命し、翌年亡命地で死去した。

参考図書

『夢判断』ジークムント・フロイト、『モーセと一神教』ジークムント・フロイト、『ひとはなぜ戦争をするのか』アルベルト・アインシュタイン、ジークムント・フロイト

『善の研究』

西田幾多郎

『善の研究』（1911年）は、日本を代表する哲学者で京都学派の創始者である西田幾多郎（1870年－1945年）が、日本独自の哲学体系の確立を試みた哲学書です。

本書は、第1編「純粋経験」、第2編「実在」、第3編「善」、第4編「宗教」から成っています。

西田は、「純粋経験を唯一の実在としてすべてを説明して見たい」という動機で、「経験が根本的であるという考から独我論を脱することができ、また経験を能動的と考うることに由ってフィヒテ以降の超越哲学とも調和し得る」と考えて、まず本書の核となる第2編を書いたとしています。

さらにこの第2編を基に「善」を論じる倫理学として第3編を、次に「純粋経験の性質」を明らかにするために第1編を、最後に「哲学の終結と考えている宗教」についての考えを述べるために第4編を書いたと説明しています。その過程で、本書の本当の主題は、哲学の研究ではなく「人生の問題」だったのだと考え、タイトルを「善の研究」と名づけることにしたと書いています。

「純粋経験」とは、「理知的な反省が加えられ、主観と客観が区別される以前の直接的な経験」を意味します。つまり、あとからつけ加えられた概念や解釈などをできるだけ排除することで得られる、認識とその対象とが合一した純粋な意識状態を指します。

西田は、デカルト（→242頁参照）以来の「認識する主体」と「認識される客体」という物心二元論を乗り越えるために、禅の「無の境地」を理論化することで、「純粋経験」の概念にたどり着きました。

主観も客観もまだ未分化の状態にある「主客合一」の「純粋経験」は、物の実在から全てを見る唯物論や、自分という存在から全てを見る観念論のように、現実をある一方向からだけ見ることはしません。主体と客体という二項対立は抽象概念の産物であり、本来はひとつの側面の違う働きに過ぎないと考えたのです。つまり、西田の思想は、「純粋経験」を唯一の実在とした一元論ということができます。

これを基礎にして、西田が晩年にたどり着いたのが、「絶対矛盾的自己同一」という概念でした。これは、主観と客観、善と悪、生と死といった一見矛盾する概念同士は、実は相互補完的であり、その対立を超えて、根源においてひとつにつながっているというものです。

そして、主体と客体という区別を超えて、善は人間の中に可能性として常に存在しているということを自覚し、他者のことを我がこととして捉える境地に立てた時に初めて人格としての善が実現すると考えました。西田の「絶対矛盾的自己同一」は、鈴木大拙（→４５４頁参照）の「即非の論理」（「Aは非Aであり、それによってまさにAである」という思想）を西洋哲学の文脈で捉え直したものといわれています。

本書が出版された１９１１年から１９４５年の敗戦と公職追放までの30年余りが、京都学派の中心的な活動期間です。「日本最高の知性」と称された京都学派は、戦前、大東亜戦争における侵略のスローガンになった「八紘一宇《はっこういちう》」の思想的支えとなりました。

特に、１９４２年に「西洋哲学史の見直し」のために行われた座談会「近代の超克《ちょうこく》」において、東洋を再評価して独自のアイデンティティを模索したことで、次第に「西洋は行き詰まり東洋こそが中心たるべき」という大東亜思想に近づいていきました。

ここに、京都学派の限界があったとされています。

経歴

西田幾多郎（1870年 - 1945年）は、京都大学哲学科出身の哲学者たちのグループである京都学派の創始者。京都大学名誉教授。「哲学の動機は人生の悲哀でなければばならない」と言っているように、西田哲学は自身の体験が基本になっている。若い頃は、肉親（姉、弟、娘2人、長男）の死、学歴差別、父の事業失敗での破産、妻との一度目の離縁など、多くの苦難を味わった。東京帝国大学卒業後は故郷に戻り中学の教師となり、同時に思索にふけり、それが『善の研究』に結実した。高校の同級生の鈴木大拙の影響で始めた参禅を基礎として、東洋思想と西洋哲学を融合させ日本独自の「西田哲学」を築き上げた。

参考図書

『日本的霊性』鈴木大拙、『日本の哲学をよむ：「無」の思想の系譜』田中久文

『存在と時間』

マルティン・ハイデッガー

『存在と時間』（独：Sein und Zeit）（１９２７年）は、「20世紀最大の哲学者」といわれるドイツの実存哲学者マルティン・ハイデッガー（１８８９年－１９７６年）が、存在論の復権を掲げて「存在一般の意味」を問い直した、実存主義の代表的著作です。

本書のテーマは「存在」であり、主題は「時間」があらゆる存在一般を可能にする地平であることを証明することにあります。

これについて、巻頭で次のように書かれています。

『存在』の意味に対する問いを具体的に仕上げることが、以下の論述の意図にほかならない。あらゆる存在了解内容一般を可能にする地平として時間を学的に解釈することが、以下の論述の差しあたっての目標なのである。」

ここでのハイデッガーの関心は、特定の事物の存在についての問いではなく、「なぜなにもないのではなく、なにかがあるのか」という存在一般の意味についての問いに置かれています。

アリストテレス以来、西洋哲学の根本にあったのは、「存在とはなにか」という問いです。従来の存在論（形而上学）では、神や自然という存在を持ち出して答えようとしてきました。つまり、それまでは、「存在者」（他のなにかに依存することなく、それ自体としてあるもの）と存在者を存在者たらしめている「存在」（存在一般、あること）との区別をせず、存在すること自体の問いは扱われていませんでした。

ハイデッガーは、こうした西洋哲学を、真の存在を扱ってこなかった「存在忘却」の歴史だと批判しました。

そして、存在そのものの意味を問うための方法論として現象学（対象とは区別された純粋意識の体験としての現象を記述する哲学）を採用し、「存在者」と「存在」を区別した上で、「存在者が存在するとはどういうことなのか」という問いに挑んだのです。

ハイデッガーによれば、全ての存在者の中で、存在の意味について関心を持ち、理解し得る可能性のあるのは、理性ある「人間」だけです。したがって、存在そのものの意味を解明する準備として、現存在（人間）がどのような構造を持つかを分析する必要があるとし、この現存在（人間）の分析を「基礎的存在論」と呼び、全ての存在者の意味に関する基礎を与えるものとしました。

ハイデッガーは、デカルトが「われ思う」だけは疑い得ないものとしたときに、思っている「われ」の存在は無規定のまま放置されたとして、人間の存在の本質は、自分自身の自己了解のあり方によって規定されるとしました。そして、現存在（人間）は時間の流れの中にあり、過去に世界とどう関わったかによって現在があり、現在どのように世界に関わるかで未来が決まるというように、時間を抱え込んで存在していると考えました。

ハイデッガーは、未来の可能性に自らを駆り立てる生き方を実存的生き方として、逆に、未来の可能性に目を向けず、同じ日常に止まり続ける生き方を「頽落《たいらく》」として批判しました。

当初は「存在一般の意味」を解明するという大きな目標を掲げたにも関わらず、実際に出版されたのは、序論に記された執筆計画全体の内の約３分の１にとどまりました。それでもなお、本書は、実存主義、構造主義、ポスト構造主義など20世紀の哲学から、精神分析、文芸論、神学に至るまで、広範な影響を与え続けています。

経歴

マルティン・ハイデッガー（1889年 - 1976年）は、ドイツの実存哲学者（ハイデッガー自身は、一貫して実存哲学者や実存主義者と呼ばれるのを拒否していた）。当初はキリスト教神学を研究し、その後、フッサールの現象学、ライプニッツ、カント、ヘーゲルなどのドイツ観念論、キェルケゴール、ニーチェらの実存主義に影響を受け、アリストテレスやヘラクレイトスなどの古代ギリシア哲学の解釈などを通じて独自の存在論哲学を展開した。『存在と時間』は、現代の実存主義哲学の流れの起点となっており、20世紀大陸哲学における最も重要な哲学書のひとつとされている。他方、1930年代にナチスへ加担したことも論争を起こし、ハイデッガーの評価は肯定派と否定派に二分されて論争が行われている。

『モーセと一神教』

ジークムント・フロイト

『モーセと一神教』（独：Der Mann Moses und die monotheistische Religion）（１９３９年）は、ジークムント・フロイト（１８５６年－１９３９年）の遺作で、ユダヤ教の起源について斬新な仮説を打ち出した著作です。

世界の宗教はおおむね多神教として始まっていますが、ユダヤ教、キリスト教、イスラム教と連なるアブラハムの宗教は一神教です。『旧約聖書』の「出エジプト記」によれば、ユダヤ教の創始者でその民族的指導者であるモーセは、エジプトにいたヘブライ人（ユダヤ人）の子として生まれました。

これに対して、自らがユダヤ人だったフロイトは、モーセはヘブライ人ではなく身分の高いエジプト人貴族の出身であり、モーセがヘブライ人に伝えたのは、エジプト古来の多神教を否定して作られた世界初の一神教であるイクナートンの宗教（アートン教）であったという、驚くべき仮説を提示します。

フロイトによれば、紀元前14世紀頃のエジプト第18王朝のアメンホテプ4世（後のイクナートン）は、太陽神を中心とする多神教の民族宗教を改め、太陽神アートン（アテン）を唯一神とする宗教改革を行い、首都をテーベから北方のアマルナに移しました。古代エジプト史では、これを「アマルナ改革」と呼びます。アートン教はマート（真理と正義）に生きることを奉じた太陽神信仰であり、人類史上初の純粋な一神教となりました。

しかし、イクナートンの死後、神官たちの巻き返しでアートン教は排斥され、首都も再びテーベに戻されてしまいます。他方、一神教は後にユダヤ人となるアマルナの人々に受け継がれ、紀元前１２５０年頃、国境地域の総督だったモーセが、多神教に戻ったエジプトからの迫害を避けるために、彼らを連れて約束の地カナンを目指してエジプトを出ることになります（出エジプト）。

ところが、神の絶対性を唱えるモーセの厳格な一神教に反発したユダヤ人によって、モーセは殺されてしまいます（父殺しの原罪）。フロイトによれば、それがユダヤ人のエディプスコンプレックス（子供が無意識に異性の親に対して性的な愛着を持ち、同性の親に敵意を感じる傾向）になるのですが、結局、ユダヤ人は自らが殺害したモーセをユダヤ教の祖として、神に選ばれた民族という選民思想の宗教に結実させていくことになるという内容です。

「モーセ」というヘブライ語の名前がエジプトでもよく見られること、古代神話の英雄伝説では多くの主人公が高貴な出自でありながら身をやつしていること、ユダヤ教がエジプト以外では見られなかった割礼《かつれい》という掟を取り入れていること、ユダヤ教には死後の世界の記述がないこと、イクナートンの死後に守旧派により多神教が復活したため、イクナートンの側近がエジプトを脱出する理由があったことなどが、その根拠として挙げられています。

フロイトが本書を著したのは、ちょうどナチスによるユダヤ人迫害が進行していた時期で、そうした中、ユダヤ人であり精神医学者でもあったフロイトは、自らの精神分析の手法を用いて、ユダヤ人が民族として抱える精神の根源に迫ろうとしたのです。

フロイトの仮説はあまりにも唐突であり、客観的な証拠に乏しく、「父殺し」をモーセの殺害に当てはめるのにも無理があるという批判が相次ぐことになりますが、それでも本書は、今なお一神教の起源に関する重要な仮説を提示し続けています。

経歴

『精神分析入門』（→266頁）参照

参考図書

『フロイト全集〈12〉1912‐1913年：トーテムとタブー』ジークムント・フロイト、『人はなぜ戦争をするのか』ジークムント・フロイト、アルベルト・アインシュタイン、『誰がモーセを殺したか：現代文学理論におけるラビ的解釈の出現』スーザン・ハンデルマン

『わが闘争　上・下』KADOKAWA/角川文庫/平野一郎、将積茂［訳］

『我が闘争』

アドルフ・ヒトラー

『我が闘争』（独：Mein Kampf）（1925年）は、ナチスの指導者アドルフ・ヒトラー（1889年－1945年）の著作です。今回選んだ200冊の中で、唯一、反面教師として人類が記憶に留めておくべき本として取り上げることにしました。

本書は、ヒトラー政権下で、ドイツ国民のバイブル的な扱いを受けました。その内容は、ヒットラーの半生と世界観を語った第一部「民族主義的世界観」と、今後の政策方針を示した第二部「国家社会主義運動」に分かれています。

前半は、ヒトラーの幼年期やウィーン時代からナチ党の結成に至るまでの経緯が記されています。後半では、戦争や教育など多くの分野で自らの政策を提言しています。中でも顕著なのは、世界は人種同士が覇権を競っているというナチズム的世界観です。反ユダヤ主義を唱える一方で、アーリア民族の人種的優越を説いています。

対外関係では、フランスとソ連を敵対視し、現時点で組むべき相手はイギリスとイタリアであるとしています。また、ドイツの国益のためには、貿易の拡大、植民地の獲得、ソ連の征服による領土拡張しかないとして、これが後の独ソ戦の背景になりました。

なお、日本人については、文化的に創造性を欠いた民族であるとするなど、差別的発言が多く見られます。

経歴

アドルフ・ヒトラー（1889年 - 1945年）は、オーストリア生まれのドイツの政治家。第一次世界大戦後、ドイツ労働者党に入党、党名を国家社会主義ドイツ労働者党（ナチス）と改称して1921年に党首になった。1923年、ミュンヘン一揆を起して失敗し投獄され、『我が闘争』を口述した。その後、ナチスは第一党となり、1933年に首相。1934年に大統領を兼ねて総統と称した。1939年、ポーランドに侵入して第二次世界大戦を開始、1945年、敗戦直前に自殺。
ナチ党およびヒトラー賛美につながる出版物の刊行がドイツでは規制・処罰の対象となっているため、ドイツ国内では本書の一切の複写および印刷が認められなかった。しかし、ヒトラーの没年70年に当たり、著作権の保護期間が終了した2016年1月1日以降はパブリックドメインとなったことから、注釈つきの『我が闘争』が出版され、ドイツでもドイツ語で書かれたものが読めるようになった。

参考図書

『全体主義の起原 1反ユダヤ主義／2帝国主義／3全体主義』ハンナ・アーレント

『自由からの逃走』

エーリッヒ・フロム

『自由からの逃走』(Escape from Freedom/ The Fear of Freedom)（１９４１年）は、ドイツの社会心理学者エーリッヒ・フロム（１９００年－１９８０年）が、「自由からの逃走」のメカニズムを心理学的に分析し、個人の自由がいかにしてファシズムを生み出したのかを明らかにした著作です。

本書の特徴は、フロイト以降の精神分析を社会全般に適用した点にあります。特に、自由の重荷に耐えかねて逃避しようとする大衆の心理に注目し、ヒトラーのような現代の独裁者が古代や中世の独裁者と決定的に異なるのは、大衆の自発的な支持に立脚していることだとしました。

16世紀の宗教改革が人々を中世社会の伝統的束縛から自由にした反面、個人に孤独と孤立をもたらしました。それと同様に、近代資本主義によって個人が自由に経済活動をできるようになった結果、個々人が自らの行動に責任を持たなければならなくなり、そこに孤独感と無力感が生まれました。

フロムによれば、人は自己の有機体としての成長と自己実現が阻まれるときに、精神的危機に陥ります。こうした危機は、他人に対する攻撃性、サディズムやマゾヒズム、権威主義に向かうことになります。これが、ヒトラーの支えであり、なぜ20世紀の現代に、しかも当時世界で最も民主的といわれたワイマール憲法を持っていたドイツで独裁者が生まれたのかの理由であるとしました。

経歴

エーリヒ・フロム（1900年 - 1980年）は、ドイツの社会心理学、精神分析、哲学の研究者。ユダヤ教徒の両親の下でフランクフルトに生まれた。フランクフルト大学に入学、ハイデルベルク大学に移り、社会学・心理学・哲学を学び、アルフレート・ウェーバー（マックス・ウェーバーの弟）、ヤスパース、ハインリヒ・リッケルトの指導の下で学位を取得。ナチスが政権を掌握した後、スイスのジュネーヴに移り、1934年、フランクフルト学派の主要メンバーと共にアメリカへ移住。コロンビア大学で教えるなどした後、1962年から1974年までニューヨーク大学の精神分析学の教授を務めた。

参考図書

『全体主義の起原 1反ユダヤ主義／2帝国主義／3全体主義』ハンナ・アーレント

『開かれた社会とその敵』

カール・ポパー

『開かれた社会とその敵』(The open society and its enemies)（1945年）は、オーストリア出身の哲学者カール・ポパー（1902年－1994年）が、ファシズムと共産主義という二つの全体主義の思想史を探究し、「開かれた社会」の重要性を説いた政治哲学書です。

ポパーは、言説が純粋な科学たり得るための必要条件としての反証可能性（テスト可能性）を提唱し、フロイトの精神分析、アドラーの心理学、マルクス主義の歴史理論、ファシズムや共産主義という全体主義を批判しました。反証可能性とは、「ある言説が観察や実験の結果によって否定あるいは反駁される可能性を持つこと」という科学哲学上の考え方です。ポパーは、これを科学の基本条件として、科学と非科学を区別する基準としました。

本書は2巻からなり、第1巻には「プラトンの呪文」(The Spell of Plato)、第2巻には「予言の大潮　ヘーゲル、マルクスとその余波」(The High Tide of Prophecy: Hegel, Marx, and the Aftermath)と副題がつけられています。

ポパーは、呪術的、部族的、集団主義的な「閉じた社会」(closed society)と、人道主義的・平等主義的で政治的自由があり、諸個人が個人的決定に直面する「開かれた社会」(open society)を区別します。

そして、前者から後者への移行を阻止して、閉じた社会に留まろうとする哲学的伝統が全体主義をもたらすのだとして、特に、プラトンこそが全体主義の起源だと厳しく批判します。また、弁証法を基礎とするヘーゲルの社会進歩についての見方や、物事は一定の法則に従って歴史的に発展していくとするマルクスの歴史法則主義を批判しました。

第1巻は、古代ギリシアのプラトンを分析・批判しています。ポパーは、これまで人々はプラトンの偉大さに惑わされてきたといいます。プラトンの『国家』（→296頁参照）に見られるような、哲学を学び、イデアの本質をつかむことのできる少数のエリートが統治を行うべきという「哲人政治」の主張は、変化しないことが良いことだとした点で全体主義的だというのです。

また、ポパーは、プラトンが師であるソクラテスの人道主義的で民主主義的な思想をまったく説明していないとして批判します。ソクラテスは、自分が間違っているかもしれないという謙虚な姿勢を常に持ち続け、相手の身分を問わず対話を通じて真理への接近を目指す真の合理主義者だったとしています。これに対して、プラトンのことは、少数の人が直観的に得た知識を権威によって正しいと決めつける擬似合理主義者だと批判しています。

第2巻は、ヘーゲルの弁証法とマルクスの歴史観を分析・批判し、この2人が20世紀の全体主義の根源となっているといいます。マルクスについては、困窮する労働者に目を向けたという点で一定の評価はしますが、科学の名のもとに未来の予言を行った点に問題があるとしています。予め未来が決定されているのであれば、ファシズムさえも共産主義革命の準備段階に過ぎないという位置づけになるからです。

未来は未確定なものであり、試行錯誤と合理的な対話によって、より良い社会を目指していくことが重要だというのが、ポパーの一貫した主張なのです。

経歴

カール・ポパー（1902年 - 1994年）は、オーストリア・ウィーン出身のイギリスの哲学者。ウィーン大学で哲学の博士号を取得し、その後、中学校で教鞭をとった。1937年、ナチスによるオーストリア併合の脅威が高まると、ユダヤ人のポパーはニュージーランドに移住、クライストチャーチにあるカンタベリー大学で哲学講師となる。『開かれた社会とその敵』はこの時代に執筆された。第二次世界大戦後はイギリスに移り、ロンドン・スクール・オブ・エコノミクスで科学的方法の教授となった。ポパーの影響を受けた哲学者として、イムレ・ラカトシュ、ジョン・ワトキンス、ポール・ファイヤアーベントらがいる。経済学者のハイエクとは友人関係だった。投資家のジョージ・ソロスはポパーから多大な影響を受け、その著書や講演で本書について度々言及している。

参考図書

『科学的発見の論理』カール・ポパー、『自由からの逃走』エーリッヒ・フロム、『全体主義の起原 1反ユダヤ主義／2帝国主義／3全体主義』ハンナ・アーレント、『一九八四年』ジョージ・オーウェル

『新訳版　千の顔をもつ英雄　上・下』ハヤカワ文庫NF/
倉田真木、斎藤静代、関根光宏［訳］

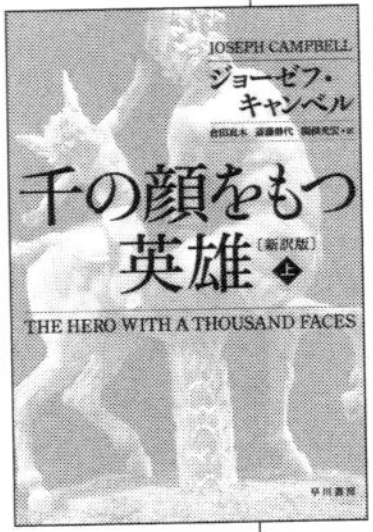

『千の顔をもつ英雄』

ジョーゼフ・キャンベル

『千の顔をもつ英雄』（The Hero with a Thousand Faces）（1949年）は、アメリカの神話学者ジョーゼフ・キャンベル（1904年－1987年）が、世界各地の神話には共通するパターンが見られるとして、その基本構造を論じた著作です。

キャンベルは、世界最古の英雄物語であるギルガメシュの冒険（→214頁参照）から、オデュッセウスの旅（→218頁参照）、ヘラクレスの神話、ブッダの修行、アーサー王の伝説、イザナギとイザナミの物語（→444頁参照）まで、世界中の神話を調べ上げ、そこにひとつの大きな共通点を発見しました。

それは、英雄である物語の主人公は、①大きな危険を冒して日常世界から離れて旅に出る（旅立ち）、②そこで大きな困難に遭遇して最後は勝利を収める（試練と勝利）、③社会を利する新たなる力を得て冒険から帰還する（帰還）、という三段階の共通の構造を持っているということです。

この基本構造は、映画『スター・ウォーズ』などに採り入れられたほか、オペラ、小説、戯曲などのさまざまな分野でも参照され、世界のクリエイターたちに大きな影響を与え続けています。

キャンベルは、我々がこうした英雄伝説に魅了される理由を、フロイトやユングの精神分析論を用いて、人間の無意識の深層に存在する、個人の経験を超えた人類共通の先天的な構造領域である「集合的無意識」につながるものとして説明しています。

経歴

ジョーゼフ・キャンベル（1904年 - 1987年）は、比較神話学や比較宗教学で知られるアメリカの神話学者。ダートマス大学で生物学と数学を学んだが、コロンビア大学に転校してイギリス文学の学士号と中世文学の修士号を取得。コロンビア大学の特別研究員としてヨーロッパに留学し、パリの大学とミュンヘンの大学で、古フランス語、プロヴァンス語、サンスクリット語を学んだ後に、ニューヨーク州のサラ・ローレンス大学の教授に就任。

参考図書

『神の仮面：西洋神話の構造』ジョーゼフ・キャンベル、『神話論理』クロード・レヴィ＝ストロース

『悲しき熱帯』

クロード・レヴィ＝ストロース

『悲しき熱帯』（仏：Tristes tropiques）（1955年）は、フランスの文化人類学者クロード・レヴィ＝ストロース（1908年‐2009年）が、1930年代のブラジルの少数民族を訪ねた旅の記録をまとめた民族誌的記録です。未開社会の分析から社会の構造を説き起こした本書は、文化人類学と構造主義の古典とされています。

レヴィ＝ストロースがブラジルに渡るまでの経緯、そこでの現地調査の体験、ドイツ占領下のフランスのヴィシー政権によるユダヤ人迫害からの亡命を経て、戦後に帰国するまでの体験など、文化人類学者としての思想が形成されていく過程と西洋文明に蹂躙《じゅうりん》されていく少数民族への共感が記されています。

そして、どのような民族もその民族独自の構造を持っていることから、西洋側の視点で優劣をつけることは無意味だとして西洋中心主義を批判しています。

さらに、主体ではなく主体間の構造こそが重要なのだとして、サルトルの実存主義を批判し、本書の終章で、「世界は人間なしに始まったし、人間なしに終わるだろう」とともに、「人間は、呼吸し、食物を獲得するようになってから、火の発見を経て原子力や熱核反応機関を発明するまで、人間を再生産する場合を除いて、喜々として無数の構造を分解し、もはや統合の可能性の失せた状態にまで還元してしまう以外、何もしなかった」と語っています。

経歴

クロード・レヴィ＝ストロース（1908年‐2009年）は、フランスの文化人類学者。親族構造、神話構造の研究により構造人類学を集大成し、人文科学と現代思想に多大な影響を与えた。1960年代から80年代にかけて、現代思想としての構造主義を担った中心人物の一人であり、構造主義の祖とされる。

レヴィ＝ストロースの文章は、他の構造主義者と異なり明晰であるとされていて、構造主義の基点である数学的知識に関しても誤った理解をしておらず、「ソーカル事件」（1995年、ニューヨーク大学物理学教授だったアラン・ソーカルが、ポストモダン思想家の文体をまねて科学用語と数式をちりばめた無内容な論文を作成し、ポストモダン思想専門の学術誌に論文を送ったところ、そのまま受理・掲載された事件）にも巻き込まれなかった。

参考図書

『神話論理』クロード・レヴィ＝ストロース、『野生の思考』クロード・レヴィ＝ストロース、『存在と無：現象学的存在論の試み』ジャン＝ポール・サルトル、『「知」の欺瞞：ポストモダン思想における科学の濫用』アラン・ソーカル、ジャン・ブリクモン

『統辞構造論』『統辞理論の諸相』

ノーム・チョムスキー

統辞構造論：付『言語理論の論理構造』序論』(Syntactic Structures)（1957年）は、「現代言語学の父」と呼ばれるアメリカの言語学者ノーム・チョムスキー（1928年－）が、言語研究を根本的に変革した「生成文法理論」(generative grammar theory)を打ち出した著作です。

「近代言語学の父」といわれるフェルディナン・ド・ソシュールまでは、言語は後天的な経験と学習で獲得されるものと考えられてきました。そのため、言語学というのは個別言語が持つ固有の構造を調べるもので、言語記号の音声や形態とその意味との間に関係性はなく、あらゆる言語に通ずる普遍性などというものはないとされていました。

これに対してチョムスキーは、まだ脳科学がほとんど発展していない、言語がどのように生まれたのか、脳の言語能力とはなにかが議論されることもなかった1950年代から60年代に、文が構成される仕組みを扱う統語論について多くの著作を発表しました。

生成文法理論とは、文法的に正しい文章を無限に作り出す有限な規則の集合として文法を捉えようという言語理論です。チョムスキーが、人間は生まれながらに言語獲得装置を持っており、言語の違いに左右されない言語構造の一般理論が存在するとしたことで、言語学は大きな転機を迎えることになりました。

『統辞理論の諸相：方法論序説』(Aspects of the Theory of Syntax)（1965年）は、チョムスキーが生成文法理論の全体像を初めて明確にした著作です。

チョムスキーは、統語過程の背景には、全ての言語に共通で普遍的な「生成文法」と、学習によって身につける「個別文法」が存在するとして、意識しないでも一定レベルの意味ある言葉を話せるのは、人間が生来身に付けている生成文法のためだとしています。

そして、この背景にある、母国語の種類に関わらず、全ての人間の脳に生得的に備わっている統語能力を「普遍文法」(universal grammar)と呼びました。その普遍的特性は、人間が持って生まれた生物学的な特徴であるとする言語生得説を唱え、言語を人間の生物学的な器官と捉えました。さらに、チョムスキーは、この共通の言語法則を研究することにより、言語の構造はもとより、人間の心の働き、すなわち、人間の備えている生得的普遍的な理性そのものの構造を理解できると考えました。

こうしたチョムスキーの生成文法理論は、言語の根幹をなす構文統語規則を、文章を生成する仕組みについての規則の体系として捉えるもので、科学的な言語理論を作り出すことで、言語学にいわゆる「チョムスキー革命」をもたらしました。

チョムスキーは、この生成文法理論を記号体系に関する数学理論として定式化したことで、これを通じて人間の精神構造を解明するという認知科学の成立に寄与し、言語学のみならず、心理学・脳科学など、他分野をも巻き込む「認知革命」と呼ばれる変革を引き起こしました。

チョムスキーが唱えたこうした革命的な生成文法理論については、生成文法や普遍文法に対応する脳神経回路を特定するような科学的証拠は、いまだに見つかっていません。しかし、チョムスキー以後、言語と言語能力が脳科学の重要課題として取り上げられ、生成文法や普遍文法が言語の発生に関する議論の重要課題になってきたことは間違いありません。

経歴

ノーム・チョムスキー（1928年 - ）は、アメリカの言語学者でマサチューセッツ工科大学（MIT）教授。言語学、哲学、言語哲学、認知科学、論理学など幅広い分野で活躍する人文社会科学諸分野における現代の「巨魁」であり、現代の言語学を語る上で彼の言語理論を避けて通ることはできない。その影響は、コンピュータサイエンス、数学、心理学の分野に及ぶ。さらに、戦争、政治、マスメディアなどに関しても膨大な数の著作があり、現代のひとつの思想を形作っている。アメリカの外交政策、国家資本主義、マスコミに対する批判で有名であり、自らの視点を、「啓蒙主義や古典的自由主義に起源を持つ、中核的かつ伝統的なアナキズム」と語っている。

参考図書

『言語の脳科学：脳はどのようにことばを生みだすか』酒井邦嘉、『チョムスキーと言語脳科学』酒井邦嘉

『利己主義という気概』

アイン・ランド

『利己主義という気概：エゴイズムを消極的に肯定する』(The Virtue of Selfishness: A New Concept of Egoism)（1964年）は、アメリカの国民的作家で政治思想家のアイン・ランド（1905年−1982年）の政治思想についてのエッセイ集です。

現在でもアメリカの保守層の中で圧倒的に支持され続けているランドの、徹底した自由至上主義（リバタリアニズム）の全貌が明らかにされています。

ランドは、理性を他のあらゆる人間的価値の上に置き、合理的かつ倫理的利己主義を支持し、利他主義を拒絶しました。共産主義、国家主義、無政府主義のいずれにも反対し、最小国家主義および自由放任資本主義を個人の権利を守る唯一の社会システムだと信じ、「世界というのは人間の思惑とは関係なく存在する客観的な絶対物であり、理性だけが人間にとって唯一、その世界を認知し、対処し、生き抜く知識を獲得する手段である」とする「客観主義」(objectivism)という思想体系を作り上げました。

全米で今なおベストセラーであり続けているランドの二大長編小説『肩をすくめるアトラス』(Atlas Shrugged)と『水源』(The Fountainhead)は、文芸評論やアカデミズムの世界ではほぼ無視されている一方で、右派政治運動やリバタリアニズムに対して強い影響を与え続けており、アメリカの若者にとっての必読書となっています。

本書のタイトルにある「気概」(virtue)とは、「美徳」の別訳で、ランドは「利己主義」は「美徳」であり、人間の正しい生き方であると説いています。神も国も共同体も信用せず、人間の理性と合理性だけを頼りに徹底的に生き抜こうというランドの思想は、我々が一般に「利己主義」という言葉から連想する「自分勝手」というものとはかけ離れた、徹底的な人間の「生」の肯定と追求の思想です。

ランドにいわせれば、利他主義というのは、他人のために自分の生を否定するように強制する、抑圧と死の思想です。利他主義者は自分自身を大切にしないから、他人を大切にすることもできない。自分の人生のかけがえのなさに鈍感であれば、他人の人生のかけがえのなさにも鈍感で、平気で他人の人生を蹂躙《じゅうりん》しかねません。また同じように、道徳的な中立主義者も、ただ責任を回避しているに過ぎません。ランドが祝福する善とは、「とことん生きて生き延びること」であり、弾劾する悪とは、「生きているのに死んでいること」なのです。

こうした過激な思想の背景には、ソ連における共産主義、ユダヤ人差別、ナチスによる全体主義とホロコーストに対する強い反発と抵抗の精神がありました。つまり、ランドは、世の中が利己主義者ばかりであれば、決して戦争は起きないと信じたのです。

同時に、その論理的帰結として、ランドは人種差別を強く糾弾し、個に対して「人種」というレッテルを貼り、個の特性をまったく無視した扱いや差別を加える人種差別主義者を徹底的に批判しています。また、利他主義を批判するといっても、主体である個人が自らの意志で自己犠牲することは理にかなっていると考えていました。

しかし、２００８年のリーマンショックでは、その直前に連邦準備制度理事会（ＦＲＢ）議長だったアラン・グリーンスパンがランドの思想から受けた大きな影響が、金融危機の誘因になったとして、アメリカでもランドの思想に対する批判が高まることになりました。

経歴

アイン・ランド（1905年 - 1982年）は、アメリカの政治思想家。ハイエクやフリードマンと並び、自由至上主義（リバタリアニズム）の提唱者の一人。本名はアリーサ・ジノヴィエヴナ・ローゼンバウム。ユダヤ系ロシア人としてサンクト・ペテルブルクに生まれ、教育を受けるが、1926年にアメリカに単身亡命し、生活苦と闘いながらハリウッドでシナリオ作家を目指す。1943年に『水源』を発表し注目を浴び、1957年に出版された『肩をすくめるアトラス』（米国会図書館調査「20世紀の米国で聖書の次に影響力を持った本」）によって名声を確立。『肩をすくめるアトラス』と『水源』は、ランダムハウス調査「アメリカの一般読者が選ぶ20世紀の小説ベスト100」で、それぞれ第1位・2位となり、絶大な影響力を保ち続けている。

参考図書

『水源』アイン・ランド、『肩をすくめるアトラス』アイン・ランド、『ツァラトゥストラはこう言った』フリードリヒ・ニーチェ、『資本主義と自由』ミルトン・フリードマン、『利己的な遺伝子』リチャード・ドーキンス

『改訂版　正義論』紀伊國屋書店/川本隆史、福間聡、神島裕子［訳］

『正義論』

ジョン・ロールズ

『正義論』（A Theory of Justice）（１９７１年）は、アメリカの哲学者ジョン・ロールズ（１９２１年‐２００２年）が著した、人間が守るべき正義の根拠を論じた政治哲学書です。

ロックやルソーの社会契約説（→２５０頁参照）に合理的選択理論（行為者の合理性を前提とする社会理論）を結びつけることで、それまで功利主義以外に有力な理論的根拠を持たなかった規範倫理学（道徳的な観点から見て人はいかに行為すべきかを探求する学問）のモデルを提示したという意味で、倫理学、政治哲学の代表作ということができます。

「正義論」とはもともと、「正義とはなにか？」「平等とはなにか？」「権利や財産をどう分配するべきなのか？」を考え、理想とする社会に至る道筋を構想する古代ギリシア以来の倫理学上の議論を指します。ロールズは、それまでの倫理学の中心であった、「最大多数の最大幸福」というベンサム、ミルの功利主義（→３１８頁参照）の代わりに、民主主義を支える価値判断としての「正義」を中心に据えて、政治社会における判断基準についての「正義論」を展開しました。

ロールズは正義と善を切り離し、人によってそれぞれ異なる善に対して、中立的に制約する規範を正義だとしました。その定義によれば、正義とは、「相互利益を求める協働の冒険的企てである社会の諸制度がまず発揮すべき効能」です。そして、社会活動によって生じる利益を分配する際に、もっとも妥当で適切な分配の仕方を導く社会的取り決めが、社会正義の原理になるとしました。

古典的功利主義は、効用を最大化しようとする一人の人にとっての選択原理を社会全体にまで拡大適用しますが、これに対してロールズは、別個の人々をあたかも単一の人格であるかのようにみなして、人々の間で差引勘定をするような論法は成り立つはずもないと批判します。正義は制度によって具現化し、社会の基本構造を規制する性格を持ちますが、それが各人の基本的な自由を侵害するものであってはならないと考えたのです。

ロールズは、社会契約説の考えに沿って、まず公正な選択が保証される理想的状況を想定し、そうした中で、全員一致で選択される原理が最も公正な正義の原理になるとしました。これは、できるだけ広範な基本的自由を各人に平等に分配するという「第一原理」、社会的・経済的弱者であるもっとも恵まれない人々の積極的救済という「第二原理」の二つから成り立っています。

本書における正義の概念は、倫理学や政治哲学といった学問領域を超えて、同時代の人々に大きな影響を与え、同時に多くの論争も引き起こしました。

たとえば、「ハーバード白熱教室」で有名なマイケル・サンデル（→２８７頁参照）は、コミュニタリアン（共同体主義）の立場から、あるコミュニティに共通する善き生き方と切り離された形で正義を考えることはできないと反論しています。

他方、リバタリアニズム（自由至上主義）の立場からは、個人の能力の違いを制度によって矯正することは、個人の権利を侵害するものだという反論が行われています。

なお、ロールズは、広島への原爆投下について、１９９５年の「原爆投下はなぜ不正なのか？：ヒロシマから50年（Reflections on Hiroshima: 50 Years after Hiroshima）」という論文において、戦争における法の原理を提示した上で、これを「すさまじい道徳的悪行」と批判しています。

経歴

ジョン・ロールズ（1921年 - 2002年）は、アメリカの政治哲学者。1950年にプリンストン大学に提出した論文「倫理の知の諸根拠に関する研究」により博士号取得。コーネル大学、マサチューセッツ工科大学（MIT）を経て、1962年にハーバード大学教授に就任。『正義論』において、功利主義に取って代わるべき実質的な社会正義原理を公正としての正義論として体系的に展開し、リベラリズムと社会契約の再興に大きな影響を与え、倫理学、政治哲学の分野で大きな功績を残した。

参考図書

『これからの「正義」の話をしよう：いまを生き延びるための哲学』マイケル・サンデル

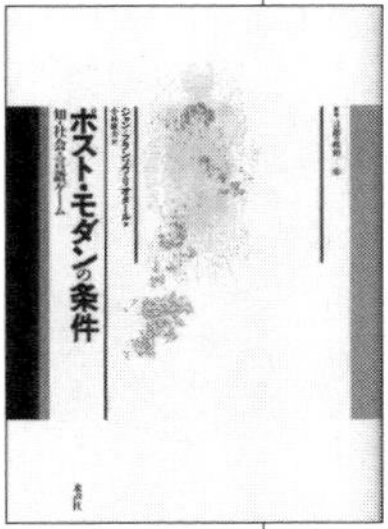

『ポスト・モダンの条件』

ジャン＝フランソワ・リオタール

『ポスト・モダンの条件：知・社会・言語ゲーム』（仏：La condition postmoderne）（1979年）は、フランスの哲学者ジャン＝フランソワ・リオタール（1924年－1998年）が著した、社会が共有する価値観やイデオロギーが失われたポストモダン（脱近代主義）の時代をテーマにした著作です。

リオタールは、世界全体を解釈する思想的な枠組みを「大きな物語」と呼び、ポストモダンとは、進歩主義や啓蒙主義といった近代を根拠づけていた「大きな物語の凋落」であるとします。

本書ではこれを、「19世紀末からはじまって、科学や文学、芸術のゲーム規則に大幅な変更を迫った一連の変化を経た後の文化の状態」を指すとして、みずからの正当化のために「大きな物語」に準拠する科学をも「モダン」と位置づけ、「物語機能は、真なる物語を構成する関係の諸要素――すなわち偉大な主人公、重大な危難、華々しい巡歴、崇高は目標――を失いつつある」といっています。

つまり、ポストモダンとは、歴史的な哲学・思想を含むメタ物語によって知を正当化することに対する不信感の表明であり、人類の進歩を信じてきた近代哲学や科学などを批判し、そこから脱却しようとする思想運動です。

本書は、思想界に大きな衝撃を与えただけでなく、建築や文学の世界にも広がりを見せ、大きな時代の潮流を形成することになりました。

経歴

ジャン＝フランソワ・リオタール（1924年－1998年）は、フランスの哲学者。パリ第八大学教授、国際哲学学院学院長。デリダ、ドゥルーズらとともにポストモダニズムの代表的思想家の一人。急進的なマルクス主義者としてアルジェリアで活動し、帰国後、1968年のパリ五月革命に参加。「大きな物語の終焉」「知識人の終焉」を唱え、現代思想におけるポストモダンを拓いた。「ソーカル事件」（→279頁参照）では、アラン・ソーカルによって、数学・科学用語を不適切に使用した論文であるとの批判を受けた。

参考図書

『ポスト・モダン通信：こどもたちへの10の手紙』ジャン＝フランソワ・リオタール、『哲学探究』ルートヴィヒ・ヴィトゲンシュタイン、『「知」の欺瞞：ポストモダン思想における科学の濫用』アラン・ソーカル、ジャン・ブリクモン

『これからの「正義」の話をしよう』

マイケル・サンデル

『これからの「正義」の話をしよう：いまを生き延びるための哲学』(Justice: What's the Right Thing to Do?)（２０１０年）は、アメリカの哲学者マイケル・サンデル（１９５３年-）が、「正義」をめぐる諸問題について著した世界的ベストセラーです。

本書は、「１人を殺せば５人が助かる状況で、その１人を殺すべきか？」という有名な「トロッコ問題」をはじめ、「金持ちに高い税金を課し、貧しい人々に再分配するのは公正なことか？」「前の世代が犯した過ちについて、我々には償う義務はあるか？」など、道徳観や倫理観に関わる究極の問題を取り上げています。

これらを、アリストテレス、カント、ベンサム、ロールズといった歴史上の哲学者の考え方を交え、さまざまな問いかけを通じて解明していきます。最後にサンデルは、正義の議論には、「福祉（効用）」「自由」「道徳」の三つのアプローチがあるとして、「道徳」、すなわち、「連帯的な責任」の重要性を説いています。

本書は、ハーバード大学史上空前の履修者数を記録した、サンデルの政治哲学講義「JUSTICE」をもとに書かれています。

２００９年にアメリカの公共放送局が、講義を収録した「Justice with Michael Sandel」を制作し、翌年、それをＮＨＫが『ハーバード白熱教室』として放送し、日本でも社会現象を巻き起こしました。

経歴

マイケル・サンデル（1953年 - ）は、アメリカの政治哲学者、ハーバード大学教授。ブランダイス大学を卒業後、オックスフォード大学で博士号取得。2002年から2005年まで、ジョージ・W・ブッシュ大統領が設置した生命倫理委員会の委員を務めた。コミュニタリアニズム（共同体主義）の代表的論者であり、『正義論』（→284頁参照）のジョン・ロールズを批判している。コミュニタリアニズムは、歴史的に形成されてきた共同体の伝統の中にこそ個人の存在基盤があるとして、共同体の復権を唱える政治思想。アメリカ社会が極端な個人主義に陥った結果、公共心が衰退し、さまざまな社会問題を引き起こしているという認識がある。ハーバード大学の学部科目「Justice（正義）」は、あまりの人気ぶりに、同大学は建学以来、初めて講義を一般公開することを決定、その模様はテレビで放送された。

参考図書

『ハーバード白熱教室講義録+東大特別授業』マイケル・サンデル、『それをお金で買いますか：市場主義の限界』マイケル・サンデル、『正義論』ジョン・ロールズ

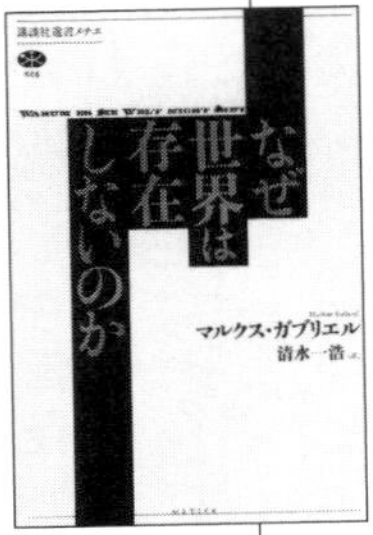

『なぜ世界は存在しないのか』

マルクス・ガブリエル

『なぜ世界は存在しないのか』（独：Warum es die Welt nicht gibt）（2013年）は、ドイツの哲学者マルクス・ガブリエル（1980年−）が、ポスト・トゥルース（客観的な事実より個人的信条や感情が優先される社会状況）が蔓延する中で、我々が現実として認識するものだけでなく、道徳的事実さえも存在として認める新実在論（新実存主義）の立場を説いた著作です。

現代は、社会的現実など何もないとするポスト構造主義から、2001年のアメリカの同時多発テロや2008年のリーマンショックを経て、フェイクニュースが広がるポスト・トゥルースの時代に突入しています。

際限なく広がるグローバル資本主義は、世界中で未曾有の格差と貧困を生み出しており、その反動として現れているのが、アメリカのトランプ前大統領誕生やブレグジット（イギリスの欧州連合離脱）に見られるような、ポピュリズムの台頭です。この背景にあるのは、西欧には西欧の、ロシアにはロシアの、中国には中国の道徳観があり、これらの間で善悪を決める基準などないと考える道徳的相対主義です。その考えを突き詰めていけば、「正義などなく、あるのは征服だけだ」ということになってしまいます。

世界は、自然科学を経済や社会に応用することが人類救済の道だという、物質主義のイデオロギーに覆い尽くされ、それがグローバル資本主義を加速してきました。これに対して、ガブリエルは、科学の有用性を十分に認めた上で、なお自然科学こそが唯一実在にアクセス可能だとする科学至上主義の立場を否定します。

その上で、神が死に、近代という壮大な物語も失われ、全てが相対化され、もはや宗教はおろか自然科学上の真実さえも絶対ではなくなってしまったポスト・トゥルースの時代に、我々人類は精神的危機を迎えているというのが、ガブリエルの抱いている危機感です。

こうした時代の閉塞感を打ち破るべく登場したのが「新実在論」です。その核心は、本質主義（個別の事物は必ずその本質を有し、それによりその内実を規定されているという考え方）と相対主義（認識や価値はその他の見方と相対的関係にあるという考え方）との対立の図式から抜け出す第三の道を開くことにあります。

新実在論の新しさは、現実は物理的な対象だけではなく、それに関する見方、心情、信念、思想、空想といった、あらゆる意味の場に現れるとする、存在の複数性、同時性、同等性にあります。こうした意味で、実在的視点は無限の広がりを見せるので、その全体を包括するひとつの「世界」というものはあり得ません。つまり、あらゆる物事を包摂するような単一の現実は存在しないという意味において、「世界は存在しない」のです。

しかし、それでも我々は現実をそのまま知ることができる、つまり、我々自身が現実の一部である以上、本質的に知ることができない現実というものは存在しないはずだというのが、新実在論のもうひとつの主張です。

ガブリエルは、異なる文化の間においても普遍的な道徳的価値観や倫理観は存在し、そこには我々が同じ種の動物だという生物学的な根拠があるのだとします。つまり、ガブリエルは、人間第一主義の立場から、人間にとっての普遍的価値や人間性が重要であることを繰り返し強調しているのです。

経歴

マルクス・ガブリエル（1980年 - ）は、ドイツの哲学者。後期シェリングの研究によりハイデルベルク大学から博士号を取得、ニューヨークのニュースクール大学哲学部での助教を経て、2009年に29歳の若さでボン大学哲学科教授に就任。複数の言語（ドイツ語、英語、イタリア語、ポルトガル語、スペイン語、フランス語、中国語）に精通し、古典語（古代ギリシア語、ラテン語、聖書ヘブライ語）も習熟している。ポスト構造主義（ポストモダニズム）以降の新実在論の旗手として、今、世界の哲学者の中で最も注目されている存在。

参考図書

『世界史の針が巻き戻るとき：「新しい実在論」は世界をどう見ているか』マルクス・ガブリエル、『全体主義の克服』マルクス・ガブリエル、中島隆博、『マルクス・ガブリエル 欲望の時代を哲学する』丸山俊一、NHK「欲望の時代の哲学」制作班

『科学者が人間であること』

中村桂子

『科学者が人間であること』（２０１３年）は、生命誌研究者の中村桂子（１９３６年－）が、自身が提唱する「生命誌」の研究から得た知見に基づいて、現代に求められる知のあり方を示した著作です。

中村は、生命科学を地球の歴史や生態系などに結びつけ、生命の歴史物語を読み取る「生命誌」（Biohistory）を提唱してきました。生物は各々の歴史が刻まれているゲノム（遺伝情報の総体）という切り口で見ることができます。しかも、そこには生命の起源以来約40億年の歴史が織り込まれているので、ゲノムを通して生物全体の歴史が分かるのです。

中村が生命誌を唱える背景にあるのが、哲学者の大森荘蔵の説く一元論的世界観です。大森は、物質の記述にのみ専念してきた科学に対し、科学の言葉では心を描写することはできないとして、その限界を指摘しました。そして、「わたし」は自然と一心同体であり、主客の分別もないと考えました。

中村も同様に、分析的な西洋と総合的に捉える東洋といった二項対立の図式で考えるのではなく、両者を重ね合わせて捉えるべきだと考えます。つまり、細かくなる一方の「密画」だけではなく、物事を広く全体的・総合的に捉える「略画」との「重ね描き」を提案しています。

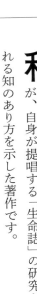

中村は、現代は16－17世紀にかけて起きた科学革命に由来する近代的世界観、すなわち、「機械論的世界観」が世界を席巻しているといいます。これは、ガリレイ（自然は数字で書かれた書物）、ベーコン（自然の操作的支配）、デカルト（機械論的非人間化）、ニュートン（粒子論的機械論）という流れの中で生まれてきたものです。

しかし、中村は、こうした世界観だけでは「活きた自然」を理解することはできず、日常と並存する科学が必要だと考えました。２０１１年の東日本大震災と福島原発事故を経て、改めて中村が確信したのが、「人間は生きものであり、自然の中にある」という当たり前のことでした。

原発事故によって、専門家の考えや行動は一般社会からかけ離れていて信じられないという雰囲気が蔓延してしまいました。中村はその理由を、専門家が自らの生活者としての感覚を失ってしまい、閉ざされた集団の価値観だけに従って生きているという実態が、一連の説明を通して、国民に伝わってしまったからだとしています。

同様に、中村は、最近の大学の経済学部では、市場競争中心のミクロ経済とマクロ経済しか勉強しておらず、本来はスミスやケインズやハイエクのように、経済の根底に思想がなければ本当の経済学者とはいえないのではないかと疑問を呈します。

特に、金融資本主義全盛の時代になってから、経済は生活者の暮らしから遊離し、その中で科学技術のあり方も歪められてしまいました。そして、生命科学の分野で今行われているのは、「生きものとしての人間を知り、そこから新しい生き方を探る」ことではなく、「人間を機械として見て、その故障を直す技術を開発し、それでお金を儲ける」ことになってしまったと指摘しています。

その上で、科学を踏まえながら「自然や生きものを総合的に捉える」という性質と、「生きものであり、自然の一部である人間の生き方に沿う」という性質をあわせ持つ「知」のあり方を提唱します。そして、こうした理解は、科学者に限らず、政治家、官僚、企業人といった全ての人々に共通に求められるのです。

経歴

中村桂子（1936年 - ）は、生命科学者、生命誌研究者、JT生命誌研究館名誉館長。東京大学理学部化学科卒業、東京大学大学院生物化学専攻博士課程修了。三菱化成生命科学研究所人間・自然研究部長、早稲田大学人間科学部教授、大阪大学連携大学院教授などを歴任。

参考図書

『生命誌とは何か』中村桂子、『道徳感情論』アダム・スミス、『経済学の犯罪：稀少性の経済から過剰性の経済へ』佐伯啓思

第3章

国家
政治
社会

古代ギリシアのアリストテレスは、『政治学』において、人間というのは未熟な状態で生まれ、「ポリス（国家、社会）」の中で完成されていく「ポリス的動物」なのだといいました。

プラトンは、『国家』において理想的な国家のあり方を論じ、「社会が目指すべき至高の『善』を理解する哲学者による統治が最も優れている」としました。この「哲人統治」が実現した数少ない例のひとつが、『自省録』で知られるマルクス・アウレーリウスが皇帝だったローマ帝国の一時期だとされています。

一般的に、「一定の領土と国民と排他的な統治組織を持つ政治共同体」を国家といいます。これに対して、マキャヴェリは『君主論』で「政治共同体が始めにあり、次いでそれに対応した支配機構が作られる」というそれまでの常識を反転させ、「まず支配機構たる国家があり、それが各々の力に応じて土地と人民を領有する」という、現実的な国家像を示しました。

こうした国家の成立を単なる暴力による権力の奪取という次元を超えて、「社会契約説」という新たな理論を唱えたのが、『リヴァイアサン』のホッブズです。そこにロックとルソーの思想が批判的に加わることで、人民主権の概念が確立します。ロック流の人民主権論はアメリカ合衆国憲法に、ルソー流の人民主権論はフランス革命に影響を与えました。

今、我々が「国民」(nation)といっているのは、西欧近代の「国民国家」(nation-state)の成立とともに出現した概念で、共通の文化的・社会的体験を持ち、単一ないし同質の民族から成るという暗黙の想定が含まれた集団です。国民国家体制は17世紀頃のヨーロッパにおいて出現し、19世紀の帝国主義時代を経て、第二次世界大戦後に旧植民地諸国が次々に独立することで全世界に広まりました。

こうした国民国家同士の戦争が近代戦争です。フランス革命が国民国家の体制をもたらして、中央集権に基づく徴兵制によって、軍隊の大規模化を可能にしました。そしてナポレオンはこれまでの戦略・作戦・戦術の抜本的な合理化を行う改革に取り組み、20世紀以降の国家総力戦の体制の原型を整えました。

こうした近代戦争の性質を、「戦争は政治の延長である」という言葉で端的に表現したのが、クラウゼヴィッツの『戦争論』です。このように、国家は戦争と表裏一体の関係にあり、国家権力は戦争によってその範囲を拡大してきました。社会学者のチャールズ・ティリーはこれを、「戦争が国家を作り、国家が戦争を作る」と語っています。

『新訂　孫子』岩波文庫/金谷治［訳注］

『孫子』

孫武

『孫子』（The Art of War）（紀元前5世紀中頃から紀元前4世紀中頃）は、中国春秋時代に新興国の呉《ご》の王に仕えた軍事戦略家・孫武（紀元前535年？－没年不詳）の作とされる、世界で最も有名な兵法書のひとつです。

孫武が実在の人物かどうかは、中国史学者の間では今でも論争が続いていますが、本書の成立経緯は、おおむね次の通りです。

春秋時代、孫武が原型を著し、戦国時代、孫武の子孫の孫臏《そんぴん》がこれに肉付けをし、現在の形に近いものになりました。その後も多くの人の手が加えられ、三国時代に全13篇にまとめられ、「魏の武帝（曹操）が注釈をつけた孫子」という意味の、『魏武注孫《ぎぶちゅうそん》子《し》』となりました。これが現代に伝わる『孫子』の系譜になります。

本書は13篇から成り立っています。最初の3篇「計篇」（戦争を決断する前に熟考し勝算のある戦いだけをする）、「作戦篇」（長期戦に持ち込まない）、「謀攻篇」（実戦を持ち込まずに戦わずして勝つ）は、戦う前の準備や心構えです。

次の3篇「形篇」（攻撃と守備それぞれに必要な態勢）、「勢篇」（全軍の勢いで勝負する）、「虚実篇」（少数で多数に勝つための主導権を握る）は、勝利に向けての態勢づくりです。

最後の7篇「軍争篇」（敵軍の先手を打ち要地を抑える）、「九変篇」（変化する戦局に臨機応変に対応する）、「行軍篇」（進軍を阻むものを察知して有利な態勢を維持する）、「地形篇」（地形に応じて戦術を変える）、「九地篇」（九種類の地勢に応じた戦術）、「火攻篇」（火攻めの方法）、「用間篇」（確かな情報の収集と活用）は、より実戦的な戦場における軍の動かし方などについて記しています。

本書の本文は、「孫子曰く、兵とは国の大事なり、死生の地、存亡の道、察せざるべからざるなり」という文章で始まっています。これは、「戦争というのは国家の命運を左右する重大事であるから、生と死を分ける戦場や、存亡を分ける進路を選択するにあたっては、慎重に考えなければならない」という意味です。

そして、「百戦百勝は善の善なるものに非ざるなり。戦わずして人の兵を屈するは善の善なる者なり」と説き、敵と味方の兵力を見極め、知恵を使い、決して負け戦はせず、最小限のコストで勝利し、さらには戦わずして勝つことを理想としています。

本書以前は、戦争の勝敗は武運によって左右されると考えられていましたが、孫武は、勝敗は運ではなく人為によるとして、勝利を得るための指針を理論化しました。そして、戦争という一事象の中だけでなく、戦争を国家運営という視点から俯瞰し、安易に戦争を起こすことや、長期戦による国力の消耗を戒めました。

本書が今日まで読み継がれているのは、目先の戦闘だけでなく、こうした国家との関係から戦争を論じたことによるものです。

武田信玄の「風林火山」の旗が、本書の「疾《はや》きこと風の如く、徐《しず》かなるは林の如く、侵掠《しんりゃく》すること火の如く、動かざることは山の如し」から作られたのは有名ですが、その他、毛沢東国家主席（当時）、コリン・パウエル国務長官（当時）など、現代の軍事指導者にも思想的影響を与えました。また、ビジネス界においても、ソフトバンクグループの孫正義会長兼社長、マイクロソフト創業者のビル・ゲイツなど、多くのリーダーたちに愛読されています。

経歴

孫武（紀元前535年？ - 没年不詳）は、中国春秋時代の軍事思想家で、兵法家の代表的人物。「孫子」は尊称。斉の国の貴族であった田氏一族に生まれたが、紀元前517年頃、一族内で内紛があり、孫武は一家を連れて江南の呉国へと逃れた。その後、呉の王都・姑蘇（こそ）郊外に蟄居して『孫子』13篇を著したといわれている。孫武が初めて呉王の闔閭（こうりょ）に謁見した時の逸話が『史記』（→300頁参照）に記されているが、孫武が実在した武将かどうかは中国史学者の間でも古くから論争が続いており、いまだ決着を見ていない。

参考図書

『孫子の兵法：考え抜かれた「人生戦略の書」の読み方』守屋洋、『社長のための孫子の兵法』田口佳史、『戦争論』カール・フォン・クラウゼヴィッツ

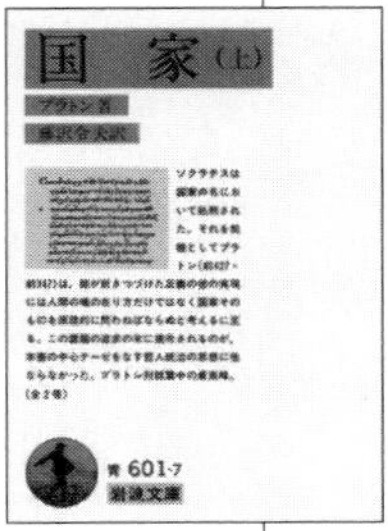

『国家』

プラトン

『国家』（古希：Πολιτεία、英：The Republic）は、プラトン（紀元前４２７年－紀元前３４７年）による古代ギリシア哲学の古典的名著です。ソクラテスが、アテナイのケパロスという長老の家で行った「理想の国家とは何か」についての対話という形式をとっています。原書には、「正義について」という副題がつけられています。

本書は全10巻から成り、まず「正しく生きるとはどういうことか」「正義とはなにか」が語られ、個人の正義（徳）を明らかにするための方法論として、国家の正義が考察されます。

次に、国家の構成員を、守護者（統治者）、軍人、生産者（民衆）に分け、人間の三つの性質である知恵（思惟《しい》的部分）、勇気（気概的部分）、節制（欲望的部分）という観点から正義を検討していきます。

そして、知恵を持つ者が統治者になり、勇気を持つ者が軍人になり、民衆が節制を保ちながら生活することが国家の正義だとします。つまり、国家の構成員がそれぞれ自分の役割を全うすることが、国家の正義につながるというのです。

プラトンは、こうした理想的な状態にある国家を「優秀者支配制」と呼び、知恵が欠落して名誉だけを求める国家を「名誉支配制」、勇気が欠落して貧富の格差が拡大した国家を「寡頭制」、民衆が自由を求める国家を「民主制」、愚民によって独裁者が選ばれる国家を「僭主《せんしゅ》独裁制」と名づけました。

優秀者支配制の国家が堕落していく第一段階は、支配者階級が名誉だけを求めるようになって不和が生じる名誉支配制への移行です。その中で、勝利を求める勇気が優勢になって軍人が力を持つ国になります。

第二段階は、名誉と勝利の代わりに、お金が権力を象徴するようになり、国政への参加が財産によって決められる寡頭制への移行です。

第三段階は、貧富の差が拡大し、貧乏人がお金持ちに対して革命を企てようとし、これに勝利して大衆が支配権を持つようになる民主制への移行です。

そして、国家が堕落する最終段階は僭主独裁制です。これは、王統の血筋でない者が身分を超えて実力で王になることですが、同時に、僭主が愚かな民衆を扇動して支配権を握ることを意味します。

師であるソクラテスを処刑した民主制が二番目に悪い政治体制だとされるなど、プラトンの経験したアテナイの民主制とシチリア島のシラクサの僭主制の経験が、こうした評価に反映されていると考えられます。

プラトンは、正しい国家である優秀者支配制というのは、哲学者が王になる、あるいは王である者が哲学をよく学ぶことで、政治と哲学が一体になった「哲人政治」であるとします。こうした哲人王によって統治された理想的な国制でなければ、国は不幸になると考えたのです。

哲学者とは「知」や「真理」を愛する者であり、哲学者になるために必要なのは、「善のイデア」（善を善たらしめている最高のイデア（永遠不変な事物の本質））を認識することです。プラトンは、支配者が哲学を学ぶことで「善のイデア」に触れなければ、国を正しい方向に導くことはできないと考えたのです。

本書の理想国家論は、近代以前はユートピア思想と考えられ、19世紀のイギリスではエリート主義的な国家運営のモデルとされました。20世紀に入ってからは、共産主義や独裁国家のイデオロギーの源泉と見られるようになり、特にポパーの『開かれた社会とその敵』（→２７６頁参照）では、哲人王はレーニンやヒトラーに直結するものとして厳しく批判されています。

経歴

「ソクラテスの弁明」（→222頁）参照

参考図書

『正義論』ジョン・ロールズ、『これからの「正義」の話をしよう：いまを生き延びるための哲学』マイケル・サンデル

『政治学』中公クラシックス／
田中美知太郎、北嶋美雪、尼ヶ崎徳一、松居正俊、津村寛二［訳］

『政治学』

アリストテレス

『政治学』（古希：Τα Πολιτικά、英：Politics）（紀元前4世紀）は、アリストテレス（紀元前384年－紀元前322年）が、『ニコマコス倫理学』（→226頁参照）の続編として、人間にとっての最高善（幸福）を実現するための国家体制とは何かを論じたもので、政治学史における最も重要な古典のひとつです。

アリストテレスは、人間だけが善と悪、正と不正を知覚できる動物であり、それが人間の特性だといいます。また、人間は「ポリス（古代ギリシアの都市国家）的動物」であり、ある目的を持った集団の一員としてしか生きられないと考えました。そして、日々の生活のために生まれた共同体である家族から始まり、より善い生の実現のための共同体として村落ができ、最終的に日々の必要性とは切り離された最高善を目指す共同体としてポリスが形成されたとします。したがって、政治のあり方を考える際には、まず家族とそれを支える私有財産制こそが重要だと考えました。

アリストテレスは、師であるプラトンの「イデア論」（→88頁参照）を批判し、存在するものには、質料因（そのものを作っている材料）、形相因（そのものが何であるかを表す形）、作用因（運動や変化を引き起こす原因）、目的因（そのものが存在する目的）という四つの原因が存在し、それが事物を形作っていると考えていました。

その上で、ポリスも特定の目的のために存在すると考え、それは市民が正しく生きるためという道徳的なものに求められるとしました。そのための最善な国家体制を検討するに当たって、プラトンが『国家』（→296頁参照）で理想主義的な国家体制（哲人政治）を唱えたのとは対照的に、現実のギリシア諸都市の政治体制を観察することから始めます。

そして、単独支配、少数支配、多数支配という統治者の数による基準と、公共のための統治か私事のための統治かという統治の目的の二つを組み合わせて、国家体制を六つに分類します。

公共のための単独支配は「王制」、私事のための単独支配は「僭主制」、公共のための少数支配は「貴族制」、私事のための少数支配は「寡頭制」、公共のための多数支配は「共和制」、私事のための多数支配は「民主制」ということになります。

この中で、アリストテレスは、最も短命なのは僭主制と寡頭制であり、正しい体制なのは公共の利益を考える王制、貴族制、共和制の三つだとしています。特に、多数の市民が参加するほど、より公共の利益に資するものになるという意味で、この中で、大衆が参加する共和制が最も望ましいものだと考えました。そのためにも、人は市民（女性、奴隷、外国人は除く）である限り、ポリスの政治に積極的に参加すべきだとしています。


ここでアリストテレスは、『ニコマコス倫理学』で論じた「中庸」の重要性に言及し、富裕層が支配することだけを知り、貧困層が服従することだけを知るような、極端な経済格差が生じる社会では、民主制から寡頭制への変革が起きると警告します。そして、多数の安定した中流市民を基礎にした社会の重要性を唱えます。

その上で、国家は自由で平等な市民によって構成される以上、正しく定められた法による支配が重要だとしました。また、法の正しさというのは、多くの人びとに受け入れられることによって根拠づけられるものであり、長い年限を経て根づいた慣習によらない法は、人を服従させる力を持たないのだとしています。

経歴

『ニコマコス倫理学』（→226頁）参照

参考図書

『国家』プラトン

『史記』

司馬遷

『史記』(Shiji)（紀元前91年頃）は、前漢の武帝時代に司馬遷（紀元前145／135年－紀元前87／86年）によって編纂された中国の歴史書です。中国の正史である二十四史の中でも、『漢書』と並んで最も高い評価を得ているものです。

紀元前1－2世紀頃、ユーラシア大陸において、ローマ帝国と漢という二つの帝国が誕生します。中国では紀元前221年に秦が統一を果たした後、漢がそれにとって代わり、武帝のもとで最盛期を迎えます。この武帝の時代に編纂されたのが本書です。皇帝や臣下の伝記や国家の大事などをテーマ別に綴る紀伝体《きでんたい》で書かれていて、以降、中国の正史形式の標準となりました。

本書は、「本紀《ほんぎ》」12巻、「表」10巻、「書」8巻、「世家《せいか》」30巻、「列伝」70巻の五つに分けられています。

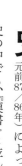

「本紀」とは歴代皇帝の業績を記したものです。伝説上の黄帝から始まり、夏《か》、殷《いん》、周、秦《しん》、そして漢の武帝に至る歴代王朝の皇帝について記しています。「表」とは皇帝の活動を年表にまとめたものです。「書」とは国の政治や経済などの変遷を記したものです。「世家」とは諸侯の家系と興亡を描いたもので、周時代の太公望に始まり、春秋戦国時代の諸王、秦に反乱を起こした陳《ちん》勝《しょう》と呉広《ごこう》などが記されています。また、武帝により儒教が国教化されつつあった時代背景から、諸侯ではないものの孔子もこの中に含まれています。「列伝」とはそれ以外の、歴史に名を残すべき人々について記したものです。

中国では、儒教の経典である五経（『詩』『書』『礼』『易』『春秋』）のほか、春秋戦国時代に現れた諸子百家（孔子、老子、荘子、墨子、孟子、荀子等の人物と、儒家、道家、墨家、名家、法家等の学派）がそれぞれ歴史を伝承してきましたが、中国の全ての歴史を記述したものはありませんでした。これに対して、司馬遷は学派にとらわれることなく古来の書物を利用して、歴史を総合的に記述しました。

本書が日本に伝来した時期は明確ではありませんが、聖徳太子の十七条憲法に引用されていて、遅くとも6世紀には伝来していました。今でも日本で使われている、「鶏口牛後」「完璧」「鴻門《こうもん》の会」「国士無双」「四面楚歌」「酒池肉林」「背水の陣」「曲学阿世《きょくがくあせい》」「傍若無人」などの慣用句は、本書に由来するものです。

たとえば、「刎頸《ふんけい》の交わり」というのは、中国の戦国時代に趙《ちょう》で活躍した藺相如《りんしょうじょ》と廉頗《れんぱ》が残した故事で、相手のために首を斬られてもかまわないほどの深い友情のことをいいます。司馬遷はこの話の結びで『死を知れば必ず勇あり』という。しかし、死ぬこと自体がむずかしいのではなく、死に対処することがむずかしいのである」と語っています。

司馬遷は匈奴《きょうど》との戦いで敗北し投降した李陵《りりょう》を弁護したため、武帝の怒りに触れ、死刑か宮刑（性器を切り取る刑罰）かの選択を迫られました。「父の遺志である歴史書を完成させるためにも、ここで死ぬ訳にはいかない」として、宮刑を選びます。その後、屈辱を耐え忍びつつ宦官《かんがん》として中書令《ちゅうしょれい》（天子の秘書長）となり、本書の執筆に打ち込みました。

司馬遷が友人の任安《じんあん》に送った手紙「報任少卿書」（任少卿に報ずる書）には、「孔子はどの国にも受け入れられず放浪の果てに『春秋』を完成させた、楚の屈原《くつげん》は左遷されて『離騒《りそう》』を詠んだ、左丘《さきゅう》は失明してから『国語』を著した、孫子は足斬りの刑を受けてから『兵法』を編んだ、呂不韋《りょふい》は蜀《しょく》に左遷されてから『呂氏春秋』を編纂した。自分もまた宮刑の屈辱を受けながら、本書の未完成を惜しむがために耐え続けているのだ」という強い思いが記されています。

経歴

司馬遷（紀元前145/135年 - 紀元前87/86年）は、中国周王朝の記録係である司馬氏の子孫で、前漢時代の歴史家。紀元前108年、父司馬談の跡を継いで太史令となる。紀元前99年、匈奴の捕虜となった李陵の弁護をして武帝の怒りに触れて宮刑に処せられた。大赦によって出獄後、宦官として中書令（天子の秘書長）となり、父の遺志を継いで『史記』を完成させた。

参考図書

『漢書』班固

『新装版　貞観政要』中国古典新書/原田種成

『貞観政要』

呉兢

『貞《じょう》観政要《がんせいよう》』(Zhen Guan Zheng Yao)(8世紀)は、唐代の歴史家・呉兢《ごきょう》(670年－749年)が編纂した、中国史上最高の名君の一人といわれる唐朝第2代皇帝・太宗《たいそう》李世《りせい》民《みん》(598年－649年)の言行録です。

太宗とその重臣たちとの間で交わされた問答を、太宗の没後半世紀を経てまとめたもので、中国古代の歴史書である『書経』と並んで、古くから帝王学の教科書とされてきました。中宗《ちゅうそう》の代に呈上されたものと、玄宗《げんそう》の代にそれが改編されたものとの二種類があります。

「貞観」は太宗の在位の年号で、「政要」は「政治の要諦」という意味です。太宗は、漢王朝の滅亡以来500年にもわたって混乱していた中国を統一し、唐朝300年の繁栄の基盤を確立しました。軍事面だけでなく文治にも力を入れ、24年間の治世で幅広い人材登用により官制を整えるなどして、「貞観の治」と呼ばれる太平の世を築きました。

中国には天子(皇帝)に忠告し、意見を述べる諫官《かんかん》という職務がありましたが、特に太宗は、臣下の直言を進んで受け入れ、常に最善の君主であるよう心掛けていました。

太宗は即位する前から、房玄齢《ぼうげんれい》と杜如晦《とじょかい》を筆頭格として、その配下に「十八学士」と呼ばれる人材を集めて、将来の治世に備えていました。また、太宗の兄・李建成に自身の殺害を進言した魏徴《ぎちょう》の命を助け、諫議大夫《かんぎたいふ》(天子の過失を諫めて意見を述べる官職)として重用するなど、有能な人材であれば誰でも重用したことから、名君と称えられるようになりました。

本書の冒頭にあるのが、太宗が語った君主としての心構えです。ここでは、「君たるの道は、必ずすべからく先づ百姓を存すべし。もし百姓を損じて以て其の身に奉ぜば、猶ほ脛《はぎ》を割きて以て腹に啖《くら》はすがごとし」（君主としての道は、まず必ず人民に恩恵を施すことである。もし人民を苦しめて君主が贅沢をするようであれば、それは自分の足の肉を割いて自分の腹に入れるのと同じである）という有名な言葉が述べられています。太宗は、いつも自分の欲を抑え、勝手気ままな行いをしないように、自らを戒めていたのです。

本書の中で、特に有名なのは、「帝王の業、草創と守文と孰《いず》れか難き」（帝王の事業の中で、創業とその後の守りではどちらが困難か）という一文です。

これに対して、古参の房玄齢が「国家創業というのは、群雄割拠の争乱を勝ち抜いての天下統一という命がけの事業ですから創業です」と答えます。続いて新参の魏徴が「新王朝誕生の時は、前代からの争乱が平定され、領民への命令も行き渡ります。しかし天下を手中に収めた後は、必ず心が緩んで贅沢をしてしまい、これが国家衰退の原因になるので、完成されたものを維持していくことの方が困難です」と答えます。

太宗は、「玄齢は時には九死に一生を得ながら私に従い天下を平定したから、創業とするのももっともである。魏徴は油断すれば必ず滅亡すると心配しながら、私と一緒に国の安定を心掛けてくれたから、守りとするのであろう」と双方の意見を評価した上で、「もはや創業の困難な時は過ぎ去り、国の安定期に入っているからこそ、我々は共に守成を疎かにしないように努めよう」と諭します。

このように本書には、人を育てたり、部下の心をつかんだりする上での普遍的な問題が数多く含まれています。こうしたことから、日本でも平安時代以来、多くの為政者に読み継がれており、明治天皇を始めとする歴代天皇や、北条政子、徳川家康などの愛読書でもありました。

経歴

呉兢（670年 - 749年）は、唐の中宗、玄宗時代の歴史家。『史通』（中国で初めての歴史理論書）によって歴史学を体系づけた劉知幾（りゅうちき）（661年 - 721年）と並び、唐代第一流の歴史家とされている。

参考図書

『帝王学:「貞観政要」の読み方』山本七平、『座右の書『貞観政要』:中国古典に学ぶ「世界最高のリーダー論」』出口治明、『「貞観政要」のリーダー学:守成は創業より難し』守屋洋、『書経』、『君主論』ニッコロ・マキャヴェリ

『王書』東洋文庫/黒柳恒男［訳］
『統治の書』イスラーム原典叢書/井谷鋼造、稲葉穣［訳］

『王書』
フェルドウスィー

『統治の書』
ニザーム・アルムルク

『王《シャー・》書《ナーメ》：ペルシア英雄叙事詩』（波斯：شاهنامه、Šāh nāmah、英：Shahnameh）（1010年）は、イラン（ペルシア）系イスラム王朝であるサーマーン朝（875年－999年）支配下のペルシアで、叙事詩人フェルドウスィー（934年－1025年）が、アラブに征服されたペルシア民族の高揚のために著した、ペルシア建国にまつわる長編民族叙事詩です。ペルシア語で書かれたイラン民族文学の最高傑作とされています。

ペルシア諸王の歴史は、ゾロアスター教を国教としていたサーサーン朝（226年－651年）時代の7世紀前半に、中期ペルシア語で編纂された『フワダーイ・ナーマグ（王の書）』に集大成されました。ところが、イスラム教を奉じるアラブ人によってサーサーン朝が倒されると、イスラム化政策が進められ、ゾロアスター教からイスラム教への改宗、アラビア文字の使用などが強制されました。そうした中で、『フワダーイ・ナーマグ』もアラビア語に翻訳されましたが、原典、訳書ともに散逸してしまいました。

その後、ペルシアでサーマーン朝が成立すると、ペルシア固有の神話、伝説、歴史を編纂しようという気運が高まり、『フワダーイ・ナーマグ』の内容を題材にした『王書』が編纂されることになりました。フェルドウスィーは、980年頃から本書の作成に着手し、30年以上をかけて約6万対句の大作に取り組み、1010年に完成しました。当初、フェルドウスィーはサーマーン朝の君主に作品を献呈するつもりでしたが、999年にこの王朝が滅んでしまったため、トルコ系イスラム王朝であるガズナ朝（955年－1187年）の君主マフムードに捧げることとなりました。

こうした背景から、本書の根底には、ゾロアスター教的な「善悪二元論」「二元宇宙論」の世界観が見られます。ただし、イランがイスラム化された以後に作られたものであることから、ゾロアスター教の世界観やそれ以前に由来する神話は、一神教の教義に抵触しないような改編がなされています。

内容としては、古代ペルシアの神話、伝説、歴史の集大成であり、ペルシアの初代王カユーマルスからサーサーン朝滅亡に至る4王朝、歴代50人の王の治世が述べられています。第1部は最初期文明の神話時代、第2部は英雄たちの活躍する伝説時代、第3部はサーサーン朝歴代の王の統治時代が語られています。この中で、現代のイラン人に最も親しまれているのが、人の世を儚《はかな》さや運命の残酷さを綴った伝説の部分で、誰もが「廻る天輪」から逃れられず、去り行く時が来たら運び去られるという無常観と、それに対する「嘆き」が繰り返し登場します。

『統《スィヤー》治の書《サト・ナーメ》』（波斯：سیاست نامه Siyaāsat Nāma、英：Siyasatnama）（1090年頃）は、トルコ系イスラム王朝である大セルジューク朝（1038年－1157年）の最盛期の宰相ニザーム・アルムルク（1018年－1092年）が著した帝王学の書です。神から王権を授けられる者の条件、その者の果たすべき義務といった王権の正当性や軍事制度のあり方など、公正な国家運営をいかにして実現するか、宮廷や軍をどう統率するかなど統治の要諦を説いています。

本書は、統治や政治に関するニザーム・アルムルクの見解と、『王書』に模範的君主として取り上げられた伝説上の英雄などの豊富な歴史的逸話の組み合わせにより構成されています。ペルシア語で書かれたこのような形式の書物は、「ペルシア語君主鑑」と呼ばれており、本書は君主鑑文学の代表作とされています。

経歴

フェルドウスィー（934年 - 1025年）は、サーマーン朝とガズナ朝時代に活躍したペルシア詩人。

ニザーム・アルムルク（1018年 - 1092年）は、現在のイラン、イラク、トルクメニスタンを中心に存在したイスラム王朝である大セルジューク朝の君主マリク・シャーを支えたイラン人宰相、学者。ニザーム・アルムルクというのは、君主から与えられた称号で、「王国の秩序」の意味。本名はハサン・ブン・アリー・トゥースィー。

参考図書

『古事記』、『貞観政要』呉兢、『君主論』ニッコロ・マキャヴェリ

『君主論』

ニッコロ・マキャヴェリ

『君主論』（伊：Il Principe）（1532年）は、「近代政治学の祖」ニッコロ・マキャヴェリ（1469年－1527年）が著した、政治を宗教や倫理から独立させて近代政治学の礎を築くことになった政治思想書です。歴史上のさまざまな君主を分析し、君主とはどうあるべきものか、権力を獲得して保持し続けるにはどのような力量が必要かなどを論じています。

マキャヴェリは、若くしてフィレンツェ共和国の外交官となり、当時の同盟国フランスをはじめ、神聖ローマ帝国などさまざまな大国との交渉を行った経験から、誠意だけでは問題が解決しないことを学びます。そして、クーデターで政府を追放されていた時に本書を書き上げ、メディチ家に献上しました。

当時、イタリアは多くの小国に分裂して混乱していました。本書においてマキャヴェリは、抽象的な君主像を説くのではなく、イタリア統一を実現し得るのはいかなる君主かという視点から、ギリシア・ローマ時代からの歴史上の実例を数多く挙げ、その成功・失敗理由を分析して、多くの具体的な提言を行っています。

もともとは共和主義者だったマキャヴェリですが、国の混乱した現実に直面することで、軍人であり政治家でもあったヴァレンティーノ公（ヴァランス公爵）チェーザレ・ボルジアのような、強力な君主によるイタリア統一が必要だと考えるに至りました。

君主が善良で慈悲深い人間であることは称賛すべきだとしつつも、現実を見ればそうした君主は必ず没落するとして、愛される君主より恐れられる君主のほうが安全だといいます。人間は利己的で偽善的であり、たとえ従順に見えても利がなくなれば反逆しますが、君主を恐れていれば反逆しないからです。政治の決断には非情であってもぶれない姿勢が重要だと考えていたマキャヴェリは、その冷酷さで誰からも恐れられたボルジアこそ、理想的な君主像だとしたのです。

現代でもよく使われる「マキャヴェリズム」という言葉は、いかなる権謀術数であっても、政治目的のためなら許されるという考え方をいいます。今では単に「目的のためには手段を選ばない」という意味で使われる場合もありますが、本来は人間の本質を直視した、重要な倫理的問題を提起している言葉です。

また本書には、恩恵や賞罰の与え方、さまざまな人間集団をまとめる術、部下への接し方、他人との距離の取り方など、人間関係についても具体的に多くのことが記されています。

理想主義的な思想の強いルネサンス期に、人間の現実の姿を観察することで、政治は宗教や道徳から切り離して考えるべきであるという現実論を説いた本書は、当時の社会では画期的であった反面、その後、長い間、道義や倫理を無視した冷酷な権力論を説いたものと考えられてきました。

ところが18世紀になると、ルソーが『社会契約論』（→２５０頁参照）の中で、「王公に教えをたれるとみせかけて人民に偉大な教訓を与えた君主論は共和主義者の教科書」であるとして再評価されます。さらに、モンテスキューやヘーゲルも本書を支持したことで評価は一変し、マキャヴェリは「近代政治学の祖」と考えられるようになりました。

プロイセンのフリードリヒ大王は、ヴォルテールがマキャヴェリを賞賛したことに対して『反マキャヴェリ論』を書き、その反人道性を批判しましたが、実際には大王自身もマキャヴェリズムを駆使したといわれています。

経歴

ニッコロ・マキャヴェリ（1469年 - 1527年）は、イタリア・ルネサンス期の政治思想家、外交官。1498年、フィレンツェ共和国の第２書記局（軍事・外交担当）の長に就任し、多くの国と外交交渉を行う中で、チェーザレ・ボルジア（1475年 - 1507年）との交渉の最前線に立たされたことが、『君主論』執筆のきっかけとなった。なお、ボルジアは聖職者になるために育てられ、枢機卿にまで上り詰めたが、23歳の時に還俗しヴァランス公爵となった人物。1499年からロマーニャ地方統一に向けて進撃を開始。イモラ、フォルリ、チェゼーナ、ペーザロ、リミニ、ファノ、ファエンツァ、ボローニャ、ウルビーノ、カメリーノを支配下におき、ロマーニャ公爵となる。レオナルド・ダ・ヴィンチを土木建築技師として迎えて所領地の整備を進めるなど、イタリア統一を視野に入れていたが31歳で戦死。

参考図書

『わが友マキアヴェッリ：フィレンツェ存亡』塩野七生、『マキアヴェッリ語録』塩野七生、『チェーザレ・ボルジアあるいは優雅なる冷酷』塩野七生、『貞観政要』呉兢、『統治の書』ニザーム・アルムルク

『リヴァイアサン』

トマス・ホッブズ

『リヴァイアサン』(Leviathan)(1651年)は、イギリスの政治哲学者トマス・ホッブズ(1588年-1679年)が、絶対王政を合理化するために、従来の王権神授説に代わる、社会契約説という新たな国家構築の理論を唱えた政治哲学の古典です。

本書の正式な名称は、"LEVIATHAN OR The Matter, Forme, & Power OF A COMMON-WEALTH ECCLESIASTICALL AND CIVIL"(リヴァイアサンあるいは教会的および市民的なコモンウェルスの素材、形体、権力)です。リヴァイアサンというのは、『旧約聖書』「ヨブ記」に登場する海の怪物レヴィアタンの名から取ったもので、ここでは教会権力から解き放たれた最強の存在としての国家のことを指しています。本書の口絵に描かれている王冠を被ったリヴァイアサンは、政府に対して自らの自然権を譲渡した人々によって形作られています。

本書が執筆されたのは、ピューリタン革命の指導者だったオリバー・クロムウェルが政権を掌握して、後に国王となるチャールズ2世がフランスへ亡命していた時期であり、イギリス社会の混乱期でした。ホッブズは、ピューリタン革命から王政復古期にかけてのこうした混乱期に、デカルトの数学的方法で把握された機械論的自然観にならい、新しい人工的な国家理論の基礎づけを行おうとしたのです。

本書の前提として、ホッブズは、人間の自然状態は個人同士が互いに自然権を行使し合った結果としての「万人の万人に対する闘争」(the war of all against all)であるとします。こうした混乱状況を避け、人々が平和で安全に共生していくためには、人間が生まれながらに持つ自然権を国家(コモンウェルス)に対して譲渡するという契約を結ぶべきであるとします。これが社会契約説と呼ばれるものです。

いったん契約を結んで自然権を放棄した以上、各個人は全体を代表する国家という存在に服従することになります。この国家の意志を代表するのが主権者であり、それ以外の構成員は臣民（人民）ということになります。ここに国家と主権とが成立することになります。

ホッブズは、国家形態は3種類しかないとして、「代表者がひとりのとき、そのコモンウェルスは《君主制》（モナキィ）、また集まる意志のある全ての者の合議体のばあいは《民主政》（デモクラシィ）あるいは人民のコモンウェルス、そして一部の者の合議体のときは《貴族政》（アリストクラシィ）」といいます。そして、第一の形態に属する、全ての権力を一人の主権者に委ねる専制的支配こそが理想的な政治形態であるとしました。

こうして人々は、自然法に従って各人の自然権を一人の主権者に委ねることを契約しますが、この契約は自己保存の放棄でも暴力の放棄でもありません。主権者が全ての臣民の行動を統制できるわけではなく、法が沈黙する領域では臣民の行動は自由とされます。さらに、臣民は主権者の命令に従うことで自己保存が損なわれる場合には、逃亡による抵抗権が認められることになります。

ホッブズの理論を批判的に継承したのは、ロックとルソーです。ロックは『統治二論』（↓248頁参照）で、ホッブズとは異なる自然状態論から社会契約の枠組みで国家の規範理論の再検討を行い、ルソーは『社会契約論』（↓250頁参照）で、自由意志を持つ各個人の社会契約に基づいた国家のあり方を論じました。両者とホッブズとの違いは、ホッブズが自然状態において自然法が不完全であるとするのに対し、両者は自然状態においては、初めから自然法が貫徹されていると想定していることです。

経歴

トマス・ホッブズ（1588年 - 1679年）は、ピューリタン革命から王政復古期にかけてのイギリスの哲学者、政治学者。オックスフォード大学卒業後、キャベンディッシュ伯の息子の家庭教師となってヨーロッパ大陸を旅行したのを含め、複数回の大陸旅行を通じて哲学、政治、自然科学の素養を培った。『法の原理：人間の本性と政治体』が絶対王政を支持するものとして議会派から攻撃を受け、11年間にわたりパリで亡命生活を送った。この間、同じくパリに亡命中だった皇太子（後のチャールズ2世）の家庭教師でもあった。1660年の王政復古の後は、チャールズ2世の厚遇を受ける一方で、人間や国家も全てを機械論的因果性によって説明しようとしたことから、宗教界からは無神論者、共和派からは専制政治擁護者として激しい非難を受けた。

参考図書

『統治二論』ジョン・ロック、『社会契約論』ジャン＝ジャック・ルソー

『法の精神　上・中・下』岩波文庫/
野田良之、稲本洋之助、上原行雄、田中治男、三辺博之、横田地弘〔訳〕

『法の精神』

シャルル・ド・モンテスキュー

『法の精神』（仏：De l'esprit des lois）（1748年）は、フランスの思想家シャルル・ド・モンテスキュー（1689年－1755年）が著した政治哲学書です。

モンテスキューは、本書の調査・執筆のために20年以上を費やし、立憲主義、権力分立、奴隷制廃止、市民的自由の保持、法の規範など、多くの議論を展開しました。

さらに、政治体制はそれぞれの共同体固有の社会的・地理的特性を反映したものであるべきとして、特に憲法で君主の権力が制限されているイギリスの制限君主制を参考に、フランスの絶対王政を批判します。その上で、ロックの権力分立論を発展させる形で、政治権力を立法、行政、司法に三分割する「三権分立論」を主張しました。

本書は、政治体制として共和制、君主制、専制制を取り上げています。共和制については、相対的に広く市民的権利を拡張していく場合には民主主義的共和制になり、より狭く束縛しようとする場合には貴族政治的共和制になるとしています。また、君主制と専制制の区別については、統治者の権力を制約する中間勢力（貴族、聖職者）が存在する場合には君主制、存在しなければ専制制となるとして、江戸幕府も専制制の典型的な例として挙げられています。

モンテスキューの権力分立論は、貴族の役割を重視するものでしたが、民主主義政治においても適用可能なものであり、1788年のアメリカ合衆国憲法やフランス革命中の1791年憲法にも多大な影響を及ぼしました。

経歴

シャルル・ド・モンテスキュー（1689年 - 1755年）は、フランスの啓蒙思想家、法律家、歴史家。アカデミー・フランセーズ会員。法官貴族の家に生まれ、ボルドー大学で法学士となりパリに遊学。1716年に父方の伯父の遺言によってモンテスキュー男爵領とボルドー高等法院副院長の地位を継承。37歳でボルドー高等法院副院長の官職を辞職し、以後、学究生活に入る。

参考図書

『統治二論』ジョン・ロック

『コモン・センス』

トマス・ペイン

『コモン・センス』(Common Sense)（1776年）は、イギリス出身でアメリカの哲学者トマス・ペイン（1737年−1809年）が、フィラデルフィアにおいて匿名で出版した47ページのパンフレットです。

アメリカに入植した人々は、1775年のレキシントン・コンコードの戦いでイギリス政府軍に勝利した後も、依然として自治の拡大のみを唱えて独立に消極的でした。それに対して、ペインは、植民地の権利を守らないイギリスの支配から脱してアメリカが独立するという考えは「コモン・センス」（常識）であると平易な英文で説き、合衆国独立に向けて世論を鼓舞しました。

ペインは本書の中で、世界的に賞賛されているイギリス政治制度の実態は、世襲の君主をいただく君主制・貴族制的な要素を残した古いものだとして、入植者たちが信じていたイギリスの民主主義神話を真っ向から否定しました。その上で、独立によってこそ真に自由で民主的な国家をつくることができると主張します。また、イギリス経済からの離脱が経済に悪影響を与えるという懸念に対しては、独立によって自由貿易を採用すれば、合衆国経済は一層繁栄すると訴えました。

すでにアメリカ独立戦争が始まっていた中でも、当初は合衆国独立を支持するのは必ずしも多数派ではありませんでしたが、本書が3か月で12万部を売り上げ、最終的には50万部が売れたことで、合衆国独立に向けての気運は大いに盛り上がることになりました。

経歴

トマス・ペイン（1737年 - 1809年）は、イギリス出身のアメリカの哲学者、政治活動家、革命思想家。イギリスのセットフォードで、クウェーカー教徒のコルセット職人の子として生まれる。1774年、当時ロンドンにきていたアメリカの科学者ベンジャミン・フランクリンから紹介状をもらいアメリカに移住。フィラデルフィアでさまざまな職業を転々とした後、雑誌「ペンシルヴェニア・マガジン」の編集を任され、「コモン・センス」を発表した。

参考図書

『人間の権利』トマス・ペイン

『永遠平和のために』

イマヌエル・カント

『永遠平和のために』（独：Zum Ewigen Frieden: Ein philosophischer Entwurf）（1795年）は、イマヌエル・カント（1724年－1804年）が、永遠平和を確立するための条件を提示した政治哲学書です。

本書は、フランス革命への干渉を目的として始まった、フランス共和国とプロイセン王国との戦争の講和条約（バーゼルの和約）が締結された1795年に出版されました。18世紀のヨーロッパでは国家間の紛争が絶えず、バーゼルの和約も一時的なものに過ぎませんでした。こうした中で、カントは戦争が絶対に生じない永遠平和はどうしたら実現できるのかという根源的な課題に向き合いました。

本書は、永遠平和を確立するための条件を掲げた予備条項と、それを実現するための条件を掲げた確定条項から構成されています。

予備条項では、①将来の戦争を留保している平和条約、②継承・交換・買収・贈与による国家の取得、③常備軍（傭兵）の維持、④軍事国債の発行、⑤諸外国に対する軍事的な内政干渉、⑥外国に対する相互信頼を損なう行為、を禁止するための条項が列挙されています。これらは平和のための準備的な段階であり、確定条項では、①各国の政治体制が共和制であること、②国際法は自由な諸国家の連合制度に基礎を置くこと、③世界市民法は友好をもたらす諸条件に限定されなければならないこと、という具体的な条件が示されています。

本書に示された政治体制としての共和制の優位性と、それを国家間のレベルにまで広げた国家連合の枠組みは、第一次世界大戦後の国際連盟の設立や、戦争放棄を謳った日本国憲法第9条の成立に大きな影響を与えたとされています。

経歴

『純粋理性批判』（→254頁）参照

『戦争論』

カール・フォン・クラウゼヴィッツ

『戦争論』（独：Vom Kriege）（1832年）は、プロイセン王国の軍人カール・フォン・クラウゼヴィッツ（1780年－1831年）が著した、戦争と軍事戦略に関する著作です。

プロイセン軍の将校としてナポレオン戦争に参加したクラウゼヴィッツは、戦後、本書の著述に取り掛かりますが、結局、彼の死の翌年に発表されることになりました。

本書は、戦争の定義に始まり、「戦争の性質について」「戦争の理論について」「戦略一般について」「戦闘」「戦闘力」「防御」「攻撃」「作戦計画」の八つの部に分かれています。その最大の特徴は、「戦争とは他の手段をもってする政治の延長である」と定義づけた点です。

クラウゼヴィッツは、本書を通して、戦争というのは暴力性と政治性という二重構造の社会的現象だということを明らかにしました。すなわち、戦争とは拡大された決闘であり、この暴力の相互作用には限界がないため、最終的には完全に敵を打倒する絶対的戦争に至るとします。しかし、戦争における暴力の相互作用は、政治的、社会的、経済的、地理的な要因によって抑えられるため、こうした絶対的戦争は現実の戦史には見られないとします。つまり、戦争は政治に対して従属的な性質を持っているとして、殲滅戦争から武装監視に至るまで、政治はあらゆる戦争の形態を規定すると論じています。

本書は軍事戦略に関する最も重要な論文のひとつとされ、今日でも多くの士官学校で教材として取り上げられています。

経歴

カール・フォン・クラウゼヴィッツ（1780年－1831年）は、プロイセン王国の軍人（最終階級は少将）、軍事学者。

参考図書

『孫子』

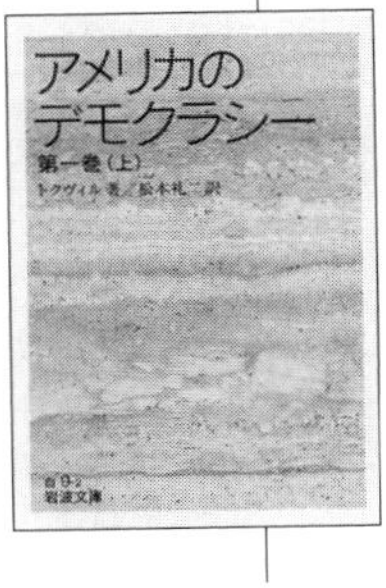

『アメリカのデモクラシー』

アレクシ・ド・トクヴィル

『アメリカのデモクラシー』(仏：De la démocratie en Amérique、英：Democracy in America)(第1巻：1835年、第2巻：1840年)は、フランスの法律家アレクシ・ド・トクヴィル(1805年－1859年)が、1830年代のアメリカの民主制について観察・記述した著作です。

トクヴィルは、アメリカの刑務所制度を研究するために、フランス政府の派遣で9か月間アメリカを旅して過ごし、その間に、アメリカの政治体制をはじめとしたあらゆる面について関心を持って記録を取りました。

本書では、なぜ多くの国では共和制の議会制民主主義が失敗しているのに、アメリカではうまくいっているのか、なぜアメリカでは民主主義が発達しているのに、革命後のフランスのように「多数者の専制」が生まれないのかを考察しています。民主主義を多数決の仕組みと捉えれば、多数派が少数派を排除することができ、20世紀に入ってドイツにおいてナチスが選挙を通じて全権を把握したように、民主主義的なプロセスによって特定の個人に権力を集中させることも可能だからです。

ヨーロッパと異なり、封建制や身分制の歴史がないアメリカでは、「平等」の原則が早くから実現しただけでなく、アメリカにおける住民自治の習慣や結社(アソシエーション)の存在から、「自由」も早くから定着していました。つまり、開拓期のアメリカでは、「平等」な住民同士が話し合いで物事を決める地方自治の習慣など、自己決定の「自由」が根づいていたのです。貴族制が崩壊しつつあった当時のヨーロッパを振り返ったトクヴィルは、もっとも完全かつ平和裏に革命が進行した例として、「アメリカの中にアメリカを超えるものを見た」と語っています。

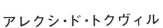

次にトクヴィルは、宗教が果たす役割の重要性を指摘します。人は心の拠り所がまったくない状態には耐え切れないため、「人間は信仰をもたないならば隷属を免れず、自由であるならば、宗教を信じる必要がある」といい、宗教がアメリカで強力な役割を果たしているとします。そして、これがアメリカにおける「多数者の専制」を防いでいると考えたのです。

他方、「平等の勝利が確実になるにつれて、この同じ平等が生ぜしめる自然の本能に少しずつ身を任せ、社会の力を強化し集権化したのである。彼らは最初こそ平等になれるように自由であらんと欲したが、自由の援《たす》けを得て平等が確立するにつれて、平等は彼らが自由を保持することを一層困難にした」といい、アメリカでも平等の進展は自由の存続を危うくし、その結果、「多数者の専制」を生み出す危険性があると指摘しています。

平等が広く社会に行き渡れば、個人を縛りつけておく障害はなくなり、人間関係は流動的になり、そのため、逆に人々は孤独に耐えられなくなり、自分を導いてくれるものを探し求めるようになります。結果として、個々人を代表して全体を掌握する後見的権力としての国家が強大になるということです。

これを今日のアメリカに照らし合わせると、これまで専制政治が顕在化しないように押さえつけていた「平等」と「自由」、そしてその担い手であった白人中間層が衰退し、また人々の支えとなっていた宗教心が希薄化して行く中で、「多数者の専制」の恐れがこれまでになく高まっていることが見て取れます。まさにこれが、今日のアメリカ政治の混乱と社会の分断として現れているといえるのではないでしょうか。

経歴

アレクシ・ド・トクヴィル（1805年 - 1859年）は、フランス人の政治思想家、法律家、政治家。裁判官、国会議員から外務大臣まで務め、フランスの三権（立法、行政、司法）全てに携わった。『アメリカのデモクラシー』は、ヨーロッパとアメリカの両方で評判になり、今日でも政治学、社会学、歴史学の古典的名著として参考にされており、アメリカの大学生の課題図書にも指定されている。

参考図書

『ファンタジーランド：狂気と幻想のアメリカ500年史』カート・アンダーセン、『西洋の自死：移民・アイデンティティ・イスラム』ダグラス・マレー、『アメリカ自由主義の伝統』ルイス・ハーツ、『リベラリズムはなぜ失敗したのか』パトリック・J・デニーン、『自由からの逃走』エーリッヒ・フロム

『共産党宣言』

カール・マルクス、フリードリヒ・エンゲルス

『共産党宣言』（独：Manifest der Kommunistischen Partei）（1848年）は、ドイツの社会思想家カール・マルクス（1818年－1883年）とその盟友フリードリヒ・エンゲルス（1820年－1895年）が共同執筆した、共産主義の勝利が歴史の必然であることを宣言し、労働者の団結を呼びかけた文書です。マルクス主義の文献の中でも、『資本論』（→142頁参照）と並び、最も広く読まれているもののひとつです。

本書は、1847年末の共産主義者同盟（ドイツの共産主義者がパリに亡命して作った追放者同盟）第二回大会の委託を受けて、共産主義者同盟の綱領として起草されたもので、翌年2月、フランスの二月革命（七月王政を倒して第二共和制を樹立した市民革命）直前にロンドンで発表されました。

オリジナルは全文わずか23ページの小冊子ですが、その後の労働運動の成果を反映して、1872年から1893年にかけて複数回にわたり、マルクスとエンゲルスの序文が付け加えられました。

マルクスとエンゲルスは、本書において人類史を俯瞰して、人間社会にも自然と同様に客観的な法則が存在しており、生産力の発展に応じて生産関係が移行していくという歴史発展観（史的唯物論）の立場から、歴史とはなにかを説明しました。

本書は、「ヨーロッパに幽霊が出る――共産主義という幽霊である。ふるいヨーロッパのすべての強国は、この幽霊を退治しようとして神聖な同盟を結んでいる、法皇とツァー、メッテルニヒとギゾー、フランス急進派とドイツ官憲。（中略）共産主義はすでに、すべてのヨーロッパ強国から一つの力と認められている」という有名な一文で始まっています。

さらに、「ブルジョアとプロレタリア」と名づけられた第1章は、「今日までのあらゆる社会の歴史は、階級闘争の歴史である」という書き出しで、ブルジョア資本主義形成の歴史を分析し、資本主義の帰結がなにをもたらすのかを明らかにしています。

すなわち、まず原始共産制の崩壊以後、人間社会の歴史は階級闘争の歴史であることを示します。そして、資本主義の発展の結果、ブルジョワジー（資本家階級）による経済の掌握、政治的支配権の獲得は揺るぎないものとなり、人民を支配し抑圧するようになるとします。その結果、ブルジョワジーとプロレタリアート（労働者階級）の階級闘争は次第に激化し、最終的にプロレタリアートはブルジョワジーに勝利して革命が成立します。これは、ブルジョアジーの支配からプロレタリアートが解放されるだけでなく、社会から階級支配そのものがなくなることを意味しています。こうして、資本主義は自らが生み出したプロレタリアートにより打倒され、歴史的時代区分としての資本主義の時代が終焉を迎えるということです。

最後にマルクスは、共産主義の勝利と人間の解放が歴史の必然であるとして、次のように、労働者の国際的団結を呼びかけています。

「共産主義者は、これまでのいっさいの社会秩序を強力的に転覆することによってのみ自己の目的が達成されることを公然と宣言する。支配階級よ、共産主義革命のまえにおののくがいい。プロレタリアは、革命においてくさりのほか失うべきものをもたない。かれらが獲得するものは世界である。万国のプロレタリア団結せよ！」

２０１３年、本書と『資本論』第１巻の初版は、国際連合教育科学文化機関（ＵＮＥＳＣＯ）の世界の記憶に登録されました。

経歴

カール・マルクスについては『資本論』（→142頁）参照。

フリードリヒ・エンゲルス（1820年 - 1895年）は、ドイツの社会思想家、政治思想家、ジャーナリスト、実業家、共産主義者、軍事評論家、革命家、国際的な労働運動の指導者。盟友であるマルクスと協力して科学的社会主義の世界観を構築し、労働者階級の歴史的使命を明らかにした。マルクスを公私にわたり支え、世界の労働運動、革命運動、共産主義運動の発展に指導的な役割を果たした。

参考図書

『資本論』カール・マルクス、『人新世の「資本論」』斎藤幸平

『自由論』

ジョン・スチュアート・ミル

『自由論』(On Liberty)(1859年)は、イギリスの社会思想家ジョン・スチュアート・ミル(1806年-1873年)が、個人にとって自由とはなにか、国家が個人に対して行使する権力の限界とはなにかについて著した政治学書です。

ミルは、自由は個人の発展に必要不可欠であり、人が本当に人間らしくあるためには、自由に考え、自由に話せることが必要だとします。ここでいう自由とは、特に国家権力に対する個人の自由です。文明が発展するためには個性と多様性、そして天才が保障されなければならないとして、これを妨げる国家権力が正当化されるのは、他人に実害を与える場合に限られるという「危害の原理」を唱えました。

他方でミルは、参政権の拡大による民主主義は、大衆による「多数派の専制」をもたらす危険性があることも警戒しました。ジェレミ・ベンサムの「最大多数の最大幸福」という原理に基づきながら、ベンサムが対象としなかった「快楽の質」という意味での「質的功利主義」を提唱して、『功利主義論集』の中で、「満足した豚よりも不満を抱えた人間の方がよく、満足した愚か者よりも不満を抱えたソクラテスの方がよい」という有名な一文を残しています。

ミルの思想は、その後のリベラリズム(自由主義)とリバタリアニズム(自由至上主義)に大きな影響を与えています。

経歴

ジョン・スチュアート・ミル(1806年 - 1873年)は、イギリスの政治哲学者、社会思想家。父のジェームズ・ミルはベンサムと深い交流を持っており、父を通じてベンサムの功利主義を受け継いだ。ミルの業績は多岐にわたり、政治哲学においてはリベラリズムやリバタリアニズムのみならず、社会民主主義の思潮にも大きな影響を与えた。倫理学においてはベンサムの唱えた功利主義の擁護者として知られるほか、論理学においてはバートランド・ラッセルらの分析哲学にも影響を与え、初期科学哲学の哲学者として知られる。リカード後の古典派経済学の代表的な経済学者でもあり、ミルの書いた『経済学原理』は、マーシャルの『経済学原理』の登場まで古典派経済学の代表的な教科書であった。

参考図書

『経済学原理』ジョン・スチュアート・ミル、『大学教育について』ジョン・スチュアート・ミル、『アメリカのデモクラシー』アレクシ・ド・トクヴィル、『資本主義と自由』ミルトン・フリードマン

『贈与論』

マルセル・モース

『贈与論』（仏：Essai sur le don: forme et raison de l'échange dans les sociétés archaïques）（1925年）は、フランスの文化人類学者マルセル・モース（1872年－1950年）が著した、贈与と交換に関する先駆的研究書で、原書には「アルカイックな社会における交換の形態と理由」という副題がついています。

モースは、ポリネシア、メラネシア、アメリカ北西部の民族学の資料や、古代ローマ、古代ヒンドゥー、ゲルマンの法や慣行を詳細に調べました。特に、ポトラッチ（太平洋岸北西部先住民族に広く見られる富の再分配のための贈答慣行）やクラ（パプア・ニューギニアのマッシムと呼ばれる地域の島々で行われる装飾品の交換制度）などの社会慣習の研究から、贈与や交換が単なる経済原則を超えたものであることを示しました。

モースはさらに、社会保険、相互扶助組織、職業団体など、贈与と交換によって現代の社会制度を活性化させる方法を考察します。贈与と交換のシステムは、社会集団の宗教的、法的、道徳的、審美的、政治的、経済的な側面が同時に現れる現象で、いずれかひとつには還元できない「全体的社会的事象」であるとして、これが社会制度を活性化させていると考えました。

モースの研究は、モーリス・ゴドリエ、アネット・ワイナー、マリリン・ストラザーンらの人類学者に継承されました。また、贈与と交換のシステムが「全体的社会的事象」であるという概念は、ジョルジュ・バタイユやジャック・デリダなど、後の思想家たちに大きな影響を与えることになりました。

経歴

マルセル・モース（1872年 - 1950年）は、フランスの社会学者、文化人類学者。ロレーヌ出身で、社会学者のエミール・デュルケームの甥にあたる。デュルケームを踏襲し、「原始的な民族」とされる人々の宗教社会学、知識社会学の研究を行った。『贈与論』はポトラッチやクラなどの交換体系の分析を通じて、宗教、法、道徳、経済の諸領域に還元できない「全体的社会的事実」の概念を打ち出し、クロード・レヴィ=ストロースの構造人類学に大きな影響を与えた。

参考図書

『西太平洋の遠洋航海者』ブロニスワフ・マリノフスキ

『大衆の反逆』ちくま学芸文庫/神吉敬三［訳］

『大衆の反逆』

ホセ・オルテガ・イ・ガセット

『大衆の反逆』（西：La rebelión de las masas）（1929年）は、スペインの哲学者ホセ・オルテガ・イ・ガセット（1883年－1955年）が著した、大衆社会論における代表的な著作です。大衆社会論とは、近代市民社会から現代大衆社会へ移行した際に出現した「大衆」（mass-man）の役割と意義を論じる社会理論です。

本書は、次のような文章で始まります。「そのことの善し悪しは別として、今日のヨーロッパ社会において最も重要な一つの事実がある。それは、大衆が完全な社会的権力の座に登ったという事実である。大衆というものは、その本質上、自分自身の存在を指導することもできなければ、また指導すべきでもなく、ましてや社会を支配統治するなど及びもつかないことである。」

オルテガは、「大衆」という言葉からイメージされる当時の下層労働者階級ではなく、かつての貴族を含む社会の上層階級にも下層階級にも大衆は存在するといいます。つまり、「大衆」というのは、欲求だけを持っていて自らに義務を課す高貴さを欠いた「平均人」のことであり、自分は「すべての人」と同じであると感じ、他の人々と同一であることに喜びを見出している人のことです。

そうした意味で、近代化に伴い台頭してきたブルジョアジー（有産階級）の専門家（技師、医者、財政家、教師等）、その中でも特に、科学者こそが狭い世界に閉じこもった大衆人の典型であり、「近代の未開人」「近代の野蛮人」であると、オルテガは激しく批判しています。

そして、「大衆の反逆」とは、20世紀になって圧倒的な多数となった大衆が社会的権力の座に登り、支配権を持つようになったことだとして、今日の特徴は、「凡俗な人間が、おのれが凡俗であることを知りながら、凡俗であることの権利を敢然と主張し、いたるところでそれを貫徹しようとするところにある」と語っています。つまり、大衆の反逆とは、「人類の根本的な道徳的退廃に他ならない」のです。

オルテガは、「大衆」の対極に「貴族」を置きます。過去から受け継がれ生活に根づいた知を身につけ、自分と異なる他者と共存しようとする我慢強さや寛容さを持ち、自らに課せられた制約を積極的に引き受けてその中で能力を発揮することを旨とするリベラリズム（自由主義）を身につけている人こそが、オルテガにとっての「貴族」でした。

そして、「政治において、最も高度な共存への意志を示したのは自由主義的デモクラシー」であり、これは「隣人を尊重する決意を極端にまで発揮したもの」「至上の寛容さ」「多数者が少数者に与える権利」なのだとして、リベラリズムを積極的に擁護します。

オルテガがリベラルに対立する存在として捉えたのは、ファシズム（全体主義）でありボリシェヴィズム（マルクス・レーニン主義）でした。彼はこれらを人類の歴史的文化を放棄した「野蛮性への後退」だとして厳しく批判しました。

本書が出版された当時は、スペインでは軍事独裁政権が続いており、またマルクス・レーニン主義を掲げたソ連が成立し、ドイツではナチスのファシズムが台頭し始めた時期でもありました。こうした時代背景の中で、社会の大衆化に警鐘を鳴らした本書は出版と同時にベストセラーになり、各国で翻訳・出版されました。

経歴

ホセ・オルテガ・イ・ガセット（1883年-1955年）は、スペインの哲学者。マドリード大学で哲学博士号を取得した後、カント研究のためにドイツに留学。帰国後、マドリード大学の形而上学教授に就任し、評論家としても活動。スペイン内戦後は、フランス、アルゼンチンなどに亡命し、帰国後は、著作活動を通してスペインの知的復興に力を尽くした。「輪転機の上に生まれ落ちた」といわれるほど一族には出版関係者が多く、父親はスペインの有力新聞の編集主幹、母親はその新聞創立者の娘。オルテガの関心は形而上学にとどまらず、その著述は、文明論や国家論、文学や美術など多岐にわたっている。自らの思想を体系的に構築しようとはせず、「明示的論証なき学問」と呼び、エッセイや啓蒙的な論説や一般市民を対象とした公開講義などによって思想を表現した。

参考図書

『孤独な群衆』デイヴィッド・リースマン、『自由からの逃走』エーリヒ・フロム、『全体主義の起原　1反ユダヤ主義／2帝国主義／3全体主義』ハンナ・アーレント、『監獄の誕生：監視と処罰』ミシェル・フーコー

『ひとはなぜ戦争をするのか』

アルベルト・アインシュタイン、ジークムント・フロイト

『ひとはなぜ戦争をするのか』(Why War?: The Correspondence between Albert Einstein and Sigmund Freud)(1932年)は、「現代物理学の父」アルベルト・アインシュタイン(1879年－1955年)と「精神分析学の父」ジークムント・フロイト(1856年－1939年)の間で交わされた書簡です。第二次世界大戦に突入する混乱期の中で陽の目を見ることとなく、2000年になってようやく出版されました。

1932年、当時の国際連盟がアインシュタインに、「今の文明でもっとも大事だと思われる事柄を取り上げ、一番意見を交換したい相手と書簡を交わして下さい」という依頼をしました。これに対して、アインシュタインが取り上げたテーマは「ひとはなぜ戦争をするのか?」で、議論の相手に選んだのが人の心の専門家フロイトでした。

当時、アインシュタインは53歳、フロイトは76歳。ともにユダヤ人であり、ナチスドイツが勢力を拡大しつつある中、アインシュタインはアメリカへ、フロイトはイギリスへ亡命を余儀なくされていました。

この書簡で、アインシュタインは、次のように問い掛けています。

「数世紀ものあいだ、国際平和を実現するために、数多くの人が真剣な努力を傾けてきました。しかし、その真摯な努力にもかかわらず、いまだに平和が訪れていません。とすれば、こう考えざるを得ません。人間の心自体に問題があるのだ。人間の心のなかに、平和への努力に抗う種々の力が働いているのだ。(中略)答えは一つしか考えられません。人間には本能的な欲求が潜んでいる。憎悪に駆られ、相手を絶滅させようとする欲求が！(中略)人間の心を特定の方向に導き、憎悪と破壊という心の病に冒されないようにすることはできるのか?」

これに対して、フロイトは次のように答えました。

「この破壊欲動に理想への欲動やエロス的なものへの欲動が結びつけば、当然、破壊欲動を満たしやすくなります。過去の残酷な行為を見ると、理想を求めるという動機は、残虐な欲望を満たすための口実にすぎないのではないかという印象を拭い切れません。（中略）当面のテーマとの関連で言えば、こういう結論です。『人間から攻撃的な性質を取り除くなど、できそうにもない！』（中略）ともあれ、あなたもご指摘の通り、人間の攻撃性を完全に取り除くことが問題なのではありません。人間の攻撃性を戦争という形で発揮させなければよいのです。（中略）文化の発展が人間に押しつけたこうした心のあり方――これほど、戦争というものと対立するものはほかにありません。（中略）戦争への拒絶は、単なる知性レベルでの拒否、単なる感情レベルでの拒否ではないと思われるのです。少なくとも平和主義者なら、拒絶反応は体と心の奥底からわき上がってくるはずなのです。」

つまり、「文化の発展を促せば、戦争の終焉へ向けて歩みだすことができる！」というのが、フロイトの示した回答でした。人間には本能的に破壊欲動が備わっていて、それを取り除くことはできませんが、それが発動しないように制御することは可能だというのです。

本書は非常に短いやり取りですが、物理学と精神分析学の大家同士の対話は極めて内容が濃く、人間の本質と文化の持つ意味について深く考えさせられます。

また、翻訳版における巻末の養老孟司（解剖学者）と斎藤環（精神科医）の二人の解説も秀逸です。

経歴

アルベルト・アインシュタイン（1879年‐1955年）は、ドイツ生まれの理論物理学者。それまでの物理学の認識を根本から変え、「20世紀最高の物理学者」「現代物理学の父」と評される。特殊相対性理論および一般相対性理論、相対性宇宙論、ブラウン運動の起源を説明する揺動散逸定理、光量子仮説による光の粒子と波動の二重性、アインシュタインの固体比熱理論、零点エネルギー、半古典型のシュレーディンガー方程式、ボーズ=アインシュタイン凝縮などを提唱した。光量子仮説に基づく光電効果の理論的解明によってノーベル物理学賞を受賞。

ジークムント・フロイトについては、『精神分析入門』（→266頁）参照。

参考図書

『自伝　土と炎の迷路』加藤唐九郎

『新版　全体主義の起原　1～3』みすず書房/大久保和郎［訳］
『新版　エルサレムのアイヒマン』みすず書房/大久保和郎［訳］

『全体主義の起原』『エルサレムのアイヒマン』

ハンナ・アーレント

『全体主義の起原　1反ユダヤ主義／2帝国主義／3全体主義』(The Origins of Totalitarianism)（1951年）は、ドイツ系ユダヤ人政治哲学者ハンナ・アーレント（1906年－1975年）が全体主義について考察した政治哲学書です。

アーレントは、身をもって経験した全体主義という支配体制の出現をきっかけに、政治についての思索を始めました。そして、全体主義はいかにして起こり、なぜ止められなかったのかを、歴史的考察によって解明しようと試みました。

本書は、「反ユダヤ主義」「帝国主義」「全体主義」の3部構成になっています。「反ユダヤ主義」では19世紀に生まれた反ユダヤ主義という現象、「帝国主義」では19世紀末から第一次世界大戦までの帝国主義と国民国家の崩壊、「全体主義」では20世紀のイタリアやドイツで出現した全体主義の台頭と支配がテーマになっています。

アーレントは、19世紀のナポレオン戦争後に生まれた国民国家は、言語、歴史、文化的同質性に立脚した集団であり、これが従来のユダヤ人に対する反感とは異質の反ユダヤ主義を生み出したといいます。

そして、この国民国家に大きな影響を与えたのが19世紀末に発展した資本主義です。資本主義経済が世界に広がる中で、イギリスやフランスなど力による征服を通じて海外に植民地を求める海外帝国主義が出現しました。これに対して、ドイツやロシアは海外展開に遅れをとったため、欧州大陸の中に植民地を求める大陸帝国主義の道をたどります。海外への膨張を遮られた大陸帝国主義は、次第に民族的ナショナリズムと人種主義の色彩を強めていきます。

さらに、20世紀に入ると階級社会と階級意識が消失し、それまでの市民社会に対して大衆社会が出現します。大衆は政治的・公的問題に無関心であり、嘘であっても分かりやすい世界観を示してくれる全体主義を支持します。そうしたことから、アーレントは、全体主義運動は大衆運動であると指摘します。

アーレントは、「強制収容所は死そのものをすら無名なものとすることで（中略）死というものがいかなる場合にも持つことのできた意味を奪った」といいます。つまり、ユダヤ人強制収容所は、全体主義の世界観を証明するための手段だったと考えたのです。

このように、本書においてアーレントは、全体主義の起原が西欧の近代の歴史と深く結びついているということを明らかにしました。

『エルサレムのアイヒマン：悪の陳腐さについての報告』(Eichmann in Jerusalem: A Report on the Banality of Evil)（1963年）は、アーレントが雑誌「ザ・ニューヨーカー」に連載した、ゲシュタポ（秘密警察）のユダヤ人移送局長官だったアドルフ・アイヒマンの裁判記録です。

アイヒマンは「ユダヤ人問題の最終的解決」（ホロコースト）のために、数百万人ものユダヤ人のアウシュヴィッツ強制収容所（収容所所長はルドルフ・ヘス）への移送を指揮しました。第二次世界大戦後はアルゼンチンで逃亡生活を送っていましたが、1960年にモサド（イスラエル諜報特務庁）によってイスラエルに連行され、「人道に対する罪」「平和に対する罪」で裁判にかけられ有罪となり、絞首刑に処せられました。本書は、1961年にエルサレムで始まった公開裁判をアーレント自身が傍聴し、アイヒマンが処刑されるまでの経緯について記したものです。

この裁判でアイヒマンは、ユダヤ人迫害について大変遺憾に思うと述べたものの、自分の行為については、ただ命令と法に従って義務を果たしただけだとして無罪を主張しました。それまでアイヒマンを悪の権化のような存在に違いないと想像していた人々は、実際のアイヒマンが小役人に過ぎず、ユダヤ民族に対する憎悪からではなく、与えられた任務を果たそうとした結果、この恐るべき罪を犯したことに大変戸惑います。

アーレントは、アイヒマンについて、「彼は自分のしていることがどういうことか全然わかっていなかった。（中略）完全な無思想性——これは愚かさとは決して同じではない——、それが彼があの時代の最大の犯罪者の一人になる素因だったのだ」と表現しました。その上で、「このような現実離反と無思想性は、人間のうちに恐らくは潜んでいる悪の本能のすべてを挙げてかかったよりも猛威を逞《たくま》しくすることがある」として、「無思想性と悪とのこの奇妙な相互関連」について「陳腐」という言葉を用いて警鐘を鳴らしています。

アーレントは本書の中で、イスラエルは裁判権を持っているのか、アルゼンチンの国家主権を侵してアイヒマンを連行したのは正しかったのか、国際法上の「平和に対する罪」に明確な定義はなく、裁判そのものに正当性はあったのかなどの疑問を提起しました。さらに、ユダヤ人でさえもユダヤ人ゲットーの評議会指導者のようにホロコーストへの責任を負う者さえいたと指摘し、ソ連によるポーランド人虐殺（カチンの森事件）や、アメリカによる広島・長崎への原爆投下が裁かれないことまでも批判しました。

本書を発表したことで、アーレントは、ユダヤ人社会やイスラエルのシオニスト（イスラエルの地（パレスチナ）に故郷を再建しようというユダヤ人の運動）たちから、「ナチズムを擁護した」と激しく糾弾されることになります。

このように、アーレントが、ナチスの親衛隊将校だったアイヒマンがどこにでもいそうな陳腐な人間として描き、「政治においては服従と支持は同じだ」として「誰もが悪をなしうる」と指摘したことは、人々に大きな衝撃を与えました。

経歴

ハンナ・アーレント（1906年 - 1975年）は、ドイツ系ユダヤ人の政治哲学者。全体主義を生みだす大衆社会の分析で知られる。1924年、マールブルク大学でマルティン・ハイデッガー、ハイデルベルク大学でカール・ヤスパース、フライブルク大学でエトムント・フッサールに学ぶ。ナチスが政権を獲得しユダヤ人迫害が起こる中、反ユダヤ主義の資料収集やドイツから他国へ亡命する人を援助する活動に従事する。1933年にナチスが政権を獲得するとフランスに亡命。第二次世界大戦が始まり、1940年にフランスがドイツに降伏すると、1941年にアメリカに亡命。バークレー、シカゴ、プリンストン、コロンビア各大学の教授・客員教授などを歴任。1967年、ニュー・スクール・フォー・ソーシャル・リサーチの哲学教授に任命される。

参考図書

『人間の条件』ハンナ・アーレント、『夜と霧』ヴィクトール・フランクル、『大衆の反逆』ホセ・オルテガ・イ・ガセット

『私には夢がある』新教出版社/
クレイボーン・カーソン、クリス・シェパード［編］/梶原寿［監訳］

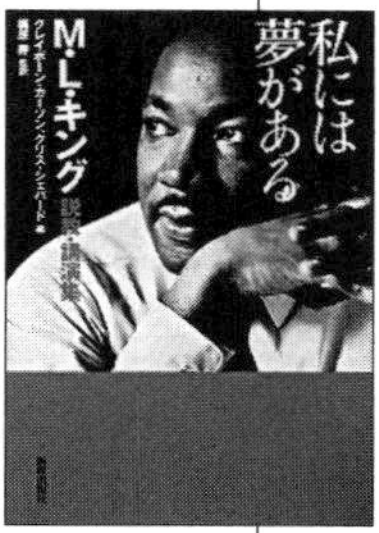

『私には夢がある』

マーティン・ルーサー・キング・ジュニア

『私には夢がある』（I Have a Dream）（1963年）は、アメリカのプロテスタント・バプテスト派の牧師マーティン・ルーサー・キング・ジュニア（1929年－1968年）が、人種平等と差別の終焉を呼びかけた演説集です。

アメリカ各地で公民権運動が盛り上がりを見せる中で、キング牧師は、首都ワシントンD．C．でエイブラハム・リンカーンの奴隷解放宣言100年を記念する集会を開催しました。1963年8月28日に行われたワシントン大行進は、参加者が20万人を超える大規模なものとなりました。リンカーン記念館の階段上で行われた演説の終盤に、ゴスペル歌手のマヘリア・ジャクソンが「あなたの夢をみんなに伝えて」と叫んだことを受けて、キング牧師はあらかじめ用意していた演説の締めくくりの部分を読まずに、"I Have a Dream"と即興で語り始め、人種差別の撤廃と人種の協和という理想を訴えました。

この演説は、アメリカ国内のみならず世界的にも高く評価され、1961年1月20日のジョン・F・ケネディの大統領就任演説と並び、20世紀のアメリカを代表する名演説とされています。

キング牧師を先頭に行われた熱心な公民権運動の結果、アメリカ国内の世論も盛り上がりを見せ、リンドン・ジョンソン政権下の1964年7月2日に公民権法が制定されました。これにより、建国以来200年近くにわたり、アメリカで行われてきた法による人種差別が終わりを告げることになりました。

経歴

マーティン・ルーサー・キング・ジュニア（1929年 - 1968年）は、アメリカのプロテスタント・バプテスト派の牧師。マーティン・ルーサーの名前は、宗教改革を始めたマルティン・ルターに因んでつけられた。キング牧師の名で知られ、アフリカ系アメリカ人公民権運動の指導者として活動した。公民権運動に対する多大な貢献が評価され、「アメリカ合衆国における人種偏見を終わらせるための非暴力抵抗運動」を理由に、1964年度のノーベル平和賞を受賞。1968年4月4日、遊説活動中のテネシー州メンフィス市内にあるモーテルで打ち合わせ中に撃たれ死亡。墓標には「ついに自由を得た」と刻まれている。

参考図書

『ケネディ大統領演説集』長谷川潔

『離脱・発言・忠誠』MINERVA人文・社会科学叢書/矢野修一［訳］

『離脱・発言・忠誠』

アルバート・ハーシュマン

『離脱・発言・忠誠：企業・組織・国家における衰退への反応』(Exit, Voice, and Loyalty: Responses to Decline in Firms, Organizations, and States)（１９７０年）は、ドイツ出身の政治経済学者アルバート・ハーシュマン（１９１５年－２０１２年）が、組織における人間の行動原理を明らかにした社会科学の古典です。

ハーシュマンは、企業と消費者・株主・従業員の関係など、組織に所属する個人が直面する問題に対してとり得る行動を、「離脱」「発言」「忠誠」の三つに整理しました。

組織に不満を抱いたメンバーの反応のひとつが、商品の変更、株式の売却、退職などの「離脱」です。組織のメンバーをやめて、ポジティブな意味で逃げることです。クレーム、内部告発、ストライキなどの手段を用いて不満を表明するのが「発言」です。組織のメンバーであり続けながら、声を上げて中から変化を促すことです。「忠誠」は、「離脱」や「発言」の前提となるもので、メンバーの反応の仕方やその影響力は、彼らが抱く「忠誠」の度合いによって左右されます。そして、組織の意思決定者がこうした反応を通して問題を感知し、それに応えることによって、組織の問題点は改善されていくということです。

ハーシュマンは、フリードマン（→１６８頁参照）が学校から自由に「離脱」できるとして提唱した教育バウチャー制の導入を例に挙げて批判しています。それは、フリードマンの主張には、その学校にとどまって「発言」し、問題を改善することもできるという視点が欠落していたからです。

経歴

アルバート・ハーシュマン（1915年 - 2012年）は、ドイツ生まれの政治経済学者。専門は政治経済学、開発経済学。フリードリヒ・ヴィルヘルム大学に進学したが、ユダヤ系だったことからナチスの政権獲得に伴いフランスに移り、パリ、ロンドンで学んだ後、トリエステ大学で経済学博士号を取得。1940年にはフランス軍に従軍するが、フランスがドイツに占領された後、ポルトガルに脱出し、アメリカに渡りカリフォルニア大学バークレー校で研究生活に入る。イェール大学リサーチ教授、コロンビア大学国際経済学教授、ハーバード大学政治経済学教授を経て、プリンストン高等研究所教授を務めた。

参考図書

『資本主義と自由』ミルトン・フリードマン

『定本　想像の共同体』書籍工房早山/白石隆、白石さや［訳］

『想像の共同体』

ベネディクト・アンダーソン

『想像の共同体：ナショナリズムの起源と流行』(Imagined Communities: Reflections on the Origin and Spread of Nationalism)（1983年）は、アメリカの政治学者ベネディクト・アンダーソン（1936年－2015年）が、近代国民国家成立の過程を明らかにした著作です。

アンダーソンは、まず国民国家が成立する以前の段階に注目し、宗教的共同体と王国が社会の組織化のために果たした役割を考察します。そして、国民《ネーション》という政治共同体は、言語によって想像された新しい共同体であるとして、国民主義《ナショナリズム》が18世紀ヨーロッパで生まれ、それが今日の世界的な制度となった過程を考察します。

アンダーソンは、ナショナリティとナショナリズムは文化的人造物であり、「国民とはイメージとして心に描かれた想像の政治共同体《イマジンド・ポリティカル・コミュニティ》である――そしてそれは、本来的に限定され、主権的なもの〔最高の意思決定主体〕として想像される」といいます。

そして、そのような集合的な想像を可能にしたのが、資本主義の成立とそこにおける出版産業の発展（出版資本主義）だと考えました。大航海時代に外国語が発見されたことで、自国の言語との比較研究が盛んになると同時に、自国語によるメディア（新聞、雑誌、政治パンプレット等）を通じた、愛国心というイデオロギーが作り出されたということです。

経歴

ベネディクト・アンダーソン（1936年 - 2015年）は、中国・昆明生まれのアメリカの政治学者、コーネル大学政治学部教授。専門は、東南アジアの地域研究と比較政治で、インドネシアの独立と革命の研究で博士号を取得している。弟のペリー・アンダーソンも西欧マルクス主義の代表的歴史学者として知られる。

参考図書

『家族・私有財産・国家の起源』フリードリヒ・エンゲルス、『全体主義の起原　1 反ユダヤ主義／2帝国主義／3全体主義』ハンナ・アーレント

『FACT FULNESS』

ハンス・ロスリング、オーラ・ロスリング、アンナ・ロスリング・ロンランド

『FACTFULNESS：10の思い込みを乗り越え、データを基に世界を正しく見る習慣』(Factfulness: Ten Reasons We're Wrong About the World—and Why Things Are Better Than You Think)（2018年）は、スウェーデンの公衆衛生学者ハンス・ロスリング（1948年－2017年）と息子のオーラ、その妻のアンナが、事実を基に判断することの重要性を訴えた著作です。タイトルの“factfulness”はロスリングの造語で、主観ではなく事実に基づいて見るという世界観を指しています。

マイクロソフトの創業者ビル・ゲイツが、「これまで読んできた中で最も重要な本のひとつ」として、2018年にアメリカの大学を卒業する学生全員に、本書の電子版をプレゼントすることを決めました。ゲイツは自身のブログで、これまで自分が「先進国」や「発展途上国」という言葉を使ってきたが、本書との出会いで、そうした単純なレッテル貼りは無意味であることに気づいたと語っています。

ロスリングは、我々に世界についての新しい見方を提示してくれます。たとえば、世界の70億人を四つのグループに分けます。1日2ドル以下で暮らすレベル1が10億人、1日2－8ドルで暮らすレベル2が30億人、1日8－32ドルで暮らすレベル3が20億人、1日32ドル以上で暮らすレベル4が10億人というのが現状の姿です。

レベル1の極端に貧しい人々は、1日2ドル以下で生活をしており、靴を買うこともできません。食事は焚《た》き火で作り、水を運ぶことに1日の大半を費やし、夜は家族一緒に土間で寝るという生活です。このレベル1の割合が、20年前には約30％だったものが、現在では15％以下になっているのです。ということは、この20年で10億人近くが極端な貧困から脱したことになります。

このように事実を見てみると、現実の世界は「先進国」と「発展途上国」の二つに分かれているのではなく、その中間層がマジョリティを占めているということが分かります。

我々は往々にして悪いニュースには目が向きますが、良いニュースは無視しがちです。恐怖にとらわれてしまう、人間の「恐怖本能」が事実の認識を歪め、リスクを過大評価して物事を実態よりも悪く見てしまうからです。

ロスリングは、そのように人間が持つ本能を、「分断本能」「ネガティブ本能」「直線本能」「恐怖本能」「過大視本能」「パターン化本能」「宿命本能」「単純化本能」「犯人捜し本能」「焦り本能」という10種類に分けて取り上げ、バイアスを取り除いて、事実に基づく認識ができるようになるにはどうすれば良いのかを考察しています。

本書の冒頭には、「もし3分の1以上正解できたら、あなたはチンパンジーより世界が分かっている」という類の13の質問がついています。3択形式ですから、チンパンジーでも3分の1は正解するはずなのに、何千人にもテストした結果、学生でも社会人でも正解率は同じく2割程度だったそうです。

一例を挙げると、第1問は、「低所得国で初等教育を受けている女性の割合は？」という問いです。解答の選択肢は、A＝20％、B＝40％、C＝60％の三つで、正解はCです。

このように、世界は今、急速な進歩を遂げており、我々の住む世界は、歴史上類がないほど豊かで、安全で、平和になっています。それにも関わらず、新聞、テレビ、インターネットなどのメディアや政治家たちが、誤った世界観が広がるのを助長しているというのがロスリングの主張なのです。

経歴

ハンス・ロスリング（1948年 - 2017年）は、スウェーデン出身の医師、公衆衛生学者。2005年に息子のオーラとその妻アンナとともにギャップマインダー財団を設立。自由にアクセスできる公共統計の利用と理解を広めることで、「事実に基づいた世界観（fact-based world view）」を広めるために、国際統計をインタラクティブに楽しめるソフトウェアTrendalyzerを開発した。

参考図書

『21世紀の啓蒙：理性、科学、ヒューマニズム、進歩』スティーブン・ピンカー

第4章

歴史 文明 人類

現生人類が属するホモ・サピエンスの起源には、「アフリカ単一起源説」と「多地域進化説」があります。現在では、非現生人類のホモ・サピエンスは20万年前から10万年前にかけてアフリカで現生人類へ進化した後、6万年前にアフリカを離れて世界各地へ広がったという単一起源説が主流です。

文明の基礎となる農耕は、オリエントの肥沃な三日月地帯で約1万1千年前に始まり、最初の文字である楔形文字は、紀元前3200年頃にメソポタミアで発明されたとされています。

社会学者の橋爪大三郎は、現在まで残っている文明として、ヨーロッパが中心でキリスト教がベースの「ヨーロッパ・キリスト教文明」、中東が中心でイスラム教がベースの「イスラム文明」、ヒンドゥー教がベースのインドの「ヒンドゥー文明」、儒教がベースの中国の「儒教文明」の四つを挙げています。

マルクスは、「人間は過去から受け継がれた環境の下で、自分自身の歴史を作る」といいました。また、E・H・カーは、『歴史とは何か』で、「後世に認識された歴史は、客観性に対する疑念から免れない」と指摘しています。人類の文明史についての歴史観のひとつに「世界四大文明」がありますが、これは、歴史上、メソポタミア文明、エジプト文明、インダス文明、中国文明という四大文明が最初に起こり、以降の文明はこの流れをくむとする仮説です。

また、20世紀前半まで圧倒的に主流を占めたのは、「劣った野蛮」に対する「優れた文明」という見方で文明を定義するものです。近代西欧における「歴史の進歩」という考えは、未開から段階を踏んで高度な文明に達するという時間的区別と、文明的西欧、半未開あるいは半文明のアジア諸国、未開のその他地域という地理的区別とを重ね合わせました。

こうした西洋中心の偏った見方に修正を迫ったのが、トインビーの『歴史の研究』やケネス・ポメランツの『大分岐：中国、ヨーロッパ、そして近代世界経済の形成』などの巨視的な歴史観です。近年では、地域ごとの縦割りの歴史把握ではなく、地球的規模で地域や人間集団の相互連関を通して新たな世界史を構築しようという「グローバルヒストリー」という研究分野が生まれ、それまでの西洋中心史観を改め、数百年にわたる動向に注目した地域横断的な歴史研究が行われています。

また、ジャレド・ダイアモンドの『銃・病原菌・鉄：一万三〇〇〇年にわたる人類史の謎』は、ユーラシアの文明が他の地域を征服して支配することができたのは「単なる地理的要因のおかげ」だとして、自然科学の分野から、従来の歴史観に大きな修正を迫りました。

『歴史』

ヘロドトス

『歴史』(古希：ἱστορίαι、英：The Histories)は、古代ギリシアのヘロドトス(紀元前5世紀)が著した、完本として現存している世界最古の歴史書です。歴史という概念の成立に大きな影響を残したことから、古代ローマの弁論家キケロは、ヘロドトスを「歴史の父」と賞賛しました。

ヘロドトスは古代オリエント世界を旅し、各地の話を集めて本書を著したと考えられています。アケメネス朝ペルシアと古代ギリシアのポリス間のペルシア戦争(紀元前499年－紀元前449年)を中心として、ギリシアだけでなくバビロニア、エジプト、アナトリア、クリミア、ペルシアなどのさまざまな歴史や風俗を伝える貴重な資料になっています。

本書はアレクサンドリアの学者によって9巻に分けられ、各巻には「クレイオ」「エウテルペ」「タレイア」「メルポメネ」「テルプシコラ」「エラト」「ポリュヒュムニア」「ウラニア」「カリオペ」といった、学芸の女神ムーサたちの名前がつけられました。

第1巻から第4巻では、オリエント各地の成り立ちとペルシアによる征服活動が、第5巻から第9巻では、ペルシア戦争の経緯が描かれていて、特に第9巻において、サラミスの海戦に勝利して勢いに乗ったアテナイ・スパルタ連合軍が、続く陸戦にも勝利し、ペルシア戦争における勝利を決定的なものとしたことが描かれています。

経歴

ヘロドトス(紀元前5世紀)は、古代ギリシアの歴史家。生没年は不詳であり、ペルシア戦争(紀元前499年 - 紀元前449年)が始まった頃に、小アジアの西南部のハリカルナッソス(現在のトルコ)に生まれ、紀元前455年頃、デロス同盟の盟主として全盛期を迎えていたアテネに滞在し、その後は小アジア、エジプト、南イタリアなどを歴訪した。10世紀後半に東ローマ帝国で編纂されたスーダ辞典によれば、ヘロドトスは統治者へのクーデターに参加したためにハリカルナッソスから追放されたとあり、旅はこの機会に行われたと見られる。『歴史』の中にペロポネソス戦争に触れた記述があることから、ペロポネソス戦争勃発の頃(紀元前431年)にはまだ生存していたと考えられる。

参考図書

『戦史』トゥキュディデス、『イーリアス』ホメロス、『オデュッセイア』ホメロス

『戦史』

トゥキュディデス

『戦史』（ペロポネソス戦争史）（古希：Ιστορία του Πελοποννησιακού Πολέμου、英：History of the Peloponnesian War）は、古代ギリシアの歴史家トゥキュディデス（紀元前４６０年頃－紀元前３９５年）が著した歴史書です。

ペロポネソス戦争（紀元前４３１年－紀元前４０４年）の発端から始まり、紀元前４１１年までの途中経過を記録したまま、未完に終わっています。

本書は8巻から成り、この戦争に至るまでのギリシア史を概観した「考古学」の部分に続いて、1年を夏冬の2期に分けて、戦争開始の年から時系列に従って記述する編年史の形をとっています。

トゥキュディデスはペロポネソス戦争にアテナイ軍の将軍として参加し、その記録を後世の人々に残すために執筆を始めました。しかし、紀元前４２２年のトラキア地方の植民市アンフィポリス救援のために艦隊を率いて出動した作戦の失敗により失脚し、20年の追放刑に処されました。

その後はギリシア各地を訪れ、両陣営からできるだけ客観的な情報を集め、執筆を続けました。こうしたことから、ヘロドトスの『歴史』が「物語風の歴史」とされるのに対して、本書は「客観的な歴史」として対比されています。

理由は未だに不明ですが、本書の記述は紀元前４１１年をもって突然中断しています。しかし、執筆作業はソクラテスの弟子クセノポンに引き継がれ、以降の歴史は『ギリシア史』にまとめられました。

経歴

トゥキュディデス（紀元前460年頃 - 紀元前395年）は、古代ギリシアの歴史家。ペロポネソス戦争での作戦の失敗により追放刑に処されたが、紀元前404年にペロポネソス戦争がアテナイの敗北で終わると帰国を許され、その後は著作活動に専念した。

参考図書

『歴史』ヘロドトス、『ギリシア史』クセノポン

『正史　三国志　１〜８』ちくま学芸文庫/裴松之［注］/
今鷹真、井波律子、小南一郎［訳］

『三国志』

陳寿

『三国志』(Three Kingdoms)（２８０年頃）は、蜀漢（蜀）に生まれた西晋の官吏・陳寿《ちんじゅ》（２３３年－２９７年?）の撰による、後漢末期から魏・呉・蜀の三国時代を経て西晋が中国を統一するまでの時代（１８０年頃－２８０年頃）を記述した歴史書です。

本書は、４００年以上続いた漢王朝が崩壊し、漢を支えていた儒教の権威すら失われてしまった時代に、国や組織の生き残りをかけて戦った英雄たちの記録です。司馬遷『史記』、班固『漢書』、范曄『後漢書』と並び、中国王朝の正史である二十四史の中でも、特に優れた歴史書とされています。

本書は魏を引き継いだ西晋の歴史書であるため、魏を正統なものとして扱っています。しかし、陳寿は、表題上、三国を対等に扱い、また本文も、「魏志（魏書）」30巻、「蜀志（蜀書）」15巻、「呉志（呉書）」20巻の計65巻としてまとめるなど、三国を並列して扱っている点に特徴があります。

なお、本書の中の「魏書」第30巻「烏丸鮮卑東夷伝倭人条」に邪馬台国の記述が見られ、日本ではこの部分を「魏志倭人伝」と呼んでいます。

外戚と宦官の専横によって衰退していた後漢（25年－２２０年）の末期、黄巾《こうきん》の乱という農民反乱が起きると、中国は内乱状態に陥ります。その鎮圧を巡って各地に群雄が割拠し、魏（２２０年－２６５年）の曹操（武帝）（１５５年－２２０年）、蜀（２２１年－２６３年）の劉備（１６１年－２２３年）、呉（２２２年－２８０年）の孫権（１８２年－２５２年）という３人の皇帝が同時に立つ三国時代を迎えます。

黄巾の乱による内乱状態の中で、漢王朝の血を引く劉備は、関羽、張飛と義兄弟の契りを結び、漢の再興を目指します。これに対して、この内乱の中から台頭してきた曹操は中国の北半分を制します。曹操は、南方の孫権を倒すために進軍しますが、劉備は諸葛孔明の進言に従って孫権と組み、赤壁の戦いで曹操を撃破します。さらに劉備は、西方の益州を奪取し、曹操、孫権と共に天下を三分します。その後、曹操は病に倒れますが、２２０年に後漢から禅譲を受けた魏が成立して、ここに魏、呉、蜀（蜀漢）の三国が鼎立《ていりつ》することになります。

その後、諸葛孔明の反対を押し切って呉と戦った劉備は大敗し、失意のうちに亡くなります。遺志を継いだ諸葛孔明は、魏との戦いに挑みますが病に倒れ、その後、２６３年に蜀は魏に滅ぼされます。結局、魏で大権を握った司馬仲達の孫の司馬炎《しばえん》（西晋の初代皇帝、２３６年－２９０年）が魏から禅譲を受けて２６５年に建国した西晋（２６５年－３１６年）が、１００年ぶりに天下を統一することになります。

歴史書としての『三国志』に対して、逸話や創作が多く含まれている小説としての『三国志演義』は、元末・明初の作家・羅貫中《らかんちゅう》がまとめたものです。「素人向け兵法書」として重宝され、毛沢東も『三国志演義』から兵法を学んだとされています。

『三国志』が魏を正統としているのに対して、漢民族による明王朝時代に書かれた『三国志演義』は、蜀を正統としていて、特に、漢の伝統を守り続けようとした天才軍師の諸葛孔明と、道教の神として信仰されていた関羽が英雄として取り上げられています。

日本では、吉川英治が『三国志演義』を元にして書いた小説『三国志』が有名になったため、歴史書としての『三国志』を『正史』、『三国志演義』やそれに基づいた文学作品を『演義』と呼び分けるようになりました。

経歴

陳寿（233年 - 297年?）は、中国の三国時代の蜀漢と西晋に仕えた官僚。西晋の初代皇帝司馬炎（武帝）にその才能を買われて『三国志』を編纂した。陳寿の『三国志』には、東晋末・南朝宋初の歴史家・裴松之（はいしょうし）（372年 - 451年）が、陳寿が採用しなかった異説も取り入れる方針で註釈（「裴注」）を付した。これが物語としての『三国志演義』につながることになった。

参考図書

『史記』司馬遷、『三国志』吉川英治

『歴史の研究　1・2』社会思想社/長谷川松治［訳］

『歴史の研究』

アーノルド・J・トインビー

『歴史の研究』（A Study of History）（1－3巻：1934年、11－12巻：1961年）は、「20世紀最大の歴史家」といわれるアーノルド・J・トインビー（1889年－1975年）が、歴史を文明の興亡の視点から論じた文明論の古典です。

本書は全12巻から成り、1934年に3巻まで、1939年に6巻まで、1954年に10巻までが出版され、さらに考察し直したものが、1961年に11巻と12巻として発表されました。

トインビーの功績は、文明を単位として歴史を見るという歴史観を提示したことです。本書によって、それまでのさまざまな文化や社会の学説を、文明学という枠組みの中で編集することが可能になり、以降、文明の比較研究が発展しました。

トインビーは、「理解可能な歴史研究の単位は、国民国家でもなければ、また（その反対の極限である）人類全体でもなくて、われわれが社会（ソサイアティ）と呼んできたところの、ある種の人間集団である」といいます。そして、文明を「ひとつ以上の国家や、複数の人種・民族を含む大規模な社会であって、他とは異なる文化を持つもの」としました。

人類の歴史において、多くの国家や民族が盛衰興亡を繰り返してきましたが、世界の歴史を捉えるには、次々に現れては消える国家よりも、数百年から千年という長さで生滅する文明を単位とするべきだと考えたのです。

具体的には、「充分に開花した文明」が人類史上21あったとして、最終的には以下の23を特定します。

第一代文明：シュメール、エジプト、ミノス（クレタ）、インダス、シャン（商＝殷）、シナ（中国）、マヤ、アンデス

第二代文明：ヘレニック（ギリシア）、シリア、ヒッタイト、バビロニア、インド、メキシコ、ユカテク（マ

ヤ）

第三代文明：西欧、正教ビザンティン、正教ロシア、イラン、アラブ、ヒンズー、極東、朝鮮・日本

この23の文明を、さらに「西欧キリスト教社会」「東南ヨーロッパとロシアの正教キリスト教社会」「大西洋からシナの長城の外面まで、北アフリカと中東を斜めに横切って延びている乾燥地帯に中心点をもつイスラム社会」「熱帯亜大陸インドのヒンズー社会」「乾燥地帯と太平洋との間にある亜熱帯ならびに温帯地域の極東社会」の五つの系統に分け、諸文明の関係（空間的接触＝交流、時間的接触＝ルネサンス）を論じました。

トインビーは、文明の誕生について「挑戦と応戦」という考え方を提示しました。「挑戦」とは、ある社会が環境の激変や戦争などによって存亡に関わる試練に直面することで、「応戦」とは、この試練に対して創造的に対応して乗り越えようとすることです。文明はこの「挑戦」に対する「応戦」によって発生し、さまざまな試練を克服しながら成長していくという意味で、「挑戦と応戦」は文明のサイクルにおいて重要な働きをすると考えました。

「文明のあけぼの」の時代に発生した第一代文明は、自然の厳しい環境の中で、人間が自然条件に対応をすることを通して生まれました。そして、これらの文明は、発生、成長、衰退、解体を経て次の世代の文明へと移行し、続く世代とは親子関係にあると考えました。

トインビーの歴史認識の特徴は西洋中心主義ではなく、世界の歴史は複数あり、西洋はそのひとつに過ぎないと考えたことです。そして、これまで西洋文明に征服されていた他の文明が攻勢に転じる時期が来ており、いずれ西洋は東アジアに主導権を譲り渡すだろうとしています。

経歴

アーノルド・J・トインビー（1889年 - 1975年）は、イギリスの歴史学者。ロンドン・スクール・オブ・エコノミクス教授、王立国際問題研究所理事、外務省調査部理事。オックスフォード大学卒業後、アテナイの考古学院の研究生としてギリシアに行き、帰国後、母校で研究員としてギリシア・ローマの古代史研究にあたる。叔父で歴史家・社会活動家のアーノルド・トインビーと区別するため、ミドルネームの「J」を入れて表記されることが多い。

参考図書

『図説　歴史の研究』アーノルド・J・トインビー、『戦史』トゥキュディデス、『西洋の没落』オスヴァルト・シュペングラー、『文明の衝突』サミュエル・ハンチントン

『新訳　大転換』東洋経済新報社/野口建彦、栖原学［訳］

『大転換』

カール・ポラニー

『大転換：市場社会の形成と崩壊』(The Great Transformation)（1944年）は、ハンガリー出身の経済人類学者カール・ポラニー（1886年－1964年）が、人類の歴史において市場経済がどのように生まれ、発展してきたのかを解明した経済人類学の古典です。

ハンガリーからイギリスに亡命し、さらにアメリカへと渡ったポラニーが、イギリスの資本主義を実体験したことに基づく研究成果として、第二次世界大戦中に執筆したものです。

本書は、「19世紀文明は崩壊した。本書は、19世紀文明の崩壊という出来事の政治的・経済的起源、およびそれが到来を告げた大転換に関するものである」という文章で始まっています。そして、市場社会が崩壊し、再び社会が経済システムに対して優位に立ち、非市場的基礎の上に新たな文明が構築されること（ポスト資本主義像としての「複合社会」への移行）を「大転換」と呼びました。

ポラニーは、一般的に経済というのは社会の中に埋め込まれているものであり、人間の経済原理の一部が肥大化して分離独立した19世紀以降の市場経済は、人類史における特異な制度であるとしました。「経済の社会への埋め込み」という考えは、ポラニーが南西太平洋の西メラネシアの部族共同体における「互酬」「再配分」という行動を観察することでもたらされたものです。

市場が重要な役割を持つようになったのは、16世紀前半から18世紀前半にかけての重商主義以後のことです。18世紀後半から始まる産業革命以後、世界規模での市場経済化が進み、それまでに存在しなかった「市場社会」が成立し、「人間（労働）」「自然（土地）」「貨幣」を商品と見なすようになっていきました。

ポラニーは、このように市場経済が世界規模で進む様子を、イギリスの詩人ウィリアム・ブレイクの詩

「ミルトン」にある言葉を借りて「悪魔のひき臼」(dark Satanic Mills)と呼びました。そして、完全に自己調整的な市場経済を作るためには、人間と自然環境を純粋な商品へと転換させなければならず、それは確実に社会と自然環境を破壊すると考えました。

こうした事例として、ポラニーは、イギリスの開放耕地の囲い込みや救貧法の悪用を取り上げました。また、欧米以外の地域における接触による文化破壊も市場経済化によるものと同質であるとして、イギリスによる植民地化とインドの村落共同体の破壊、アメリカでの原住民への強制的土地割当(インディアン居留地)などを例に挙げています。そして、市場価格だけで統制される市場経済というのはユートピア的な擬制だとして、こうした市場経済自体の不安定なメカニズムが引き起こした緊張によって、大恐慌が発生したと論じました。また、ファシズム、社会主義、ニュー・ディールといったさまざまな活動も、こうした市場経済から社会を防衛するために生まれてきたものとしました。

ポラニーは、経済領域を説明する理論的枠組みは市場経済と非市場経済の両方を扱うものであるべきなのが、既存の経済学は非市場社会にはまったく適用できないばかりか、市場社会についてすら一面的にしか説明できないと批判しています。

本書は、イマニュエル・ウォーラーステイン(→344頁参照)の「世界システム論」に大きな影響を与えました。また、ノーベル賞経済学者のスティグリッツは、本書(新装版)の序文で、ポラニーが本書を著した時代と現代の共通点を指摘し、古典的名著として評価しています。

経歴

カール・ポラニー(1886年 - 1964年)は、オーストリア＝ハンガリー帝国時代のウィーン生まれのユダヤ系経済学者。経済史の研究を基礎にして、経済人類学の理論を構築した。第一次世界大戦でオーストリア＝ハンガリー軍に従軍したのち、1919年、共産主義と保守反動政権の弾圧から逃れるためにウィーンへ亡命。さらに、オーストリアのファシズムによる弾圧から逃れるためイギリスに渡った。1940年から1943年にかけてアメリカに滞在し、『大転換』を著した。科学哲学者マイケル・ポラニーの実兄にあたる。

参考図書

『人間の経済』カール・ポラニー、『近代世界システム』イマニュエル・ウォーラーステイン、『ブレイク論集:『ピカリング稿本』『ミルトン』その他』松島正一

『普及版　地中海　1〜5』藤原書店/浜名優美［訳］

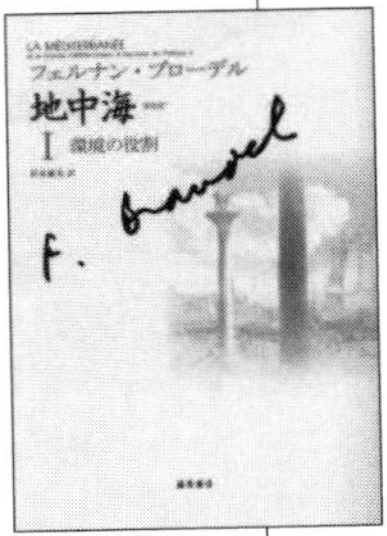

『地中海』

フェルナン・ブローデル

地中海』(仏:La Méditerranée et le Monde Méditerranéen à l'Epoque de Philippe II)(１９４９年)は、フランスの歴史学者フェルナン・ブローデル(１９０２年-１９８５年)が著した社会経済史の研究書です。フランス語の原題は「フェリペ２世時代の地中海と地中海時代」です。本書はブローデルが博士論文として書いたもので、１９４９年に自費出版され、１９６６年に大幅に改訂されました。

ブローデルは、地理的条件や経済状況が歴史において果たす長期的な役割に注目して、16世紀の地中海世界の姿を描き出し、20世紀の歴史学に大変革を起こしました。

フェリペ２世(在位１５５６年-１５９８年)は、「太陽の沈まない国」と形容されたスペインの最盛期に君臨したスペイン国王です。神聖ローマ帝国皇帝を兼ねた父カルロス１世からスペインとその海外領土を継承し、さらに母親がポルトガル王家出身であったことから、断絶によって空位となったポルトガル王位をも占めるなど、その支配圏は広大でした。

第１部の「環境の役割」では、地中海を取り巻く自然環境と人々の営みを取り上げています。たとえば、第１章の「いくつもの半島——山地、高原、平野」では、地中海はイタリア半島、バルカン半島、小アジア、北アフリカ、イベリア半島などに囲まれ、南にはサハラ砂漠があり、北にはヨーロッパの国々、東にはアジア世界、西には大西洋が広がると概観した上で、「陸地に締めつけられた海」だとしています。

第２部の「集団の運命と全体の動き」では、この時代の地中海周辺の経済と社会について、貨幣や貴金属の流通、胡椒、小麦、ワインといった経済物資の陸路・海路での貿易とそれに伴う社会の動きが取り上げられています。

そして、第３部の「出来事、政治、人間」では、個々の歴史的事件が取り上げられ、16世紀の終わりになると地中海での政治的努力と関心はその周縁に移されたとして、１５９８年9月13日のフェリペ２世の死によって締めくくられています。

ブローデルは、文明の歴史的時間における重層性に着目し、歴史を「短波」「中波」「長波」の三層構造で把握することを提唱しました。

表層には一般的にいう歴史、つまり個々人の動きや出来事・事件という「短波」があります。中層には、人口、国家、文化、経済といった、短波よりもゆっくりと動いてその背景となる社会の歴史としての「中波」、さらに深層には、中波の背景となる自然、環境、構造といった地理的・地政学的要因である「長波」が存在すると考えました。

ブローデルは、これらの三層はそれぞれ独自に動いているわけではなく、より長い時間の事物が、より短い時間の事物に影響を与えると考えました。そして、数世代単位・数世紀単位で動く「長波」の大きな構造を「長期持続」と呼び、全てはこの長期持続の周りを回っていると考えました。それまでの歴史学は、事件史という「短波」だけを扱うことが通常でしたが、ブローデルの歴史学はこうした点で際立った特徴を見せています。

このように、社会構造の分析を中心課題として研究する歴史学派は「アナール学派」と呼ばれますが、ブローデルはこの中心的存在として、若手人材育成や歴史学と隣接分野の交流に大きな役割を果たし、「世界システム論」を提唱したイマニュエル・ウォーラーステイン（→３４４頁参照）など、数多くの歴史家を輩出しました。

経歴

フェルナン・ブローデル（1902年 - 1985年）は、20世紀の最も重要な歴史学者の一人に数えられる、フランスの歴史学者。パリ大学卒業後、アルジェリアのリセで教え、地中海世界に強い関心を抱いた。1940年にドイツ軍の捕虜となり、1945年までの5年間を収容所で過ごし、そこで『フェリペ２世時代の地中海と地中海時代』（日本語題『地中海』）として結実することになる博士論文を書き上げ、自費出版した。1949年よりコレージュ・ド・フランス教授、1956年からは高等学術研究院第６部門の責任者となり、アナール学派の中心を担った。

参考図書

『物質文明・経済・資本主義　15～18世紀』フェルナン・ブローデル、『大転換：市場社会の形成と崩壊』カール・ポラニー、『近代世界システム』イマニュエル・ウォーラーステイン

『近代世界システム』

イマニュエル・ウォーラーステイン

『近代世界システム』(The Modern World-System)（1巻：1974年、4巻：2011年）は、アメリカの歴史社会学者イマニュエル・ウォーラーステイン（1930年－2019年）が、近代の資本主義的な世界システムの出発点になった「近代世界システム」の成立過程を説明する、「世界システム論」を提唱した著作です。

世界システム論というのは、歴史は一国では完結し得ないとして、国より大きな単位での歴史の記述を試みるものです。政治経済学、社会学、歴史学などさまざまな分野を横断して、巨視的な観点から世界全体を単一のシステムとして捉える方法論です。

世界システムとは、複数の文化体を含む広大な領域において展開される分業体制であり、歴史上、政治的統合を伴う世界帝国か政治的統合を伴わない世界経済のどちらかの形態をとってきました。ローマ帝国などの世界帝国も世界システムのひとつですが、全体が政治的に統合され、ひとつの政治機構が存在している世界帝国は、官僚機構の維持などの統治コストが高いため、長続きしませんでした。これに対して、世界経済である近代世界システムは、「長い16世紀」（1453年ビザンツ帝国滅亡から1648年ウェストファリア条約まで）にヨーロッパで成立し、単一の帝国を形成することなく世界全体が政治・社会・文化的な差異をこえて機能するひとつのシステムとなり、今日まで500年も続いています。

ウォーラーステインは、このように、過去に存在した世界システムが世界帝国に移行したか早々に消滅したのに対し、近代世界システムは、世界帝国となることなく政治的に分裂したまま存続している点が決定的に異なるとします。その理由として、経済が政治的には統合しきれないほど世界に展開している、資本主義という史的システムの存在を挙げています。

16世紀の主権国家形成期の世界において、国際分業によって形成される「中心」（キリスト教徒支配下の地中海域を含む西ヨーロッパ＝イギリス、オランダ、北フランス）としての西欧に向かって、「周辺」（東ヨーロッパ、スペイン領新世界）やその中間的な「半周辺」（もとは中核に位置していて今では周辺的な構造を持つようになった地域＝南フランス、イタリア、スペイン、ポルトガル）から富が移動する、ヨーロッパ中心の世界経済システムが形成されました。

ウォーラーステインは、こうしたヨーロッパを中心とした単一のグローバルな資本主義分業体制（資本主義近代世界システム）においては、各国の経済はその構成要素としてしか機能しえないと考えたのです。

そして、世界システム内において、ある中心国家が全てにおいて他の国家を圧倒している場合、その国家を「ヘゲモニー（覇権）国家」と呼びました。ウォーラーステインは、ヘゲモニーは、オランダ（17世紀中葉）、イギリス（19世紀中葉）、アメリカ（第二次世界大戦後からベトナム戦争まで）の順で推移したと考えました。

こうした見方は、世界の歴史においては常に、ある経済的な中心点が存在し、その中心の周りに広がる地域を作ることの繰り返しだという、ブローデル（→３４２頁参照）の「世界経済」の概念を踏襲しています。他方、世界システム論に対して、アンドレ・グンダー・フランクは（→３５２頁参照）、ウォーラーステインはブローデルと同様に「世界経済」を近代西洋に限定している西洋中心主義だと批判しています。

近代世界システムにおいて世界経済のもたらす利潤は著しく中央に集中しますが、統一的な政治機構が存在しないため、この経済的不均衡の是正が行われる可能性は小さく、近代世界システムは内部での地域間格差を拡大することになるとしています。

経歴

イマニュエル・ウォーラーステイン（1930年 - 2019年）は、アメリカの歴史社会学者。ベトナム戦争、人種問題、大学自治問題などを背景に起きた1968年の「コロンビア学園紛争」を契機に同大学を離れ、カナダのマギル大学の社会学教授に就任。ブローデル（→342頁参照）からアナール学派の歴史学を学び、世界システム論を提唱し、1974年に資本主義経済を史的システムとする『近代世界システム』第１巻を発表した。1976年、ニューヨーク州のビンガムトン大学の社会学教授となり、世界システム論研究の中心となるフェルナン・ブローデル・センター長に就任。2019年7月1日、500回目となる最後の論考を公表し、「終わりと始まり」と題して今後の世界がどうなるかについて持論を展開した。

参考図書

『地中海』フェルナン・ブローデル、『リオリエント』アンドレ・グンダー・フランク、『大分岐：中国、ヨーロッパ、そして近代世界経済の形成』ケネス・ポメランツ、『世界システム論で読む日本』山下範久

『オリエンタリズム　上・下』平凡社ライブラリー／板垣雄三、杉田英明［監修］／今沢紀子［訳］

『オリエンタリズム』

エドワード・サイード

『オリエンタリズム』(Orientalism)（1978年）は、パレスチナ系の文学研究者エドワード・サイード（1935年－2003年）が、もともと「美術における東洋趣味や学問における東洋研究」という意味で使われていた「オリエンタリズム」という言葉を、西洋の東洋に対する思考と支配の様式として再定義し、批判的に検討した著作です。

本書でいうオリエント（東洋）とは、主として中近東、北アフリカといったイスラム的オリエントを指しますが、オリエンタリズムは、より広い意味での「西洋ではない文化」、すなわちオクシデント（西洋）に対して文化的な他者として立ち現れてくる、エキゾチックなものの総称として用いられていました。

18世紀以来、西洋の人々は東方世界への関心を強め、さまざまな形でオリエントと交渉を持ち、その結果膨大な文献が生み出されました。しかし、本書の登場によって、オリエンタリズムとは西洋の東洋に対する文化的支配の総体を意味し、西洋という観察する側の意識に存在する言説（ディスクール）であるという新しい語義を持つようになりました。

つまり、西洋白人社会にとってのオリエントやオリエンタリズムとは、現実を客観的に表象したものではなく、自らのアイデンティティを確立し、異文化への支配を正当化するために一方的につくり上げられた「他者」だったということです。

このように、オリエンタリズムという言葉は、ヨーロッパ人の自民族中心主義（エスノセントリズム）の所産にほかならず、常に西洋のオリエントに対する優越関係を色濃く反映した、後進的、受動的、非文明的、停滞的、非合理的、官能的といった類のものでした。

サイードは、「オリエンタリズムとは結局、現実についての政治的ヴィジョンなのであり、身うち《ザ・ファミリー》（ヨーロッパ、西方、「我々」）と他人《ザ・ストレンジ》（オリエント、東方、「彼ら」）とのあいだの差異を拡張する構造をもつものだった」と書いています。

これが西洋人の中に、失われたオリエントの過去の偉大さを回復してやるのが自分たちの使命であるという自負心を芽生えさせ、植民地支配のひとつの根拠となりました。こうした西洋とオリエントとの関係は、産業革命後にヨーロッパ諸国が植民地政策を強化していく中で決定的なものになり、「未開の地を開拓する」という名目のもとで、ヨーロッパのオリエントに対する支配は強まっていきました。そして、第二次世界大戦後は、ヨーロッパに代わってアメリカがそれを引き継ぐことになります。

サイードは、「反セム主義（反ユダヤ主義）と、私がこれまで論じてきたようなイスラムを対象とするオリエンタリズムとが、互いにたいへんよく似ていることは、歴史的・文化的・政治的な事実である」とします。そして、本書によって、「東洋（オリエント）」と「西洋（オクシデンタル）」の両方の偏見を消滅させることができるのなら、この「固有の支配様式」をなくすための道のりを少しでも前進したことになると語っています。

こうしたサイードの研究を通じて、植民地支配が残したものを研究対象とする「ポストコロニアル理論」が確立されました。コロニアルとは植民地主義のさまざまな文化様式を意味する形容詞ですが、ポストコロニアル理論とは、文学、美術、映画などの再解釈を通じて、植民地支配が世界に与えてきた負の遺産を明らかにし、現状を変革しようという批評理論なのです。

経歴

エドワード・サイード（1935年 - 2003年）は、キリスト教徒のパレスチナ人としてイギリス委任統治領パレスチナのエルサレムで生まれた、アメリカの文学研究者。1935年、ユダヤ人入植者たちが急増していたイギリス統治下のパレスチナに生まれ、レバノンやカイロというアラビア語、英語、フランス語での環境下で育ち、15歳でアメリカに移住。学士号をプリンストン大学、修士号と博士号をハーバード大学で取得。コロンビア大学で英文学と比較文学の教授を40年間務めたほか、ハーバード大学、ジョンズ・ホプキンス大学、エール大学でも教鞭をとった。ノーム・チョムスキー（→280頁参照）らとともにアメリカの外交政策を批判し、アメリカ国内で最大のパレスチナ人とアラブ人の擁護者として発言を続けた。

参考図書

『遠い場所の記憶　自伝』エドワード・サイード

『文明の衝突』集英社/鈴木主税［訳］

『文明の衝突』

サミュエル・ハンチントン

『文明の衝突』（The Clash of Civilizations and the Remaking of World Order）（1996年）は、アメリカの国際政治学者サミュエル・ハンチントン（1927年－2008年）が、冷戦終結後の世界においては、イデオロギーの対立に代わって、文明と文明の衝突が対立の主要軸になると論じた国際政治学書です。

本書は、雑誌「フォーリン・アフェアーズ」の1993年夏号で発表されハンチントンの論文「文明の衝突？」から派生したものです。当時、ハンチントンはすでに著名な政治学者でしたが、かつての教え子フランシス・フクヤマが『歴史の終わり』で提示した歴史観に異を唱えるために本書を出版しました。

ハンチントンは、国際政治においては文化が重大な役割を果たしているとして、それまでの「国民国家」「西側」「東側」という視点に代わる、文化的なまとまりである「文明」という新たな視点に着目しました。当時は、冷戦後の国際社会はグローバルに一体化していくのではないかという見方が一般的でしたが、国際社会はいくつかの文明圏に分裂し、文明と文明との対立・衝突によって世界秩序が作られるという見方を示したのです。

その上で、伝統的な国民国家という枠組みは残しつつも、世界は「中華文明（儒教文明）」「ヒンドゥー文明」「イスラム文明」「日本文明」「東方正教会文明」「西欧文明」「ラテンアメリカ文明」という七つ（もしくは「アフリカ文明」を加えて八つ）の主要文明に分かれていくとしました。その中で、日本文明を除く全ての文明が、2か国以上の国家主体を含んでいるとしています。

ここで起こり得る文明の衝突のひとつは、政治力、軍事力、経済力、価値観、領土などをめぐって発生する、主要文明と他の文明との間の紛争です。

もうひとつが、国境地帯や国内の異民族集団によって発生する、文明のフォルトライン（断層線）での紛争です。

フォルトラインとは、Fault（断層）とLine（線）から成る言葉で、ひとつのグループが複数のサブグループに分断されているとき、サブグループ間の境界線のことをフォルトラインと呼びます。ハンチントンは、かつてのアメリカとソ連によって形成されたイデオロギーの勢力圏に代わって、それぞれの文明の勢力圏が新たなフォルトラインを生み出し、ここで冷戦中にはなかったような紛争が起こると指摘しました。

ひとたび文明の異なる国家間やグループ間で紛争が起きてしまうと、同じ文明に属する国家やグループは力を合わせて支援することから、必然的にその紛争はエスカレートしてしまいます。冷戦時にはイデオロギーによって引き裂かれていた文化的に一体感を持つ人々が、連帯して力を合わせることになるからです。

こうした文明間の対立をマクロな視点で見ると、西欧文明と非西欧文明の対立として現れることになります。冷戦終結以降最も強力になったアメリカを中心とする西欧文明は、相対的に力が衰えつつある一方で、イスラム文明や中華文明は経済力や軍事力を強化してきています。従って、西欧文明との衝突の危険性がもっとも高いのは、イスラム文明と中華文明だとしました。

このようにハンチントンは、冷戦後に現れる深刻な脅威は、主要文明の相互作用によって引き起こされる文明の衝突であると考えたのです。西欧文明とイスラム文明が衝突するという彼の主張は、２００１年9月11日のアメリカ同時多発テロ事件を予見したとして受け取られ、世界的に大きな影響を持つことになりました。

経歴

サミュエル・ハンチントン（1927年 - 2008年）は、アメリカの国際政治学者。ハーバード大学政治学部教授。エール大学で学士号、シカゴ大学で修士号、ハーバード大学で博士号を取得。コロンビア大学「戦争と平和」研究所副所長を経て、ハーバード大学教授に就任、政治学部長などを務める。アメリカ政治学会会長も務めた。研究領域は、政軍関係論、比較政治学、国際政治学などに及ぶ。

参考図書

『歴史の終わり』フランシス・フクヤマ

『銃・病原菌・鉄』

ジャレド・ダイアモンド

『銃・病原菌・鉄：一万三〇〇〇年にわたる人類史の謎』(Guns, Germs, and Steel: The Fates of Human Societies)（１９９７年）は、アメリカの進化生物学者ジャレド・ダイアモンド（１９３７年–）が、１万３０００年の人類社会の歴史において、なぜユーラシア大陸が優位を保つことができたのかを説明した、文明論の世界的ベストセラーです。

本書のタイトル『銃・病原菌・鉄』は、農耕をベースとしたユーラシアの文明が他の地域を征服し、支配することができたのは、「銃」（優れた武器による軍事的優位性の確立）、「病原菌」（ユーラシアの疫病への免疫を持たない地域の人々の弱体化・減少）、「鉄」（鉄器という耐久性のある輸送手段の活用）という三つの要因によることを指しています。

本書は、ニューギニアのある政治家の、「あなたがた白人は、たくさんのものを発達させてニューギニアに持ち込んだが、私たちニューギニア人には自分たちのものといえるものがほとんどない。それはなぜだろうか？」という素朴な疑問に対する答えとして書かれました。ダイアモンドは、その理由を検証した結果、「ヨーロッパ人が優れていたから」とする一般的な理解に対して、「単なる地理的要因のおかげ」という結論に達します。

ダイアモンドは、ユーラシア大陸系の人々が世界の富と権力を支配し、他の大陸の人々（サブサハラアフリカ、アメリカ先住民、オーストラリア先住民、ニューギニア人や熱帯東南アジアの原住民）は、大部分が征服され、強制退去させられ、あるいはほとんどが絶滅させられた（アメリカ先住民、オーストラリア先住民、南アフリカの先住民コイサン）のは、ユーラシア大陸の社会が技術的・免疫学的な優位性を持っていたからだとします。そして、この優位性は、ユーラシア大陸がある地理的条件に恵まれたおかげで、安定した農耕社会が発展したことによってもたらされたと考えました。

その地理的条件とは、「大きな土地が東西に広がり（緯度の差異が少なく）、家畜の移動や耕作技術の伝播が容易だった」「羊、山羊、牛、豚、馬など家畜化しやすい動物が多かった」「大きな種子を持つイネ科植物など栽培しやすい植物が多かった」という三つです。

ユーラシア大陸に住む人々を有利にしたのは、この環境的差異が連鎖的なポジティブフィードバックにより増幅されたことであり、人種的に優れた遺伝子を持っていたためではないというのが、ダイアモンドの結論でした。

また、ユーラシア大陸の中でも特に主導権を握ったのが西ヨーロッパであった理由については、ヨーロッパの多くの自然障壁が、独立した国民国家同士が競い合うことを可能にし、それぞれが技術革新につながったからだとしています。さらに、その延長で大航海時代を実現したことが、結果的に世界の覇権を握る要因になったと考えました。

他方、肥沃な三日月地帯（ペルシア湾からチグリス川・ユーフラテス川に沿って北西に伸びるメソポタミア地方からシリアを経てパレスチナ、エジプトへと到る半円形の地域）がその圧倒的な優位性を失ってしまったのは、古代に森林で覆われていたこの地域が、その後の気候変動により砂漠地帯や灌木地帯に変わったためだとしました。

東アジア（特に中国）については、地理的障壁が少なく、大規模で安定して孤立した帝国を形成するのに適した条件を持っていたものの、古代から政治的統一性が高く、変化への外圧に直面しなかったことが、その後の停滞につながったとしています。

経歴

ジャレド・ダイアモンド（1937年 - ）は、アメリカの進化生物学者、生理学者、生物地理学者、ノンフィクション作家。カリフォルニア大学ロサンゼルス校（UCLA）社会科学部地理学科教授。生理学者として分子生理学の研究を続けながら、進化生物学・生物地理学の研究も進め、ニューギニアなどでのフィールドワークを行った。ニューギニアの現地人との交流から人類の発展に興味を持ち、その研究の成果の一部が『銃・病原菌・鉄』として結実し、1998年にピューリッツァー賞（一般ノンフィクション部門）を受賞した。『人間はどこまでチンパンジーか?』で、「大躍進」（The Great Leap Forward）という言葉を用いたことでも知られる。

参考図書

『人間はどこまでチンパンジーか?：人類進化の栄光と翳り』ジャレド・ダイアモンド、『文明崩壊：滅亡と存続の命運を分けるもの』ジャレド・ダイアモンド、『危機と人類』ジャレド・ダイアモンド

『リオリエント』

アンドレ・グンダー・フランク

『リオリエント：アジア時代のグローバル・エコノミー』（Reorient: Global Economy in the Asian Age）（1998年）は、ドイツ系アメリカ人の経済歴史学者アンドレ・グンダー・フランク（1929年－2005年）が、地球全体を覆う単一の「世界システム」を提唱した著作です。

フランクは、当初、ウォーラーステイン（↓344頁参照）と共同研究を行っていましたが、その後、ヨーロッパ中心主義（ユーロセントリズム）的なウォーラーステインと袂《たもと》を分かち、近代世界システム論の批判に転じます。そして、それに代わる単一の世界システムを提唱し、世界中の専門家の間に論争を巻き起こしました。

フランクは、本書を執筆した意図を、「本書において私は、既存のヨーロッパ中心的な歴史叙述および社会理論を、『グローバル学』的（globological）（中略）パースペクティヴを用いて転覆しようと思う。世界を包括するグローバルなパースペクティヴから、近世経済を見ようというのである」と語っています。

一般の「世界史」は、15世紀から17世紀前半にかけての大航海時代以降、ヨーロッパ中心の世界システムの中にヨーロッパ以外の地域が組み込まれていったという歴史観に基づいています。しかし、フランクはこれを完全に否定して、「東洋の没落」とそれに付随する「西洋の勃興」という形で世界を説明しようとします。ウォーラーステインは、「長い16世紀」に生まれた世界経済システムとしての西洋が覇権を奪ったとしますが、ヨーロッパ中心主義的な歴史観が現れたのは19世紀以降のことです。フランクはこれを、「マルクスやウェーバーから、ブローデルやウォーラーステインにいたるまで、拡大鏡や顕微鏡までもちだしながら、ヨーロッパの街灯の光だけを頼りに、被説明要因を捜し求めるという、場違いな具体性に陥っているのである」と批判します。

フランクにいわせれば、たとえばアダム・スミス（→134頁参照）が、「中国は、ヨーロッパのどの部分よりも、ずっと豊かな国である」といっているように、19世紀以前のヨーロッパ人はアジアを高く評価していました。18世紀までは世界で最も進んだ文明だった中国の地位をヨーロッパが奪いヘゲモニー（覇権）を握ったのは、ここ250年くらいに過ぎないのです。

本書でフランクが訴えるのは、「近代世界システム」や「資本主義世界システム」という世界システムは、コロンブスの新大陸発見やヴァスコ・ダ・ガマの喜望峰を回るインド航路発見から始まったわけではなく、はるか昔から連続して続いているものだということです。そもそも世界システムに中心は存在せず、もし経済活動の中心地とでもいえるものがあるとすれば、それは千年以上にわたり東アジア、特に中国であったということです。

フランクは、アジア経済がなぜ19世紀に衰退していったのか、そしてなぜヨーロッパが覇権を握ることができたのかについて、ヨーロッパが「アジアを中心にして構築されていた世界経済の物流機能を担っていたこと」「アメリカ大陸で発見した鉱山で膨大な金銀を得たこと」、さらに「中国を中心とした東洋という巨大経済圏が衰退したこと」という三つの理由を挙げています。

つまり、ヨーロッパはアメリカのお金を使ってアジア列車に乗る切符を買ったのだとして、それまでの通念を覆しました。

より正確な歴史認識を持つためには、「東洋の没落」と「西洋の勃興」の両方の理由を探求することが必要ということなのです。

経歴

アンドレ・グンダー・フランク（1929年-2005年）は、ドイツ生まれのアメリカの経済歴史学者。ヒトラーがドイツの首相に選ばれた時に、迫害を逃れるためにスイスを経由してアメリカに渡り、シカゴ大学で経済学の博士号を得る。卒業論文の指導教官はフリードマン（→168頁参照）であったが、その後フリードマンを徹底的に批判することになる。ウォーラーステインと共同研究を行うが、やがて袂を分かち、アジア、アフリカ、南北アメリカをつなげる「リオリエント経済史」の研究に専念した。

参考図書

『オリエンタリズム』エドワード・サイード、『地中海』フェルナン・ブローデル、『近代世界システム』イマニュエル・ウォーラーステイン、『大転換：市場社会の形成と崩壊』カール・ポラニー

『大分岐』

ケネス・ポメランツ

『大分岐：中国、ヨーロッパ、そして近代世界経済の形成』（The Great Divergence: China, Europe, and the Making of the Modern World Economy）（２０００年）は、アメリカの歴史学者ケネス・ポメランツ（１９５８年－）が、ユーラシア大陸の東西両端の西欧と東アジアを比較し、18世紀を中心とする近世（長い18世紀）の世界史像を書き換えた著作です。

地球的規模で地域や人間集団の相互連関を通じて世界史を見る「グローバルヒストリー」研究の中で、近世アジアの経済的発展を見直し、ヨーロッパとアジアの比較によって、両者の「分岐」の原因を論じるという近年の流れを作ったのが、ポメランツの「大分岐」論です。

ポメランツはまず、18世紀半ばの１７５０年頃までの「勤勉革命」の段階では、西欧と東アジアの経済発展の度合いにはほとんど差がなく、「驚くほど似ていた、ひとつの世界」であったことを明らかにします。そして、それ以降の「産業革命」によって、西欧だけが飛躍できたのだとします。

従来の歴史解釈では、「長い16世紀」（→３４４頁参照）以降、近世の西欧地域、特にオランダとイギリスを牽引役として経済成長が始まり、18世紀末の産業革命につながったとされてきました。しかし、ポメランツによれば、旧世界の四つの中核地域（中国の長江（揚子江）下流デルタ地域、日本の畿内・関東、西欧のイギリスとオランダ、北インド）では、比較的自由な市場、広範な分業による手工業の展開、高度に商業化された農業の発展を特徴とする「スミス的成長」（商業的農業とプロト工業の発展にともなう市場経済）が共通に見られました。

資本蓄積だけでなく、１人当たりのカロリー摂取量、日常生活での砂糖や綿布消費量、出生率などでも、これら４地域には差がありませんでした。特に、西欧と、アジアで最も経済が発展し人口密度も高かった長江デルタ地域の農業生産性や生活水準はほぼ拮抗していて、グローバル経済は支配的な中心を持たない多中心的なものだったのです。

次にポメランツは、ユーラシア大陸において発達した市場経済が、18世紀後半の人口増加に伴う生態環境の制約（エネルギー源としての森林資源の縮小や土壌流出など）に直面する中で、西欧だけがその危機を突破した原因を解明します。産業革命以前の世界は、一定の面積を有した土地から、エネルギーや食糧を再生可能な形で生み出していかなければならないという「土地の制約」に直面していました。ところが、イギリスでは、エネルギー源として森林資源ではなく石炭を使用することができ、しかも食糧をアメリカという新大陸から輸入することが可能でした。

このように、イギリスだけが身近にあったエネルギーとしての石炭と、新大陸アメリカの広大な土地が使えたことによって、土地の制約から自由になれ、イギリスで産業革命が起こったというのがその説明です。すなわち、「石炭」と「アメリカ新大陸」という偶然の「幸運」があって初めて、西欧はアジアから「分岐」して成長に向かうことができたというのです。

ポメランツの「大分岐」論以降、グローバル経済史研究においては、「長い16世紀」に代わって、「長い18世紀」へと研究の関心が移行し、新たな世界史の解釈が次々に提起されることになりました。たとえば、近世のヨーロッパとインドを考察対象として、18世紀のムガル帝国期のインドにおける「スミス的成長」を指摘する研究などです。（Prasannan Parthasarathi (2011) "Why Europe Grew Rich and Asia Did Not: Global Economic Divergence, 1600–1850"）

経歴

ケネス・ポメランツ（1958年 - ）は、アメリカの歴史学者。近代中国経済史、グローバル経済史が専門。コーネル大学卒業後、エール大学で博士号取得。カリフォルニア大学アーバイン校歴史学部教授を経て、現在、シカゴ大学教授。2013 - 2014年にアメリカ歴史学会会長を務めた。『大分岐』は、ジョン・K・フェアバンク賞、世界歴史学会著作賞、ダン・デイヴィッド賞を受賞。

参考図書

『大転換：市場社会の形成と崩壊』カール・ポラニー、『大収斂：膨張する中産階級が世界を変える』キショール・マブバニ、『世界文化史大系』H・G・ウェルズ、『歴史の研究』アーノルド・J・トインビー

『〈帝国〉』以文社/水嶋一憲、酒井隆史、浜邦彦、吉田俊実［訳］
『マルチチュード　上・下』NHKブックス/
水嶋一憲、市田良彦［監修］/幾島幸子［訳］

『〈帝国〉』『マルチチュード』

アントニオ・ネグリ、マイケル・ハート

『〈帝国〉：グローバル化の世界秩序とマルチチュードの可能性』(Empire)(２０００年)と『マルチチュード：〈帝国〉時代の戦争と民主主義』(Multitude: War and Democracy in the Age of Empire)(２００４年)は、イタリアの政治哲学者アントニオ・ネグリ(１９３３年－)とアメリカの哲学者マイケル・ハート(１９６０年－)の共著で、グローバリゼーションの進展に伴う新たな「〈帝国〉」の出現と、それに対抗する主体としての「マルチチュード」を説いたものです。

『〈帝国〉』とは、グローバリゼーションの進展と国民国家の衰退に伴い出現してきた、これまでとは異なる主権形態です。古代ローマのような世界帝国ともスペインやイギリスのような植民地主義的帝国とも異なる、近代の国民国家に基盤を置いたアメリカ的な帝国主義にとって代わる、ポスト近代の支配の主体を意味しています。

その特徴は、脱領域的、脱中心的、脱植民地的な、人々の生活の中に浸透してくるグローバルなネットワーク型の支配にあるとして、ネグリ／ハートは、次のように書いています。

「主権が新たな形態をとるようになったということ、しかも、この新たな形態は、単一の支配論理のもとに統合された一連の国家的《ナショナル》かつ超国家的《スプラナショナル》な組織体からなるということ、これである。この新しいグローバルな主権形態こそ、私たちが〈帝国〉と呼ぶものにほかならない。(中略)帝国主義とは対照的に、〈帝国〉は権力の領土上の中心を打ち立てることもなければ、固定した境界や障壁にも依拠しない。〈帝国〉とは、脱中心的で脱領土的な支配装置なのであり、これは、そのたえず拡大しつづける開かれた境界の内部に、グローバルな領域全体を漸進的に組み込んでいくのである。(中略)じっさいいかなる国民国家も、今日、帝国主義的プロジェクトの中心を形成することはできないのであって、合衆国もまた中心とはなりえないのだ。帝国主義の時代は終わった。」

『マルチチュード』は、ラテン語で「多数」「民衆」などの意味を持つ言葉で、マキャヴェリやスピノザが用いた政治概念です。ここでは、帝国に抵抗して地球規模での民主主義を実現する、国境を越えたネットワーク上の権力集団の意味で用いられています。

ネグリ／ハートが想定するマルチチュードは、19世紀以降の社会主義に見られたような、多様性と差異性を無視したものではなく、統合されたひとつの勢力でありながら多様性を失わない、かつ同一性と差異性の矛盾を問われないような存在です。彼らはこうした新たな帝国の脅威を訴え、それに対する抵抗の可能性を「マルチチュード」に見出したのです。

資本の側は、人々の創造性や欲求・感情をも生産に取りこんで商品化するシステムを作り上げているのですが、それに抵抗する形として、ネグリ／ハートは「ノマド（遊牧民）的移動」と「エクソダス（脱出・脱走）」を挙げます。具体的には、マルクス主義のもとで変革主体と想定された産業労働者ではなく、働く場所を選ばない「移民労働者」を挙げます。

インターネットを用いた新しいコミュニケーションが可能になった今日、資本の論理に対抗するためには、国境を越えたボーダーレスな運動が必要であり、それは現に起きつつあるというのが彼らの主張です。

こうしたネグリ／ハートの議論は、現代美術をはじめとする文化的領域においても広く認識されるようになっています。

経歴

アントニオ・ネグリ（1933年 - ）は、イタリアの哲学者、政治活動家。イタリアのパドバ大学教授、政治学研究所所長。スピノザやマルクスの研究で知られる。1979年4月、赤い旅団によるアルド・モーロ元首相誘拐暗殺を含む多くのテロを主導した嫌疑で逮捕・起訴された。その後、事件への直接の関与や旅団との関係はなかったとされたが、それまでの言論活動や政治運動への影響力の責任を問われ有罪となった。裁判中の1983年、イタリア議会選挙に獄中立候補し当選。議員の不逮捕特権により釈放されたが、数か月後に特権を剥奪され、直後にフランスに逃亡・亡命した。1997年7月、刑期を消化するために自主的に帰国して収監され、2003年4月に釈放された。

マイケル・ハート（1960年 - ）は、アメリカの哲学者、比較文学者。デューク大学文学部教授。

『シンギュラリティは近い』

レイ・カーツワイル

『シンギュラリティは近い：人類が生命を超越するとき』(The Singularity Is Near: When Humans Transcend Biology)（２００５年）は、アメリカの発明家レイ・カーツワイル（１９４８年－）が、人工知能が主役になるタイミングが近づいていると宣言し、「シンギュラリティ」という概念を世界に広めた著作です。

シンギュラリティは、もともと、数学や物理学の世界で「特異点」を意味する言葉として使われていましたが、最近では「技術的特異点」を指すようになっています。これは、人工知能（Artificial Intelligence：ＡＩ）の自ら学習する自己フィードバックによって再帰的に改良・高度化した技術や知能が、人類に代わって文明の進歩の主役になる時点のことです。汎用人工知能、あるいは、自分で思考できる「強いＡＩ」や人間の知能増幅が可能となったタイミングで起こるとされています。

ひとたび自律的に作動する機械的知性が作られると、自己フィードバックによるバージョンアップが繰り返され、人間の想像力が及ばないスーパーインテリジェンスが誕生するとされています。この概念を、後述する「収穫加速の法則」と結びつける形で、具体例を挙げて示したカーツワイルの影響により、２０４５年頃にシンギュラリティが到来するという説が有力視されるようになっています。たとえば、「ＡＩの父」と称されるスイスＡＩ研究所のユルゲン・シュミットフーバー博士は、２０１８年の時点で「シンギュラリティまであと30年」と予想しています。

収穫加速の法則とは、ひとつの重要な発明は他の発明と結びつき、次の重要な発明の登場までの期間を短縮してイノベーションを加速することで、科学技術は直線グラフ的ではなく指数関数的に進歩するという経験則のことです。伝統的な収穫逓減あるいは限定的な収穫逓増と対比する概念として提唱され、代表的な例に、集積回路に使われるトランジスタの数が18か月ごとに倍になっていくという「ムーアの法則」があります。

シンギュラリティ以降、人類はなにかを新たに発明する必要はなくなり、またＡＩが出す答えや生み出す物を予測することもできなくなります。カーツワイルは、ここまでくると人間と機械、現実と仮想空間との間に区別がなくなるといいます。たとえば、人体は今後あらゆる臓器が交換できるようになっていき、サイボーグのようになっていきますし、最終的に寿命という概念はなくなるだろうと考えています。

カーツワイルは、「特異点とは、われわれの生物としての思考と存在が、みずからの作りだしたテクノロジーと融合する臨界点であり、その世界は、依然として人間的ではあっても生物としても基盤を超越している。特異点以降の世界では、人間と機械、物理的な現実とヴァーチャル・リアリティとの間には、区別が存在しない」と述べています。ＡＩが人類最後の発明になるといわれているのはこのためです。ただ、そうした中でも最後に残される人間的なものとは、「生まれながらにして、物理的および精神的な力が及ぶ範囲を、その時々の限界を超えて広げようとするものだ、という性質」であるとしています。

他方で、現在のＡＩの延長ではシンギュラリティは到来しないとする科学者も数多くいます。人間の一般的な知能と同等レベルの知能を持つＡＩを作るには、人間の脳が認識していることを全て計算可能な数式に置き換える必要があり、その方法が解明されない限りシンギュラリティの到来は望めないというのがその論拠です。

経歴

レイ・カーツワイル（1948年-）は、アメリカの発明家、実業家、未来学者、思想家。自然言語処理や機械学習が専門で、人工知能（AI）研究の世界的権威であり、『シンギュラリティは近い』などのシンギュラリティに関する著述のほか、健康やトランスヒューマニズムに関する著作がある。高校時代に統計分析のソフトウェアやクラシック音楽を作曲するソフトウェアを開発し、当時のジョンソン大統領から「ウェスティングハウス・サイエンス・タレント・サーチ賞」を授与された。1974年にカーツワイル・コンピューター・プロダクツ社を設立。以後数々の発明を世に送り出し、1999年にはアメリカの技術分野における最高の栄誉「アメリカ国家技術賞」を受賞。2012年にGoogleに入社し、AI研究の指揮を執る。人間の脳全体の詳細な分析を行い、コンピューター上で再現するための研究に取り組んでいる。

参考図書

『人類の未来：AI、経済、民主主義』ノーム・チョムスキー、レイ・カーツワイル、マーティン・ウルフ、ビャルケ・インゲルス、フリーマン・ダイソン、『ホモ・デウス：テクノロジーとサピエンスの未来』ユヴァル・ノア・ハラリ

『サピエンス全史』

ユヴァル・ノア・ハラリ

『サピエンス全史：文明の構造と人類の幸福』(Sapiens: A Brief History of Humankind)（2011年）は、イスラエルの歴史学者ユヴァル・ノア・ハラリ（1976年－）が、250万年の人類の歴史を振り返り、なぜその中でホモ・サピエンスだけが繁栄し得たのかを論じた世界的なベストセラーです。

我々現生人類につながるホモ・サピエンス（「賢いヒト」の意）は、20万年前に東アフリカに出現しました。多くの人類種の中で、サバンナの負け犬だったホモ・サピエンスだけが生き延びて今日の繁栄を築けたのは、三つの革命（7万年前の「認知革命」、1万年前の「農業革命」、500年前の「科学革命」）があったからです。

ホモ・サピエンス躍進の起点となった「認知革命」（新しい思考と意思疎通の方法の登場）は、約7万年前に起きました。その原因は遺伝子の突然変異だとされていますが、その結果、ホモ・サピエンスだけが、「虚構＝架空の事物」を信じる力を持つようになりました。虚構とは、伝説や神話だけでなく、国家、国民、法律、人権、平等、自由といった概念まで含みます。こうした特殊な能力が、多数の見知らぬ者同士が協力し、柔軟に物事に対処する社会性や協調性を生み出したのです。

次に、約1万年前、狩猟採集生活に終止符を打って、農業により定住生活に移行する「農業革命」が起き、そこから小さな集団から巨大な社会への統合が始まります。その動きを加速したのが、経済面では「貨幣」、政治面では「国家」、精神面では「宗教」という三つの普遍的秩序です。中でもハラリは、「これまで考案されたもののうちで、貨幣は最も普遍的で、最も効率的な相互信頼の制度」だとしています。

そして、500年前に「科学革命」が起きます。ハラリは、イスラム商人との交易に必要な金・銀を海外へ求めた大航海時代を「科学革命」の始まりと位置づけました。それは、未知の世界の登場を宗教によって説明していたそれまでの世界観を崩壊させ、人々を植民地争奪に駆り立てただけでなく、科学的好奇心も奮い立たせたからです。この知識の追求には資金が必要であり、科学と帝国主義と資本主義が歴史を動かす最大のエンジンとなりました。その結果、１５００年からの５００年の間に、世界の人口は14倍に、生産量は２４０倍、エネルギー消費量は１１５倍にも拡大したのです。

ハラリは、ホモ・サピエンスの未来はこれまでの延長線上にはないといいます。つまり、ホモ・サピエンスは、生物工学、サイボーグ工学、非有機的生命工学の三つの知的設計の発展により、40億年の自然選択の法則を打ち破り、「生物学的に定められた限界を突破」していくというのです。そして、いずれシンギュラリティ（特異点）（↓３５８頁参照）に至り、脳とコンピュータを直接つなぐことで、人間の記憶や意識やアイデンティティの根本的な変化も起きる「超ホモ・サピエンス」の時代が到来するといいます。

本書でハラリが一貫して問いかけているのは、「文明は人間を幸福にしたのか？」という根本的な問題です。そして、目的も分からぬまま進化してきた人類に対する、「唯一私たちに試みられるのは、科学が進もうとしている方向に影響を与えることだ。（中略）私たちが直面している真の疑問は、『私たちは何になりたいのか？』ではなく、『私たちは何を望みたいのか？』かもしれない」という問いかけで、本書は締めくくられています。

経歴

ユヴァル・ノア・ハラリ（1976年 - ）は、イスラエル生まれの歴史学者。オックスフォード大学で地中海史と軍事史を専攻して博士号を取得し、現在、エルサレムのヘブライ大学歴史学部教授。専門は、世界史とマクロ・ヒストリー。21歳の時にゲイであることをカミングアウトし、カナダで同性婚をして、現在はテルアビブ郊外のモシャブ（農業共同体の一種）でヴィーガン（完全菜食主義）の生活している。オックスフォード在住中にヴィパッサナー瞑想（自分の心の本性を観察するための瞑想）を始め、現在でも年間30日以上を瞑想に費やしている。『サピエンス全史』の続編が、人類の未来を論じた『ホモ・デウス』と現在をどう生きるべきなのかを論じた『21 Lessons』で、本書とあわせてハラリの三部作と呼ばれている。

参考図書

『ホモ・デウス：テクノロジーとサピエンスの未来』ユヴァル・ノア・ハラリ、『21 Lessons：21世紀の人類のための21の思考』ユヴァル・ノア・ハラリ、『緊急提言 パンデミック：寄稿とインタビュー』ユヴァル・ノア・ハラリ、『シンギュラリティは近い：人類が生命を超越するとき』レイ・カーツワイル、『LIFESPAN：老いなき世界』デビッド・A・シンクレア、シュー・D・ラプラント

『国家はなぜ衰退するのか』

ダロン・アセモグル、ジェイムズ・A・ロビンソン

『国家はなぜ衰退するのか：権力・繁栄・貧困の起源』（Why Nations Fail: The Origins of Power, Prosperity, and Poverty）（2012年）は、経済学者のダロン・アセモグル（1967年－）とジェイムズ・A・ロビンソン（1960年－）が、世界にはなぜ豊かな国と貧しい国が存在するのか、不平等の原因とはなんなのかを、政治と経済の「制度」に焦点を当てて論じた著作です。

本書のテーマは、アメリカ、イギリス、ドイツなどの裕福な国々と、サハラ以南のアフリカ、中央アメリカ、南アジアなどの貧しい国々とを隔てる、収入と生活水準の巨大な格差です。そして、このように繁栄する国家と衰退する国家が分かれる要因は、地理でも、気候でも、文化でも、為政者でもなく、その国の政治と経済の制度であり、「経済的な成長や繁栄は包括的な経済制度・政治制度と結びついており、収奪的な制度は概して停滞と貧困につながる」というのが、本書の主張です。

たとえば、国境を挟んで隣り合う二つの街、アメリカのアリゾナ州ノガレスとメキシコのソノラ州ノガレスは、もとは同じ街だったにも関わらず、人々の生活レベルには天と地ほどの違いがあります。同じ先祖と同じ文化を持つ二つのノガレスがこれほど違うのは、街が二つの国に分かれて、異なる制度によって異なる世界が作られたからです。

「包括的制度」とは、参政権が広く開かれ、法の支配が確立し、個人の権利や所有権も保証されるなど、権力が社会に広く配分されている民主主義的・市場主義的な制度です。権力者による搾取が行われず、大多数の人々が経済活動に参加でき、イノベーションを起こすインセンティブのある社会です。

これに対して、「収奪的制度」とは、社会主義、絶対王政、独裁的軍国政府など、限られたエリートに権力と富が集中する制度です。既得権益者が富と権力を維持するために制度が歪められ、個人が正当な努力で富を得る機会が制限されるため、イノベーションを起こすモチベーションが働かない社会です。

歴史的に封建制度が長く続いたイギリスで包括的制度が生まれたのは、名誉革命によって立憲君主制に移行したからです。その結果、経済制度も包括的になり、産業拡大にとっての障壁が取り除かれたことで、いち早くイギリスで産業革命が進展しました。

これに対して、一時は包括的制度に向かって前進していたヴェネツィア共和国は、既得権益を持つ貴族勢力が評議会を世襲化したために、最終的には収奪的制度へと変質してしまい、その繁栄は長続きしませんでした。また、スペイン、オーストリア・ハンガリー帝国、オスマン帝国、ロシア、中国なども、専制君主が収奪的制度を確立したことで、産業革命の流れに乗り遅れてしまいました。

アメリカが世界最大の経済大国になったのは、もともと収奪の対象となるような先住民がおらず、入植者に所有権と参政権を与えたことで、自由主義や民主主義といった包括的な制度が根づいたからです。逆に、メキシコや南米に入植した人々は、強制労働による植民地制度を享受し続けたために、収奪的な制度がなくなりませんでした。

また、共産党一党独裁による収奪的な制度を持つ中国の今後については、中央集権制がない政治制度よりは良いという意味で、収奪的な制度の下でも経済発展するケースはあるものの、今後とも中国が包括的な制度に移行する見込みは少なく、今のような継続的成長はいずれ限界を迎えるだろうとしています。

経歴

ダロン・アセモグル（1967年 - ）は、トルコとアメリカに国籍を持つ経済学者。現在、マサチューセッツ工科大学（MIT）エリザベス＆ジェイムズ・キリアン記念経済学教授を勤めている。ノーベル経済学賞に最も近いといわれるジョン・ベイツ・クラーク賞を受賞しており、研究分野は政治経済学、経済発展、経済理論など多岐にわたる。

ジェイムズ・A・ロビンソン（1960年 - ）は、ハーバード大学教授を経て、現在、シカゴ大学公共政策大学院ハリススクール教授。

参考図書

『自由の命運：国家、社会、そして狭い回廊』ダロン・アセモグル、ジェイムズ・A・ロビンソン、『銃・病原菌・鉄：一万三〇〇〇年にわたる人類史の謎』ジャレド・ダイアモンド、『独裁と民主政治の社会的起源：近代世界形成過程における領主と農民』バリントン・ムーア、『文明：西洋が覇権をとれた6つの真因』ニーアル・ファーガソン

『大収斂』

キショール・マブバニ

『大収斂：膨張する中産階級が世界を変える』(The Great Convergence: Asia, the West, and the Logic of One World)（2013年）は、シンガポールの外交官キショール・マブバニ（1948年－）が、これからのグローバル化は、多国間化と同時にアジアで中産階級が爆発的に増加する中で進行するとして、新たな世界の姿を非西欧人の立場から提言したグローバル論です。

本書でいう「大収斂」とは、西洋が世界を支配した時代の終焉と世界の国々の行動様式の収斂を意味しています。グローバルヒストリーの視点から見れば、西洋が世界を支配したこれまでの200年は特異な時代であり、世界はようやく通常の状態に戻ろうとしているということです。

たとえていうなら、グローバル化以前の世界は100艘の船から成る船団でした。当時の世界で必要だったのは、互いに衝突しないようにルールを定め、航海する際に協力し合うことでした。しかし、今や人類は別々の船に乗っているわけではなく、地球号という同じ船の193（刊行当時）あるそれぞれの船室にいます。ここには193人の船長と船員がいて、それぞれの船室に対して責任を負っていますが、船全体に対して責任を負う人は誰もいません。地球号を襲う地球温暖化問題などで、船室同士の責任の押しつけ合いが果てしなく続いているだけです。

他方で、これまで築き上げてきた「近代科学の受容」「論理的思考」「自由市場経済」「社会契約における変革」「多国間主義」という五つの世界的な行動規範を共有することで、世界では経済の領域を超えたグローバル化が進行してきています。ここでいうグローバル化とは、欧米化のことではなく、多国間化が進むと同時にアジアにおいて中産階級が爆発的に増加する中で進行する行動様式の「収斂」のことです。

２０１２年時点では、５億人のアジア人が中産階級の生活水準を享受していますが、２０２０年には17億5千万人に膨れ上がり、その結果、欧米諸国のウェートは相対的に低下していくことになります。したがって、グローバルなガバナンスのシステムもそれに合わせて改革する必要があります。そのために、マブバニは、世界のリーダーたちの濃密なコミュニケーション、国連や多国間手続きに関する政策の改革、グローバル倫理の目覚めを提唱しています。

たとえば国連については、安全保障理事会の改革を提言しています。現在5か国の常任理事国は7か国とします。アメリカ、中国、ロシアは留任で、イギリスとフランスはひとつのヨーロッパ代表と交代させます。残りの3か国は、アジア、アフリカ、ラテンアメリカの代表に割り振ります。これを現状に当てはめれば、アメリカ、中国、インド、ロシア、ブラジル、ナイジェリア、ＥＵということになります。

現在、国連加盟国は分担金を負担していますが、拡大する事業要求にはまったく足りていません。特に、最近ますます重要性が増している世界保健機構（ＷＨＯ）や国際原子力機関（ＩＡＥＡ）では、人材確保も容易ではありません。常任理事国には、分担金に加えて「追加納入金」を課し、それぞれに最低でも国連予算の5％以上を割り振ることで、こうした不足を賄おうというのです。

こうした世界の現状を理解するために、マブバニは読者に対して、「グローバルな収斂の存在に疑問を感じている向きは、時間をとって、何か自分の関心のあるテーマのグローバルな集まりに参加してみるべきである」と勧めています。

経歴

キショール・マブバニ（1948年‐）は、シンガポールの外交官。シンガポール国立大学（NUS）リー・クアンユー公共政策大学院院長。インド系移民の子としてシンガポールで生まれる。1971年にシンガポール外務省に入省して2004年に退官するまで、国連大使、外務事務次官などの要職を歴任し、この間、国連安全保障理事会の議長も務めた。

参考図書

『大分岐：中国、ヨーロッパ、そして近代世界経済の形成』ケネス・ポメランツ

『暴力と不平等の人類史』東洋経済新報社/鬼澤忍、塩原通緒［訳］

『暴力と不平等の人類史』

ウォルター・シャイデル

『暴力と不平等の人類史：戦争・革命・崩壊・疫病』(The Great Leveler: Violence and the History of Inequality from the Stone Age to the Twenty-First Century)（２０１７年）は、オーストリア出身の歴史学者ウォルター・シャイデル（１９６６年－）が、歴史的に不平等を是正してきたのは「戦争」「革命」「崩壊」「疫病」の四つの暴力的破壊だけであることを明らかにし、20世紀の現象であった戦争と革命なしに、平和的に不平等を是正することはできないのかを問い掛けた著作です。

シャイデルによれば、人類の歴史を振り返っても平和的に平等化が進んだことはなく、暴力的破壊の後に社会が安定すると、経済的不平等は必ず拡大しました。富が蓄積されれば、そこに政治権力が生まれ、現勢力が政権を維持するためにさらに富が集中します。これが、社会の安定期に起こる格差拡大の仕組みです。

こうした既存の秩序を破壊し、所得と富の分配の偏りを均し、貧富の差を縮めることに大きな役割を果たしたのは、「平等化の四騎士」、すなわち「戦争」「革命」「崩壊」「疫病」といった、人類にとって好ましくない四つの「偉大なる平等化装置」だけだったのです。

聖書に登場するヨハネの黙示録の四騎士（それぞれが地上の4分の1の支配し、人間を殺す権威を与えられている）と同じく、これらは「地上から平和を奪い取り」「剣によって、飢餓によって、死によって、地上の獣によって人間を殺す」ために現れたのです。

第一の騎士「戦争」とは、大量動員戦争、つまり１９１４年から１９４５年に至る2度の世界大戦のことです。世界大戦の衝撃は「大圧縮」をもたらし、あらゆる先進国で所得と富の不平等が大きく減少しました。エリートたちの富は失われ、資産は再分配されることになりました。たとえば、日本では、第二次世界大戦で約２５０万人が戦死し、約70万人の一般市民が爆撃で命を落とし、上位１％の層の富は９割減少しました。

第二の騎士「革命」とは、変革的革命、つまり2度の世界大戦に伴って起きた革命のことです。中国では、毛沢東政権下で行われた「大躍進」政策により、４０００万人以上にのぼる人々が処刑死、拷問死、餓死しました。共産主義者は、資産を没収し、再分配し、その後しばしば集産化を進めることで不平等を劇的に減らしましたが、その死者数と惨状は世界大戦に匹敵するほどでした。

第三の騎士「崩壊」とは、国家の破綻や体制の崩壊のことです。西ローマ帝国に見られるように、国家が崩壊するとあらゆる支配層が消滅し、エリート層が持っていた政治的地位やコネなどが全て失われてしまうこともありました。

第四の騎士「疫病」とは、致死的伝染病の大流行のことです。ヨーロッパに壊滅的な被害をもたらしたペストは、１３２０年代後半にゴビ砂漠で発生し、ペストに感染したノミを持ったネズミが、中国、インド、中東、地中海沿岸、ヨーロッパへと運んでいきました。１３５０年には地中海沿岸に広がり、その結果、ヨーロッパの人口は、１３００年の９４００万人から１００年間で６８００万人にまで落ち込みました。しかし、農耕社会において人口の多くが失われた結果、労働者が不足して実質賃金が2倍以上に上がりました。

このように、20世紀に不平等を緩和したのは、民主的合理性や経済合理性ではなく、戦争と革命だけだったのです。しかし、こうした平等化装置はもはや稼働しておらず、しかも再分配や教育によっては不平等の拡大は防ぎきれないというのが実情です。

経歴

ウォルター・シャイデル（1966年 - ）は、オーストリア出身の歴史学者。スタンフォード大学人文科学ディカソン教授、古典・歴史学教授。古代の社会および経済史、前近代の歴史人口統計学、世界史に対する比較的および学際的アプローチを専門として、近代以前の社会・経済史、人口統計学、比較史に関する幅広い研究成果を発表している。

参考図書

『21世紀の資本』トマ・ピケティ

『21世紀の啓蒙』

スティーブン・ピンカー

『21世紀の啓蒙：理性、科学、ヒューマニズム、進歩』(Enlightenment Now: The Case for Reason, Science, Humanism, and Progress)（２０１８年）は、アメリカの認知心理学者スティーブン・ピンカー（１９５４年－）が、啓蒙主義の理念を21世紀の言語と概念で改めて問い直した著作です。

ピンカーは、「わたしたちは理性と共感によって人類の繁栄を促すことができる」という、当たり前すぎる啓蒙主義の原則が、実は多くの人々にはそのように受け取られていないことに気づいて本書を書くことにしたとして、次のように述べています。

「世界は悪化しつつあるという悲観論や、現代の諸制度に対するシニシズム、宗教より高い目標をどこにも見つけられないといった無力感は、今やどこにでもはびこっている。一方、わたしが提示するのはそれとは異なる世界観、事実に基づき、啓蒙主義の理念から発想を得た世界観である。ここでいう啓蒙主義の理念とは、理性、科学、ヒューマニズム、そして進歩のことだが、これらが時代を超越する理念であり、今まさに、かつてないほど重要な意味をもっているということを、この本で示せればと願っている。」

現代人にとって啓蒙主義は当たり前のように思われていますが、かつては、そして一部の地域では今でも、戦争、食糧難、病気の蔓延、無知、命の危険などは日常の一部であり、今の生活は我々にとって当然の生得権ではありません。

ピンカーは、人類に進歩をもたらしてきた啓蒙主義の理念の中で、「理性」「科学」「ヒューマニズム」の三つが、今、危機に晒されているといいます。そして、２０１０年代に入ってから、世界中で今ある制度を壊してしまって、自分の国を再び偉大な国にしてくれる強い指導者を待望するような機運が高まっていると危惧しています。

真っ先に思い浮かぶのは、アメリカのトランプ前大統領に象徴される反知性主義ですが、ピンカーが本書を企画したのはトランプが立候補を表明する何年も前のことだそうです。「トランプ当選の素地をつくった物の見方は、実のところ右派にも左派にも、知識階層にもそれ以外にも幅広く浸透して」いたのです。

さらに、自国の衰退を嘆いて見せ、自分こそが再び国を偉大にすると叫ぶ政治家だけでなく、文系の知識人も、科学万能主義を否定するあまり、科学が世界を良くするという考え方を否定しています。このように、右派も左派も悲観主義に陥り、進歩の否定や科学の軽視が横行しているのが現状なのです。

ピンカーは、こうした誤った現状認識は人間にありがちな認知バイアスの一種であり、正しく現状を認識するためには、データで世界をとらえ直し、啓蒙主義の理念の実践が確実な成果を上げていることを理解する必要があるといいます。

客観的に見れば、人類の寿命は伸び、病気は減り、富は増大し、絶対的な貧困や飢餓は減少し、戦争は減り、災害で死ぬ人は減っています。格差の拡大、環境問題、テロリズム、核戦争などの脅威についても、いわれているほどひどい状況ではありません。また、余暇の時間など、ＱＯＬ（生活の質）に関連する指標や幸福度はいずれも上がっており、民主主義は広がり、人権意識も高まっています。

ピンカーは、人類はかつてないほど健康・長寿で安全な良い社会を生きているということを、さまざまなデータを用いながら例証しています。つまり、平均的に見れば、我々は歴史上最も生きやすい時代を生きているということなのです。

経歴

スティーブン・ピンカー（1954年 - ）は、カナダ生まれのアメリカの認知心理学者。ハーバード大学心理学教授。専門分野は視覚的認知能力と子供の言語能力の発達で、大衆向け科学書を数多く執筆している。チョムスキー（→280頁参照）の生成文法の影響を受け、脳機能としての言語能力や、言語獲得の問題について研究し著作を発表している。言語が自然選択によって形作られた「本能」あるいは生物学的適応であるという概念を大衆化した。2004年には「タイム」の「最も影響力のある100人」に、2005年には「プロスペクト」「フォーリンポリシー」で「知識人トップ100人」の一人に選ばれた。

参考図書

『暴力の人類史』スティーブン・ピンカー、『二つの文化と科学革命』C. P. スノー、『FACTFULNESS：10の思い込みを乗り越え、データを基に世界を正しく見る習慣』ハンス・ロスリング、オーラ・ロスリング、アンナ・ロスリング・ロンランド

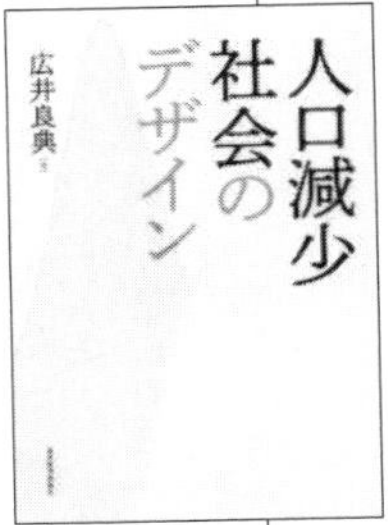

『人口減少社会のデザイン』

広井良典

『人口減少社会のデザイン』(2019年)は、社会哲学者の広井良典(1961年-)が、2050年に向けて持続可能であるための条件を探り、「定常型社会=持続可能な福祉社会」のモデルを提示した著作です。

「集団で一本の道を登る時代」の昭和、「失われた30年」の平成を経て、「人口減少社会」の令和が始まりました。日本はこれまで、拡大・成長という成功体験幻想を追い続け、全ての問題を先送りしてきた結果、今さまざまな問題が噴出してきています。

経済や社会システムのありようは国によって大きく異なります。たとえば、アメリカは「強い拡大・成長志向+小さな政府」で「低福祉・低負担」、ヨーロッパは「環境志向+相対的に大きな政府」で「高福祉・高負担」です。

これに対して、日本の特徴は「理念の不在と先送り」です。明確な社会的合意もないままなし崩し的にやってきた結果、「中福祉・低負担」という姿になっています。つまり、社会保障給付に見合った負担を求めるという困難な意思決定を回避し、「その場にいない」将来世代に負担を強いるという点で、最も無責任な対応だといえます。

この結果、日本は持続可能性という点で危機的状況にあり、現在のような政策や対応を続けていれば破局に至ってしまうのではないかというのが、広井の問題意識です。この検証のために、「財政あるいは世代間継承」「格差拡大と人口」「コミュニティとつながり」という三つの持続可能性の観点から、「2050年、日本は持続可能か?」という問いを設定しました。そして、その問いに答えるべく、京都大学と日立製作所が共同で立ち上げた「日立京大ラボ」プロジェクトが導き出した未来シナリオの内容と選択肢をまとめたのが本書です。

このプロジェクトでは、重要と考えられる149の要因を抽出して因果連関モデルを作成し、AI(人工知能）を活用したシミュレーションによって向こう35年間にわたる約2万通りの未来シナリオ予測を行い、六つの代表的シナリオグループにまとめました。その上で、「人口」「財政・社会保障」「都市・地域」「環境・資源」という持続可能性に着目して、日本が２０５０年に向けて持続可能であるための条件を、10の論点と提言としてまとめています。

ここで明らかになるのは、日本の将来にとって本質的な差が出るのは、「都市集中」か「地方分散」かというシナリオの違いです。人口や地域の持続可能性、あるいは格差や健康、幸福といった観点からは、地方分散型が望ましく、今から８－10年後に両シナリオの分岐が発生し、以降は両者が再び交わることはないという結果でした。

これまで我々が追い求めてきた「限りない拡大・成長」は、地球資源の有限性という物質的な意味でも、幸福という精神的な意味でも限界に達しつつあります。カーツワイル（↓３５８頁参照）のシンギュラリティ論や人間そのものを改造するポストヒューマン論など、テクノロジーの発展で人間の進化が新たな段階に突入するという議論は、一見新たな方向性であるかのように見えて、実は個人が利潤を極大化して人間が自然を支配するという近代社会のパラダイムを極限まで伸ばしていったものに過ぎないのです。

これに対して広井は、むしろ成熟化・定常化する社会の創造性や豊かさや幸福というテーマを、持続可能性という視点とともに考えていく「創造的定常経済」の構想が必要なのだと訴えます。

経歴

広井良典（1961年－）は、日本の社会哲学者。厚生省、マサチューセッツ工科大学（MIT）客員研究員、千葉大学教授を経て、現在、京都大学こころの未来研究センター教授。専攻は公共政策および科学哲学。環境・福祉・経済を統合した「定常型社会＝持続可能な福祉社会」を提唱し、社会保障、環境、医療、都市・地域に関する政策研究から、時間、ケア、死生観などをめぐる哲学的考察まで、幅広い活動を行っている。

参考図書

『2050年　世界人口大減少』ダリル・ブリッカー、ジョン・イビットソン、『シンギュラリティは近い：人類が生命を超越するとき』レイ・カーツワイル、『人新世の「資本論」』斎藤幸平

第5章

自然科学

現代の自然科学の源流は、古代の自然哲学にさかのぼります。哲学から独立した自然科学は、ガリレオやニュートンなど数多くの科学者を輩出した17世紀の科学革命の時代から産業革命を経て、宗教や哲学の領域を急速に侵食していきました。

古典力学というのは、相対性理論や量子力学が現れる以前の、ニュートンの運動の法則を根本原理とする力学の総称で、量子論から見て古典的で非量子論的な力学一般を指す言葉でした。しかし現代では、微視的現象を対象とする量子力学に対して、相対論的力学をも含めて古典力学と呼ばれています。したがって、現代でいう古典力学には、ニュートン力学と相対性理論の二つがあるといえます。

ニュートン力学は、相対性理論と区別して、非相対論的な力学と呼ばれることがあります。相対性理論は特殊相対性理論と一般相対性理論に分けられますが、両者の大きな違いは、特殊相対性理論では重力を扱わないことです。

量子力学は、一般相対性理論と共に現代物理学の根幹を成す理論で、分子、原子、電子、素粒子など、微視的な物理現象を記述する力学です。量子力学自身はミクロな系を記述する理論ですが、取り扱う系をミクロな系の集まりとして解析することで、古典力学では説明が困難であった巨視的な現象についても記述することができます。

20世紀以降、劇的な進化を遂げた自然科学は、「標準理論」といわれる素粒子物理学の基本的枠組みにまで到達し、素粒子に質量を与える「神の粒子」ヒッグス粒子が発見されたことにより、宇宙の仕組みは徐々に解明されつつあります。しかし、「宇宙はどのようにして生まれたのか」「物質はなにからできているのか」といった謎は、まだ数多く残されています。

また、自然科学の基本法則はあまりにも人間の存在に都合よくできていることから、「宇宙が人間に適しているのは、そうでなければ人間は存在し得ず、宇宙を観測し得ないから」という、ある意味で禁断ともいえる「人間原理」まで議論されています。

もし、自然界に存在する、電磁気力、弱い核力、強い核力、重力という四つの力を統一的に記述する「万物の理論（超大統一理論）」が発見されれば、宇宙の謎は全て解決するかもしれません。現在、万物の理論の候補として「超ひも理論」とそれを統合する11次元時空の理論である「M理論」が研究されており、もしこれが完成すれば、素粒子のあらゆる性質が説明できるだけでなく、宇宙（＝時間と空間）の誕生と終焉も解明できるのではないかと期待されています。

『新版 アリストテレス全集 第4巻 自然学』
岩波書店/内山勝利、神崎繁、中畑正志［編］

『自然学』

アリストテレス

　『自然学』（古希：Φυσικῆς ἀκροάσεως、英：Physics）（紀元前4世紀）は、「万学の祖」アリストテレス（紀元前384年–紀元前322年）による自然哲学（現代の自然科学）の研究書です。

　英語の "physics" に該当する古代ギリシア語の "φυσις"（"φυσικῆς" の名詞）はもともと「自然」を意味していました。したがって、本書のタイトルも『自然学』と訳されています。

　アリストテレスは、現代の物理学、天文学、気象学、生物学などに相当する自然学の領域でも、数多くの業績を残しています。存在一般とその根本原理を研究する「第一哲学（形而上学）」に対して、こうした「自然によって存在するもの」を研究する学問を「第二哲学」と呼びました。そして、経験される自然現象には「原理」とその結果としての「現象」という本質的な区別があると考え、現象を全面的に理解するための一般原理を追求しました。

　全8巻で構成される本書においても、「いかに」ではなく「なぜに」の解明に注力し、まず一般原理に基づきながら徐々に個別の対象を分析していきます。第1巻から第2巻までは自然の原理、第3巻では運動、無限、第4巻では場所、空間、時間、第5巻から第8巻では運動、変化、静止、宇宙について考察しています。

　アリストテレスの自然学は、中世・近世まで2千年近く極めて大きな影響力を持ち続けました。しかし、16世紀から17世紀にかけてのヨーロッパで、自然学に数学と計測を積極的に活用することで起きた「科学革命」によって、その内容は否定されることになりました。

経歴
『政治学』（→298頁）参照

参考図書
『形而上学』アリストテレス

『追補版　ユークリッド原論』共立出版/中村幸四郎、寺阪英孝、伊東俊太郎、池田美恵［訳］

『ユークリッド原論』

ユークリッド

『ユークリッド原論』(古希：Στοιχεία、英：Elements)(紀元前3世紀頃)は、古代エジプトのギリシア系数学者で、「幾何学の父」と呼ばれるユークリッド(紀元前3世紀頃)によって編纂された、数学史上最も重要な書物のひとつです。

古代ギリシア数学は、紀元前6世紀のタレスやピタゴラスに始まりますが、その中でも特に重要なのが、「流体中で静止している物体は、それが押しのけた流体に働く重力と等しい浮力を受ける」という有名なアルキメデスの原理を発見したアルキメデスと、この「幾何学の父」ユークリッドです。

本書は、プラトンの設立したアカデメイアで学ばれていた数学を体系化したものとされています。まず点や線などの基礎的な概念に対する定義を与え、次に一連の公理を示して公理系を確立し、そこから500もの定理を証明するという形式をとっています。後世の人々によって図や注釈が加えられ、翻訳された多種多様な版が作られ、19世紀末から20世紀初頭に至るまで、広く標準的な数学の教科書として使われていました。

本書の内容は、平面・立体幾何学、整数論、無理数論からなります。この中で、幾何学については、19世紀に議論の前提のひとつである、「ある直線外の一点を通る、この直線に平行な線は、ひとつしか引けない」という平行線公理を前提としない非ユークリッド幾何学が成立したため、原論と同じように平行線公理を前提とした幾何学は、ユークリッド幾何学と呼ばれるようになりました。

経歴

ユークリッド(紀元前3世紀頃)は、古代エジプトのギリシア系の数学者。紀元前330年頃から紀元前275年頃に、プトレマイオス1世治世下のアレクサンドリアで活動したとされるが、その生涯についてはほとんどなにも分かっていない。

『天体の回転について』

ニコラウス・コペルニクス

『天体の回転について』（羅：Nicolai Copernici Torinensis De revolutionibus orbium coelestium, Libri VI、英：On the Revolutions of the Heavenly Spheres by Nicolaus Copernicus of Torin 6 Books）（１５４３年）は、ポーランドの天文学者ニコラウス・コペルニクス（１４７３年－１５４３年）が、それまでの地球中心説（天動説）を覆し、太陽中心説（地動説）を唱えた著書です。

地動説は、天文学史上最も重要な発見とされています。18世紀後半に、カント（→２５４頁参照）が哲学について「コペルニクス的転回」という表現を使い、以降、発想の大転換のことを「コペルニクス的転回」と呼ぶようになりました。

本書の初版は、１５４３年にニュルンベルクのグーテンベルク印刷所で印刷・刊行されましたが、主要部分は１５３０年頃に完成していたとされます。また、それ以前にも、コペルニクスは「概要」を友人たちに配っていました。

当時、広く受け入れられていたのは、２世紀中頃にプトレマイオスが大成した天動説です。また、コペルニクスの存命中および死後数十年間は、地動説についてローマ教皇庁が公に反対をするということはありませんでした。しかし、１６１６年にガリレオ・ガリレイに対する裁判が始まる直前、本書はローマ教皇庁から閲覧一時停止の措置がとられることになりました。

コペルニクスは、天体観測を通じて地動説に至りましたが、まだ惑星は完全な円軌道を描くと考えていて、それが楕円軌道を描いていることは、のちにドイツのヨハネス・ケプラーにより発見されることになります。

経歴

ニコラウス・コペルニクス（1473年 - 1543年）は、ポーランドの天文学者、カトリック司祭。クラクフ大学、イタリアのボローニャ大学、パドバ大学で神学・医学・数学・天文学を学び、教会法で博士の学位を取得。1497年からフロンボルクの聖堂参事会員。

参考図書

『星界の報告』ガリレオ・ガリレイ、『宇宙の調和』ヨハネス・ケプラー

『星界の報告』

ガリレオ・ガリレイ

『星界の報告』（羅：Sidereus Nuncius、英：Sidereal Messenger）（１６１０年）は、イタリアの天文学者ガリレオ・ガリレイ（１５６４年－１６４２年）が著した、望遠鏡による天体観測の研究報告です。

自然現象に数学的手法を用いて、仮説を実験によって検証するという近代科学の方法を確立するのに大きく貢献し、「近代科学の父」「天文学の父」などと呼ばれています。オランダで発明された望遠鏡をもとに自ら改良した望遠鏡を使って、月までの距離や月の大きさを推論したほか、木星の四つの衛星、金星の満ち欠け、太陽黒点の観測などに基づいて、地動説を提唱しました。

ガリレオは、１５９７年にケプラーに宛てた手紙の中で地動説を信じている旨を書いていますが、本書の出版までは、それを公言することはありませんでした。しかし、本書の出版後、カトリック教会の異端審問で有罪判決を受けて職を失い、軟禁生活を送ることになります。有罪を告げられたガリレオは、地動説を放棄する旨の異端誓絶文を読み上げたものの、「それでも地球は動く」と言ったといわれますが、これはガリレオの弟子が後づけしたという説が有力です。

デカルトは、「宇宙論（世界論）」の原稿を書き終えていましたが、ガリレオ裁判の結果を聞いて出版をためらったことを、『方法序説』（→２４２頁参照）に記しています。

こうしたガリレオの科学的手法は、「古典力学の創始者」ニュートン（→３７８頁参照）へと受け継がれていきます。

経歴

ガリレオ・ガリレイ（1564年 - 1642年）は、イタリアの天文学者・物理学者。近代科学的な手法を樹立するのに多大な貢献をしたことから「近代科学の父」、また天文学分野での貢献を称えて「天文学の父」と呼ばれる。物理学分野では、有名な「ピサの斜塔の実験」を行い、落体の運動法則の定式化を完成させた。天文学分野では、月面のクレーター、木星の四つの衛星、金星の満ち欠け、太陽の黒点、天の川が無数の恒星の集合であることなどを発見した。

参考図書

『天文対話』ガリレオ・ガリレイ、『天体の回転について』ニコラウス・コペルニクス

『プリンシピア』

アイザック・ニュートン

『プリンシピア：自然哲学の数学的原理』（羅：Philosophiæ Naturalis Principia Mathematica、英：Mathematical Principles of Natural Philosophy）（1687年）は、「古典力学の創始者」アイザック・ニュートン（1642年－1727年）が、古典物理学の中核となる古典力学（ニュートン力学）を定式化した、近代科学史上最も重要な古典のひとつです。

ニュートンは、「万有引力の法則」で天体の運動を解明するなど、力学の一般法則を発見して古典力学の体系を確立しました。ニュートン以前の自然哲学（自然科学）は、物事の発生原因（目的）を明らかにするものでしたが、観測により物事の因果関係を示すというニュートンの実証主義的な方法論が、近代科学の基礎を築いたといわれています。

ニュートン力学とは、量子力学やアインシュタインの相対性理論と対比して用いられる表現です。「慣性の法則」「加速度の法則」「作用・反作用の法則」の三つの運動法則と、「万有引力の法則」など空間を隔てて直接的に遠隔作用として働く力を基礎とした理論体系です。時間の要素が加味されない静力学については、ギリシア時代から多くの知識が積み上がっていましたが、ニュートン力学によって、物体の運動に関する動力学が確立しました。

本書は、「序文」「定義」「公理、あるいは運動の法則」で始まり、本論は、第1編「物体の運動」、第2編「抵抗を及ぼす媒質内での物体の運動」、第3編「世界体系」の3部構成になっています。

序文では、本書を「いろいろな運動の現象から自然界のいろいろな力を研究し、次にそれらの力から他の諸現象を論証する」という（自然）哲学の「数学的原理」として著すとしています。

定義では、「絶対時間」「絶対空間」「質量」「運動量」「力」など力学上の基礎的な概念を厳密に定義しています。

公理（運動法則）では、「運動の三法則」など、古典力学の基本法則が述べられています。法則1は「慣性の法則」で、「物体は外から力が加わらないかぎり、そのままの状態を続ける」、法則2は「加速度の法則（運動方程式）」で、「物体に外から力が加わると、加速度が生まれて運動が変化する」、法則3は「作用・反作用の法則」で、「物体に力を加えると、その物体は同じ力で押し返してくる」というものです。

本編の第1編では、さまざまな力とそこから生じる物体の運動を説明し、第2編では、抵抗のある媒質（作用が伝達される物質・空間）内の運動と流体運動を扱い、第3編では、前2編で述べられた理論の、惑星、衛星、彗星などの太陽系の天体への応用です。

ハレー彗星で知られるハレーが、ニュートンの論文「回転している物体の運動について」を読んで、それまでの研究成果を出版することを薦めたのが本書出版のきっかけで、これは本書の第1編の骨子になっています。

1713年には、初版に対するさまざまな批判に応えて、大幅な加筆・補足と注釈が追加された第2版が出版され、絶対的時間や絶対的空間の支配者としての神の位置づけがされました。ニュートンは自然哲学者として有名ですが、同時に神学者でもあり、彼の研究には、宇宙が数学的に秩序立っていることこそが神の存在証明であるという、キリスト教的な世界観を示そうという意図があったとされています。また、錬金術をはじめとするオカルト研究にも熱心で、後年、ニュートンの遺髪から、錬金術の試薬として用いられた水銀が多量に検出されています。

経歴

アイザック・ニュートン（1642年 - 1727年）は、イングランドの自然哲学者、数学者、物理学者、天文学者、神学者。ケンブリッジ大学ルーカス教授職、王立学会会長。1661年にケンブリッジ大学トリニティカレッジに入学するが、1665年にロンドンでペストが大流行した影響で、ケンブリッジ大学も閉鎖され、いったん故郷に戻って、「ニュートンの三大業績」といわれる、数学（微分積分学の証明）、光学（プリズムでの分光の実験）、力学（万有引力の着想）に没頭した。この三つの分野におけるニュートンの功績は、いずれもこの短い間に成し遂げられたものであり、ニュートンの「奇跡の1年半」と呼ばれている。

参考図書

『ユークリッド原論』ユークリッド

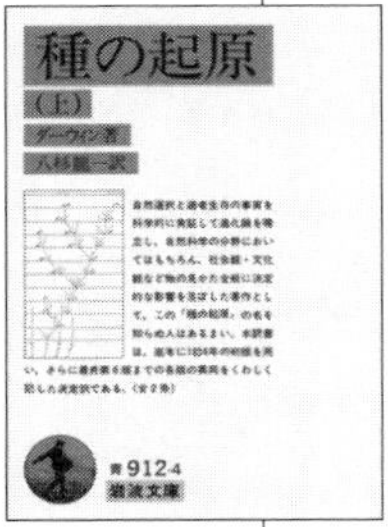

『種の起原』

チャールズ・ダーウィン

『種の起原』(On the Origin of Species by Means of Natural Selection, or the Preservation of Favoured Races in the Struggle for Life)（１８５９年）は、イギリスの生物学者チャールズ・ダーウィン（１８０９年－１８８２年）が、生物界での自然選択（natural selection）による適者生存（survival of the fittest）を説いて進化論を確立した、生物学の古典です。

ダーウィンは、進化というのは下等なものから高等なものへと向かう直線的な変化ではなく、共通の祖先から系統が枝分かれして多様な生物が生まれる歴史であるとしました。そして、全ての生物種が長い時間をかけて環境に適応しながら変化し、自然選択のプロセスを通して進化してきたことを明らかにしました。

ダーウィンの進化論の中で、共通祖先からの進化、集団内の変異によって生じる進化、種分化による生物多様性、適応進化における自然選択の役割は、現在の進化生物学における基本的な枠組みとなっています。

ダーウィンは、ケンブリッジ大学を卒業した１８３１年から5年間をかけて、イギリス海軍の測量船ビーグル号で、地球一周航海をしました。航海中に各地の動物相や植物相の違いから種の不変性に疑問を感じ、地殻変動によって新しい生息地ができ、動物が新しい環境に適応したのではないかと考えました。特に航海の後半、１８３５年9月15日から10月20日まで、「ゾウガメの島」を意味するガラパゴス諸島に滞在し、ここで観察した動物相は、進化論のヒントとなりました。

ビーグル号でのこうした航海で集めた野生動物と化石の地理的分布の研究に基づいて、１８３８年、ダーウィンは自然選択説を思いつきました。『ダーウィン自伝』には、マルサスの『人口論』（→１３８頁参照）を読み、限られた資源を争うのは人間だけでなく全ての生物に当てはまるのではないか、人間に優劣があるように、生物も全て平等ではなく、生存と繁殖の有利さに差があるのではないかと考えたと書かれています。

しかし、当初は、生物は神が創造したと信じられていた当時のヨーロッパで、こうした自説を発表することを躊躇していました。その後、同様の理論を考えていた博物学者のアルフレッド・ウォレスから相談を受けたことをきっかけに、着想から20年を経た1858年にウォレスと共同で論文を発表し、翌年、本書を出版しました。

自然選択（自然淘汰）とは、自然環境が生物に起きる変異を選別して進化に方向性を与えることで、種が分岐して多様な種が生じ、生存に有利な形質を持つものが生き残っていくという考え方です。ダーウィンは、この過程を、適者生存や生存競争などの言葉を用いて説明しました。適者生存というのは、もともと、社会進化論の提唱者であるハーバート・スペンサーが、ダーウィンの自然選択を言い換えた造語で、これをダーウィンも本書の第6版で採り入れたものです。

進化論は、当時の生物学の根本をなす宗教的理解を否定するものであったため、大きな宗教的・哲学的論争を引き起こすことになりました。「生物は進化する」という命題が広く社会に受け入れられるようになったのは、1930年代以降のことです。

カトリック教会では、1996年にローマ教皇ヨハネ・パウロ2世が、「進化論は仮説以上のもので、肉体の進化論は認めるが、人間の魂は神に創造されたもの」だと述べて、進化論をキリスト教と矛盾しないものとして認めました。しかしアメリカのいくつかの州などでは、現在でもプロテスタントの聖書主義の立場から進化論が否定されています。

経歴

チャールズ・ダーウィン（1809年 - 1882年）は、イギリスの生物学者、地質学者。種の形成理論を構築。父方の祖父は高名な医師・博物学者であるエラズマス・ダーウィンで、母方の祖父は陶芸家・企業家であるジョサイア・ウェッジウッド。

参考図書

『ビーグル号航海記』チャールズ・ダーウィン、『ダーウィン自伝』チャールズ・ダーウィン、『雑種植物の研究』グレゴール・ヨハン・メンデル、『利己的な遺伝子』リチャード・ドーキンス、『ダーウィン・エコノミー：自由、競争、公益』ロバート・H・フランク、『遺伝人類学入門：チンギス・ハンのDNAは何を語るか』太田博樹

『雑種植物の研究』

グレゴール・ヨハン・メンデル

『雑種植物の研究』（独：Versuche über Pflanzen-Hybriden）（1865年）は、オーストリア帝国（現在のチェコ）の司祭で「遺伝学の祖」と呼ばれるグレゴール・ヨハン・メンデル（1822年－1884年）が、8年間にわたるエンドウの遺伝についての研究結果をまとめた論文で、1865年に発表したものが1866年にブリュンの自然科学協会会報に掲載されました。

メンデルは、栽培植物の新品種を作るための人工交配をヒントに、修道院の庭でエンドウ豆の交配実験を行い、2万8000株を調べ上げ、「分離の法則」「独立の法則」「優性の法則」の三つの法則を発見しました。

当時、遺伝現象自体は知られていましたが、遺伝形質は交雑とともに液体のように混じりあっていく（混合遺伝）と考えられていました。メンデルはこれを否定し、なんらかの単位化された粒子状の物質がひとつの親の形質を決めているという粒子遺伝を提唱しました。その後、イギリスの遺伝学者ウィリアム・ベイトソンによって、この粒子は「遺伝子」と命名されました。

本書は、出版当時はその価値を認められず、1900年にカール・エーリヒ・コレンス（ドイツ）、エーリヒ・フォン・チェルマク（オーストリア）、ユーゴー・ド・フリース（オランダ）の三人の独立した研究により、遺伝の法則としてすでにメンデルが発表していたことが明らかになり、「メンデルの法則」という名がつけられることとなりました。

経歴

グレゴール・ヨハン・メンデル（1822年－1884年）は、オーストリア帝国（現在のチェコ）の司祭、植物学者。1856年に修道院の植物園で始めたエンドウの交雑実験は、1863年まで続けられた。1万株以上のエンドウを統計的に調べ、遺伝の基本法則である「メンデルの法則」を発見した。

参考図書

『二重らせん』ジェームス・D・ワトソン、『利己的な遺伝子』リチャード・ドーキンス

『生命とは何か』

エルヴィン・シュレーディンガー

『生命とは何か：物理的にみた生細胞』（What is Life?: With Mind and Matter and Autobiographical Sketches）（1944年）は、「量子力学の創始者」エルヴィン・シュレーディンガー（1887年－1961年）が、1943年にダブリンのトリニティカレッジで行った講演をもとにした著作です。

シュレーディンガーは、「生命現象を物理法則で解明できるか？」という問題提起をして、物理学を応用することで生物学の新しい領域に挑みました。

宇宙は大局的にはエントロピー（無秩序さの度合）の増大に向かうという、「エントロピー増大の法則（熱力学第二法則）」に従っています。これに対して、生物はエントロピーを減らすことで生物としての秩序を維持しています。物理法則は統計的なもので、膨大な数の原子によって近似的に成立しますが、生物の法則はそれとは根本的に異なり、「システムの振る舞いがシステムの状態に依存する」という自己言及性を持っていて、一定の目的をもって自己組織化して自己複製する機械のように見えます。

これについてシュレーディンガーは、生命においては物質における平衡状態とは別の形の安定が成り立っていて、自己調節と自己発生の機能が発現するのだという、今日の生体構造形成原理につながる考え方を提示しました。結局、こうしたシュレーディンガーの説明は完成しませんでしたが、本書に触発されて、多くの物理学者が生物学に転向し、分子遺伝学という領域の確立につながりました。

経歴

エルヴィン・シュレーディンガー（1887年－1961年）は、オーストリア出身の理論物理学者。1926年に波動形式の量子力学である「波動力学」を提唱し、量子力学の基本方程式であるシュレーディンガー方程式や、1935年には量子力学に関する思考実験「シュレーディンガーの猫」を提唱するなど、量子力学の発展を築き上げた。若い頃に読んだショーペンハウアーの影響で、生涯、インド哲学に興味を持っていた。

参考図書

『精神と物質：意識と科学的世界像をめぐる考察』エルヴィン・シュレーディンガー、『シュレーディンガー：その生涯と思想』W．ムーア、『生物の中の悪魔：「情報」で生命の謎を解く』ポール・デイヴィス、『量子力学で生命の謎を解く』ジム・アル＝カリーリ、ジョンジョー・マクファデン

『大陸と海洋の起源』

アルフレート・ヴェーゲナー

『大陸と海洋の起源：大陸移動説』（独：Die Entstehung der Kontinente und Ozeane）（１９１５年）は、ドイツの気象学者アルフレート・ヴェーゲナー（１８８０年－１９３０年）が、大陸は地球の表面上を移動してその位置や形状を変えるという「大陸移動説」を提起し、地球科学（地学）に革命をもたらした著作です。

ヴェーゲナーは、１９２０年（第2版）、１９２２年（第3版）、１９２９年（第4版）と、生涯にわたって本書の改訂を続けました。しかし、大陸移動の原動力を説明できなかったため、生前に彼の説が受け入れられることはありませんでした。

ヴェーゲナーは、「大陸移動という観念を私がはじめて思いついたのは、１９１０年のことであった。それは世界地図を見て、大西洋の両岸の海岸線の凹凸がよく合致するのに気がついた時であった。（中略）１９１１年の秋になって、全く偶然にある総合報告を読んで、昔ブラジルとアフリカとの間に陸地のつながりがあったということを示す古生物学上の証拠をはじめて知るようになった」と書いています。

そして、１９１２年のドイツ地質学会で、中生代（約2億５２００万年前－約６６００万年前）には大西洋は存在せず、大西洋をはさむ現在の四大陸が分離・移動して大西洋ができたとする「大陸移動説（continental drift theory）」を発表しました。

その後、第一次世界大戦にドイツ帝国陸軍中尉として従軍したヴェーゲナーは、腕と首を負傷して前線を離れて、戦地での気象予報業務に従事することになります。本書の第1版は、この療養期間中に収集した大陸移動の証拠に基づいて刊行されたものです。

ヴェーゲナー以前にも、大西洋両岸の大陸の形状が一致すると指摘されたことはありました。しかし、かって大陸同士がつながっていたことを、測地学、地質学、古生物学、古気候学、地球物理学などさまざまな資料に基づいて学術的に説明し、「大陸移動」という言葉を使ったのはヴェーゲナーが初めてでした。

さらに、本書の第4版においては、南北アメリカ大陸だけでなく、現存する全ての大陸はもともとひとつであり、約2億年前に分裂して別々に漂流し、現在の位置および形状に至ったとする説も発表しました。ヴェーゲナーは、この分裂前の超大陸を「パンゲア」（ギリシア語で「全ての陸地」の意）と名づけました。今では、パンゲアは、２億５０００万年前頃に、ローレンシア大陸、バルティカ大陸、シベリア大陸など全ての大陸が衝突したことによって誕生し、２億年前頃から再び分裂を始めたことが分かっています。

しかし、地球物理学者や地質学者たちは、気象学者であるヴェーゲナーの説を受け入れようとしませんでした。当時の地質学は、化石の研究や地層のできた新旧関係だけを研究するもので、硬い大陸が移動するという考え自体が理解できなかったからです。

ヴェーゲナーの死後、大陸移動の原動力はマントル対流であるという説が唱えられ、さらに岩石に残された過去の地磁気の調査によって、彼の大陸移動説は再評価されることになります。その後、地殻変動を総合的に説明できる説として、地球の表面は何枚かの固いプレート（岩板）で構成されていて、このプレートが互いに動くことで大陸移動が引き起こされるとする「プレートテクトニクス理論」が提唱され、地球科学に一大転換がもたらされることになりました。

今日では、人工衛星による精密な観測技術が進み、大陸が実際に移動している状況が直接的に観測できるようになっています。

経歴

アルフレート・ヴェーゲナー（1880年 - 1930年）は、大陸移動説を提唱したドイツの気象学者、地球物理学者。1908年からマールブルク大学で教鞭をとり、1919年にハンブルク大学教授、1924年にオーストリアのグラーツ大学教授。大陸移動説で有名だが、本来の専門は気象学で、4回にわたってグリーンランド探検隊に加わり、気球を使った高層気象観測技術など、大気に関する運動力学、熱力学、光学、音響学の研究で知られている。大陸移動説は当時の学界では認められず、不遇のうちにグリーンランド探検中に50歳で心臓発作で死去した。義父は「ケッペンの気候区分」で有名なロシア出身のドイツ人気象学者ウラジミール・ペーター・ケッペン。

参考図書

『地球の歴史』鎌田浩毅

『生物から見た世界』岩波文庫／ゲオルク・クリサート［画］／日高敏隆、羽田節子［訳］

『生物から見た世界』

ヤーコプ・フォン・ユクスキュル

『生物から見た世界』（独：Streifzüge durch die Umwelten von Tieren und Menschen: Ein Bilderbuch unsichtbarer Welten）（1934年）は、エストニア出身のドイツの理論生物学者ヤーコプ・フォン・ユクスキュル（1864年－1944年）らが、それまでの人間中心の見方ではなく、「環世界（環境世界）」という概念で、生物の世界を捉え直した生物学の古典です。

ユクスキュルは、環境（空間、時間）というものを、我々を取り囲む客観的なものという視点ではなく、ある特定の生物にとって意味を持つものとして捉えました。そして、全ての生物は、単なる客体や反射に基づく機械ではなく、それぞれ固有の知覚世界を持って主体として行動していると考えました。つまり、それぞれの生物はそれぞれに独自の環境の中で生きていて、生物にとっての環境というのは、物理学のように一様ではないということです。

その上で、感覚器によって知覚される世界と、身体によって働きかける世界が連携することで作られるこうした環境を、「環世界」と名づけました。そして、外界からの刺激が主体に知覚され、それが行動を引き起こして外界に対して作用し、さらにその作用によって新たな知覚が引き起こされるというループを、「機能環」と呼びました。つまり、環世界とは、知覚世界と作用世界が共同で作り上げている、半自然（半人工）の世界像のことなのです。

たとえば、マダニは視覚、聴覚を持たない代わりに、嗅覚、触覚、温度感覚の三つが優れていて、木の下を通りかかる哺乳類が出すにおいと体温を感じ、上から落ちてきてその動物にたかって血を吸います。マダニにとって意味があるのは、哺乳類の皮膚腺から出る酪酸のにおいと温血動物である哺乳類の体温だけです。つまり、マダニにとってはこれだけが実在する環世界であり、ここには世界の客観性というものは存在しません。

同様に、紫外線が見えるミツバチやチョウ、超音波で空間を把握するコウモリ、嗅覚の優れたイヌにとっての世界像もそれぞれ異なっていて、それぞれの生物の行動は、それぞれ異なる知覚と作用の結果であり、それぞれの生物にとって特有の意味をもってなされるのです。

これは人間についても同様で、我々が「環境問題」という時は、人間にとって都合の良い世界かどうかだけを問題にしています。すなわち、「良い環境」というのは、「人間にとって良い環世界」という意味で、生物たちが独自の知覚と行動で作り出す環世界という考え方からすれば、生物にとっての自然像はひとつではないのです。

ユクスキュルは、こうした生物主体と客体との意味ある相互関係を、自然の「生命計画」と名づけました。そして、アンチ・ダーウィニズム（反ダーウィン主義）の立場から、生物は自然淘汰と進化によって環境に適応してきたのではなく、あらゆる生物は最初から環境に適合しているとしました。また、生物に本来備わった目的や本能というものを否定し、決定論的な因果関係だけで生物の働きを理解する、デカルト的な「動物機械論」を否定しました。

ユクスキュルは、自らが唱えた環世界論を、人間の先天的な時間や空間の認知のあり方が認識を形作るとしたカントの学説を、自然科学的に活用しようとするものであるとしています。そのため、環世界論は、生物学の世界よりも、むしろ哲学の世界で当時の人々の人間観に大きな影響を与えることになりました。

経歴

ヤーコプ・フォン・ユクスキュル（1864年 - 1944年）は、エストニア出身のドイツの理論生物学者で、動物行動学の先駆的研究家。ハンブルク大学環境世界研究所名誉教授。人間中心主義を排して、動物の行動を客観的に観察・記述する新しい生物行動学の道を開いた。

ゲオルク・クリサート（1906年 - 没年不詳）は、本書の挿入図を担当した生物学者。ユクスキュルと環境世界研究所で研究を共にした。

参考図書

『動物の環境と内的世界』ヤーコプ・フォン・ユクスキュル、『生命の跳躍：進化の10大発明』ニック・レーン、『生命誌とは何か』中村桂子

『沈黙の春』

レイチェル・カーソン

『沈黙の春』(Silent Spring)（1962年）は、アメリカの生物学者レイチェル・カーソン（1907年－1964年）が、農薬などで使用される化学物質の危険性と環境保護の必要性を、「鳥が鳴かなくなった春」という出来事を通して訴えた著作です。

カーソンは、当時アメリカ各地で行われていたDDTやDDDなど有機塩素系農薬の大量空中散布によって、野鳥や魚介類などが大きな被害を受けるだけでなく、散布された農薬が農作物や魚介類に残留して人体に取り込まれ、人の健康に悪影響を及ぼす危険性があることを警告しました。

また、次のようなさまざまな事例を取り上げ、人間の都合で自然をコントロールしようとすることの問題点を指摘しました。「カリフォルニア州のクリア湖における農薬（DDD）散布と生物濃縮によって、水鳥のカイツブリが大量に中毒死した」「外来昆虫のマメコガネに対する殺虫剤（アルドリン、ディルドリン）散布によって、中西部諸州の野生動物と家畜が被害を受けた」「牧草地にするために乾燥地帯に自生するヨモギの一種（セージブラッシュ）を除去したことで、それを餌にしていたライチョウやカモシカがいなくなり、さらなる不毛の地になってしまった」「花粉症の原因となる道端のブタクサを除去しようとして化学薬品を散布し、ブタクサの生育を妨げる多年草植物がなくなったために、かえってブタクサだけ繁殖してしまった」「街路樹としてニレ並木ばかりを作ったために、大量のコガネムシが繁殖してニレの立枯病が蔓延した」

カーソンは、こうした一連の人間の行為に対して、次のようにいっています。

「土壌、水、野生生物、そしてさらには人間そのものに、こうした化学薬品がどういう影響をあたえるのか、ほとんど調べもしないで、化学薬品を使わせたのだった。これから生まれてくる子供たち、そのまた子供たちは、何と言うだろうか。生命の支柱である自然の世界の安全を私たちが十分守らなかったことを、大目にみることはないだろう。」

当時のケネディ大統領が本書を読み、大統領諮問機関に調査を命じたことから、農薬の環境破壊に関する情報公開を怠った政府の責任が厳しく追及され、ＤＤＴやＤＤＤの使用は全面的に禁止されることになりました。また、従来は直接的に健康に被害を及ぼす毒物・劇薬の製造・使用や排出ガス・排出水規制だけが行われていましたが、本書がこれまでの安全性に関する考え方を根本的に覆したことで、生体内に蓄積し食物連鎖により濃縮される可能性のある農薬には基準値が設けられるなど、大きな社会的影響を持つことになりました。

カーソンは、本書の最後で次のように語っています。

「《自然の征服》――これは、人間が得意になって考え出した勝手な文句にすぎない。生物学、哲学のいわゆるネアンデルタール時代にできた言葉だ。自然は、人間の生活に役立つために存在する、などと思いあがっていたのだ。（中略）おそろしい武器を考え出してはその鋒先《ほこさき》を昆虫に向けていたが、それは、ほかならぬ私たち人間の住む地球そのものに向けられていたのだ。」

このように、本書が環境問題に人々の目を向けさせたことで、化学物質の規制はアメリカだけでなく世界中の先進各国にも広がりを見せ、のちのアースデイ（地球環境について考える日）や国連人間環境会議のきっかけとなるなど、環境保護運動の始まりとなりました。

経歴

レイチェル・カーソン（1907年 - 1964年）は、アメリカの生物学者。ペンシルバニア女子大学で生物学を専攻し、ジョンズ・ホプキンズ大学大学院、ウッヅホール海洋生物研修所などで研究を続け、メリーランド大学で教鞭をとった。1936年にアメリカ連邦漁業局・魚類野性生物局に入り、水産生物学者として自然科学を研究。『沈黙の春』出版から2年後の1964年に病没。没後の1965年に出版された『センス・オブ・ワンダー』は、幼少時から自然に触れることの大切さを説く、自然環境教育のバイブルとなった。1980年には、当時のジミー・カーター大統領から「大統領自由勲章」を授与された。

参考図書

『潮風の下で』レイチェル・カーソン、『海辺：生命のふるさと』レイチェル・カーソン

『40周年記念版　利己的な遺伝子』紀伊國屋書店／
日髙敏隆、岸由二、羽田節子、垂水雄二［訳］

『利己的な遺伝子』

リチャード・ドーキンス

『利己的な遺伝子』(The Selfish Gene)（1976年）は、イギリスの進化生物学者リチャード・ドーキンス（1941年－）が、「生物は遺伝子によって利用される『乗り物』に過ぎない」として、生物学におけるそれまでの生命観を180度逆転し、思想界や教育界をも巻きこんで大論争を引き起こした世界的ベストセラーです。

ダーウィン（→380頁参照）によって体系化された古典的な自然選択説では、進化はより適応度の高い変異を持った個体が生存競争に勝ち残り、子孫にその変異を伝えるという自然選択によって起こるとされます。個体レベルでの自然選択に注目すると、より利己的な個体ほど生存しやすく、子孫を残すチャンスが多いと考えられますが、現実の自然界では、働きバチの群れの中での役割分担や親鳥の子育て行為など、自分を犠牲にして他の個体を生存させようとする「利他的行動」が多く見られます。この事実は、一見すると自然選択説の予想と矛盾するように感じられます。

なお、ここでいう「利己的」とは、「自己の成功率（生存と繁殖率）を他者よりも高めること」、逆に「利他的」とは「自己の成功率を損なってでも他者の成功率を高めること」と定義されます。これらは、一般的な「利己」のように行為者の意図を表す言葉ではなく、行為者の意図のいかんに関わらず、「生存の見込みに対する行為の効果」が自己の成功率を高めることにつながるものであれば、それは「姿を変えた利己主義」と考えられるといいます。

ドーキンスは、こうした一見、個体の利益に直接寄与しないと思える利他的な行動も、遺伝子の利己性に基づく行動とみなすことで理解できると主張しました。自分と共通の遺伝子の一部を持つ子孫を生存させることができれば、自分が犠牲になっても自分の遺伝子をより多く残すことができる。つまり、自然選択の結果生き残るのは、このように個体を犠牲にしてでも自分のコピーを残そうとする「利己的な遺伝子」であり、生物はそのために利用される道具にすぎないと考えることで利他的行動も説明できるとしました。

つまり、生物体は遺伝子が自らのコピーを残すために作り出した「乗り物」に過ぎず、コピーを残すために効率的な「乗り物」を作り出せる遺伝子が、結果として最後まで存続できることになります。古典的な自然選択説は、種、個体、遺伝子という順番で考えますが、ドーキンスの「遺伝子が自然選択の実質的な単位である」とする利己的遺伝子論では、これを逆転して個体、種という順番で捉え、遺伝子が自らのコピーを残す過程で生物体ができあがると考えます。こうした遺伝子中心視点の考え方によって、動物のさまざまな社会行動の進化のプロセスを説明することが可能になりました。

またドーキンスは、進化における自然選択の働きを説明するために、遺伝子以外にも存在し得る理論上の自己複製子の例としてミーム（meme）という概念を提案し、この例として、旋律、観念、キャッチフレーズ、壺の作り方、アーチの建造法などを挙げています。つまりこれは、脳から脳へと伝わる文化の単位であり、いわば文化の原子のようなものです。遺伝子は精子と卵子を通じて広まりますが、ミームは脳を通じて広まります。

ドーキンスは、「もしかすると、独特の建築、儀式、律法、音楽、芸術、そして文字として書かれた伝統をともなった教会組織などは、互助的なミームの共適応的安定セットの一例かもしれない」と述べています。

経歴

リチャード・ドーキンス（1941年 - ）は、イギリスの進化生物学者、動物行動学者。イギリス領ケニア・ナイロビ生まれ。オックスフォード大学卒業後、オックスフォード大学大学院で博士号を取得。1967年カリフォルニア大学バークレー校助教授、1970年オックスフォード大学動物学講師、1990年同大助教授、1995年から2008年まで同大「科学啓蒙のためのチャールズ・シソニー講座」教授。熱烈な無神論者、反宗教主義者、ダーウィニストとして知られる。無神論は進化を理解することの必然的な延長にあり、宗教と科学は両立し得ないとして、「人間性や生命、世界は神によって創造された」という創造論を、不条理、知性の減衰、虚言であると批判している。2004年に「プロスペクト」が行った「イギリスの知識人100人」で首位に選ばれた。

参考図書

『神は妄想である：宗教との決別』リチャード・ドーキンス

『危険社会』

ウルリヒ・ベック

『危険社会：新しい近代への道』（独：Risikogesellschaft: Auf dem Weg in eine andere Moderne）（１９８６年）は、ドイツの社会学者ウルリヒ・ベック（１９４４年－２０１５年）が、現代はグローバルなリスクが世界を覆う「リスク社会」に突入したと論じた著作です。

本書の序言で、ベックは、１９８６年のチェルノブイリ原発事故について、次のように述べています。

「人間が人間に与えてきた苦悩、困窮、暴力にあっては、いままで例外なく『他者』というカテゴリーが存在していた。すなわち、ユダヤ人、黒人、女性、難民、異端者、共産主義者などである。（中略）チェルノブイリ以来実質的にはもはや存在しなくなったも同然である。それは『他者』の終焉であり、（中略）貧困は排除することが可能であるが、原子力時代の危険は排除するわけにはいかない。」

ベックは、こうした致命的な環境破壊を生み出す社会のメカニズムを分析します。

そして、現代社会を、富の分配が重要な課題であった産業社会の段階を超えて、リスクが国境を越えて階級とは無関係に全ての人々に降りかかる新たな段階に突入したとして、人々の自覚を促しました。

他方で、リスク社会というのは、逆説的にある種の平等性、普遍性を持った、それまでとは質的にまったく異なる社会であり、こうしたリスクの普遍性が、世界的規模での共同性や世界社会を生み出すとも述べています。

経歴

ウルリヒ・ベック（1944年 - 2015年）は、ドイツの社会学者。ミュンヘン大学で社会学、政治学、心理学、哲学を学ぶ。ミュンスター大学、バンベルク大学教授を歴任した後、ミュンヘン大学社会学部教授。本書によって、チェルノブイリ原発事故（1986年4月26日、ウクライナ地方にあるチェルノブイリ原発で発生した原子炉の爆発・火災。発電所の職員と消防士だけでも死者31人、負傷者203人を出し、周辺30km以内の13万人以上が避難した）が社会に与えた影響を詳らかにした。

参考図書

『原子力時代における哲学』國分功一郎

『ワンダフル・ライフ』

スティーヴン・ジェイ・グールド

『ワンダフル・ライフ：バージェス頁岩《けつがん》と生物進化の物語』(Wonderful Life: The Burgess Shale and the Nature of History)（1989年）は、アメリカの進化生物学者スティーヴン・ジェイ・グールド（1941年-2002年）が、約5億年前のカンブリア紀のバージェス動物群について解説した著作です。

本書が取り上げるのは、生態系の頂点に君臨する捕食者「アノマロカリス」などのバージェス動物群が突如出現し、多くの種類の生物が爆発的に生まれた「カンブリア爆発」です。

1909年にカナダのブリティッシュコロンビア州にあるバージェス頁岩の中から化石として発見された奇妙な化石小動物群は、当初、節足動物だと思われていました。その後、既存の分類体系のどこにも収まらないことが分かり、それまでの生物進化観の全面的な見直しが迫られることになりました。

本書の前半では、それまで想像もされなかったバージェス動物群のさまざまな生き物たちと、その解明の経緯が、豊富な具体的図版とともに紹介されています。そして、後半では、生物進化の歴史についての、グールドの新しい見方が提唱されています。カンブリア紀には現生の動物門の全てが出現していた可能性があること、同時にそれに含まれないものも多数あったこと、従って動物の体制の多様性はカンブリア紀が一番高かったであろうことなどが述べられています。

経歴

スティーヴン・ジェイ・グールド（1941年-2002年）は、アメリカの古生物学者、進化生物学者、科学史家、科学エッセイスト。ハーバード大学比較動物学教授。リチャード・ドーキンスなどの正統ダーウィニズムに対する、修正ダーウィニズムを唱える学派の論客で、ダーウィンの進化観を、「大きな集団が全体として一様に、ゆっくりと、均一の速度で進化する」とする「系統漸進説」だとして批判した。また、「生物の種は、急激に変化する期間とほとんど変化しない平衡（静止）期間を持ち、小集団が突発して変化することで大規模な変化が起きる」とする「断続平衡説」を提唱した。

参考図書

『利己的な遺伝子』リチャード・ドーキンス

『ホーキング、宇宙を語る』

スティーヴン・ホーキング

『ホーキング、宇宙を語る：ビッグバンからブラックホールまで』(A Brief History of Time: From the Big Bang to Black Holes)（1988年）は、「車椅子の天才」として知られたスティーヴン・ホーキング（1942年－2018年）が、ビッグバンやブラックホールなどについて解説した宇宙論のロングセラーです。

ホーキングは、1963年、大きさがゼロでエネルギーが有限である結果、エネルギー密度が無限大になるという、一般相対性理論が通用しない「重力の特異点」(gravitational singularity) の存在証明を行い、世界的に有名になりました。さらに、1974年には、ブラックホールは素粒子を放出することで勢力を弱め、やがて爆発により消滅するという「ホーキング放射（輻射）」(Hawking radiation) の理論を発表し、相対性理論と量子力学を結びつけた量子宇宙論という分野を築き上げました。

本書は、「空間と時間」「膨張する宇宙」「不確定性原理」「素粒子と自然界の力」「ブラックホール」「宇宙の起源と運命」「時間の矢」などの章に分かれ、現代の理論的宇宙論が分かりやすく解説されていますが、方程式は「$E=mc^2$」のひとつしか書かれておらず、もし人類が物理学を統合する完全な理論（万物の理論）を発見し、なぜ我々と宇宙が存在するのかの答えを見つけることができたら、それは神の心を知ることであり、人類の理性による究極の偉業になるだろうと締めくくられています。

経歴

スティーヴン・ホーキング（1942年－2018年）は、イギリスの理論物理学者。1963年、ケンブリッジ大学の大学院生だった21歳のときに運動ニューロン疾患を発症し、余命2年とされたものの76歳まで生きて、ニュートンも就任したケンブリッジ大学のルーカス教授職を30年にわたり務めた。王立協会フェロー、ロイヤル・ソサエティ・オブ・アーツフェロー、全米科学アカデミー会員をはじめとして十数個の名誉学位を持ち、1982年には大英帝国勲章（CBE）を受勲。本書の原書は1988年に刊行され、その後1998年と2011年に改訂されたが、邦訳は初版（単行本1989年、文庫本1995年）以降、改訂されていない。

参考図書

『ホーキング、宇宙のすべてを語る』スティーヴン・ホーキング、『ビッグ・クエスチョン：〈人類の難問〉に答えよう』スティーヴン・ホーキング、『ホーキング、宇宙と人間を語る』スティーヴン・ホーキング、レナード・ムロディナウ

『解明される意識』青土社/山口泰司［訳］

『解明される意識』

ダニエル・デネット

『解明される意識』(Consciousness Explained)(1991年)は、アメリカの認知科学者ダニエル・デネット(1942年-)が、人間の脳にいかにして意識が宿るのかという、現代科学の最大の謎を考察した著作です。

デネットは、精神(意識と心)と身体を異なる実体として考える、デカルト以来の心身二元論を否定します。心身二元論では、精神は、身体を通して経験された感覚的データを劇場の中で鑑賞する「小人(ホムンクルス)」のような役割を果たしていることになります。デネットは、そのような架空の劇場のことを、デカルト的二元論から派生した意識のモデルだとして、「カルテジアン劇場(デカルト劇場)」と名づけました。

そして、心身二元論は意識の探求を諦めていると批判します。もし「意識する私」という中央処理装置のようなものがあるのなら、それ自体がどのように意識されているのかを考えなければならないからです。

これに対して、デネットは、意識とは「カルテジアン劇場」のような中央処理装置を持たない、空間的・時間的に並列した複数のプロセスから構成されるものだと論じ、脳の情報処理においてはさまざまな草稿が同時並行的に作られているという、意識の「多元的草稿モデル」(Multiple Drafts Model)を提唱します。その上で、人間の思考プロセスはコンピュータによってシミュレートすることが原理上は可能だと考え、人工知能が意識を持つことも不可能ではないと主張しています。

経歴

ダニエル・デネット(1942年-)は、アメリカの認知科学者、科学哲学者。タフツ大学名誉特任教授・同大学認知科学研究センター所長、オースティン・B・フレッチャー哲学教授、ユニバーシティ・プロフェッサー。心の哲学、科学哲学、生物学の哲学などが専門で、特に、進化生物学、認知科学と交差する領域を研究している。デネットは無神論者で、リチャード・ドーキンス(→390頁参照)らと共に「新無神論の四人の騎手」の一人とされている。

参考図書

『心はどこにあるのか』ダニエル・デネット、『解明される宗教』ダニエル・デネット、『ダーウィンの危険な思想』ダニエル・デネット、『AI以後:変貌するテクノロジーの危機と希望』丸山俊一

『エレガントな宇宙』

ブライアン・グリーン

『エレガントな宇宙：超ひも理論がすべてを解明する』(The Elegant Universe: Superstrings, Hidden Dimensions, and the Quest for the Ultimate Theory)（1999年）は、アメリカの理論物理学者ブライアン・グリーン（1963年－）が、最先端の宇宙論である「超ひも理論」(superstring theory)を一般読者向けに解説した著作です。

「超ひも理論」は、アインシュタインの一般相対性理論(Theory of General Relativity)、ニールス・ボーアに代表される量子力学(Quantum Mechanics)という、現代物理学の二大理論を同時に成り立たせる統一理論になる可能性のある宇宙論です。

自然界には、「重力」(gravity)（あらゆる粒子に引力として働く力、非常に弱い力だが遠くまで伝わる）、「電磁気力」(electromagnetic force)（電荷を帯びた粒子に働く電気の力と磁気の力）、「弱い核力」(weak nuclear force)（中性子のベータ崩壊を引き起こす力、多くの放射線はこの力によって生じる）、「強い核力」(strong nuclear force)（陽子と中性子を結びつける力、非常に近い距離で非常に強く働く）の四つの力（物理学において素粒子間に相互に働く相互作用）が存在します。この中で、我々人間が直接的に感じることができるのは、「重力」と「電磁気力」だけです。

1967年、物理学者のスティーヴン・ワインバーグとアブドゥス・サラムによる共同研究により、「電磁気力」と「弱い核力」は「電弱統一理論」（ワインバーグ＝サラム理論）として統一されました。

これに対して、「電磁気力」「弱い核力」「強い核力」の三つを統一する理論が「大統一理論」です。これにはいくつかのモデルが考えられてはいますが、未完成の理論です。

本書で示されている「超ひも理論」は、この現代物理学にとって最大の難問を解決してくれる可能性があるだけでなく、四つの力の全てを説明してくれる「万物の理論」(Theory of Everything)または「超大統一理論」の最有力候補とされています。

この理論では、物質の素《もと》を、非常に小さな、振動する1次元の「ひも」だと考えます。そして、物質の基本的単位を、大きさが無限に小さな0次元の点粒子ではなく、1次元の拡がりをもつ弦であると考えるのが「ひも理論」です。「ひも」の大きさは「10のマイナス33乗センチメートル」とごく微小で、これがさまざまなパターンで振動し、その振動パターンによって、色々な物質やエネルギーになるというものです。

そして、「ひも理論」を拡張させたのが「超ひも理論」で、この理論が成り立つためには、「超ひも」の次元は10次元である必要があり、このうち6次元は非常に小さな領域に巻き込まれている結果、我々の世界は、時間1次元と空間3次元になっているとされます。

最も小さなスケールを記述する理論は、「場の量子論」です。そこでは粒子を点として扱ってきましたが、相対性理論では大きな不都合が生じてしまいます。重力は距離の2乗に反比例するので、距離が0だと重力は無限大になってしまうからです。しかし、「超ひも理論」では、粒子を弦の振動として表すことによってこの問題が解決できます。そして、1995年にアメリカの理論物理学者エドワード・ウィッテンによって発表された「M理論」では、さらに1次元増え、世界は11次元でできていて、その世界が多次元の膜《ブレーン》に乗っているのだと考えます。

このように、「超ひも理論」であれば、超ミクロな世界において一般相対性理論と量子力学の接点を見出すことができ、理論的には、素粒子から銀河に至るまでエレガントにこの世界を説明できるのです。

経歴

ブライアン・グリーン（1963年 - ）はアメリカの理論物理学者、超ひも理論研究者。ハーバード大学、オックスフォード大学を卒業後、コーネル大学教授を経て、現在、コロンビア大学物理学・数学教授。Institute for Strings Cosmology and Astroparticle Physics（ISCAP）の共同ディレクターとして超ひも理論の宇宙論への応用に関する研究プロジェクトを率いている。

参考図書

『宇宙を織りなすもの：時間と空間の正体』ブライアン・グリーン、『隠れていた宇宙』ブライアン・グリーン、『量子革命：アインシュタインとボーア、偉大なる頭脳の激突』マンジット・クマール、『宇宙は何でできているのか：素粒子物理学で解く宇宙の謎』村山斉、『マルチバース宇宙論入門：私たちはなぜ〈この宇宙〉にいるのか』野村泰紀

『ミラーニューロン』

ジャコモ・リゾラッティ、コラド・シニガリア

『ミラーニューロン』(Mirrors in the Brain: How Our Minds Share Actions, Emotions, and Experience)（2007年）は、イタリアの神経生理学者ジャコモ・リゾラッティ（1937年－）らが、脳科学における最大の発見のひとつであるミラーニューロンについて解説した著作です。

ミラーニューロンは、1990年代前半、リゾラッティをリーダーとするパルマ大学の神経生理学研究室の研究グループが、サルを使って脳の前頭葉の運動前野にあるF5という領域を調べている中で、偶然に発見された特殊な神経細胞です。自分が運動している時も、他者の同じような行動を見ている時も、同じように活性化し、脳内で鏡のように他者の行為を映すことから、ミラーニューロンと名づけられました。

その後、人間にも同じくミラーニューロンの働きがあることが分かってきました。ミラーニューロンは、自分の行動をつかさどるだけでなく、他者の行動の意味を理解する際にも使われています。そして、自分と相手を同一化することで、言語などの学習を容易にし、他者の意図を理解して、共感を生み出す働きがあると考えられています。

ある種の動物や人間が模倣に長けていることは以前から分かっていましたが、その仕組みはほとんど解明されていませんでした。そのため、ミラーニューロンの発見は、脳科学や認知科学だけでなく、心理学、教育学、社会学、人類学、芸術などさまざまな分野において、大きな影響を与えることになりました。

経歴

ジャコモ・リゾラッティ（1937年 - ）は、パルマ大学の人間生理学教授、神経科学科長。リゾラッティの指揮の下、同大の研究チームが1990年代初めにミラーニューロンを発見した。
コラド・シニガリア（1966年 - ）は、ミラノ大学科学哲学准教授。知覚の現象学と行為の哲学を研究している。

参考図書

『ミラーニューロンの発見:「物まね細胞」が明かす驚きの脳科学』マルコ・イアコボーニ、『道徳感情論』アダム・スミス

『テクニウム』

ケヴィン・ケリー

『テクニウム：テクノロジーはどこへ向かうのか？』（What Technology Wants）（２０１０年）は、「WIRED」誌の創刊編集長を務めたケヴィン・ケリー（１９５２年－）が、テクノロジーの本質について考察した著作です。

ケリーが提唱する「テクニウム」とは、テクノロジーがグローバル規模で相互に結ばれた、自己強化・生成するシステムのことです。そこには、単にテクノロジーという言葉から連想される機械的なものだけでなく、道具の発明から、言語、法律、学問、芸術など、あらゆるものが含まれています。

その上でケリーは、テクニウムの基本的性質は、「自己強化する創造システム」であるといいます。つまり、エントロピー（entropy）（系の無秩序さ）とは逆の、エクソトロピー（exotropy）（情報の流れによる秩序の形成）を可能にするものだというのです。

ここ数千年間、我々は、有機的な生物の世界に創造の本質が隠されているのではないかと考えてきました。しかしケリーは、「１本の自己生成の糸が、宇宙、生命、テクノロジーの世界をひとつの創造に結び合わせている」といいます。つまり、生命システムだけでなく、テクノロジーも自己を永続的に存在させようと、自らある方向性を持って自律的に進化しており、生命現象だけが特別ではないということです。

このようにケリーは、テクニウムという宇宙的原理を想定することで、世界を統一的に説明し、人類とテクノロジーの共進化の道を探ろうとしているのです。

経歴

ケヴィン・ケリー（1952年 - ）は、編集者、著述家、写真家、環境保護活動家。1984年から1990年まで「ホール・アース・レビュー」を発行・編集。1993年に雑誌「WIRED」を共同設立し、1999年まで編集長を務めたテック界のグル（指導者）。現在は、毎月50万人のユニークビジターを持つウェブサイト「Cool Tools」を運営している。

参考図書

『〈インターネット〉の次に来るもの：未来を決める12の法則』ケヴィン・ケリー、『コンヴィヴィアリティのための道具』イヴァン・イリイチ

『がん　上・下』ハヤカワ文庫NF/田中文［訳］
『遺伝子　上・下』ハヤカワ文庫NF/仲野徹［監修］/田中文［訳］

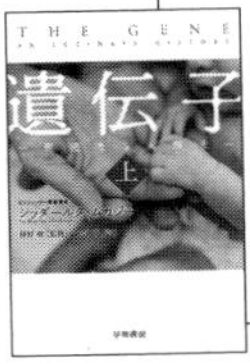

『がん』『遺伝子』

シッダールタ・ムカジー

『がん：４０００年の歴史』(The Emperor of All Maladies: A Biography of Cancer)（２０１０年）は、インド系アメリカ人医師のがん研究者シッダールタ・ムカジー（１９７０年ー）が、人類のがん（癌）との戦いを綴った歴史書であり、「がんの伝記」ともいうべき著作です。

本書にある著者インタビューで、ムカジーは次のように語っています。

「本書は、ボストンで受け持ったある患者からの質問に対する、とても長い回答です。（中略）治療の真っ最中のある時点で、彼女は私にこう言ったのです。『このまま治療を続けるつもりだけれど、わたしが闘っている相手の正体を知らなければならない』。本書は、がんの起源にさかのぼり、がんという病気の姿が歴史をとおしてどのように変化してきたかを描き出すことによって、彼女の質問に答えようとする一つの試みです。私は本書を『がんの伝記』と呼びました。というのも、ここに描かれているのは、一つの疾患の経時的な肖像画だからです。」

古代エジプトの神官で医師だったイムホテプは、当時は名前もなく、今では「がん」と呼ばれる腫瘍について「治療法はない」と語っています。古代ギリシアの医者ヒポクラテス（→２２４頁参照）は、これを「カニ」を意味する「カルキノス」と名づけました。しかし、当時の人々は、がんというのは体液の異常によるものであると信じていました。その実体が細胞の異常な増殖によるものであると理解されるのは、19世紀に入ってからのことです。当時の外科医は、がんを「あらゆる病の皇帝」「恐怖の王」と恐れました。

20世紀に入ると、外科医のウィリアム・ハルステッドは外科的切除で、また「近代化学療法の父」シドニー・ファーバーは化学療法剤で、がんに立ち向かいました。また、慈善家のメアリ・ラスカーは、「アメリカのノーベル生理学・医学賞」と呼ばれる「ラスカー賞」を創設して、資金的な援助を行いました。

新しい治療法が次々と開発されているにも関わらず、がんは今でも先進国での死因の1位です。がんには「細胞の異常増殖」という共通の特徴があることから、ひとつの疾患単位として「がん」という名前で呼ばれていますが、実は多くの疾患の集まりであり、がんができる臓器によって、原因、経過、治療法など千差万別なのです。

今では、分子生物学の進歩により、がんの根本的な原因は遺伝子の突然変異の蓄積によるものであることが明らかになっています。そして、がんにはそれぞれの個性があることも分かりましたが、その差異はよく分かっていませんでした。しかし、ここ数年の間に、それぞれの個性の同定が急速に進んでいます。

がんが成立するには、がんの発症に関係する遺伝子の突然変異が複数個生じる必要があります。以前は、そのような遺伝子異常をひとつずつ解析するしかありませんでしたが、最近では、次世代シークエンサーという、ＤＮＡ（デオキシリボ核酸）の塩基配列を効率よく解析する装置が開発され、大腸、肺、肝臓、乳腺、胃など、多くの臓器のがんのゲノムを解析することで、それぞれのがんの個性が分かってきました。たとえば、同じ肝臓がんでも、遺伝子異常のパターンから6種類に分類でき、それぞれの死亡率も大きく異なることが明らかになっています。

同時に、治療法の研究も発展し、今ではいくつかの種類のがんに対しては、副作用が少なくて治療効果の高い分子標的療法が進められています。がんの原因となる突然変異による異常を狙い撃ちにする「がんに対する魔法の弾丸」として期待される分子標的治療薬が開発され、約30種類の遺伝子異常に対して、50－60種類ほどの分子標的治療薬が使用可能になっているのです。

遺伝子：親密なる人類史』（The Gene: An Intimate History）（２０１６年）は、ムカジーが、遺伝学説史とそれに関する倫理問題を一般向けに解説した科学書です。

本書は、ムカジーの父方の叔父2人といとこの1人が遺伝的な統合失調症と双極性障害を煩っていたのが、執筆のきっかけになったというエピソードから始まります。

そして、メンデルがエンドウ豆の実験によって発見し、1865年に『雑種植物の研究』で報告したメンデルの法則（↓382頁参照）と、ダーウィンが1859年の『種の起原』（↓380頁参照）で発表した進化論が出会ったことで、遺伝学が始まった経緯が語られています。

1920年代、遺伝学者のフレデリック・グリフィスにより、遺伝子の実体はなんらかの物質であることが明らかになりました。その後、遺伝子はタンパク質をつくる情報をコードする（遺伝子の塩基配列にしたがって特定のタンパク質が作られる）ことによって作用し、タンパク質が個体の形や機能を実現するということが発見されます。

さらに、1953年の分子生物学者のジェームズ・ワトソンとフランシス・クリックらによって、DNAの二重らせん構造が証明されました。1958年、クリックにより、「DNAが転写されてRNA（リボ核酸）になり、それがアミノ酸の鎖に翻訳され、最終的にタンパク質が合成される」という分子生物学の中心原理（セントラルドグマ）が提唱され、これが全ての生物に共通する基本原理となりました。

そして、2000年には、人間のゲノム（全遺伝情報）解読が始まり、世界中の科学者と企業が参加して始まったヒトゲノム解読計画は、2003年に完了します。

本書の後半は、人類による遺伝への介入がテーマです。ダーウィンの進化論の影響を受け、人間能力についての統計的研究法を発達させ、1883年に「優生学」という言葉を初めて用いたのが、ダーウィンの従弟のフランシス・ゴルトンです。人の才能は遺伝によって受け継がれるとしたゴルトンの「優れた遺伝子」という考えは、ヨーロッパで直ちに受け入れられ、これがナチスドイツの優生学と民族浄化につながっていきます。

１９４０年代から１９６０年代にかけて、遺伝子の解明は急速に進み、大腸菌を用いた遺伝子の操作法が開発され、インスリンや成長ホルモンなどが生産されます。その後、遺伝子操作の危険性が意識され、研究の一時停止が合意された時期もありましたが、やがて、遺伝子組み換えはバイオベンチャービジネスの世界に組み込まれるようになります。

今では、万能細胞であるＥＳ細胞（胚性幹細胞）やｉＰＳ細胞（人工多能性幹細胞）が作製され、新技術「クリスパー・キャス９」（CRISPR-cas9）により、遺伝情報を読むだけでなく、人類は自らの設計図を望み通りに書き換えられるゲノム編集の時代を迎えています。

次のステップは、遺伝子改変が施されたヒトＥＳ細胞をヒト胚に組み込むことです。現時点では、ヒトゲノム改変には、個人の自由意志を前提に、単一遺伝子の変異により重篤な症状を起こす遺伝病に限るという原則が存在しますが、中国はこうした国際的な規制を認めていませんし、またアメリカでも徐々にこれが拡大解釈されつつあります。

ムカジーは、この問題の核心は、「遺伝的な解放（遺伝性疾患による束縛を免れること）ではなく、遺伝的なエンハンスメント（ヒトゲノムにコードされている形や運命の束縛を免れること）」だとして、「遺伝の未来」は「がんの未来」よりもはるかに不透明であるといいます。

そして、「ゲノムはわれわれが持っているものの中で最も人間らしいものであり、それをいかに管理するかは、われわれという種の知識と判断力を示す、究極の試金石となるだろう」と本書を結んでいます。

経歴

シッダールタ・ムカジー（1970年 - ）は、インド系アメリカ人医師のがん研究者（血液学、腫瘍学）。コロンビア大学メディカル・センター准教授。スタンフォード大学（生物学専攻）、オックスフォード大学（ローズ奨学生。免疫学専攻）、ハーバード・メディカル・スクールを卒業。近い親族に統合失調症患者や双極性障害患者を３人持つ。デビュー作である『がん』は、ピューリッツァー賞など多くの賞を受賞し、「タイム」の「オールタイム・ベストノンフィクション」にも選出された。

参考図書

『ゲノムが語る人類全史』アダム・ラザフォード、『CRISPR：究極の遺伝子編集技術の発見』ジェニファー・ダウドナ、サミュエル・スターンバーグ、『徳の起源：他人を思いやる遺伝子』マット・リドレー

『宇宙は何でできているのか』

村山斉

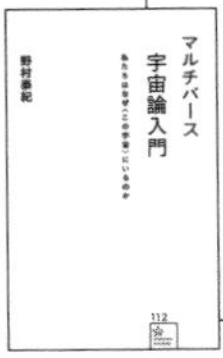

『マルチバース宇宙論入門』

野村泰紀

『宇宙は何でできているのか：素粒子物理学で解く宇宙の謎』（２０１０年）は、素粒子物理学者の村山斉《ひとし》（１９６４年－）が、宇宙についての最新理論を一般向けに解説した著作です。

誕生直後の宇宙は、物質を形作る最小単位である素粒子が、まだ原子にならない状態で飛び交う高温高圧の火の玉でした。この素粒子の種類やそこで働く力の法則が分かれば、宇宙の成り立ちも分かります。

逆に、宇宙を観測することで、素粒子の謎も明らかになります。地球のある太陽系は時速約80万kmという猛烈なスピードで宇宙を移動しています。それでも太陽系が銀河系を飛び出さないのは、それを引き留めておく大きな重力が働いているからですが、宇宙の星やブラックホールなど全てを集めても宇宙全体のわずか４％にしかならず、それほど大きな重力にはなりません。

それほどの重力を説明するには、我々には見えない暗黒物質（ダークマター）の存在が必要になってきます。理論上、暗黒物質が宇宙の全エネルギーに占める割合は23％と計算されますが、全ての原子と暗黒物質を合わせてもまだ27％にしかなりません。それ以外の73％はまったく未知の暗黒エネルギー（ダークエネルギー）ということになります。

宇宙はビッグバン以来１３７億年経った今でもまだ膨張し続けていますが、いつかは終焉を迎えます。宇宙の拡大とともに膨張するエネルギーは弱まり、次第に膨張スピードは減速し、逆に収縮に向かって最後は「ビッグクランチ」でつぶれるという説があります。

しかし、最近の観測では、宇宙の膨張スピードは逆に加速していることが明らかになってきました。これを説明するのが宇宙全体に広がる謎の暗黒エネルギーです。膨張スピードが無限大に達すると、「ビッグリップ」が起きて宇宙はバラバラに引き裂かれ、分子や原子の状態になり、最後には素粒子に戻ってしまうことになります。

『マルチバース宇宙論入門：私たちはなぜ〈この宇宙〉にいるのか』（2017年）は、素粒子物理学者の野村泰紀（1974年－）が、宇宙論の最前線であるマルチバース宇宙論（多元宇宙論）を解説した著作です。

マルチバース宇宙論というのは、我々の宇宙は、物理法則も次元の数も異なる無数にある宇宙のひとつに過ぎないとする理論です。

宇宙の謎のひとつは、それが「よく出来すぎている」ことです。この宇宙は人間が存在できるよう巧妙に作られているように見えます。マルチバース論は、これに科学的な説明をつけようとするもので、超ひも理論（→396頁参照）など最新の理論物理学からの自然な帰結として導き出された世界像です。この理論によれば、世界は永遠に膨張する空間に無数の泡のようなものが生まれ続ける構造をしており、この泡の一つひとつが、我々が宇宙と呼んでいるものです。つまり、我々が全宇宙と思っていたものは、この無数の「泡宇宙」の中のたったひとつに過ぎないというのです。

これは、物理的に観測不可能な宇宙の始まりを理論的に突き詰めた結果出てきたもので、その先進性から、かつては「科学ではなく哲学だ」と揶揄されていました。しかし、マルチバース論は超ひも理論と整合性があることから、近年、急速に受け入れられるようになっています。

経歴

村山斉（1964年－）は、東京大学カブリ数物連携宇宙研究機構初代機構長。リニアコライダー・コラボレーション副ディレクター。研究テーマは超対称性理論、ニュートリノ、初期宇宙、加速器実験の現象論など。世界第一線級の科学者と協調して宇宙研究を進めるとともに、市民講座や科学教室などで積極的に講演活動を行っている。

野村泰紀（1974年－）は、カリフォルニア大学バークレー校教授、バークレー理論物理学センター長、ローレンス・バークレー国立研究所上席研究員、東京大学カブリ数物連携宇宙研究機構主任研究者。研究テーマは余剰次元、統一理論などの素粒子理論現象論、量子重力理論、マルチバース宇宙論。

参考図書

『重力とは何か：アインシュタインから超弦理論へ、宇宙の謎に迫る』大栗博司、『エレガントな宇宙：超ひも理論がすべてを解明する』ブライアン・グリーン

『意識はいつ生まれるのか』

ジュリオ・トノーニ、
マルチェッロ・マッスィミーニ

『意識はいつ生まれるのか：脳の謎に挑む統合情報理論』（伊：Nulla di più grande）（２０１３年）は、神経科学者ジュリオ・トノーニ（１９６０年－）とその共同研究者のマルチェッロ・マッスィミーニが、物質としての脳からどのようにして主観的な意識体験（クオリア）が生じるのかを説明する「統合情報理論（Φ《ファイ》理論）」を、一般向けに解説した著作です。

人間の意識には、「脳内で情報がどのように処理されているか」という物理的過程を扱う「意識のイージープロブレム」と、「物質および電気的・化学的反応の集合体である脳から、どのようにして主観的な意識体験が生まれるのか」という、より根源的な「意識のハードプロブレム」という二つの問題があります。後者の問題は、１９９４年に心の働きを研究する「心の哲学」の指導者であるデイヴィッド・J・チャーマーズによって提唱されたもので、いまだにほとんどなにも解明されていません。

デカルト（→２４２頁参照）から始まった、「精神的なもの（思惟実体）と物質的なもの（延長実体）のあいだには埋めがたい溝がある」という（心身）二元論にまつわる、チャーマーズが好んで用いる「哲学的ゾンビ」問題があります。外見は普通の人間とまったく同じで、唯一、意識だけを欠いた思考実験上の存在としての「ゾンビ」は、我々人間となにが違うのかという問題です。つまりこれは、「意識の有無を論理的に説明することは可能か？」を問うもので、意識をテーマにするシンポジウムで、科学者の間で恐怖を振りまいているのだそうです。

この難問に挑んだトノーニの研究チームは、意識がある状態とない状態の脳波を検出・記録できる脳波計を作り、覚醒した状態、意識の活発なレム睡眠下の状態、意識のないノンレム睡眠下の状態、完全に意識を失った昏睡状態など、さまざまな意識状態下にある被験者の脳波を可視化しました。

そうした研究成果を踏まえて提唱されたのが「意識の統合情報理論」です。これによれば、「わたし」という主観的な意識は、その意識が体験する身体の所有者にのみ存在するという考え方からスタートし、主観的に体験する情報が統合されて初めて意識が生じることになります。

トノーニによれば、意識には、「情報の多様性」(どれだけ多くの可能性や選択肢の中からそのひとつを選び出せるか)と、「情報の統合」(情報一つひとつがどれだけネットワーク化され統合されているか)という二つの特性があります。トノーニは、ある物理系が意識を持つためには、ネットワーク内部で多様な情報が統合されている必要があるとします。

この統合情報量は、情報の多様性と情報の統合の掛け算で算出され、Φという単位で定量化されます。そして、その量が意識の量に対応しているとされます。Φは単純にニューロンやシナプスの個数に相関するわけではなく、そのネットワークの「複雑さ」を表現する量であり、Φが0のとき意識は生まれず、Φが大きくなるほど意識が強くなります。

したがって、人間に近い脳をもつサルやチンパンジーだけでなく、イヌ、鳥、昆虫にさえ、脳の統合情報量に応じて意識がある可能性があるとしています。他方、意識というのはそのシステムの構造の中に組み込まれて生まれるもので、計算では作り出すことができないため、AI(人工知能)がいかに高度に発達したとしても、意識は生まれてこないということになります。

経歴

ジュリオ・トノーニ(1960年-)は、トレント出身のアメリカの精神科医、神経科学者で、ウィスコンシン大学精神医学科教授。ニューヨークとサンディエゴで研究活動を行う。睡眠と意識についての世界的権威。

マルチェッロ・マッスィミーニは、イタリアの神経生理学者。ミラノ大学で教鞭をとる。リエージュ大学昏睡研究グループ客員教授。カナダとウィスコンシン大学で研究を行う。

参考図書

『フューチャー・オブ・マインド:心の未来を科学する』ミチオ・カク、『生存する意識:植物状態の患者と対話する』エイドリアン・オーウェン、『〈わたし〉はどこにあるのか:ガザニガ脳科学講義』マイケル・S. ガザニガ、『意識する心:脳と精神の根本理論を求めて』デイヴィッド・J. チャーマーズ、『量子力学で生命の謎を解く』ジム・アル=カリーリ、ジョンジョー・マクファデン

『数学的な宇宙』講談社/谷本真幸［訳］
『LIFE3.0』紀伊國屋書店/水谷淳［訳］

『数学的な宇宙』『LIFE3.0』

マックス・テグマーク

『数学的な宇宙：究極の実在の姿を求めて』(Our Mathematical Universe: My Quest for the Ultimate Nature of Reality)（２０１４年）は、スウェーデン出身の理論物理学者マックス・テグマーク（１９６７年－）が提唱する「数学的宇宙仮説」を解説したものです。

数学的宇宙仮説とは、「宇宙は数学的構造物であり、しかもひとつではなく複数ある」というもので、並行宇宙が複数あるとする多元宇宙論のひとつです。

一般的には、まず宇宙という物理的な構造物が存在し、それを抽象的に記述するために数学が用いられると考えますが、テグマークは、宇宙というのは数学的な構造物であり、まずはじめに数学があると考えます。つまり、テグマークによれば、宇宙というのはその関係性が数学的に定義される抽象的要素の集合からなる構造物であり、それは外的実在として人間とは無関係に存在するというものです。

さらに、宇宙はひとつではなく複数あるとして、多宇宙を四つのレベルに分類しています。「レベル１」は、観測可能な同じ時空上に存在し、同じ法則を持つ無数の有限宇宙の集合としての多宇宙。現在の我々の宇宙はここに属します。「レベル２」は、同じ時空上にあるが、異なる法則を持つ無限個のレベル１の集合としての多宇宙。「レベル３」は、量子力学の多世界解釈に対応する無数の時空（並行宇宙）の集合としての多宇宙。「レベル４」は、異なる数学的構造に対応する多宇宙。全ての宇宙は数学的構造そのものであり、物理法則さえ異なる多くの宇宙が「レベル４多宇宙」に存在していると考えます。

このように、テグマークにとっての実在というのは数学的構造のことであり、多数の宇宙の中で、自己意識を持つ下部構造（人間のような知的生命体）を含む複雑な宇宙においては、その下部構造は、自分たちが実在の世界にいるものとして主観的に知覚することになるのだとします。

テグマークは、科学の世界に残された謎は「地球外の宇宙」と「頭の中の宇宙」の二つであると考えています。そして、世界は全て数式で表現できるという結論に達したあとは、人類に残された最大の謎は、人間の「意識」と「知能」だとして、自身の研究対象を宇宙から脳に大きくシフトしました。

『LIFE３・０：人工知能時代に人間であるということ』(Life 3.0: Being Human in the Age of Artificial Intelligence)（２０１７年）は、テグマークが、人間の知能をはるかに超えたＡＩ（人工知能）が出現したときに、なにが起こり得るのかを考察した著作です。

テグマークは、生命の進化を三つの段階に分けます。40億年前に始まった「ライフ１・０」は、全ての生物が通常通り進化する生物学的段階。過去10万年にわたる「ライフ２・０」は、人類だけがソフトウェアをデザインして到達した文化的段階。これから起こる「ライフ３・０」は、進歩したＡＩが自らのソフトウェアだけでなくハードウェアもデザインできる技術的段階だと定義しています。

そして、22世紀にはライフ３・０が実現して、爆発的な進歩が一気にもたらされ、予測不能な事態が起きるとしています。本書では、こうしてＡＩが発展して人間を超えたときに、どのように安全を確保するのかという研究と、この先、人類は銀河を超えて生存圏を広げていくことができるのかという未来についての考察がなされています。

その上で、テグマークは、読者に対して、「我々の未来は我々が作るものだ。一緒に刺激的な未来を創ろうではないか！」と呼びかけています。

経歴

マックス・テグマーク（1967年 - ）は、スウェーデン出身の理論物理学者、宇宙論研究者。マサチューセッツ工科大学（MIT）物理学教授。全天の広い範囲を対象に銀河分布を調べる大規模プロジェクトであるスローン・デジタル・スカイサーベイ（SDSS）や量子力学の基本問題への貢献でも知られ、宇宙の未開拓領域を探索するプロジェクトにも関わっている。2014年、AIの安全な研究を推進するための非営利団体「Future of Life Institute（生命の未来研究所）」を共同設立。ホーキング、マスク、カーツワイルなどの著名人も支持者として名を連ねる同団体は、2017年、AI研究のガイドラインを定めた「アシロマAI原則」を採択した。

参考図書

『シンギュラリティは近い：人類が生命を超越するとき』レイ・カーツワイル、『宇宙と宇宙をつなぐ数学：IUT理論の衝撃』加藤文元

『生命、エネルギー、進化』

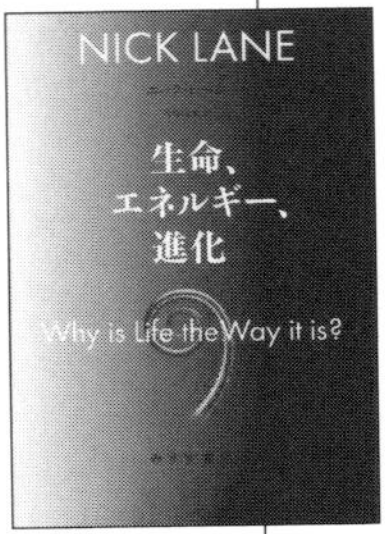

ニック・レーン

『生命、エネルギー、進化』(The Vital Question: Why Is Life The Way It Is?)(2015年)は、イギリスの生化学者でサイエンスライターのニック・レーン(1967年-)が、エネルギーという視点から、生命の誕生と真核生物の進化の謎を解き明かそうとした著作です。

本書は、「生物学の中心には、ブラックホールがある。率直に言って、なぜ生命は今こうなっているのかがわかっていないのだ」という書き出しで始まっています。レーンは、こうした生命の謎を解く鍵は、細胞内での生物学的エネルギー生成の特異なメカニズムにあるといいます。

原初の生命から人類に至るまで、生物の進化に大きな制約となってきたのは生体エネルギーです。今では、細胞は、プロトン(陽子=正電荷を帯びた水素原子)の流れによってエネルギーを得ていることが分かっています。呼吸で食物を燃焼させて得るエネルギーは、細胞内で膜を通してプロトンを汲み出し、膜の片側に貯蔵庫を作るのに使われます。この貯蔵庫から戻るプロトンの流れを用いると、水力発電のダムのタービンと同じようにエネルギーが生まれるのです。

このメカニズムは、1961年にピーター・ミッチェルによって発見され、彼はこの功績で後にノーベル化学賞を受賞しました。ダーウィンの進化論以来、生物学で最も直感に反したアイデアと呼ばれ、物理学における、アインシュタインや量子力学を確立したヴェルナー・ハイゼンベルクに比肩する業績といわれています。

それにも関わらず、このエネルギー利用のメカニズムがなぜ、どのようにして生まれたのかについては、ほとんどなにも分かっていません。本書を通して、レーンは、生命はなぜこうした不可解なプロセスで進化を遂げたのか、細胞はなぜそうした奇妙なやり方でエネルギーを得ているのかについて答えようとしています。

生命は、今から40億年前、海底の熱水孔が作り出すエネルギー勾配（濃度差）から原核生物（細胞内に遺伝情報を含む細胞核を持たない生物で、古細菌と細菌（バクテリア）から成り、大半が単細胞生物）として出現しました。その後、原核生物はずっと単純な形態のままでしたが、20億年前、1つの細菌が1つの古細菌の中に入り込んで内部共生体になり、真核生物（細胞内に細胞核を持つ生物）が生まれました。

この細菌が自らの遺伝子の一部を宿主細胞に提供することで、それが細胞核の遺伝情報に加わり、自らは単体では生存できない細胞小器官であるミトコンドリアになりました。ミトコンドリアは全ての複雑な生命体にとっての「発電所」であり、細胞の活動に必要なエネルギーのほとんどは、ここから供給されます。

細菌のような単純な細胞は、エネルギーの全てを細胞の外骨格である細胞膜上で生産していて、これが自らを維持するエネルギーを生産しながらどこまで大きくなれるかの制約条件になっています。これに対して、エネルギー生産に特化したミトコンドリアを内包している細胞は、原核生物よりはるかに大きくなることができ、より複雑な構造に進化することができました。真核生物は内部に別の細胞を取り込んで共生したことで、1遺伝子あたりの利用可能エネルギーを膨大なものにすることができたのです。

レーンは、それが起きたのは過去40億年の間に一度だけであり、このたった一度の出来事が、真核生物を原核生物と決定的に違うものにして、あらゆる環境に適応させ、複雑な進化を遂げさせたのだといいます。

経歴

ニック・レーン（1967年 - ）は、イギリスの生化学者、サイエンスライター。ロンドンにあるユニバーシティ・カレッジ・ロンドン（UCL）遺伝・進化・環境部門の「UCL Origins of Life（生命の起源）」プログラムリーダー。

参考図書

『ミトコンドリアが進化を決めた』ニック・レーン、『生命の跳躍：進化の10大発明』ニック・レーン

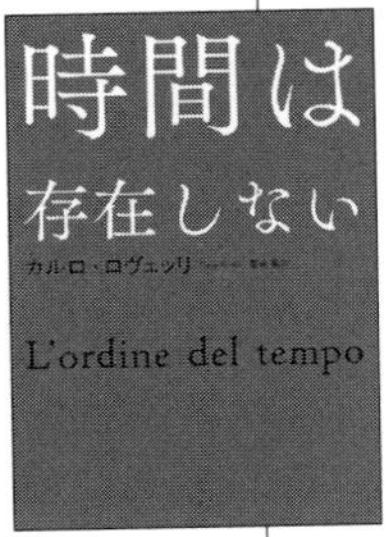

『時間は存在しない』

カルロ・ロヴェッリ

『時間は存在しない』(伊：L'ordine del tempo)（２０１７年）は、イタリアの理論物理学者カルロ・ロヴェッリ（１９５６年－）が、「ループ量子重力理論」によって、これまでの時間と空間についての常識を覆し、まったく新しい世界の見方を提示した著作です。

物理学における「万物の理論」（→３９６頁参照）の候補として期待されている「超ひも理論」は、時間と空間の存在を前提としていますが、ロヴェッリが提唱する「ループ量子重力理論」は、時間や空間の存在の絶対性自体を問うものです。

古典力学では、時間と空間が互いに関連し合う「時空」を想定します。これに対して、量子論を取り入れたループ量子重力理論では、分割不可能な最小単位である空間量子が連続することで、「時間」や「空間」といったひとつながりのものが存在するかのように見えるだけだとします。

つまり、空間量子が空間を埋め尽くしているのではなく、空間量子それ自体が空間を生み出している、世界は物でできているのではなく、出来事のネットワークによってできていると考えるのです。時間についても同様に、物事は時間の中で展開するのではなく、絶えず相互作用し合ってこの世界の出来事を発生させているのだと考えます。

このようにループ量子重力理論では、「事物を存在という観点で見て、その存在が時間と空間の中にある」という見方そのものが間違いであり、「事物は存在しないで起きる」というのです。

ロヴェッリは、物理法則の基本原理には原因と結果の流れを不可逆にするものはないとして、次のようにいいます。

「原因は結果に先んじるといわれるが、事物の基本的な原理では『原因』と『結果』の区別はつかない。この世界には、物理法則なるものによって表される規則性があり、異なる時間の出来事を結んでいるが、それらは未来と過去で対称だ。つまり、ミクロな記述では、いかなる意味でも過去と未来は違わない。」

つまり、相対性理論では時間の速さが場所によって異なるように、時間の向きさえも相対的だというのです。そこで問題になるのが、「エントロピー増大の法則」です。エントロピー（系の乱雑さ）は増大する方向に進むだけで、エントロピーが高い状態から低い状態には移りません。この熱力学第二法則（熱は高温から低温に移動し、その逆は起こらないという法則）だけが、原因と結果を非対称なものにします。

物理的な配置に特別な秩序があるエントロピーが低いという状態があって、その秩序がなにかのきっかけで崩壊してエントロピーが増大します。その過程が時間を作るのであり、エントロピーがなければ時間は存在しません。つまり、時間の不可逆性は、エントロピーと関係しているのです。

過去と未来がないにも関わらず、それが存在するかのように感じる理由は、我々の知覚のあり方と関係しています。ある配置が特別に思えるのは、それを見る人間がその配置に特殊さを見るからであり、逆にいえば、本当は全ての配置が特別なのです。人間が規則性を理解できるものとそうでないものがあり、理解できるものだけを特別だといっているに過ぎないのです。

つまり、エントロピーというのは、世界を曖昧な形でしか記述できない人間が見た物理法則でしかなく、本当の物理世界にそのような法則性はないことになります。そうであれば、エントロピーの不可逆性に伴って生じる、時間の不可逆性の根拠も失われてしまうことになるのです。

経歴

カルロ・ロヴェッリ（1956年 - ）は、イタリアの理論物理学者。一般相対性理論と量子力学の統一を目指す「ループ量子重力理論」の創始者の一人で、フランスのエクス＝マルセイユ大学の理論物理学研究室で研究チームを率いる。元ヒッピーで、社会運動に身を投じた末に、物理学を通して社会と関わることを決意した。『時間は存在しない』は、2018年の「タイム」の「ベスト10ノンフィクション」に選ばれた。

参考図書

『エレガントな宇宙：超ひも理論がすべてを解明する』ブライアン・グリーン

第6章

人生 教育 芸術

文明論から国家論、政治論まで、人類の歴史や社会を総体として捉えるのが歴史学や社会学だとすれば、人生論というのは1回限りの人生をどう生きるかという実学に他なりません。

我々人間は、常に「どう生きるのか？」という大きな問いの前に立たされた存在です。決して自分の人生の選択と決断を誰かに肩代わりしてもらうことはできません。「幸福になるには、幸福になろうという強い意志で自分を律する必要がある」といったのは、『幸福論』のアランです。

人生をどう生きるかについては、自分の思いのままにならない人生とどう折り合いをつけていくのかという、セネカの『生の短さについて』やマルクス・アウレーリウスの『自省録』に見られるような、ストア派的な「生きるための知恵」があります。他方で、自らの意思の力で人生は切り開けるという、「天は自ら助くる者を助く」で有名な『自助論』のサミュエル・スマイルズや、まさに「新大陸」を切り開いた『フランクリン自伝』のベンジャミン・フランクリンのような生き方もあります。

こうした中で、特にナチスのユダヤ人収容所での過酷な生活を生き抜いたフランクルの『夜と霧』やアンネ・フランクの『アンネの日記』は、我々に「どう生きるのか？」と迫ってきます。

そうした書物を通じて彼らの人生に触れていると、長い時を超えてあたかも彼らが自分の目の前にいるかのような錯覚にとらわれるほどです。

こうした先人たちがそれぞれの人生観を構築するにあたって、時代背景や家庭環境まで含めた、広い意味での「教育」というものの果たした役割の大きさを感じます。それを実践したのが、『民主主義と教育』のデューイや、『自由と規律』の池田潔などの、情熱を持った教育者たちです。

同時に、人間の心の涵養のために必要になるのが芸術です。芸術とはなにかを一概に論じるのは困難ですが、陶芸家の加藤唐九郎は、「相手を傷つけないで、自己の欲望だけを満たしていく手段、方法として、人間が最後に発見したものが芸術である」といっています。

21世紀の知識創造社会では、新たな価値創造におけるアート思考の重要性がいわれています。そこでクローズアップされるのが、価値創造の場としての都市の役割です。都市はそこに集まる人々の魅力と多様性がさらに人を惹きつけるという好循環で人口を飲み込み、世界中で都市化が急速に進展しています。このように、都市が現代の価値創造の源泉であると看破したのがリチャード・フロリダの『クリエイティブ資本論』であり、それを実践したのが、『輝く都市』のル・コルビュジエでした。

『生の短さについて　他二篇』岩波文庫/大西英文［訳］

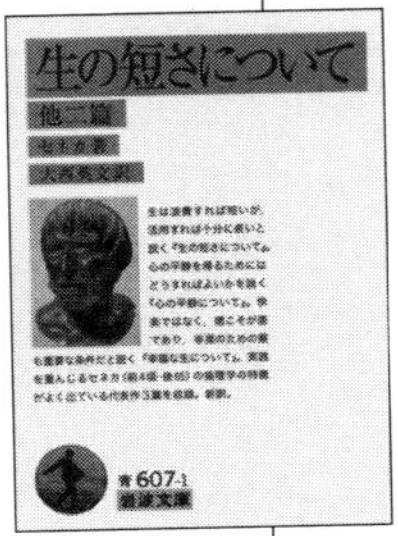

『生の短さについて』

ルキウス・セネカ

『生の短さについて』（羅：De Brevitate Vitae、英：On the Shortness of Life）（49年）は、ローマ帝政初期のストア派の哲学者ルキウス・セネカ（紀元前4年頃－65年）が、人生における時間の大切さを説いたエッセイです。

セネカは、哲学や修辞学を学んだ後、政界入りして元老院議員になりますが、41年に陰謀によって追放されます。49年に再びローマに召喚されて幼少期のネロの教育係になり、行政に手腕を振るいました。しかし、最後は皇帝ネロを退位させようとする陰謀に加わったとして自殺を命じられます。

セネカは、エッセイ、詩、劇、書簡などを数多く残していて、ウィリアム・シェークスピアなどエリザベス朝の演劇にも大きな影響を与えました。後世の作家でセネカの作品から引用している者も多く、特にモンテーニュは、『エセー』（→422頁参照）でセネカの言葉を数多く引用しています。

本書は、人生における時間をテーマにしています。セネカは、「われわれの享《う》ける生が短いのではなく、われわれ自身が生を短くするのであり、われわれは生に欠乏しているのではなく、生を蕩尽《とうじん》する、それが真相なのだ」といいます。

他方で、「われわれにはわずかな時間しかないのではなく、多くの時間を浪費するのである。人間の生は、全体を立派に活用すれば、十分に長く、偉大なことを完遂できるよう潤沢に与えられている」ともいっており、結局のところ、自分の貴重な時間をどのように使うかは自分次第なのだと諭します。

それではなぜ、我々は時間を無駄にしてしまうのでしょうか。これについてセネカは、「自分の生の多くの時間を人に奪い取られる者が生を不足とするのは理の当然ではないか」「私は、常々、人に時間を貸せと求める者がおり、求められるほうもいとも簡単に貸し与えてやる者がいるのを見て、驚きの念を禁じえない」といいます。

つまり、「何かに忙殺される人間には何事も立派に遂行できないという事実は、誰しも認めるところなのである。(中略)何かに忙殺される人間の属性として、(真に)生きることとの自覚ほど希薄なものはない」のです。

そして、時間に忙殺される現代人にそのまま当てはまるのは、「誰もが現在あるものに倦怠感を覚えて生を先へ先へと急がせ、未来への憧れにあくせくするのである」「忙殺される何か新たなものが古いものに取って代わり、期待が新たな期待を刺激し、野心が新たな野心を目覚めさせる。不幸の連鎖を断ち切る終りが求められるのではなく、始まりが変わるだけなのである」「何かに忙殺されている人間のいまだ稚拙な精神は、不意に老年に襲われる。何の準備もなく、何の装備もないまま、老年に至るのである。あらかじめその用意を整えておかなかったからだ。彼らは、思いも寄らず、ある日突然、老人となる」という言葉ではないでしょうか。

最後にセネカは、「賢者の生は広大な広がりをもつ」として、「すべての人間の中で唯一、英知(哲学)のために時間を使う人だけが閑暇《かんか》の人であり、(真に)生きている人」であり、「『何かに忙殺される者たち』と私が呼ぶのは(中略)己が己の煩いの種となる者たちである。そのような者たちの生は、閑暇の生と呼ぶべきではなく、『不精な多忙』と呼ぶべきなのだ」といいます。

こうした賢者の生き方こそが、「死すべき人間の生を引き延ばす唯一の方法、いや、死すべき人間の生を永遠不滅の生へと転じる唯一の方法」だというのです。

経歴

ルキウス・セネカ(紀元前4年頃 - 65年)は、ローマ帝政初期のストア派哲学者、政治家、哲学者、劇作家、詩人。スペインのコルドバに生まれ、幼年時に弁論家の父、老セネカと母ヘルウィアとともにローマに移り、修辞学、哲学を学んだ。皇帝ネロから自殺を強要されたセネカは、最期の言葉として「ネロの残忍な性格であれば、弟を殺し、母を殺し、妻を自殺に追い込めば、あとは師を殺害する以外に何も残っていない」(タキトゥス『年代記』)と語ったとされている。

参考図書

「幸福な生について」ルキウス・セネカ、「心の平静について」ルキウス・セネカ、『怒りについて』ルキウス・セネカ、『語録要録』エピクテトス、『エセー』ミシェル・ド・モンテーニュ、『幸福論』アラン、『自省録』マルクス・アウレーリウス・アントニヌス、『君たちはどう生きるか』吉野源三郎

『自省録』

マルクス・アウレーリウス・アントニヌス

『自省録』（古希：Τὰ εἰς ἑαυτόν、英：Mediations）（１８０年頃）は、「哲人皇帝」と呼ばれた第16代ローマ皇帝マルクス・アウレーリウス・アントニヌス（１２１年－１８０年）の思索書です。

「最後の五賢帝」アウレーリウスは、ローマ皇帝としての多忙な公務のかたわら哲学的な思索を好んだ、後期ストア派を代表する哲学者でもありました。

本書は、アウレーリウスの病没後まで続いたマルコマンニ戦争（１６２年－１８０年）の最中に書かれたといわれています。他人に読ませるためではなく、その折々の思索や内省の言葉を書きとめたものであるため、一貫性がなく分かりにくい部分もありますが、アウレーリウスの示唆に富んだ言葉にあふれたものになっています。

アウレーリウスが少年時代から深く傾倒したのが、紀元前3世紀初頭にキプロス島出身のゼノンが創始した古代ギリシアのストア派の哲学です。ストアという名は、ゼノンがアテナイの列柱廊（ストア・ポイキレ）で自らの思想を説いたことに因んだもので、英語の「ストイック」はこれを語源としています。ストア派は、アウレーリウス以外にも、セネカ（→４１６頁参照）やエピクテトス（→２３０頁参照）など、多くの高名な哲学者を輩出しています。

ストア哲学が今でも多くの人々に支持されているのは、物事に正しく対処するための実践的な哲学だからです。「いかに生きるべきか」という問いが常にその中心にあります。そして究極の問いは、人間性が試される最後の試練である「死の瞬間」にいかに備えるかということです。

特に、現代人に通じる実践的な教えは、自分が自由にできるものとできないものを区別し、自由にできないものについて悩むのではなく、自由にできるものに注力すべきというものです。ここで、自由にできないものとは健康、富、名誉といった、自分の外部にあるもので、自由にできるものとは自分の精神の働きです。

我々は、そうした自分の心の営みの中にこそ、独立と自由と平安を求めるべきだというのです。

アウレーリウスは、我々が目指すべき人格について、次のように述べています。

「完全な人格の特徴は、毎日をあたかもそれが自分の最後の日であるかのごとく過ごし、動揺もなく麻痺もなく偽善もないことにある。」

そして、その実践として、日々正しく生きることの大切さを次のように説いています。

「君がそんな目に遭うのは当り前さ。君は今日善い人間になるよりも明日なろうというんだ。」

「善い人間のあり方如何《いかん》について論ずるのはもういい加減で切り上げて善い人間になったらどうだ。」

「誠実、謹厳、忍苦、享楽的でないこと、運命にたいして呟かぬこと、寡欲、親切、自由、単純、真面目、高邁な精神。今すでに君がどれだけ沢山の徳を発揮しうるかを自覚しないのか。こういう徳に関しては生まれつきそういう能力を持っていないとか、適していないとかいい逃れするわけにはいかないのだ。」

「それと同時に記憶せよ。名人はただ現在、この一瞬にすぎない現在のみを生きるのだということを。その他はすでに生きられてしまったか、もしくはまだ未知のものに属する。」

本書は、多くの西洋の思想家や政治家たちが座右の書として挙げられ、ジョン・スチュアート・ミル（↓318頁参照）は「古代精神のもっとも高貴な倫理的産物」と賞賛しています。第二次世界大戦中のホロコーストを生き延びた『夜と霧』（↓436頁参照）のフランクルや、ベトナム戦争中の壮絶な捕虜収容所生活を生き抜いた海軍中将のジェームズ・ストックデールは、自らが陥った苦境の中で、ストア哲学の教えを心の支えとして生き延びたといわれています。

経歴

マルクス・アウレーリウス・アントニヌス（121年 - 180年）は、第16代ローマ皇帝（在位161年 - 180年）。学識に長け、善く国を治めたことから、ネルウァ、トラヤヌス、ハドリアヌス、アントニヌスに並ぶ皇帝（五賢帝）と評された。対外政策ではパルティアとの戦争に勝利を収めたが、ローマ帝国の北方国境で発生したマルコマンニ戦争（162年 - 180年）で国力を疲弊させ、自らも陣中で没した。

参考図書

『語録　要録』エピクテトス、『生の短さについて』ルキウス・セネカ、『迷いを断つためのストア哲学』マッシモ・ピリウーチ

『レオナルド・ダ・ヴィンチの手記』

レオナルド・ダ・ヴィンチ

『レオナルド・ダ・ヴィンチの手記』(Manuscripts of Leonardo da Vinci: Their History, with a Description of the Manuscript Editions in Facsimile)（推定年代１４６９年－１５１８年）は、「万能の天才」レオナルド・ダ・ヴィンチ（１４５２年－１５１９年）が、半世紀にわたって書き綴った手稿(Codex)をまとめたものです。

レオナルドが興味をひかれたあらゆる事柄が記録されていますが、全体のうち約３分の２が失われ、現存するのは約５千頁といわれています。レオナルドの死後、弟子のフランチェスコ・メルツィが相続しましたが、その後さまざまな形で編纂がなされ、現在に至っています。

レオナルドの手稿とそのドローイングは、絵画の構成案、衣服の習作、顔や感情表現、動物、乳児、解剖、植物の習作や研究、岩石の組成、川の渦巻き、兵器、ヘリコプター、土木・建築の研究にいたるまで、極めて幅広いジャンルにまたがっていて、中には語学の練習ノートまで含まれています。レオナルドが左利きであったためか、手稿の文字は左右が逆転した鏡文字で書かれています。

現在では、以下の手稿が残されています。

アンブロジアーナ図書館「アトランティコ手稿」（幾何学、天文学、植物学、動物学、土木工学、軍事技術等）、トリヴルツィアーナ図書館「トリヴルツィオ手稿」（軍事、教会建築等）、トリノ王立図書館「鳥の飛翔に関する手稿」（鳥の飛翔メカニズム）、スペイン国立図書館「マドリード手稿」（機械構造、透視図法、光学等）、フランス学士院「パリ手稿」（軍事技術、光学、幾何学、水力学等）と「アッシュバーナム手稿」（絵画等）、ヴィクトリア&アルバート博物館「フォースター手稿」（幾何学、物理学、水力機械、建築等）、ウィンザー城「ウィンザー手稿」（解剖学、地理学等）、大英博物館「アランデル手稿」（物理学、力学、光学、幾何学、おもり、建築等）。

これらに加えて、ビル・ゲイツが個人所有する「レスター手稿」は、天文学、水や岩、化石の性質、空気や天体の発光などの資料を集めたものです。1690年に、イタリアの画家、ジョゼッペ・ゲッツィがダ・ヴィンチの弟子のひとりで彫刻家のグリエルモ・デラ・ポルトの文箱から見つけました。1717年にイギリスのレスター伯爵トーマス・コークが購入し、それにちなんで「レスター手稿」の名で呼ばれていました。

1980年に、アメリカの石油王アーマンド・ハマーがオークションで落札し、「ハマー手稿」と改名されます。その後、ハマー財団が所有していましたが、1994年にビル・ゲイツが3080万2500ドルで購入し、名前を「レスター手稿」に戻しました。今では、年に一度、1か国、1か所のみで展示されることになっていて、2005年には日本で公開されました。

レオナルドの生きた15世紀は、発明、探求、そして新たな技術によって知識が急速に広がった時代でした。イタリア・ルネサンスの中心で、美術や人文学が花開いた当時のフィレンツェは、彼のような、あらゆる面で社会の枠からはみ出た人物に対しても寛容でした。

「ルネサンス的教養人」の代表とされるレオナルドですが、学校教育をほとんど受けておらず、ラテン語も複雑な計算もできませんでした。しかし、学校では教わらないような、異なる分野の物事を結びつける能力に非常に長けていました。レオナルドを敬愛していたスティーブ・ジョブズは、生前、「レオナルドはアートとテクノロジーの両方に美を見いだし、二つを結びつける能力によって天才となった」と語っています。

経歴

レオナルド・ダ・ヴィンチ（1452年 - 1519年）は、ルネサンス期を代表するイタリアの芸術家。絵画、彫刻、建築のほか、音楽、舞台芸術、数学、天文、航空、軍事、人体などさまざまな分野で功績を残した「万能の天才」。主な絵画作品は、『最後の晩餐』『モナ・リザ』『受胎告知』『岩窟の聖母』など。

参考図書

『レオナルド・ダ・ヴィンチ』ウォルター・アイザックソン

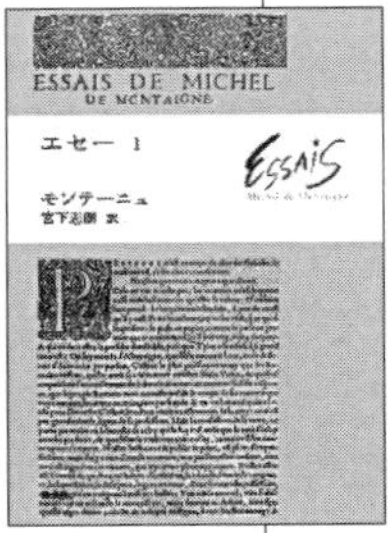

『エセー』

ミシェル・ド・モンテーニュ

『エセー』（仏：Les Essais）（1580年）は、フランスの哲学者ミシェル・ド・モンテーニュ（1533年－1592年）が、自身の経験や古典からの引用を元にした107の随筆を集めて刊行した随想録です。

モンテーニュは、1570年頃から本書の執筆を始め、生涯にわたって加筆・改訂を続けたとされています。「エセー」とは、フランス語で「試み」という意味ですが、本書によって、「特定の話題に関する主観的な短い文章」は「エッセイ」と呼ばれるようになりました。

モンテーニュは、冒頭で、本書の目的は自分自身を率直に記述することだとして、「読者よ、これは誠実な書物なのだ。この本では、内輪《うちわ》の、私的な目的しか定めていないことを、あらかじめ、きみにお知らせしておきたい。（中略）単純で、自然で、ごくふつうのわたしという人間を見てほしいのだ」と書いています。

それに続いて、悲しみ、恐怖、幸福、想像力、習慣、友情、節度、運命、孤独、名声、良心、名誉、残酷さ、欲望、うぬぼれ、嘘、臆病、徳、怒り、後悔、経験など、数多くのテーマに沿って、随筆が綴られています。

本書には、古代ギリシア・ローマ時代のプラトン、アリストテレス、プルタルコス、セネカなどの文献からの多くの引用がなされています。特に、共和政ローマ期の哲学者ルクレティウスの『物の本質について』（→228頁参照）からの引用が多く、死後の世界の悪夢によって道徳を強制するという方法を嫌悪するルクレティウスに共感を覚えていたとされています。他方で、聖書からの引用はほとんどありません。

当時のフランスでは、プロテスタントが全面的に禁止されたことで、プロテスタントとカトリックが争うユグノー戦争（1562年－1598年）が続いていました。モンテーニュは、宗教戦争の狂乱の中で、正義を振りかざす者に懐疑の目を向け、人間性の多様性と移り変わりやすさこそがその最大の特徴であると考えました。そうした中で、もともと、カトリック教徒のモンテーニュは、ボルドーの市長として両者の融和に努めたとされています。

モンテーニュのモットーは、「わたしは何を知っているのか？（ク・セ・ジュ）」でした。自分自身について、「わたしはこの世でも、このわたし自身ほど、明らかな怪物や奇蹟を見たことがない」「わたしの場合、自分と足しげく付き合い、自分のことを知れば知るほど、自分が異形《いぎょう》の存在であることに驚き、ますます自分のことがわからなくなる」としています。

その上で、自分自身を知ることの重要性を次のように述べています。

『自分のなすべきことをして、自分自身を知れ』という偉大な教訓は、プラトンにしばしば引かれている。（中略）自分のなすべきことに取りかかろうとする人間は、自分が何者であって、なにが自分本来のものなのかを知ることを、最初に学ぶ必要があるのだ。そして自分を知る者は、他人のことがらと自分のことがらをとりちがえることはもはやなく、なによりも自分を愛し、自分を鍛えるのであって、余計な心配や、むだな思いやもくろみなどはしりぞけるのだ。（中略）エピクロスによれば、賢者とは将来のことを予測したり心配したりしないのである。」

現実の人間を洞察し、人間の生き方を追求した本書は、17世紀のデカルトやパスカルをはじめ、フランスの文化や教育だけでなく、各国に大きな影響を与えました。

経歴

ミシェル・ド・モンテーニュ（1533年 - 1592年）は、16世紀ルネサンス期のフランスを代表する哲学者で、モラリスト、懐疑論者、人文主義者。ボルドー高等法院などで裁判官を16年間務めた後、37歳で領地のモンテーニュに隠退する。以後、家長として領地管理に当たるかたわら、読書と思索に没頭する。1580年に『エセー』初版（第1、2巻）を発表。ドイツ・イタリアなどへの1年半にわたる旅行を経て、1581-1585年にボルドー市長を務める。1588年に第3巻を刊行、同時に初版に大幅な増訂を行い、以後も生涯にわたって加筆・改訂を続けた。

参考図書

『パンセ』ブレーズ・パスカル

『エミール』

ジャン＝ジャック・ルソー

『エミール』（仏：Emile）（1762年）は、フランスの政治哲学者ジャン＝ジャック・ルソー（1712年－1778年）が、小説的な構成で理想の教育論を展開した近代教育学の古典で、『人間不平等起原論』『社会契約論』と並ぶ、ルソー三部作のひとつです。正式名称は『エミール、または教育について』（仏：Émile, ou De l'éducation）です。

本書においてルソーは、当時のフランスの教育制度を批判し、子供の自発性を重視した自然な成長を促すことを基本にした、独自の教育論を展開しています。さらに、後半の「サヴォワの助任司祭の信仰告白」というエピソードの中で、ルソーの哲学と宗教に関する考え方も詳しく述べられています。

特に、第1編冒頭の「万物をつくる者の手をはなれるときすべてはよいものであるが、人間の手にうつるとすべてが悪くなる。人間はある土地にほかの土地の産物をつくらせたり、ある木にはほかの木の実をならせたりする。風土、環境、季節をごちゃまぜにする。（中略）人間はみにくいもの、怪物を好む。なにひとつ自然がつくったままにしておかない。人間そのものさえそうだ」という言葉に見られるように、本書にはルソー流の自然礼讃の思想が一貫して流れています。

教育思想におけるルソーのもっとも大きな功績は、「子供の発見」だといわれます。ルソーは、子供を大人と比較して単に「小さな大人」とみなすそれまでの子供観を覆し、子供は大人とは異なる独特の存在であるとして、そこに人間的成長への可能性を見出します。

そして、「わたしたちは、いわば、二回この世に生まれる。一回目は存在するために、二回目は生きるために」といい、子供時代を単に通過しなければならないものとして過ごさせるのではなく、子供の成長の手助けをしてあげるのが教育だという考えを示します。

ストーリーとしては、ルソーがエミールという架空の貴族の少年を、その誕生からソフィーとの結婚まで、自然という偉大な教師に従って、マンツーマンでいかに育てるかという思考実験を綴った内容になっています。本書の構成も、エミールの成長過程に従って、第1編「幼年時代」、第2・3編「少年時代」、第4編「青年時代」、第5編「女子教育」から成っています。

ルソーは、「自然による教育」(能力や器官の成長という内部的発展という教育)、「人間による教育」(教師や大人が子供自身の能力をどう使うかを教える教育)、「事物による教育」(外界に関する経験から学ぶ教育)という三つの柱によって、子供は人間になるのだと考えました。この三つの全てが同じ目標に向かって統一されることで、調和のとれた人格が育つのだということです。

その上で、教育期間を「子供」「青年」「成人」の3段階に整理します。12歳までの、身体が発育し、外界を経験する第1段階(子供期)、12歳から15歳までの、事物の効用の判断を鍛え、有用性のために技術や学習をする第2段階(青年期)、15歳以降の、神や自然や社会に関する知識と洞察が磨かれ、道徳と宗教を身につける第3段階(成人期)です。

その際にルソーは、「消極的教育」が重要だとします。大人が積極的に指示するのではなく、三つの柱の調和がとれた状態で、子供の自主性を尊重した教育です。人間はよい者として生まれるが、社会は人間を堕落させるものであるから、子供は自然の発育に任せるべきで、教師の役回りは外部からの悪影響を防いでやることだけだとしました。

経歴

『人間不平等起原論』(→250頁)参照

参考図書

『人間不平等起原論』ジャン=ジャック・ルソー、『社会契約論』ジャン=ジャック・ルソー

『フランクリン自伝』

ベンジャミン・フランクリン

『フランクリン自伝』(The Autobiography of Benjamin Franklin)(1791年)は、「代表的アメリカ人」「アメリカ建国の父」と呼ばれるベンジャミン・フランクリン(1706年－1790年)の自伝で、アメリカのロング・ベストセラーです。

本書は、アメリカ建国の父祖の中で最も有名な一人であるフランクリンの生き方を通じて、勤勉性、節制、探究心、合理主義、社会活動への参加といった、「善きアメリカ人」像を伝える古典です。

ボストンの職人の子として生まれたフランクリンは、フィラデルフィアに出て印刷業から新聞、出版へと事業を広げ、政治家、外交官、気象学者、物理学者、哲学者、出版業者、文筆家として活躍しました。特に、雷雨中に凧を上げて電気と雷は同じものであることを発見した話や、「時は金なり」(Time is money)という名言で有名です。

1728年頃、「道徳的完全に到達する大胆で難儀な計画」を思いつきます。そして、道徳に反する習慣を打破し、良い習慣をしっかり身につけるために、自らの信念を13の徳目にまとめ、1週間をそのひとつに捧げ、年に4回この過程を繰り返しました。

第一　節制　飽《あ》くほど食うなかれ。酔うまで飲むなかれ。
第二　沈黙　自他に益なきことを語るなかれ。駄弁《だべん》を弄《ろう》するなかれ。
第三　規律　物はすべて所を定めて置くべし。仕事はすべて時を定めてなすべし。
第四　決断　なすべきことをなさんと決心すべし。決心したることは必ず実行すべし。
第五　節約　自他に益なきことに金銭を費《ついや》すなかれ。すなわち、浪費するなかれ。
第六　勤勉　時間を空費するなかれ。つねに何か益あることに従うべし。無用の行いはすべて断《た》つべし。
第七　誠実　詐《いつわ》りを用いて人を害するなかれ。心事は無邪気に公正に保《たも》つべし。口に出だすこともまた然るべし。

第八　正義　他人の利益を傷つけ、あるいは与うべきを与えずして人に損害を及ぼすべからず。

第九　中庸《ちゅうよう》　極端《きょくたん》を避くべし。たとえ不法を受け、憤《いきどお》りに値すと思うとも、激怒を慎しむべし。

第十　清潔　身体、衣服、住居に不潔を黙認すべからず。

第十一　平静《へいせい》　小事、日常《にちじょう》茶飯事《さはんじ》、または避けがたき出来事に平静を失うなかれ。

第十二　純潔　性交はもっぱら健康ないし子孫のためにのみ行い、これに耽《ふけ》りて頭脳を鈍《にぶ》らせ、身体を弱め、または自他の平安ないし信用を傷つけるがごときことあるべからず。

第十三　謙譲《けんじょう》　イエスおよびソクラテスに見習うべし。

これらについて、フランクリンは、次のように説明しています。

「第一は節制の徳である。なぜかと言えば、古くからの習慣のたえまのない誘引や、不断の誘惑の力に対してつねに警戒を怠らず、用心をつづけるには、頭脳の冷静《れいせい》と明晰《めいせき》とが必要であるが、それをうるにはこの徳が役立つからである。（中略）私は徳を進めると同時に、知識をもえたいと望んでいたが、知識は、人と談話する場合でも、舌の力よりはむしろ耳の力によってえられると考えたので、下らない仲間に好かれるようになるにすぎない無駄口《むだぐち》や地口《じぐち》や冗談などに耽る習慣（それが私の癖になりかけていた）を直したいと願った。そこで沈黙の徳を第二においたのである。」

ウェーバー（→146頁参照）は、資本主義の「精神」を体現した人物としてフランクリンを挙げて、「近代的人間」の原型的モデルとみなしています。

経歴

ベンジャミン・フランクリン（1706年 - 1790年）は、アメリカの政治家、外交官、著述家、物理学者、気象学者。アメリカ独立革命の指導者の一人であり、ペンシルバニア大学の創設、アメリカ独立宣言の起草委員、独立戦争時の駐仏アメリカ大使、合衆国憲法制定のための連邦派と反連邦派の調停など、幅広い分野でその名を残している。現在の100ドル紙幣に肖像が描かれているほか、ハーフ・ダラー銀貨にも1963年まで肖像が使われていた。

参考図書

『プロテスタンティズムの倫理と資本主義の精神』マックス・ウェーバー

『自助論』

サミュエル・スマイルズ

『自助論』(Self-Help: With Illustrations of Character, Conduct, and Perseverance)（１８５９年）は、イギリスの作家サミュエル・スマイルズ（１８１２年－１９０４年）が、19世紀のヴィクトリア朝的価値観を称揚し、自助の精神の重要性を説いた自己啓発書です。

本書の第１章「自助の精神」は、「『天は自ら助くる者を助く』この格言は、幾多の試練を経て現代にまで語り継がれてきた。その短い章句には、人間の数限りない経験から導きだされた一つの真理がはっきりと示されている。自助の精神は、人間が真の成長を遂げるための礎である。自助の精神が多くの人々の生活に根づくなら、それは活力にあふれた強い国家を築く原動力ともなるだろう。」という文章で始まります。

そして、他人や国に頼らず、勤勉に働いて自らの運命を切り拓くべきといった、自立独立の精神が、次のように語られています。

「どんな分野であれ、成功に必要なのは秀でた才能ではなく決意だ。あくまで精一杯努力しようとする意志の力だ。この意味で、活力とは人間の性格の中心をなす力であり、つまるところ人間それ自身であるといえよう。」

本書では、こうした自助の精神が、スミス、ベーコン、コペルニクス、ケプラー、ニュートン、シェークスピアなど、３００人以上の欧米人の成功例とともに綴られています。

本書は、江戸幕府から派遣されてイギリスに留学した中村正直が『西国立志編』として邦訳・出版し、日本でも大ベストセラーになりました。

経歴

サミュエル・スマイルズ（1812年 - 1904年）は、スコットランド生まれのイギリスの著述家、医者。エディンバラ大学で医学を学び医者を開業したが、後にリーズ市の新聞主筆、鉄道会社の役員を経て、著述に専念するようになった。金も地位もない人間でも、他人に頼らず独力で勤勉と節約で出世できるという『自助論』の人生哲学は、ヴィクトリア朝時代のピューリタニズム的価値観を示すものであった。

参考図書

『フランクリン自伝』ベンジャミン・フランクリン

『大学教育について』

ジョン・スチュアート・ミル

『大学教育について』(Inaugural Address Delivered to the University of St. Andrews, 1 Feb 1867)(1867年)は、ジョン・スチュアート・ミル(1806年－1873年)が、セント・アンドルーズ大学名誉学長に就任した際の演説をまとめたものです。

ミルは、大学教育の本質について、次のように述べています。

「大学は職業教育の場ではありません。(中略)大学の目的は、熟練した法律家、医師、または技術者を養成することではなく、有能で教養ある人間を育成することにあります。(中略)人間は、弁護士、医師、商人、製造業者である以前に、何よりも人間なのです。(中略)専門職に就こうとする人々が大学から学び取るべきものは専門的知識そのものではなく、その正しい利用法を指示し、専門分野の技術的知識に光を当てて正しい方向に導く一般教養(general culture)の光明をもたらす類のものです。」

このように、大学教育の目的とは、社会の進歩を担うべき者たちに一般教養を学ばせることであるとした上で、これを「知的教育」「道徳教育」「美術教育」の三つに分け、「文学(言語、古典文学、歴史)」「科学(数学、自然科学、論理学、生理学、心理学)」「道徳科学(倫理学、政治学、歴史哲学、経済学、法律学、国際法)」「道徳・宗教」「美学・芸術」の順に説明していきます。

最後に、大学教育を受けることの「報酬」とは、「諸君が人生に対してますます深く、ますます多種多様な興味を感ずるようになる」ことであるとして、本書の結びとしています。

経歴

『自由論』(→318頁)参照

参考図書

『後世への最大遺物・デンマルク国の話』内村鑑三、『自由と規律：イギリスの学校生活』池田潔

『民衆の芸術』

ウィリアム・モリス

『民衆の芸術』(The Art of the People)（1879年）は、「モダンデザインの父」と呼ばれたイギリスのウィリアム・モリス（1834年－1896年）が、1879年2月に芸術協会総裁としてバーミンガム芸術協会とバーミンガム芸術学校で行った講演録をまとめたものです。

モリスはデザイナーとして室内装飾のためのデザインを数多く残しただけでなく、室内装飾や日用品のデザインを手がけるモリス商会を興して、家具、食器、壁面装飾用のタイル、ステンドグラス、本の装丁、フォントなど、多岐にわたる分野のデザインを手がけました。

19世紀のヴィクトリア朝時代のイギリスでは、産業革命により工業化が進み、大量生産によって生み出された粗悪な商品があふれていました。また、労働の分業化が進んだことで、かつての職人は単純労働者になり、労働の喜びや手仕事の美しさも失われてしまいました。

モリスはこうした状況を憂い、労働の喜びがあった中世にならい、伝統的な手仕事による日用品をデザインし供給することで、生活と芸術を一致させようという「アーツ・アンド・クラフツ運動」を起こしました。「民衆のための、民衆による芸術」をモットーとしたモリスは、民衆の生活から遊離した少数の職業的芸術家は資本主義社会の一産物に過ぎず、労働者の日々の労働のうちにこそ美の喜びは生まれていくべきだとして、本書の中で、次のように述べています。

「真の芸術とは、人間が労働に対する喜びを表現することである。その幸福を表現しなくては、人間は労働において幸福であることはできないとおもう。特に自分の得意とする仕事をしているときには、この感が甚だしい。このことは自然の最も親切な贈物である。」「そのときこそわれわれは世界のいまだ知らない幸福の種をまいたことになる（中略）この真の芸術とは、それを製作する人にも、それを使用する人にも、幸福なものとして、民衆により、民衆のために作られる芸術である。」

ここに、モリスの労働観や芸術に対する思想が現れています。モリスのいう「真の芸術」とは、一般にイメージされる「芸術」ではなく、「人間が労働に対する喜びを表現すること」を意味しています。モリスは、そうした労働の喜びを民衆から奪うような資本主義的な大量生産による工業製品を否定したのです。

そして、「民衆のための、民衆による芸術」を実現するために、その前提となるシンプルな暮らしの重要さを強調して、次のように書いています。

「それでも現代生活を楽しいものにしようとするならば、必要な二つの徳があるとおもう。そして、製作する人にも、使用する人にも幸福なものとして、民衆により、民衆のために作られるべき芸術の種をまくに際して、この二つの徳は絶対に必要であると信ずる。それは誠実さと簡素な生活とである。意味をはっきりさせるために、この第二の徳に対立する悪徳の名をあげれば、奢侈《しゃし》である。」

モリスのアーツ・アンド・クラフツ運動は、20世紀のモダンデザインの源流になったといわれています。この運動はイギリス国内だけにとどまらず、ヨーロッパ、ロシア、アメリカ、日本にまで広く浸透し、各国のデザインに大きな影響を与えました。その結果、フランスにアール・ヌーヴォー、ドイツにユーゲントシュティールやドイツ工作連盟、日本には柳《やなぎ》宗悦《むねよし》らの民芸運動が生まれることになります。

経歴

ウィリアム・モリス（1834年 - 1896年）は、イギリスの詩人、工芸職人、デザイナー、社会主義者、環境問題活動家、小説家、出版者。ヴィクトリア朝時代を代表する評論家・美術評論家であったジョン・ラスキンの本を愛読し、大きな影響を受けた。19世紀のイギリスで「アーツ・アンド・クラフツ運動」を起こし、「モダンデザインの父」と呼ばれた。プロレタリアートを解放し、生活を芸術化するためには社会を変えることが不可欠だと考え、マルクス主義を信奉。人生の後半にエリノア・マルクス（カール・マルクスの娘）らと行動をともにし、不平等な社会の変革や環境保護に献身した。

参考図書

『民藝とは何か』柳宗悦、「孫の世代の経済的可能性」ジョン・メイナード・ケインズ

『民主主義と教育　上・下』岩波文庫/松野安男［訳］

『民主主義と教育』

ジョン・デューイ

『民主主義と教育』(Democracy and Education: An Introduction to the Philosophy of Education)(1916年)は、アメリカのプラグマティズムを代表する思想家ジョン・デューイ(1859年-1952年)が、民主主義社会における教育のあり方を示し、世界の教育界の流れを変えた教育哲学書です。

プラグマティズムとは、19世紀末から20世紀にかけてのアメリカの代表的思想で、理念的なものより実利的、実際的なものを重視する考え方です。

デューイは、民主主義の実現のためには、教育を通して個人の自発的な発展をうながし、主体的に行為する人間を確立しなければならないと考えました。子供の教育は社会と切り離して考えることができない不可分一体のものであるという教育哲学に基づいて、子供の経験を再構成するような環境を整えることが重要であるとして、社会生活の中の人間形成原理を学校教育に導入することを試みました。

デューイの教育論の特色は、子供を学習の主体として捉え、主体と環境との相互作用を「経験」と呼び、この経験の「改造」を教育の本質と考える点にあります。そして、学習者中心化の原理に立って、子供の関心を軸とする活動カリキュラムを重視し、知識注入的教育方法ではなく、子供の自発性を軸とした問題解決学習によるべきことを強調しました。また、学校は社会と相互作用し、社会の進歩と対応する場所であるとする学校社会化の原理から、教育は社会改造に参加すべきであるとしました。

経歴

ジョン・デューイ(1859年 - 1952年)は、アメリカの哲学者、教育学者、社会心理学者、社会・教育改良家。哲学ではプラグマティズムを大成してプラグマティズム運動の中心的指導者となった。教育においてはプラグマティズムに基づいた新しい教育哲学を確立し、アメリカにおける新教育運動を指導しつつ、広く世界の教育改革に寄与した。

参考図書

『種の起原』チャールズ・ダーウィン

『幸福論』

アラン

『幸福論』（仏：Propos sur le bonheur）（1925年）は、フランスの哲学者でアランことエミール＝オーギュスト・シャルティエ（1868年－1951年）が、幸福に生きるための知恵を綴った、プロポ（哲学断章）と呼ばれる短い文章からなる散文集です。

アランは、高校教師として哲学を教えるかたわら執筆活動を行い、社会問題に対しても積極的に発言しました。1906年から地方紙に原稿用紙2枚程度のプロポを書くようになり、理性主義の立場から芸術、道徳、教育などさまざまな問題について、数千に及ぶプロポを寄稿しました。

本書は、幸福になるための指針を平易な言葉で綴ったもので、哲学を文学に、文学を哲学に変えようとする独特の文章は、フランス散文の傑作とされています。

アランは、幸福になろうとしなければ幸福にはなれないといいます。つまり、人間というのは、本来、自然にまかせていると不幸になってしまう存在であり、幸福になるには「幸福になる」という強い意志をもって自分を律する必要があるとして、次のように説いています。

「悲観主義は気分によるものであり、楽観主義《オプティミスム》は意志によるものである」「しあわせだから笑っているのではない。むしろぼくは、笑うからしあわせなのだ」「しあわせになる秘訣の一つは、自分の気分に無関心になるということだ」「人間には自分自身以外に敵はほとんどいないものである。最大の敵はつねに自分自身である」

経歴

アラン（本名：エミール＝オーギュスト・シャルティエ）（1868年 - 1951年）は、フランスの哲学者。ペンネームのアランは、フランス中世の詩人アラン・シャルティエに由来する。高校教師のかたわら哲学者や評論家としても活動し、20世紀前半のフランスの思想に大きな影響を与えた。アランの『幸福論』は、ヒルティの『幸福論』（1891年）、ラッセルの『幸福論』（1930年）と並んで、「三大幸福論の書」と呼ばれている。

参考図書

『幸福論』カール・ヒルティ、『幸福論』バートランド・ラッセル

『輝く都市』

ル・コルビュジエ

『輝く都市』（仏：Manière de penser l'urbanisme）（１９４６年）は、モダニズムの建築家ル・コルビュジエ（１８８７年－１９６５年）が提唱した理想の都市像の理念を書籍化したものです。

コルビュジエは、それまでの西欧の伝統建築とはまったく異なる、機能性を重視したスラブ（鉄筋コンクリート構造の床板）、柱、階段のみを要素とするモダニズム建築を提唱しました。ピロティ、自由な平面、自由な立面、独立骨組みによる水平連続窓、屋上庭園からなる「新しい建築の５原則」を提示し、サヴォア邸などでこれを実践しました。

その後、コルビュジエは近代建築国際会議（ＣＩＡＭ）の中心人物として活躍し、１９３３年に都市の機能は住居、労働、余暇、交通にあり、都市は太陽、緑、空間を持つべきだとする、「輝く都市」の理念に沿ったアテネ憲章が採択されました。高層ビルを建設してオープンスペースを確保し、街路を整備して自動車道と歩道を分離し、それに基づいて都市問題の解決を図ろうと提唱するコルビュジエの理念は、ユニテ・ダビタシオンやチャンディガールの都市計画などで実現し、ブラジリアなど世界各地の新都市計画に大きな影響を与えました。

晩年には、ロンシャンの礼拝堂に見られるような造形的な建築物も手がけました。これらコルビュジエの作品群は、２０１６年に「ル・コルビュジエの建築作品」として世界遺産に登録され、日本の国立西洋美術館本館もこれに含まれています。

経歴

ル・コルビュジエ（1887年 - 1965年）はスイスで生まれ、主にフランスで活躍した建築家、画家。本名はシャルル=エドゥアール・ジャヌレ=グリ。地元の美術学校に学んだ後、ヨーロッパ各地を旅行し、1917年以来パリに定住して建築、絵画、著述などの創作活動に従事した。フランク・ロイド・ライト、ミース・ファン・デル・ローエと共に、「近代建築の三大巨匠」として位置付けられる。

参考図書

『ヒルズ：挑戦する都市』森稔

『アンネの日記』

アンネ・フランク

『アンネの日記』（蘭：Het Achterhuis）（１９４７年）は、ユダヤ系ドイツ人少女アンネ・フランク（１９２９年－１９４５年）が書いた手記をまとめた、日記形式の著作です。

第二次世界大戦中、ドイツ占領下にあったオランダのアムステルダムの隠れ家で、ナチスドイツのユダヤ人狩りから逃れるために、身をひそめて暮らしたアンネの家族や同居人たちの生活を描いています。アンネはそこで、架空の友人キティーに宛てて日記を綴りました。

執筆は密告によりゲシュタポに捕まるまでのおよそ2年間に及び、日記には１９４２年6月12日から１９４４年8月1日までが記録されています。

最後まで希望を捨てなかったアンネの日記が終わる直前には、次のような有名な記述があります。

「自分でも不思議なのは、わたしがいまだに理想のすべてを捨て去ってはいないという事実です。だって、どれもあまりに現実ばなれしていて、とうてい実現しそうもないと思われるからです。にもかかわらず、わたしはそれを捨てきれずにいます。なぜならいまでも信じているからです――たとえいやなことばかりでも、人間の本性はやっぱり善なのだということを。――１９４４年7月15日」

隠れ家に残されていたアンネの日記は、家族の中でただ一人収容所生活を生き延びた父オットー・フランクによって出版されました。本書は60以上の言語に翻訳されて世界的ベストセラーとなり、２００９年にはユネスコ世界記憶遺産にも登録されました。

経歴

アンネ・フランク（1929年 - 1945年）は、『アンネの日記』の著者として知られるユダヤ系ドイツ人の少女。ナチス迫害から逃れるためにアムステルダムへ亡命し、2年間の亡命生活の間、隠れ家でのことを日記に書き続けた。その後、隠れ家住人は全員がナチス強制収容所へと移送され、アンネは、チフスを罹患して15歳で亡くなった。

『夜と霧』

ヴィクトール・フランクル

『夜と霧』（独：… trotzdem Ja zum Leben sagen: Ein Psychologe erlebt das Konzentrationslager）（１９４６年）は、強制収容所から奇跡的な生還を果たしたオーストリアの精神科医・心理学者ヴィクトール・フランクル（１９０５年－１９９７年）が、ナチスの強制収容所での体験を基に著した著作です。

本書は、フランクルが収容所から解放され、ウィーンに帰還してから口述筆記されたもので、収容所という過酷な環境の中で、被収容者たちがなにに絶望し、なにに希望を見出したのかを、客観的かつ公平に描写しています。

邦題にある『夜と霧』は、ヒトラーにより発せられた総統命令のひとつで、ユダヤ人や反ナチス思想の人たちを、「夜と霧に乗じて」人知れず連行せよというものです。ドイツ語の原題は『心理学者、強制収容所を体験する』、英語のタイトルは“Man's Search for Meaning: an introduction to logotherapy”（人の生きる意味とは）で、まさに人間にとっての「生きる意味」が考察されています。

フランクルは、ニーチェの「なぜ生きるかを知っている者は、どのように生きることにも耐える」という格言を引用し、人間が生きるということ、生きつづけるということにたいして担っている責任の重さを自覚すること、つまり、生きる意味を見つけ出すことが、生き残るための唯一の道であったとしています。

ここでいう「生きる意味」とは、なにか創造的なことをして目的を達成しようというような単純な意味とはかけ離れた、「死もまた含む全体としての生きることの意味」のことです。１９４４年のクリスマスには解放されるとの噂を信じた被収容者の中には、その期待が裏切られると、突然、力尽きて死んでしまう者が大勢いたそうですが、フランクルは、人間にとっては苦しむことや死ぬことにさえ意味があり、自分にしか引き受けられないその1回限りの運命とどう向き合うのかが重要なのだといいます。

そして、人生はどのような状況にも意味があるのだとして、次のように語っています。

「人は強制収容所に人間をぶちこんですべてを奪うことができるが、たったひとつ、あたえられた環境でいかにふるまうかという、人間としての最後の自由だけは奪えない。」

「ここで必要なのは、生きる意味についての問いを百八十度方向転換することだ。わたしたちが生きることからなにを期待するかではなく、むしろひたすら、生きることがわたしたちからなにを期待しているかが問題なのだ、ということを学び、絶望している人間に伝えねばならない。哲学用語を使えば、コペルニクス的転回が必要なのであり、もういいかげん、生きることの意味を問うことをやめ、わたしたち自身が問いの前に立っていることを思い知るべきなのだ。」

つまり、人間というのは、常に「生きる」という問いの前に立たされている存在であり、それに対して実際にどう答えるかが我々に課された責務なのだというのです。

『自省録』（↓418頁参照）を著したストア派の哲人皇帝マルクス・アウレーリウスは、「善い人間の在り方如何について論ずるのはもういい加減で切り上げて、善い人間になったらどうだ」と書いていますが、フランクルの到達した境地は、こうしたストア派の思想に通じるものがありました。

経歴

ヴィクトール・フランクル（1905年 - 1997年）は、ウィーン大学医学部神経科教授兼ウィーン市立病院神経科部長。ウィーン大学在学中からアドラー、フロイトに師事し、精神医学を学び、第三ウィーン学派と呼ばれた。戦前からの研究と収容所体験を起点に、戦後、人が自身の生の目的を発見することで心の悩みを解決するという心理療法ロゴテラピー（実存分析的精神療法）を創始した。

フランクルは、ウィーンにあるユダヤ人専用のロートシルト病院の神経科部長だったが、ユダヤ人であったことから、第二次世界大戦中の1942年9月、ナチスのテレージエンシュタット収容所に収容された。1944年10月にアウシュヴィッツ収容所に移送され、さらにダッハウ収容所に送られた。1945年3月、志願してテュルクハイム病人収容所へ赴いたが、その1か月後の4月に解放された。両親と兄と妻はこの間に強制収容所で亡くなっており、身内で生き延びたのは妹一人だった。『夜と霧』は、このアウシュビッツ収容所への移送から1945年に解放されるまでの体験を綴ったもの。

参考図書

『自省録』マルクス・アウレーリウス・アントニヌス、『絶望名言』頭木弘樹、NHK〈ラジオ深夜便〉制作班、『完訳　7つの習慣：人格主義の回復』スティーブン・コヴィー

『自由と規律』

池田潔

『自由と規律：イギリスの学校生活』（1949年）は、イギリス文学者の池田潔（1903年－1990年）が、自身が17歳から過ごしたイギリス全盛時のパブリックスクールでの経験を記した随想です。

パブリックスクールとは、イギリス上流階級の子弟が学ぶ全寮制の私立学校のことを指します。最古のウィンチェスター校が1382年の創立であるのに対して、池田が学んだリース校は1875年の創立と、その中では最も新しい学校です。

イギリスの大学における紳士教育は有名ですが、上流階級の人格形成に大きく寄与しているのは、その前段階のパブリックスクールにおける教育です。パブリックスクールの教師が教えるのは、「正直であれ」「是非を的確にする勇気をもて」「弱者を虐めるな」「他人より自由を侵さるるを嫌うが如く他人の自由を侵すな」という四つです。そうして生徒たちは、「自由は規律をともない、そして自由を保障するものが勇気である」ということを知るのです。

池田は、元慶應義塾塾長の小泉信三が、パブリックスクールについて書いた「自由と訓練」という寄稿を、以下のように本書中で引用して、至言であるといっています。

「かく厳格なる教育が、それによって期するところは何であるか。それは正邪の観念を明にし、正を正とし邪を邪としてはばからぬ道徳的勇気を養ひ、各人がかかる勇気を持つところにそこに始めて真の自由の保証がある所以を教へることに在ると思ふ。」

経歴

池田潔（1903年 - 1990年）は、米沢出身で三井財閥の最高指導者や日銀総裁を務めた池田成彬の次男。父はハーバード大学に留学したが、本人は旧制麻布中学4年次を終えてから17歳で渡英し、イギリスのパブリックスクール・リース校に入学。1926年にケンブリッジ大学を卒業後、渡独してハイデルベルク大学に学ぶ。帰国後、終戦の1945年から1971年まで慶應大学で英文科の教授を務めた。

参考図書

『英国名門校の流儀：一流の人材をどう育てるか』松原直美

『美術の物語』河出書房新社/天野衛、大西広、奥野皐、桐山宣雄、長谷川摂子、長谷川宏、林道郎、宮腰直人［訳］

『美術の物語』

エルンスト・H・ゴンブリッチ

『美術の物語』（The Story of Art）（1950年）は、美術史家のエルンスト・H・ゴンブリッチ（1909年－2001年）が、先史時代から現代までの美術の変化とつながりを、美術の専門用語をできるだけ使わずに、美術の初心者にも理解できるような平易な言葉で解説した入門書です。

本書の序章に、「これこそが美術だというものが存在するわけではない。作る人たちが存在するだけだ」という有名な言葉があります。ゴンブリッチは後にその真意を、自分自身は「アート」をラテン語起源の「スキル」と定義しているので、「肉体から遊離した実体のないスキル」というものは存在しないからだと説明しています。

本書は半分以上の頁を写真や図版に割き、時間軸に沿って、美術の歴史を整理しています。そして、「芸術家の目標が絶えず変化していること、そのことを軸にして私は話を組み立てるように心がけた。ひとつひとつの作品が、以前の作品とどこが似ていて、どこがちがっているかを示そう」としています。

その言葉通り、先史時代のアルタミラやラスコーの洞窟壁画やアメリカ大陸の旧文明から始まり、エジプト、メソポタミア、クレタ、古代ギリシア、古代ローマ、ビザンティン、イタリア、ドイツ、オランダ、フランスを中心としたヨーロッパ美術とイスラム美術や中国美術、イギリス、アメリカ、フランスの近代美術、そして現代アートへという流れが、延々と連なるひとつの歴史物語として描かれています。

経歴

エルンスト・H・ゴンブリッチ（1909年-2001年）はオーストリア生まれの美術史家。ロンドンに移住し、研究活動の大半をイギリスで行った。1936年にロンドンのウォーバーク研究所所員となり、1959年から1976年まで同研究所所長兼ロンドン大学古典学科教授を務めた。『美術の物語』は、1950年の初版以来、第16版まで刊行されており、現在では約30の言語に翻訳されている。

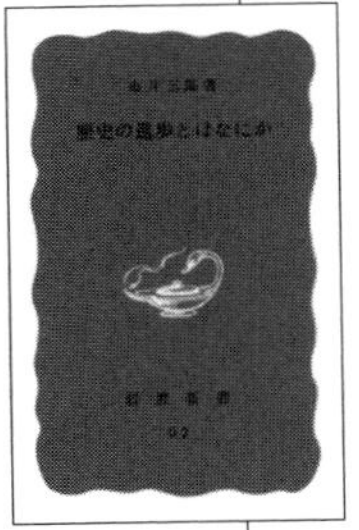

『歴史の進歩とはなにか』

市井三郎

『歴史の進歩とはなにか』（1971年）は、哲学者の市井三郎（1922年－1989年）が、人間の進歩とはなにかを考察した歴史哲学書です。

市井は、歴史を人間社会のある最終形態へ向けての発展の過程とみなす、近代ヨーロッパの「進歩史観」を批判し、「進歩」の概念の定義そのものが間違っており、歴史に進歩の必然性などなく、進歩に見える現象が実際には大きなマイナスをもたらしているとします。つまり、進歩史観は、外部から搾取したり他者に犠牲を強いたりすることで、自らの物理的・快楽的な「進歩」を達成しようとしているに過ぎないのだといいます。

市井は、これとは逆に、「どのような人種の一員として生まれ、どのような文化パターンに鋳《い》こまれて育つか、という次元のちがいからくる〝不条理な苦痛〟の不平等は、もし人類歴史（の総体）に真の進歩がなさるべきであるとすれば、第一に減殺されねばならない最大の問題であろう」という見方を提示します。

そして、「人間歴史の未来を創るのは、いうまでもなく人間である。（中略）その惰性に抗して異なった方向へ未来を創ろうとするとき、人間は価値理念の導きを必要とする。しかも過去の試行錯誤から人間は、よりよい理念を、そしてよりよく実現可能な理念（つまり逆説性のより少ない理念）を、探究することができる」として、不条理な苦痛を軽減するために、「みずから創造的苦痛をえらびとり、その苦痛をわが身にひき受ける人間の存在」の必要性を訴えました。

経歴

市井三郎（1922年 - 1989年）は、日本の哲学者。愛知教育大学助教授を経て、成蹊大学教授。大阪大学理学部で化学を専攻したが、戦後、哲学者の鶴見俊輔らが主催する思想の科学研究会に加わり、専門を哲学に移した。マンチェスター大学を経てロンドン大学大学院哲学科修了。ロンドンに留学した際には、カール・ポパーのもとで学んでいる。

参考図書

『何のために働くのか：自分を創る生き方』寺島実郎、『歴史主義の貧困』カール・ポパー、『資本主義の思想史：市場をめぐる近代ヨーロッパ300年の知の系譜』ジェリー・Z・ミュラー

『クリエイティブ資本論』

リチャード・フロリダ

『クリエイティブ資本論：新たな経済階級の台頭』(The Rise of the Creative Class: and How It's Transforming Work, Leisure, Community and Everyday Life)（２００２年）は、都市社会学者のリチャード・フロリダ（１９５７年－）が、都市におけるクリエイティブ・クラスの台頭とその重要性を示した著作です。

フロリダは、クリエイティブ・クラスを、「科学者、技術者、芸術家、音楽家、デザイナー、知識産業の職業人など」の、新しい価値をつくり出す仕事に従事する人々とします。従来は、自己のアイデンティティは所属する会社や従事する仕事でしたが、クリエイティブ・クラスの時代で重要なのは、生活の場やライフスタイルです。

フロリダは、単なる知識や情報はクリエイティビティの前提に過ぎず、クリエイティビティこそが、競争優位の源泉であるとします。そして、新たな価値創造を担う「21世紀の人的資本」であるクリエイティブ・クラスこそが、都市発展の鍵であるとして、彼らを引きつける都市の条件を考察しています。

フロリダは、「３つのＴ」と呼ばれる、「才能」(talent)、「技術」(technology)、「寛容性」(tolerance)が必須であるという仮説を立て、それらが揃えば、クリエイティブ・クラスの好む都市になれることを明らかにしています。そして、これらを持つ都市、たとえばオースチン、サンフランシスコ、シアトル、ボストン、ポートランド、ミネアポリスなどに、クリエイティブ・クラスが集まり、その結果として都市が活性化すると結論づけています。

経歴

リチャード・フロリダ（1957年－）は、アメリカ出身の都市社会学者。トロント大学ロットマン・スクール・オブ・マネジメント教授、同スクールの地域競争力に関する研究所ディレクター。

参考図書

『クリエイティブ・クラスの世紀：新時代の国、都市、人材の条件』リチャード・フロリダ、『ポスト資本主義社会』ピーター・ドラッカー、「孫の世代の経済的可能性」ジョン・メイナード・ケインズ

第7章

日本論

日本という国は、有史以前から長い年月を経て形作られてきました。その物語が文書によって初めて公的に編纂されたのは、奈良時代の『古事記』と『日本書紀』においてです。また、中国の文献では、3世紀末に成立した『三国志』の「魏志倭人伝」に、日本列島の倭人(日本人)についての記述が見られます。

江戸時代の長い鎖国期間を経て、明治維新以降、日清・日露戦争、第一次・第二次世界大戦を通じて、海外での日本への関心が高まることになります。一方で日本人自身の国民意識も高まりを見せ、福沢諭吉の『学問のすゝめ』などの啓蒙書が数多く出版されました。同時に、内村鑑三の『代表的日本人』、新渡戸稲造の『武士道』、岡倉天心の『茶の本』など、日本人による英語での執筆も行われ、特に、鈴木大拙の『禅と日本文化』は、日本人の精神性を海外に説明する上で、大きく貢献しました。

他方、海外における日本論は、太平洋戦争をきっかけに進展することになります。1941年、アメリカで敵国の情報分析を行う戦争情報局が創設され、日米開戦とともに各方面の学者を集めた日本研究が戦略的に行われました。その中で、アメリカ文化人類学史上初の日本文化論である『菊と刀』が執筆され、日本研究が大きく進むことになります。著者のルース・ベネディクトは、アメリカ社会との比較において、日本社会は階層的な上下関係に信頼を寄せており、それが家族、国家、信仰、経済活動の根底をなしていると分析しています。

また、東北大学で教鞭をとった哲学者のカール・レーヴィットは、「日本文化は二階建ての家だ。下の階では日本的に座敷で和食を食べ、着物で生活しているのに、二階に上がると途端に西洋の洋服を着て、西洋の学問を議論している」と語っています。つまり、西洋と東洋は二重人格のようなもので、両者は決して相容れることがないということです。

終戦後は、日本を敗戦に導いた根底にあるものとはなにかという視点から、丸山真男の『日本の思想』や野中郁次郎らの『失敗の本質』など、多くの研究がなされました。

同時に、日本の高度経済成長を支えている社会構造に対する海外からの関心が高まりを見せ、エズラ・ヴォーゲルの『ジャパン・アズ・ナンバーワン』が世界的ベストセラーになるなど、数多くの日本論が展開されました。社会学者の杉本良夫は、こうした日本論の多くは、①日本人は独立した個が確立していない、②日本人は集団志向である、③日本人はコンセンサスを重視する、という3点を共有していると指摘しています。

『古事記』岩波文庫／倉野憲司［校注］
『日本書紀　１〜５』岩波文庫／
坂本太郎、家永三郎、井上光貞、大野晋［校注］

『古事記』

稗田阿礼、太安万侶

『日本書紀』

舎人親王

『古事記』（７１２年）は、天武天皇（不明－６８６年）の命で稗田阿礼《ひえだのあれ》（７世紀後半から８世紀初頭）が誦習《しょうしゅう》していた『帝皇日継《ていおうのひつぎ》』（天皇の系譜）と『先代旧辞《せんだいのくじ》』（古い伝承）を、太安《おおのやす》万侶《まろ》（不明－７２３年）が書き記し編纂した、現存する日本最古の歴史書です。

本書は、奈良時代（７１０年－７９４年）の和銅５年（７１２年）に、元明天皇（６６１年－７２１年）（天武天皇と持統天皇の子、草壁皇子の正妃）に献上されました。原本は現存せず、いくつかの写本が伝わっています。

神代（日本神話において神々が支配していた時代）における天地の始まりから推古天皇（５５４年－６２８年）の時代に至るまでの、神話や伝説などを含むさまざまな出来事が、天皇や皇族の伝記や国家の大事などをテーマ別に綴る紀伝体で記されています。神話、伝説、歌謡、系譜が中心で、歴史の資料としてよりは、文学的な価値が高く評価されています。

『日本書紀』（７２０年）は、舎人親王《とねりしんのう》（６７６年－７３５年）らの撰で、養老４年（７２０年）に完成した、現存する日本最古の公的に作られた正史です。『古事記』同様、天武天皇が国史の編纂を命じました。六国史《りっこくし》（『日本書紀』『続日本紀』『日本後紀』『続日本後紀』『日本文徳天皇実録』『日本三代実録』）の第一に当たり、神代から持統天皇（６４５年－７０３年）の時代までが、漢文により、出来事を年代順に記していく編年体で記述されています。

天皇の名、享年、治世年数、皇居の所在地を列記した帝紀、歴代の諸説話、伝説などの旧辞、諸家の記録、詔勅、寺院縁起、『漢書』『三国志』などの朝鮮・中国の史書によって構成されています。

『古事記』の撰者である太安万侶も編者として参加しており、『古事記』との関係が深い一方で、各時代の記載内容はより詳細で、異説・異伝を記載し、編纂態度もより客観的です。多くの神話や伝説を含み、また、万葉仮名を用いた１２８首の和歌がある点など、上代（古代で文献が残されている時代）文学史的にも貴重な作品です。

大化の改新に先立つ６４５年、中大兄皇子《なかのおおえのおうじ》（天智天皇）らによる蘇我入鹿《そがのいるか》暗殺に憤慨した蘇我蝦夷《そがのえみし》は、邸宅に火をかけ自害しました。この時に、朝廷の歴史書を保管していた書庫までもが炎上し、『天皇記』など数多くの歴史書が失われました。

天智天皇は白村江《はくすきのえ》の戦《たたか》い（６６３年）で唐・新羅連合に敗北し、史書編纂の余裕はありませんでした。その後、弟の天武天皇（大海人皇子《おおあまのみこ》）が即位し、『天皇記』や『国記』に代わる国史の編纂を命じました。そして、まず『古事記』が、その次に『日本書紀』が編纂されました。

『古事記』と『日本書紀』は、ともに神代から上古（文献の存するもっとも古い大化の改新の頃までの時代）までを記した史書で、両書に描かれる神話の大きな流れは同じです。しかし、『古事記』が神話に重きを置いているのに対し、『日本書紀』は正史を重視するなど、その内容には差異も見られます。これは両書の編纂方針が異なっているためで、『古事記』は天皇の支配や皇位継承の正当性を示す目的で、『日本書紀』は唐や新羅などの東アジアに通用する正史を編纂する目的で作られたことによります。

経歴

稗田阿礼（7世紀後半から8世紀初頭）については、「古事記の編纂者の一人」ということ以外はほとんど分かっていない。『古事記』の序文では、天武天皇の舎人で、記憶力の良さを見込まれて『帝紀』『旧辞』の誦習を命ぜられたとされている。

太安万侶（不明 - 723年）は、飛鳥時代から奈良時代にかけての貴族、文人。父は壬申の乱で功績のあった多品治（おおのほんじ）とされる。1979年に奈良の茶畑で墓が見つかり、埋葬されていた墓誌から平城京左京四条四坊に住み、官位は従四位下勲五等、命日は7月6日と分かった。

舎人親王（676年 - 735年）は、奈良時代の皇族。天武天皇の第3皇子、淳仁天皇の父。歌人としても知られ、『万葉集』に短歌3首入集。

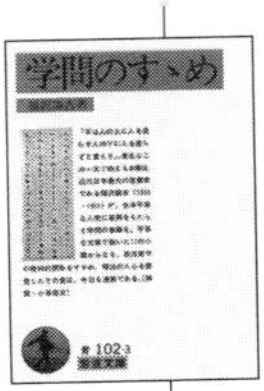

『学問のすゝめ』岩波文庫
『文明論之概略』岩波文庫/松沢弘陽［校注］

『学問のすゝめ』『文明論之概略』

福沢諭吉

『学問のすゝめ』（1872年）は、慶應義塾（旧蘭学塾）の創設者・福沢諭吉（1835年－1901年）が、自由平等と独立の思想を唱えた明治啓蒙期の代表的著作です。

本書は、明治5年（1872年）の初編から、明治9年（1876年）の17編まで数年かけて順次刊行され、明治13年（1880年）に1冊の本に合本されました。

「天は人の上に人を造らず人の下に人を造らずと言えり。されば天より人を生ずるには、万人は万人皆同じ位にして、生まれながら貴賤《きせん》上下の差別なく」という有名な言葉で始まります。ただし、この後には、「人は生まれながらにして貴賤貧富の別なし。ただ学問を勤めて物事をよく知る者は貴人となり富人となり、無学なる者は貧人となり下人となるなり」と続きます。

本書の目的は、封建社会と儒教思想しか知らなかった日本人が、従来の卑屈で無気力な状態を脱して、自由独立の気風を身につけ、民主主義国家の主権者としての自覚ある市民に意識を変革するよう働きかけることでした。福沢は、そうすることで初めて、日本の文明化と対外的な自由独立が達成されると考えたのです。

他方で福沢は、「学問をするには分限を知ること肝要なり。（中略）その分限とは、天の道理に基づき人の情に従い、他人の妨げをなさずして我が一身の自由を達することなり。自由と我儘との界は、他人の妨げをなすとなさざるとの間にあり」ともいっています。

その上で、日本の文明化と独立は政府や洋学者だけの力で実現できるものではなく、自らが事を起こすことが大切であるとして、「事をなすに、これを命ずるはこれを諭すに若かず、これを諭すは我よりその実の例を示すに若かず」といい、自分自身がその先頭に立つ決意を表明します。

人には上下の別があるとする儒教思想を否定し、明治維新後の新時代への希望と、国家の独立と発展を担う責任を自覚する知識人としての気概に満ちた福沢の言葉は、幅広い支持を得ました。

『文明論之概略』（１８７５年）は、福沢諭吉が著した西洋と日本との比較文明論で、『学問のすゝめ』と同時期に書き進められました。

明治初期の急激な西洋文化の輸入による、官吏・学者の進歩主義と士族の保守主義の確執を打ち破るために、日本社会に深く根づいた儒教思想を批判し、精神の独立の重要性を説いています。

そして、「この時に当《あたり》て日本人の義務は、ただこの国体を保つの一箇条のみ。国体を保つとは、自国の政権を失わざることなり。政権を失わざらんとするには、人民の智力を進めざるべからず」と呼びかけました。

福沢は、「日本にて権力の偏重なるは、あまねくその人間交際の中に浸潤して、至らざる所なし」「この権力の偏重も、かの気風の中の一箇条なり」といい、日本では江戸時代から人間関係を上下で見る伝統があることを指摘します。日本が本当の「文明」に到達するためには、社会を支配するこうした権力の不均衡を正していくべきだと考えました。つまり、日本文明が停滞している原因は権力の偏重にあると考えたのです。

そして、それを克服して自由な交流・競合を図る中で文明は発達するとして、「野蛮」「半開」「文明」という発達段階論の文明史観を示しながら、「人間の目的はただ文明に達するの一事あるのみ」といいます。その上で、当時の日本が置かれた状況を冷静に分析して、「西洋諸国の文明は以て満足するに足らず」としながらも、当面は「西洋の文明を目的とする事」を説いています。

経歴

福澤諭吉（1835年 - 1901年）は、日本の武士、蘭学者、啓蒙思想家、教育者。慶應義塾の創設者であり、商法講習所（一橋大学）、神戸商業講習所（神戸商業高校）、北里柴三郎の伝染病研究所（東京大学医科学研究所）、土筆ヶ岡養生園（東京大学医科学研究所附属病院）の創設にも尽力し、「明治六大教育家」の一人とされる。

参考図書

『文明論之概略を読む』丸山真男

『西郷南洲遺訓』

西郷隆盛

『西郷南洲遺訓：付　手抄言志録及遺文』（1890年）は、明治維新の元勲・西郷隆盛（1828年－1877年）の教えを集めた遺訓集です。

本書の編纂は、官軍への降伏の際に寛大な扱いを受けたことで、西郷隆盛（西郷南洲翁）に心服した旧出羽庄内藩（現在の山形県鶴岡）の藩士たちが、西郷の言葉をまとめて刊行したものです。

庄内藩は慶応3年（1868年）に江戸薩摩藩邸に討ち入り、戊辰戦争の口火を切っただけでなく、最後まで旧幕府軍として官軍に抵抗しました。しかし、共に列藩同盟の盟主であった会津藩が解体されたのとは違い、薩摩藩士の西郷隆盛の意向によって、庄内藩は比較的軽い処分で済みました。

戦後、西郷に感謝した旧庄内藩主酒井忠篤が旧藩士78名と共に鹿児島に入り、引退していた西郷を訪れました。西郷の没後も庄内藩士たちが西郷を訪れ、西郷が語った言葉や教訓を記録した手記を持ち帰りました。その後、西郷は西南戦争を率いた咎《とが》で官位を剥奪されますが、明治22年（1889年）の憲法発布に伴い、賊名が除かれ正三位を追贈されると、庄内藩は西郷の遺訓集を作成し、藩士たちがこれを携えて全国を行脚し、広く頒布したと伝えられています。

本書は、遺訓が41条、追加の2条、その他の問答と補遺から成っています。歴史学者の猪飼隆明は、これを「為政者の基本的姿勢と人材登用」「為政者がすすめる開化政策」「国の財政・会計」「外国交際」「天と人として踏むべき道」「聖賢・士大夫あるいは君子」の六つのグループに分類しています。

西郷が座右の銘としたのが、21条と24条にある、本書の中で最も有名な言葉「敬天愛人」で、24条では次のように書かれています。

「道は天地自然の物にして、人は之を行ふものなれば、天を敬するを目的とす。天は人も我も同一に愛し給ふゆゑ、我を愛する心を以て人を愛する也。」（道というのは天地自然のものであり、人はこれにのっとって生きるべきものであるからなによりもまず、天を敬うことを目的とすべきである。天は他人も自分も平等に愛して下さるから、自分を愛する心をもって人を愛することが大切である。）

西郷は、大久保利通らと共に、薩摩藩での陽明学の第一人者であった伊東祐之から、知行合一《ちこうごういつ》（知識と行動の一致）を説く陽明学を学んでいました。陽明学に傾倒していた西郷がいう「天」とは、「真理」「神」「宇宙」といった広い意味であり、社会において自分がなにをなすべきかという宿命の自覚と行動をうながすものでした。そして、「愛人」というのは人を慈しみ愛することで、大きな「人間愛」や万人への「慈愛」などを表しています。

この言葉は、１６７１年に、清の康熙帝《こうきてい》が「敬天愛人」と書かれた額をキリスト教会に与えたのが始まりだといわれています。その後、日本では明治初期の啓蒙思想家の中村正直が、１８７１年に翻訳・出版したスマイルズの『西国立志編』（『自助論』（→４２８頁参照））の翻訳の中で、「敬天愛人」を使っています。

その思想が、これも有名な30条の次の言葉につながっていきます。

「命もいらず、名もいらず、官位も金もいらぬ人は、仕末に困るもの也。此の仕末に困る人ならでは、艱難を共にして国家の大業は成し得られぬなり。」（命もいらぬ、名もいらぬ、官位もいらぬ、金もいらぬ、というような人は始末に困るものである。このような始末に困る人でなければ、困難を共にして、一緒に国家の大きな仕事を大成することは出来ない。）

経歴

西郷隆盛（1828年 - 1877年）は、明治維新の元勲、政治家、軍人。元は薩摩藩の下級武士だったが、藩主の島津斉彬に登用されて頭角を現し、薩長同盟の成立や王政復古に成功し、戊辰戦争を主導して江戸無血開城を実現した。明治新政府では陸軍大将、参議を務め、廃藩置県や徴兵制導入を実現するが、朝鮮との国交回復問題では大久保利通らと対立し、1873年の政変で江藤新平、板垣退助らとともに下野して鹿児島に戻り、私学校で教育に専念した。その後、1877年の私学校生徒の暴動から起こった西南戦争の指導者となるが、政府軍に敗れて自刃した。実弟は、元帥海軍大将の西郷従道。兄の西郷隆盛は「大西郷」、西郷従道は「小西郷」と呼ばれた。

参考図書

『敬天愛人：私の経営を支えたもの』稲盛和夫

『代表的日本人』岩波文庫/鈴木範久［訳］
『後世への最大遺物・デンマルク国の話』岩波文庫

『代表的日本人』「後世への最大遺物」

内村鑑三

『代表的日本人』(Japan and The Japanese, 1894/ The Representative Men of Japan, 1908)は、キリスト教思想家の内村鑑三（１８６１年－１９３０年）が、世界に向けて英語で書いた著作です。西郷隆盛（１８２８年－１８７７年）（→４４８頁参照）、出羽国米沢藩9代藩主・上杉鷹山《ようざん》（１７５１年－１８２２年）、報徳思想の経世家・二宮尊徳（１７８７年－１８５６年）、近江聖人と称えられた陽明学者・中江藤樹《とうじゅ》（１６０８年－１６４８年）、日蓮宗の開祖・日蓮（１２２２年－１２８２年）という歴史上の人物の生き方を通じて、西欧に向けて日本の精神性の深さを説いたものです。

新渡戸稲造の『武士道（Bushido）』（→４５２頁参照）、岡倉天心の『茶の本（The Book of Tea）』（→４５３頁参照）と並び、英語で書かれた「三大日本人論」のひとつに数えられています。

当時の日本は、日清・日露戦争に勝利して世界から注目を集めていましたが、鎖国を解いて50年ほどで、まだ一面的な捉え方がされていていました。そこで内村は、欧米人にも分かりやすいように聖書の言葉を引用したり、西洋の歴史上の人物を引き合いに出したりしながら、代表的日本人の生き方を通じて、日本にキリスト教文明に勝るとも劣らない深い精神性が存在することを示したのです。

「後世への最大遺物」は、内村鑑三が、日清戦争の起きた１８９４年に箱根の芦ノ湖畔のキリスト教徒夏期学校で行った、日本人学生に向けた講演の記録です。

本書ではまず、「私に五十年の命をくれたこの美しい地球、この美しい国、この楽しい社会、このわれわれを育ててくれた山、河、これらに私が何も遺さずには死んでしまいたくない」との思いを語り、後世に遺していく価値あるものとして、金、事業、思想を順番に説明していきます。

そして、最終的に誰にでも遺こせるものとしてたどり着いた「本当の遺物」は、「勇ましい高尚なる生涯」であるとして、次のように語っています。

「後世に遺すことのできる、そうしてこれは誰にも遺すことのできるところの遺物で、利益ばかりあって害のない遺物がある。それは何であるかならば勇ましい高尚なる生涯であると思います。(中略) この世の中はこれはけっして悪魔が支配する世の中にあらずして、神が支配する世の中であるということを信ずることである。失望の世の中にあらずして、希望の世の中であることを信ずることである。この世の中は悲嘆の世の中でなくして、歓喜の世の中であるという考えをわれわれの生涯に実行して、その生涯を世の中への贈物としてこの世を去るということであります。その遺物は誰にも遺すことのできる遺物ではないかと思う。」

勇ましい高尚なる生涯であれば、金や事業のように時に有害になることもなく、後世の人々の生き方にもっとも良い影響を与えることができるというのです。

内村は、本講演に先立つ１８９１年、教育勅語に最敬礼せずに降壇したことを糾弾された「内村鑑三不敬事件」で第一高等学校を追われています。その後も、足尾銅山鉱毒反対運動や日露開戦を巡る非戦論展開など、キリスト教思想に基づく社会・文明批判を続けた気骨の人でした。本書の序文では、内村自身にとっての「後世への最大遺物」は、本書そのものであると述べています。

経歴

内村鑑三（1861年 - 1930年）は日本のキリスト教思想家で、日本独自の無教会主義の創始者。札幌農学校（北海道大学）で「少年よ大志を抱け」のW. S. クラークの感化を受けてキリスト教に入信。卒業後渡米してアマースト大学、ハートフォード神学校に学ぶ。1891年教育勅語に対する最敬礼を拒否した不敬事件のため第一高等中学校講師の職を追われてから、1897年『万朝報』英文主筆となり、1900年雑誌『聖書之研究』を創刊。足尾銅山鉱毒事件を批判し社会改良運動に関わり、1903年には日露開戦を巡り非戦論を主張し、幸徳秋水らと万朝報を退社。キリスト教に関しては、既成教会が典礼・組織・神学に縛られていることを批判して無教会主義を説いた。

参考図書

『西郷南洲遺訓』、『漆の実のみのる国』藤沢周平、『報徳記』富田高慶

『武士道』

新渡戸稲造

『武士道』(Bushido: The Soul of Japan)（１８９９年）は、教育家の新渡戸稲造（１８６２年−１９３３年）が、武士道の精神を欧米に紹介するために英語で書いた著作です。アメリカに次いで日本で出版され、その後、ドイツ語、ポーランド語などに次々、翻訳・出版されました。

本書の執筆は、新渡戸がドイツ留学中、ベルギーの法学者から、「宗教教育がない日本はどのようにして子孫に道徳を教えるのか」と問われたことがきっかけでした。

新渡戸は、武士道を「日本の魂」として捉え、「武士道《シヴァリー》はその表徴たる桜花と同じく、日本の土地に固有の花である」「武士がその職業においてまた日常生活において守るべき道を意味する。一言にすれば『武士の掟』、すなわち武人階級の身分に伴う義務《ノーブレッス・オブリージェ》である」といいます。

そして、武士の価値観としての「義」「勇・敢為堅忍の精神」「仁・惻隠の心」「礼」「誠」「名誉」「忠義」という七つが、近代日本人の道徳観として残されているとします。

新渡戸は、武士道の究極の理想は「平和」であるという理想に基づいて、日本が戦争への道を突き進む中で「非戦」を訴え続けますが、１９３２年、第一次上海事変についての軍部への批判を契機に、軍部やマスコミから徹底的に非難され、失意の晩年を送ったとされています。

経歴

新渡戸稲造（1862年 - 1933年）は、日本の農業経済学者、教育者。1877年札幌農学校入学。1883年東京帝国大学に入るが「太平洋の橋とならん」と私費で渡米し、ジョンズ・ホプキンス大学に入学。その後、札幌農学校からドイツ留学を命ぜられボン、ベルリン、ハレ各大学で農政学を研究。京都帝国大学教授、旧制第一高等学校校長、東京帝国大学教授などを歴任。1920年から1926年まで国際連盟事務次長。女子教育にも力を注ぎ、津田英学塾の創立に尽力し、東京女子大学初代学長、東京女子経済専門学校の学校長を務めた。日米関係和解のため1932年渡米、翌年太平洋会議に出席後、カナダのヴィクトリアで病死。

参考図書

『代表的日本人』内村鑑三、『ありがとう武士道：第二次大戦中、日本海軍駆逐艦に命を救われた英国外交官の回想』サム・フォール、『新校訂 全訳注 葉隠』菅野覚明、栗原剛、木澤景、菅原令子

『茶の本』

岡倉天心

『茶の本』(The Book of Tea)(1906年)は、ボストン美術館で中国・日本美術部長を務めていた岡倉天心(1863年－1913年)が、茶道の精神を欧米に紹介するために英語で書いた著作です。

茶道を仏教(禅)、道教、華道との関わりから広く捉え、欧米の物質主義的文化と対比して、日本人の美意識や文化を解説した文明論です。ジャポニズム(日本趣味)の流行や日露戦争で日本への関心が高まる中、欧州各国で翻訳されました。

本書は、「人情の碗」「茶の諸流」「道教と禅道」「茶室」「芸術鑑賞」「花」「茶の宗匠」の7章からなります。

岡倉は、茶道について、「日常生活の俗事の中に存する美しきものを崇拝することに基づく一種の儀式であって、純粋と調和、相互愛の神秘、社会秩序のローマン主義を諄々《じゅんじゅん》と教えるものである。茶道の要義は『不完全なもの』を崇拝するにある。(中略)それはあらゆるこの道の信者を趣味上の貴族にして、東洋民主主義の真精神を表している」といいます。

岡倉は、ボストン美術館に務めてから、欧米社会に対して日本文化の奥深さを伝えることを自らの使命と考えるようになりました。そして、新渡戸稲造の『武士道』の影響で、日本人の「武士道――わが兵士に喜び勇んで身を捨てさせる死の術」のみに焦点が当たることに違和感を持っていて、平和的で内省的な文化である茶道にこそ日本精神の神髄があると訴えたのです。

経歴

岡倉天心(1863年 - 1913年)は、日本の思想家、文人。1875年、東京開成学校(その後東京大学に改編)に入学。同校講師のアーネスト・フェノロサの助手となり、美術品収集を補佐。1890年、東京美術学校初代校長に就任し、福田眉仙、横山大観、下村観山、菱田春草、西郷孤月ら、後の日本画壇を担う画家を育てた。1910年、ボストン美術館理事長のエドワード・ホームズの支援でボストン美術館に東洋部を設けることになり、ボストン美術館中国・日本美術部長に就任。

参考図書

『代表的日本人』内村鑑三、『武士道』新渡戸稲造、『茶味空間。茶で読み解くニッポン』千宗屋

『禅と日本文化』『日本的霊性』

鈴木大拙

『禅と日本文化』(Zen Buddhism and Its Influence on Japanese Culture, 1938/ Zen and Japanese Culture, 1958)（1938年）は、日本の禅文化を海外に広く知らしめた仏教学者の鈴木大拙（1870年－1966年）が、禅思想が日本文化にいかに深く関わってきたかを説いた著作です。

本書の原文は、1935年から1936年にかけてケンブリッジ大学などで行った講演をまとめたもので、初版は1938年に京都のThe Eastern Buddhist Society（東方仏教徒協会）から英文で出版されました。邦訳は1940年に刊行され、鈴木の旧友である哲学者の西田幾多郎（→268頁参照）が序文を寄せています。

鈴木はまず、「禅の予備知識」として、「日本人の道徳的または修養的ないし精神的生活に関し、公明にかつ理解をもって、書いている内外権威者の多くは、禅宗が日本人の性格を築きあげる上にきわめて重要な役割を勤めたという点で、意見をひとしくしている」と始めます。そして、禅の目的は「仏陀自身の根本精神を教えんというにある。（中略）この精神はなんであるか。この仏教の神髄を成すものはなんであるか。それは般若《ブラジュニャ》（智慧）と大悲《カルーナ》である。（中略）禅は、無明《アヴィディア》と業《カルマ》の密雲に包まれて、われわれのうちに睡っている般若を目ざまそうとするのである」といいます。

これに続く、「禅と美術」「禅と武士」「禅と剣道」「禅と儒教」「禅と茶道」「禅と俳句」の六つの章で、禅と日本文化との関係が語られています。

『日本的霊性』(Japanese Spirituality)（1944年）は、鈴木大拙が太平洋戦争末期の激動の中で、「日本的霊性」の本質とその生成の歴史について著したものです。1972年に英語版が刊行されました。

鈴木は、「霊性」という言葉を、二元論的に「物質」と対になって使われる「精神」という言葉とは異なる、

「宗教意識」という意味で使っています。つまり、心のもっとも奥深いところにあって「知」「情」「意」を働かせる原理、我々の存在の根底をなす心の本体を、知性から区別して「霊性」と呼んだのです。

そして、この霊性は民族や宗教によって異なる形をとり、キリスト教的霊性やインド仏教的霊性があるように、日本にも独自の霊性があるとして、「日本的霊性」と名づけました。

鈴木は、霊性は「大地を根として生きている」として、平安時代までの、現世肯定的、現世利益的で上層生活と結びついた貴族趣味の仏教を評価しませんでした。そして、日本的霊性が芽生えたのは鎌倉時代であり、「禅はこれに反して、鎌倉時代の武士生活の真只中に根をおろした、そうして武士精神の奥底にあるものに培われて芽生えた。この芽は外来性のものでなくて、日本武士の生活そのものから出たものである」といい、禅と浄土系思想がそれをもっとも純粋に表していると考えました。

鈴木は、太平洋戦争が始まる直前の1941年、作家の岩倉政治宛の書簡の中で、「宗教的信念なきものに、国事を托するの危険は歴史の証明するところ」と書いて、軍国主義を批判しています。

他方で、鈴木の思想に対しては、『禅と日本文化』が軍国主義を美化したものだとの批判もされています。特に、仏教学者のブライアン・ヴィクトリアは、『禅と戦争』の中で、その責任について言及しています。また、鶴見俊輔と丸山真男（→456頁参照）は、『自由について』の中で、鈴木は「南無阿弥陀仏と言って人を斬る」と書いて日本兵士を称揚したと批判しています。

経歴

鈴木大拙（本名：鈴木貞太郎）（1870年-1966年）は、仏教哲学者。西田幾多郎と国文学者の藤岡作太郎とは同郷の友人であり、3人は「加賀の三太郎」と称された。英語の本を多数執筆して西欧に禅文化を紹介したことから、西欧では「ZEN」の人として知られている。鎌倉円覚寺の釈宗演師について参禅し、24歳の時に大拙の居士号を授けられた。学習院で英語を教えていた時の教え子に、柳宗悦や、明治の元勲・松方正義の息子の松方三郎がいる。27歳で渡米し、「老子道徳経」を翻訳出版、その後コロンビア大学の客員教授に招かれて仏教思想の授業を行うなど、ニューヨークを拠点にして、アメリカに仏教思想、禅思想を広めた。ハワイ大学、エール大学、ハーバード大学、プリンストン大学などでも講義を行っている。

参考図書

『善の研究』西田幾多郎、『禅と戦争：禅仏教の戦争協力』ブライアン・ヴィクトリア、『自由について：七つの問答』丸山真男

『日本の思想』

丸山真男

『日本の思想』（1961年）は、政治学者の丸山真男（1914年－1996年）が、日本には自らを歴史の中に位置づける中核的思想は形成されてこなかったとした思想史書です。

本書は、「外国人の日本研究者から、日本の『インテレクチュアル・ヒストリィ』を通観した書物はないかとよくきかれるが、そのたびに私ははなはだ困惑の思いをさせられる」という一節で始まります。

さらに、「日本思想論や日本精神論が江戸時代の国学から今日まであらゆるヴァリエーションで現われたにもかかわらず、日本思想史の包括的な研究が日本史いな日本文化史の研究にくらべてさえ、いちじるしく貧弱であるということ、まさにそのことに日本の『思想』が歴史的に占めて来た地位とあり方が象徴されている」と続きます。

本書は、このように、日本にはなぜ「日本思想史」がないのかという疑問から始まり、日本には思想が歴史として蓄積することを妨げてきたなにかがあるからではないかということを問います。

思想が蓄積するためには、時系列的・体系的な吸収が必要ですが、日本では外来思想を無秩序に取り込み、それまでいつの間にか自分の中にもとからあったものにしてしまいます。なにか新しい思想を取り込めば、それまでの思想は忘れ去られてしまいます。そして、いったん忘れ去られたものは、千年以上前の儒教であれ同時代の啓蒙思想であれ、その後は昔のものとして思い出され、恣意的に利用されるだけの存在になってしまいます。

丸山は、日本における「理論信仰」も「実感信仰」も強く批判します。マルクス主義のように理論を「道具」として使い、自己を変革することはせずに、決めつけを糊塗するためだけに理論が使われるのが「理論信仰」

です。丸山にいわせれば、日本に、総合的な体系性を持って入ってきたのは、唯一マルクス主義だけでしたが、それさえ、「日本のマルクス主義」になった時には、社会的現実と対抗する思想としての性格を失ってしまいました。

他方で、物事を規範に照らして判断することを拒否し、ただ自分の感じたことだけを素直に受け入れてしまうのが「実感信仰」です。本居宣長に見られるような、一切の規範化を、理屈だけで物事を正当化しようとする「からごころ（唐心）」だとして退け、日本固有の思想を発見しようとする試みにも批判的です。なんでも受け入れてしまう温かな人間関係、いつでもそこに帰って甘えることのできる場所、責任とか義務とか「堅いこと」を言わずとも村人同士が助け合える関係。丸山は、日本の無責任体系の原因を、日本のこのような規範性を欠いた村社会的共同体の中に見出します。

責任というものがどのように発生するかを理論的に突き詰めるという、「過程の思考」を放棄した中での責任は、無責任になるか無限責任になるかどちらかです。こうした状況は、政治から学問に至るまで、日本社会のあらゆるところに出現し、社会の変革を妨げ、国際社会から取り残される結果を生みました。

本書は、こうした日本が伝統的に持つ「無構造」という構造について論じ、「自己を歴史的に位置づけるような中核あるいは座標軸に当る思想的伝統はわが国には形成されなかった」と結論づけています。

本書の執筆をはじめとして、丸山が生涯をかけて取り組んだのは、日本を太平洋戦争に駆り立てたものの正体を暴くことでした。それを通じて、日本における「永久革命としての民主主義」を実現しようとしたのです。

経歴

丸山真男（1914年 - 1996年）は、政治学者、思想史家。東京大学教授。日本の超国家主義を分析し、無責任の体系と批判して戦後の論壇をリードした。60年安保闘争では市民派として積極的に発言したが、東大紛争では学生たちの厳しい批判にさらされた。丸山の学問は、「丸山政治学」「丸山思想史学」と呼ばれ、経済史学者・大塚久雄の「大塚史学」と並び称された。

参考図書

『超国家主義における論理と心理』丸山真男、『現代政治の思想と行動』丸山真男

『改訂新版　共同幻想論』KADOKAWA／角川ソフィア文庫

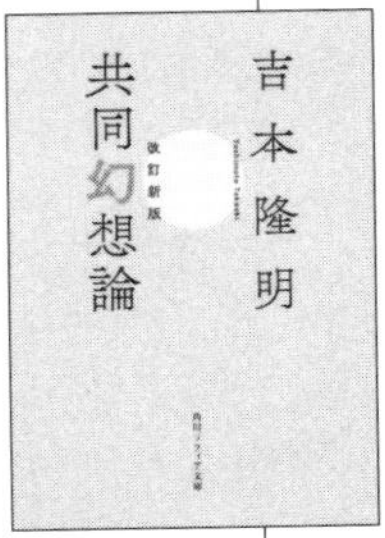

『共同幻想論』

吉本隆明

『共同幻想論』（1968年）は、評論家の吉本隆明（1924年−2012年）が、幻想としての国家の成立を描いた思想書です。

本書は、国家を暴力に還元するマルクス主義に対して、国家を「共同幻想」とすることで、日本的共同体の本質を理解しようとしたものです。初版が刊行された1968年は、全共闘運動や新左翼運動の時代で、教条主義化したマルクス・レーニン主義に辟易《へきえき》していた若者たちに、熱狂的に受け入れられました。

当時は、個人間の契約により機能としての国家を作ったという「社会契約説」（→248頁参照）や、国家とはブルジョワジー（経済的支配階級）が既得権益を守るために作った暴力装置であるという理解が一般的でした。特に、後者のマルクス主義では、国家（上部構造）というのは経済（下部構造）の反映であり、機能性を重視したシステムに過ぎないとされていました。

これに対して吉本は、国家とは共同幻想であるとして、これを経済的諸範疇（下部構造）に対する幻想領域（上部構造）として位置づけます。そして、その内部構造を解明するために、文学や芸術のように自分が一人で見る「自己幻想」、家族や性の問題のように男女など二人で見る「対幻想」、国家、宗教、法のように大勢で見る「共同幻想」という三つを設定します。

本書は、「禁制論」（近親相姦への禁制は対幻想、王権への禁制は共同幻想である）、「憑人《つきびと》論」（人になにかが憑依したら巫覡か異常者のどちらかになる）、「巫覡《ふげき》論」（自己幻想を共同幻想に同化させる力を持つのが巫覡である）、「巫女《みこ》論」（共同体の幻想を自己の対幻想の対象にできるのが巫女である）、「他界論」（共同幻想の彼岸に想定される共同幻想を論ずる）、「祭儀論」（出産が農耕社会の共同利害である穀物の生成と同一視される）、「母制論」（家族的な対幻想が共同体全体の共同幻想に同致したのが母系制社会である）、「対幻想論」（純然たる対幻想の場としての家族を論ずる）、「罪責論」（共同体の規範に反して個人的な行動をとれば責任を問われる)、「規範論」(宗教が法になる過渡期としての規範について論ずる)、「起源論」(国家の成立は共同幻想であるとする)の11編によって構成されています。

吉本によれば、国家の起源は「禁制(Tabu)」に求められます。村落共同体の外部に対する「恐怖の共同性」を幻想化することがその効果です。家族の本質を成す対幻想も、近親相姦の禁制に支えられています。この血縁という対幻想が共同幻想化されると国家が生まれます。こうした共同幻想の一態様としての日本、個々の対幻想の総和としての日本について考察することによって、日本の抱える問題を捉え直そうとしたのです。

吉本はさらに、日本における国家の概念が、「同胞とか血のつながりのある親和感とか、おなじ顔立ちや皮膚の色や言葉を喋言る何となく身内であるものの全体を含ませてしまう」のに対して、「西欧ではどんなに国家主義的な傾向になったり、民族本位の主張がなされるばあいでも、国家が国民の全体をすっぽり包んでいる袋のようなものだというイメージでかんがえられてはいない」という違いにも気づきます。

吉本にとって、戦前の大日本帝国が天皇制という宗教性の強いイデオロギーに飲み込まれてしまったことは大きな難問であり、本書は、天皇制という共同幻想を相対化しようとする試みでもあったのです。

経歴

吉本隆明(1924年 - 2012年)は、詩人、思想家、評論家。東京・月島の造船と海運業を営む家に生まれる。山形県の米沢高等工業学校を経て、1947年東京工業大学電気化学科を卒業。東洋インキ製造で働くかたわら、詩作や評論活動を続けていたが、組合運動がもとで同社を退職。
文学から政治、社会、宗教、さらにテレビ、料理、猫の世話からサブカルチャーまで、広範な領域を対象に評論・思想活動を行った。既成左翼の思想を批判し、60年安保闘争では全学連主流派を支持した。1960年代、1970年代の日本で圧倒的な影響力を持っていたことから、「戦後最大の思想家」「戦後思想界の巨人」などと呼ばれている。アカデミックな経歴を持たない吉本は、自身の著述活動・知的探求を独学で身につけた知識で支えた。長女は漫画家のハルノ宵子、次女は作家の吉本ばなな。

参考図書

『古事記伝』本居宣長、『唯物史観と国家論』廣松渉、『想像の共同体:ナショナリズムの起源と流行』ベネディクト・アンダーソン、『サピエンス全史:文明の構造と人類の幸福』ユヴァル・ノア・ハラリ

『失敗の本質』ダイヤモンド社

『失敗の本質』

戸部良一、寺本義也、鎌田伸一、杉之尾孝生、村井友秀、野中郁次郎

『失敗の本質：日本軍の組織論的研究』（1984年）は、「大東亜戦争史上の失敗に示された日本軍の組織特性を探求する」というテーマの下で、経営学における組織論研究者と戦史研究を専門とする防衛大学校研究者が、太平洋戦争における日本軍の敗北を組織論的視点から共同分析した研究書です。共著者は、日本外交や陸軍の研究者・戸部良一、経営戦略・組織論専門の寺本義也、組織論専門の鎌田伸一、日本近代戦史専門の杉之尾孝生、軍事史専門の村井友秀、知識経営の生みの親で経営学者の野中郁次郎、の6人です。

太平洋戦争における旧日本軍の作戦は失敗の連続でしたが、そもそも客観的に見れば、最初から勝ち目のない戦争でした。本書では、その理由は日本軍の組織特性によるもので、組織としての日本軍が米軍という組織に敗れたのだとしています。それでもなお、個別の作戦においてはもっと良い負け方があったのではないかというのが本書の主張です。

本書は3章で構成されています。1章「失敗の事例研究」では、ノモンハン事件、ミッドウェー作戦、ガダルカナル作戦、インパール作戦、レイテ海戦、沖縄戦という六つの作戦の問題点を分析しています。2章「失敗の本質――戦略・組織における日本軍の失敗の分析」では、全ての作戦に共通する性格を抽出して、なぜアメリカに負けたのかの原因と日本軍の失敗の要因を掘り下げています。3章「失敗の教訓――日本軍の失敗の本質と今日的課題」では、自己革新ができない組織は新たな環境に適応できないとして、自己革新能力の必要性を説いています。

そして、旧日本軍の失敗の本質は、環境に過度に適応し、官僚的組織原理と属人的ネットワークによって行動し、自己革新能力を失い、軍事的合理性の追求ができなかったからだと結論づけて、次のように書いています。

「いかなる軍事上の作戦においても、そこには明確な戦略ないし作戦目的が存在しなければならない。目的のあいまいな作戦は、必ず失敗する。それは軍隊という大規模組織を明確な方向性を欠いたまま指揮し、行動させることになるからである。本来、明確な統一的目的なくして作戦はないはずである。ところが、日本軍では、こうしたありうべからざることがしばしば起こった。」

こうした失敗の研究を通じて、組織としての旧日本軍の教訓を現代の企業経営に生かすのが本書の目的でしたが、この旧弊は現代の組織にも引き継がれてしまっているとして、次のように書いています。

「日本軍には本来の合理的組織となじまない特性があり、それが組織的欠陥となって、大東亜戦争での失敗を導いたと見ることができる。日本軍が戦前日本において最も積極的に官僚制組織の原理（合理性と効率性）を導入した組織であり、しかも合理的組織とは矛盾する特性、組織的欠陥を発現させたとすれば、同じような特性や欠陥は他の日本の組織一般にも、程度の差こそあれ、共有されていたと考えられよう。」「日本軍の組織原理を無批判に導入した現代日本の組織一般が、平時的状況のもとでは有効かつ順調に機能しえたとしても、危機が生じたときは、大東亜戦争で日本軍が露呈した組織的欠陥を再び表面化させないという保証はない。」

著者の一人である野中は、この後、自己革新組織に対する研究を掘り下げ、『アメリカ海兵隊：非営利型組織の自己革新』を著し、さらには経営学の名著『知識創造企業』（→178頁参照）を書き上げます。

経歴

戸部良一（1948年-）は、日本外交や陸軍の研究者。国際日本文化研究センター名誉教授、防衛大学校名誉教授。
寺本義也（1942年-）は、経営戦略・組織論の研究者。早稲田大学教授を経て、ハリウッド大学院大学副学長。
鎌田伸一（1947年-）は、組織論の研究者。防衛大学校教授。
杉之尾孝生（1936年-）は、日本近代戦史の研究者。元防衛大学校教授。
村井友秀（1949年-）は、軍事史の研究者。防衛大学校名誉教授、東京国際大学特命教授・特任教授。
野中郁次郎は『知識創造企業』（→178頁）参照。

参考図書

『アメリカ海兵隊：非営利型組織の自己革新』野中郁次郎、『知識創造企業』野中郁次郎、竹内弘高

あとがき

子供の頃から本が大好きでした。正直にいうと、本そのものが好きというよりは、図書館や書斎などたくさんの本が所蔵されている空間が好きでした。

人にはそれぞれ、「ここが自分の居場所だ」と感じる場所があるように思います。逆に、それ以外の場所では疎外感を感じるような。私の場合は、それが本に囲まれた静寂な空間で、自分がまだ知らない深遠ななにかがそこに待ち受けている、期待と不安が交錯した奇妙な魅力を持った、非日常的な場所だったということです。私にとっての読書というのは、家庭や学校という閉鎖的な空間に閉じ込められた自分と外の世界をつなぐ、ドラえもんの「どこでもドア」のような存在でした。その先には常に新たな出会いと物語があり、未知のものへのかぎりない好奇心の源泉だったのです。

そうしたことから、父の書斎と学校の図書館が大好きで、小学生のひと夏を図書館で過ごしたこともありました。こうした子供の頃の自分本来の感覚が、自分のキャリアを金融から始めたにも関わらず、その後、不動産開発に転じ、さらに今では、文化、芸術、アカデミズム、食、観光、不動産などの複合的な世界に関わっている現在につながっているように思います。

今でも図書館は大好きですが、不動産ビジネスの経験を経て、アカデミックな雰囲気だけでなく、さらに建築的な美しさにも心が引かれるようになりました。

現代の「世界三大図書館」というと、アメリカ議会図書館、大英図書館、フランス国立図書館を指すようですが、古代の三大図書館は、アレクサンドリア図書館、ペルガモン図書館、セルシウス図書館でした。前二者はもう建物は残っていませんが、トルコのエフェソス遺跡にあるセルシウス図書館の遺跡は一度訪ねてみたことがあります。１１７年に建設されたもので、かつては1万冊以上の蔵書を誇ったそうです。もちろん、今はそこに本は存在しないですが、今でも図書館の外壁は残っていて、古代ローマ帝国の威光を十分に感じることができます。

その他、まだ行ったことはありませんが、チェコのプラハ国立図書館やストラーホフ修道院図書館、オーストリアのアトモント図書館やフロリアヌス修道院図書館、スペインのエル・エスコリアル修道院図書室などは、いつか必ず訪れてみたいと思います。

さらに、図書館といえば絶対外せないのが、イタリアの作家ウンベルト・エーコの歴史小説『薔薇の名前』(Il nome della rosa)です。これは、14世紀の修道院が舞台の歴史ミステリーで、バスカヴィルのフランシスコ会修道士ウィリアムが、ベネディクト会の見習修道士のアドソと共に、重要な宗教会議が予定されている修道院での連続殺人を調査するという内容で、累計で５５００万冊も売れている世界的なベストセラーです。

小説の舞台は、教皇ヨハネス22世時代の北イタリアにあるカトリック修道院という設定ですが、この修道院の中の図書館が、アルゼンチンの作家ホルヘ・ルイス・ボルヘスの小説『バベルの図書館』に出てくる、無限に広がる迷宮図書館へのオマージュになっています。小説の中でも、ボルヘスが盲目の修道士であり図書館司書であるブルゴスのホルヘとして登場するなど、この本が図書館という概念に与えたインパクトがいかに大きかったかがうかがえる内容です。

このように、図書館というのは、多くの人にとってなにか特別なものをまとっている場所なのだと思います。本好きの方ならご存知だと思いますが、こうした美しい図書館だけを撮った写真集というのも、世界ではたくさん出版されています。

その中に、ドイツを代表する現代写真家であり、図書館、宮殿、劇場など文化的象徴となる豪奢な建築物から日常的な建物に至るまでさまざまな公共建築の室内空間を撮影した作品で有名なカンディダ・ヘーファーによる、"Libraries: Candida Hoefer" という写真集があり、その序文をウンベルト・エーコが書いています。図書館好きの人なら、「カンディダ・ヘーファーとウンベルト・エーコのコラボ」と聞いたらアドレナリン全開になると思います。安価な本ではありませんが、もし機会があれば、手に取って読んでみることをお勧めします。

こうしたお気に入りの写真集を日がな一日眺めるのも、私にとっての至福の時間です。皆さんも、ぜひ、自分の好きな本を探して、人類の英知に触れてみてください。

謝辞

２０１９年末、新型コロナウイルスという名の「ブラック・スワン（コクチョウ）」が思わぬところから飛んできました。ブラック・スワンとは、本書でも紹介しているナシーム・ニコラス・タレブの『ブラック・スワン』（→１８４頁参照）に出てくるものです。白鳥というのは白いだけだと信じられていたのが、１６９７年にオーストラリアで黒い白鳥（コクチョウ）が発見されたことにより、それまでの常識が大きく覆されることになった出来事から名づけられました。

もっとも、人類の歴史を振り返れば、今回のようなパンデミック（伝染病の世界的大流行）は幾度となく繰り返されてきていて、タレブ自身も、２０２０年3月の「Bloomberg」のインタビューで、「（２００１年）９月11日の米同時テロは間違いなくブラック・スワンだが、今回はホワイト・スワンだった」として、今回のパンデミックを阻止できたはずだと語っているほか、マイクロソフトの創業者ビル・ゲイツは、２０１５年4月のTED Talkで、“The next outbreak? We're not ready”（もし次の疫病大流行が来たら？　私たちの準備はまだできていない）というプレゼンテーションをしており、これがまさに今回のパンデミックを予言していたと話題になりました。

また、フランスの経済思想家ジャック・アタリは、２００９年の『危機とサバイバル』の中などで、「これまでにないタイプのインフルエンザが明日にでも流行する兆しがある。だが、そのための準備はまったくできていない。新型インフルエンザは、『スペイン風邪』と同じくらいの猛威を振るうおそれがある」と、かなり前から警鐘を鳴らしていました。

今回の新型コロナウイルスによって、グローバル化、国家間の関係、都市への経済活動の集中、働き方・住み方など、至るところで後戻りできない変化が起こり、我々は二度と以前の生活には戻れないような気がします。

本書の原稿を書いている現時点では、このパンデミックが人類の未来に及ぼす影響は、まだ明確には見通すことはできません。我々に今できることは、国や自治体に頼るでもなく、専門家に頼るでもなく、会社に頼るでもなく、自らの力で情報を集め、自らのコモンセンスを働かせ、世界の来し方行く末をしっかりと見極め、自らの判断で行動することしかないのではないでしょうか。

そして、ハラリが緊急出版した『緊急提言：パンデミック』で語っているように、今回のコロナ禍を単に新型コロナウイルスに対して勝ったとか負けたとかいうのではなく、未来は我々自身の選択にかかっているのだということをよく考えてみる必要があります。ウイルスが地球上から無くなることはありませんし、今回のようなパンデミックはこれからも起きると思います。しかし、問題はそれが起きるかどうかではなく、それに対して我々がどう対処するかなのです。つまり、人類にコロナ禍が起きたかどうかが問題なのではなく、コロナ禍に我々がどう対処したかが重要なのであり、共和党ドナルド・トランプ対民主党ジョー・バイデンの米大統領選挙で見られたように、「分断」か「協調」かを選ぶのは我々自身であって、コロナウイルスがそれを選択するわけではないということです。

我々を襲っているこの大禍をあえてポジティブに捉えるのであれば、一回立ち止まって、これまでの自らの来し方行く末を沈思黙考してみる機会になると思います。私自身、まったく予期していなかった事態に直面して、今は東京の雑踏を離れて、ほとんどの時間を軽井沢の山荘で過ごしています。そして、日経ＢＰから本書の構想をいただいて引き受けてはみたものの、実際にこれほどの大作を執筆する時間は取れそうにないと内心困っていたのですが、それがコロナ危機の「おかげ」で、結果的に、十分な時間を確保することができました。

もちろん、本書は私一人の力で書き上げることができたわけではなく、日経ＢＰの編集者をはじめとして、多くの方々のご尽力とご助言を頂いて完成することができたものです。特に、立命館アジア太平洋大学の出口治明学長、カリフォルニア大学バークレー校の野村泰紀教授（バークレー理論物理学センター長）、東京大学東洋文化研究所の中島隆博教授、大阪市立大学大学院経済学研究科・経済学部の斎藤幸平准教授、大阪大学大学院経済学研究科の安田洋祐准教授、ＮＨＫエンタープライズ制作本部の丸山俊一エグゼクティブ・プロデューサー、国際文化会館の近藤正晃ジェームス理事長、ミオアンドカンパニーの三尾徹代表取締役、エールの篠田真貴子取締役、パークシャ・テクノロジーの上野山勝也代表取締役、書評サイトＨＯＮＺの成毛眞代表、大阪大学大学院・生命機能研究科・医学系研究科の仲野徹教授、京都大学大学院人間・環境学研究科の鎌田浩毅教授をはじめとするＨＯＮＺレビュアーの方々、日経ＢＰ読者サービスセンターの松平悠公子氏には、大変貴重なアドバイスをいただきましたので、ここに感謝の意を表したいと思います。

２０２１年３月　堀内勉

参考図書

『アダム・スミス：『道徳感情論』と『国富論』の世界』 堂目卓生
『いま世界の哲学者が考えていること』 岡本裕一朗
『宇沢弘文 傑作論文全ファイル』 宇沢弘文
『おとなの教養：私たちはどこから来て、どこへ行くのか？』 池上彰
『教養としての世界史の学び方』 山下範久
『教養のためのブックガイド』 小林康夫、山本泰
『経済学者の栄光と敗北：ケインズからクルーグマンまで14人の物語』 東谷暁
『経済学の宇宙』 岩井克人
『経済学の哲学：19世紀経済思想とラスキン』 伊藤邦武
『経済学はどのように世界を歪めたのか：経済ポピュリズムの時代』 森田長太郎
『現代経済学：ゲーム理論・行動経済学・制度論』 瀧澤弘和
『現代哲学の最前線』 仲正昌樹
『古代インドの文明と社会』 山崎元一
『コロナショック・サバイバル：日本経済復興計画』 冨山和彦
『コーポレート・トランスフォーメーション：日本の会社をつくり変える』 冨山和彦
『座右の古典』 鎌田浩毅
『資本主義がわかる本棚』 水野和夫
『資本主義の思想史：市場をめぐる近代ヨーロッパ３００年の知の系譜』
ジェリー・Z・ミュラー
『詳説世界史研究』（２０１７年版）
『人類５０００年史』 出口治明
『〈世界史〉の哲学 中世篇』 大澤真幸
『世界哲学史１―９』 伊藤邦武、山内志朗他
『世界のエリートはなぜ「美意識」を鍛えるのか？：
経営における「アート」と「サイエンス」』 山口周
『世界のエリートが学んでいる教養としての哲学』 小川仁志
『世界のエリートが学んでいる教養としての日本哲学』 小川仁志
『世界の経済学50の名著』 T・バトラー＝ボードン
『世界の政治思想50の名著：エッセンスを論じる』 T・バトラー＝ボードン
『世界の哲学50の名著：エッセンスを究める』 T・バトラー＝ボードン
『世界標準の経営理論』 入山章栄
『世界を変えた10冊の本』 池上彰
『世界を変えた哲学者たち』 堀川哲
『世界を読み解く経済思想の授業：スミス、ケインズからピケティまで』 田中修
『全世界史』 出口治明
『超図解「21世紀の哲学」がわかる本』 中野明
『デカルト、ホッブズ、スピノザ：哲学する十七世紀』 上野修
『哲学と宗教全史』 出口治明
『哲学とは何か』 竹田青嗣
『哲学マップ』 貫成人
『なぜローカル経済から日本は甦るのか：GとLの経済成長戦略』 冨山和彦
『日本の哲学をよむ：「無」の思想の系譜』 田中久文
『ノーベル経済学賞の40年：20世紀経済思想史入門』 トーマス・カリアー
『はじめての経済思想史：アダム・スミスから現代まで』 中村隆之
『人新世の「資本論」』 斎藤幸平
『武器としての「資本論」』 白井聡
『武器になる哲学：人生を生き抜くための哲学・思想のキーコンセプト50』 山口周
『物語 現代経済学：多様な経済思想の世界へ』 根井雅弘
『4行でわかる世界の文明』 橋爪大三郎
『若い読者のための経済学史』 ナイアル・キシテイニー
『若い読者のための哲学史』 ナイジェル・ウォーバートン

《人類の歴史と代表的書籍》年表

年代	地域	出来事	代表的な書籍と刊行年（原典）
		文明誕生以前	
138億年前	宇宙	宇宙誕生（ビッグバン）	
前記の38万年後	宇宙	宇宙の晴れ上がり	
46-47億年前	宇宙	太陽誕生	
46億年前	地球	地球誕生	
42-41億年前	地球	生命誕生	
21億年前	地球	真核生物誕生	
5億4千万年前	地球	カンブリア爆発	
5・4-2・5億年前	地球	古生代	
2・5億-6・6千万年前	地球	中生代（恐竜の誕生）	
6・5千万年前以降	地球	人類代（霊長類の誕生）	
700万年前	地球	猿人出現	
370万年前	地球	最初の人類（アウストラロピテクス）出現	
23万年前	地球	ネアンデルタール人出現	
20万年前	世界	ホモサピエンス（現代人）出現	
10万年前	世界	ホモサピエンスがアフリカを出て世界に広まる	
4万年前	世界	最古の洞窟壁画	
1・4万年前頃-BC10世紀頃	日本	縄文時代	
1・1万年前頃	世界	農業革命	
		《古代》～5世紀　文明誕生以降	
BC4800頃-BC1500頃	東アジア	黄河文明	
BC4200頃-BC30	北アフリカ	古代エジプト文明	
BC3500頃-BC400頃	西アジア	メソポタミア文明	
BC3000頃-BC1200頃	南ヨーロッパ	エーゲ文明（トロイア、ミケーネ、クレタ他）	
BC2500-BC1800	南アジア	インダス文明	

年代	地域	出来事	代表的な書籍と刊行年（西暦）
BC1792-BC1750	中東	ハムラビ法典	
BC1600頃-BC1046	中国	殷王朝	
BC1300頃-BC1250頃	中東	モーセの出エジプト	『イーリアス』『オデュッセイア』(BC8世紀頃)
BC1021-BC722	中東	イスラエル王国	『旧約聖書』(BC9-BC6世紀頃)
BC800頃	欧州	ポリス成立(ギリシア)	
BC771-BC206	中国	秦王朝	
BC628頃	中東	ゾロアスター誕生	
BC563	インド	ゴータマ・シッダッタ(釈迦)誕生	『歴史』(BC5世紀)
BC550頃-BC330頃	中東	アケメネス朝(ペルシア)	『戦史』(BC5世紀)
BC509-BC27	欧州	共和政ローマ	『論語』(BC5-BC1世紀)
BC499-BC449	中東	ペルシア戦争	『孫子』(BC5-BC4世紀)
BC431-BC404	中東	ペロポネソス戦争	「ソクラテスの弁明」(BC4世紀)
BC400頃-BC250頃	日本	弥生時代	『国家』(BC420頃)
BC323-BC30	欧州／中東	ヘレニズム時代	「誓い」(BC4世紀)
BC202-8	中国	前漢王朝	『ユークリッド原論』(BC3世紀頃)
BC27-西476、東1453	欧州	ローマ帝国	
BC7-BC3頃	欧州	キリスト誕生	
25-220	中国	後漢王朝	『生の短さについて』(49)
226-651	中東	サーサーン朝(ペルシア)	『新約聖書』(1-2世紀)
250頃-600頃	日本	古墳時代	『自省録』(180頃)
313	欧州	キリスト教公認(ミラノ勅令)	『三国志』(280頃)
375	欧州	ゲルマン民族(西ゴート族)大移動開始	
395-476	欧州	西ローマ帝国	
395-1453	欧州	東ローマ帝国(ビザンツ帝国)	
476	欧州	西ローマ帝国崩壊	

《中世》5世紀〜15世紀

481-887	欧州	フランク王国	
534	欧州	ローマ法大全完成	
570頃	中東	ムハンマド誕生	

年代	地域	出来事	代表的な書籍と引用句（原典）
581・618	中国	隋王朝	
592・710	日本	飛鳥時代	
610	中東	ムハンマドの啓示	
618・907	中国	唐王朝	
710・794	日本	奈良時代	『貞観政要』（8世紀）
718・1492	欧州	レコンキスタ	
750・1258	中東	アッバース朝（イスラム帝国）	
794・1185	日本	平安時代	
800・1806	欧州	神聖ローマ帝国	
909・1171	中東	ファーティマ朝（イスラム帝国）	
932・1062	中東	ブワイフ朝（イスラム帝国）	
1038・1308	中東	セルジューク朝（イスラム帝国）	
1054	欧州	東西キリスト教会分裂	
1066	イギリス	ノルマン・コンクエスト	
1095～13世紀末頃	欧州	十字軍開始（クレルモン公会議）	
1185・1333	日本	鎌倉時代	
1206・1634	アジア	モンゴル帝国	『神学大全』（13世紀）
1250・1517	中東	マムルーク朝（イスラム帝国）	
1299・1922	中東	オスマン朝（イスラム帝国）	
1336・1573	日本	室町時代	
1337・1453	欧州／イギリス	百年戦争	
1348・1420	欧州	ペスト大流行	
1368・1644	中国	明王朝	

《近世》15世紀～18世紀：絶対主義、重商主義

年代	地域	出来事	代表的な書籍と引用句（原典）
1300頃～1600頃	欧州	ルネサンス	
1415～1648	欧州	大航海時代	
1453	欧州	東ローマ帝国滅亡	
1467・1478	日本	応仁の乱	
1517	欧州	宗教改革開始（ルター95か条の論題発表）	

年代	地域	出来事	代表的な書籍と刊行年（原典）
1533	南米	インカ帝国滅亡	『君主論』（1532）
1534	イギリス	イギリス国教会成立	
1541	欧州	カルヴァン宗教改革	
1573-1603	日本	安土桃山時代	『エセー』（1580）
1588	欧州	スペイン無敵艦隊がイギリス海軍に敗れる	
1600	イギリス	イギリス東インド会社設立	
1616-1912	中国	清王朝	
1603-1867	日本	江戸時代	
1618-1648	欧州	30年戦争	
1637	オランダ	チューリップ・バブル	
1642-1649	イギリス	ピューリタン革命	
1648	欧州	30年戦争終結（ウェストファリア条約）	
1688-1689	イギリス	名誉革命	『リヴァイアサン』（1651）

《近代》18世紀〜20世紀：啓蒙主義、主権国家、帝国主義、社会主義

年代	地域	出来事	代表的な書籍と刊行年（原典）
1701-1918	欧州	プロイセン王国	
1720	イギリス	南海泡沫事件	『法の精神』（1748）
1756-1763	欧州	七年戦争	『人間不平等起原論』（1755）
1760〜1830年代	イギリス	イギリス産業革命	『道徳感情論（初版）』（1759）
1775-1783	アメリカ	アメリカ独立戦争	『社会契約論』（1762）
1776	アメリカ	アメリカ独立宣言	『国富論』（1776）
1787	アメリカ	アメリカ合衆国憲法制定	『純粋理性批判』（1781）、『実践理性批判』（1788）
1789-1799	欧州	フランス革命	『永遠平和のために』（1795）
1798-1801	中東	ナポレオン・エジプト遠征	『人口論』（1798）
1799-1815	欧州	ナポレオン戦争	『精神現象学』（1807）
1804-1815	欧州	ナポレオン皇帝即位・フランス第一帝政	
1806	欧州	神聖ローマ帝国滅亡	
1814-1815	欧州	ウィーン会議	『戦争論』（1832）
1837	イギリス	イギリス・ヴィクトリア女王即位	『アメリカのデモクラシー』（1835）
1840-1842	中国	アヘン戦争	

年代	地域	出来事
1845-1849	アイルランド	ジャガイモ飢饉
1852-1870	欧州	フランス第二帝政
1861-1865	アメリカ	南北戦争
1868	日本	明治維新、江戸幕府滅亡
1870-1940	欧州	フランス第三共和政
1870-1871	欧州	普仏戦争
1894-1895	日本	日清戦争

代表的な書籍と刊行年(原典)

『自由論』(1859)、『種の起原』(1859)
『自助論』(1859)
『大学教育について』(1867)、『資本論』(1867)
『学問のすゝめ』(1872)
『文明論之概略』(1875)
『西郷南洲遺訓』(1890)
『代表的日本人』(1894)、『後世への最大遺物』(1897)
『有閑階級の理論』(1899)、『武士道』(1899)

《現代》20世紀～21世紀①

年代	地域	出来事
1904-1905	日本	日露戦争
1912-	中国	中華民国
1914-1918	世界	第一世界大戦
1915	欧州	相対性理論発表
1917	欧州	ロシア革命
1918-1920	世界	スペイン風邪大流行
1919	欧州	ヴェルサイユ条約締結
1920	世界	国際連盟成立
1921	中国	中国共産党結成
1922	中東	オスマン朝(イスラム帝国)解体
1922-1991	欧州	ソビエト連邦
1929-1930年代後半	世界	世界恐慌
1934	欧州	ヒトラー総統就任
1939-1945	世界	第二次世界大戦
1940	世界	日独伊三国同盟
1941	欧州	独ソ戦争

代表的な書籍と刊行年(原典)

『プロテスタンティズムの倫理と資本主義の精神』(1904)
『善の研究』(1911)
『経済発展の理論』(1912)
『大陸と海洋の起源』(1915)
『論語と算盤』(1916)、『民主主義と教育』(1916)
『精神分析入門』(1917)
『贈与論』(1925)、『幸福論』(1925)
『存在と時間』(1927)、『大衆の反逆』(1929)
「孫の世代の経済的可能性」(1930)
「ひとはなぜ戦争をするのか」(1932)
『生物から見た世界』(1934)
『雇用、利子および貨幣の一般理論(一般理論)』(1936)
『禅と日本文化』(1938)、『「経済人」の終わり』(1939)
『自由からの逃走』(1941)
『資本主義・社会主義・民主主義』(1942)

年代	地域	出来事
1941-1945	世界	太平洋戦争
1945	世界	国際連合設立
1945-1989	世界	冷戦
1946-1954	世界	インドシナ戦争
1948	欧州	ベルリン封鎖
1949-	中国	中華人民共和国建国
1950-1953	世界	朝鮮戦争
1951	日本／アメリカ	サンフランシスコ講和会議
1956-1957	中東	第二次中東戦争
1962	世界	キューバ危機
1964-1975	世界	ベトナム戦争
1967	中東	第三次中東戦争
1969	アメリカ	アポロ11号月面着陸
1972	日本	沖縄返還
1973	世界	オイルショック

『隷従への道』(1944)、『大転換』(1944)
『日本的霊性』(1944)
『開かれた社会とその敵』(1945)
『夜と霧』(1946)、『企業とは何か』(1946)
『アンネの日記』(1947)
『地中海』(1949)
『美術の物語』(1950)
『現代の経営』(1954)
『沈黙の春』(1962)
『エルサレムのアイヒマン』(1963)
『私には夢がある』(1963)
『正義論』(1971)
『近代世界システム』(1974)、『利己的な遺伝子』(1976)

《現代》20世紀～21世紀②：サッチャリズム、レーガノミクスの新自由主義以降

年代	地域	出来事
1979-1990	イギリス	サッチャー政権
1979	中東	イラン革命
1980-1988	世界	イラン・イラク戦争
1981-1989	アメリカ	レーガン政権
1986-1991	日本	バブル景気
1986	欧州	チェルノブイリ原発事故
1987	アメリカ	ブラックマンデー
1989	世界	ベルリンの壁崩壊
1990	欧州	東西ドイツ統一
1991	中東	湾岸戦争
1991	世界	ソ連崩壊、冷戦終結

『ポスト・モダンの条件』(1979)
『想像の共同体』(1983)
『失敗の本質』(1984)
『ホーキング、宇宙を語る』(1988)

年代	地域	出来事	書籍
1993	欧州	EU誕生	『貨幣論』(1993)、『社会的共通資本』(1994)
1997	アジア	アジア通貨危機	『文明の衝突』(1996)、『銃・病原菌・鉄』(1997)
1999-2000	アメリカ	インターネット・バブル	
2001	アメリカ	アメリカ同時多発テロ事件	
2007-2008	世界	世界金融危機(リーマンショック)	『ブラック・スワン』(2007) 『これからの「正義」の話をしよう』(2010)
2011	世界	人口が70億人を超える	『グローバリゼーション・パラドクス』(2011) 『サピエンス全史』(2011)
2011	日本	東日本大震災、福島原発事故	『イノベーション・オブ・ライフ』(2012) 『大収斂』(2013) 『21世紀の資本』(2013)、『21世紀の貨幣論』(2013) 『ゼロ・トゥ・ワン』(2014) 『HARD THINGS』(2014) 『暴力と不平等の人類史』(2017) 『21世紀の啓蒙』(2018)
2020	世界	新型コロナウイルス大流行	『人口減少社会のデザイン』(2019)
		《未来》	
2050	世界	人口が97億人に達する(国連推計)	
2100	世界	人口が110億人に達する(国連推計)	
17億5千万年以降	地球	地球に生命が棲めなくなる(ハビタブルゾーンから外れる)	
55億年後	宇宙	太陽の寿命(白色矮星化)	
1400億年以降	宇宙	宇宙の寿命	

《人類の歴史に残る３００冊》リスト

《古代》～5世紀 文明誕生以降

	書籍名	作者	地域	ジャンル	年代
○	ギルガメシュ叙事詩		メソポタミア	宗教／哲学／思想	BC2100-BC1000年頃
	死者の書		エジプト	宗教／哲学／思想	BC1500年頃
○	ヴェーダ		インド	宗教／哲学／思想	BC1000-BC500年頃
○	イーリアス	ホメロス	ギリシア	宗教／哲学／思想	BC8世紀頃
○	オデュッセイア	ホメロス	ギリシア	宗教／哲学／思想	BC8世紀頃
	神統記	ヘシオドス	ギリシア	宗教／哲学／思想	BC8世紀頃
	旧約聖書		欧州	宗教／哲学／思想	BC9世紀-BC6世紀頃
○	歴史	ヘロドトス	ギリシア	歴史／文明／人類	BC5世紀
○	戦史	トゥキュディデス	ギリシア	歴史／文明／人類	BC5世紀
○	論語		中国	宗教／哲学／思想	BC5-BC1世紀
○	孫子	孫武	中国	国家／政治／社会	BC5-BC4世紀
	バガヴァッド・ギーター	ヴィヤーサ	インド	宗教／哲学／思想	BC5-BC4世紀
	荘子	荘周	中国	宗教／哲学／思想	BC4世紀
	孟子	孟子	中国	宗教／哲学／思想	BC4世紀後半
○	ソクラテスの弁明	プラトン	ギリシア	宗教／哲学／思想	BC4世紀
○	国家	プラトン	ギリシア	国家／政治／社会	BC420頃
○	誓い	ヒポクラテス	ギリシア	宗教／哲学／思想	BC4世紀
○	ニコマコス倫理学	アリストテレス	ギリシア	宗教／哲学／思想	BC4世紀
○	政治学	アリストテレス	ギリシア	国家／政治／社会	BC4世紀
○	自然学	アリストテレス	ギリシア	自然／科学	BC4世紀
○	ユークリッド原論	ユークリッド	ギリシア	自然／科学	BC3世紀頃
	韓非子	韓非	中国	国家／政治／社会	BC3世紀

書籍名	作者	地域	ジャンル	年代
仏典(仏教典籍)		インド/中国	宗教/哲学/思想	BC3世紀以降
○史記	司馬遷	中国	国家/政治/社会	BC91頃
○物の本質について	ティトゥス・ルクレティウス・カルス	ローマ	宗教/哲学/思想	BC1世紀
ガリア戦記	ガイウス・ユリウス・カエサル	ローマ	歴史/文明/人類	BC50
○生の短さについて	ルキウス・セネカ	ローマ	人生/教育/芸術	49
博物誌	大プリニウス(ガイウス・プリニウス・セクンドゥス)	ローマ	自然/科学	77
○語録　要録	エピクテトス	ギリシア	宗教/哲学/思想	1世紀頃
新約聖書		ローマ	宗教/哲学/思想	1-2世紀
法華経(妙法蓮華経)		インド	宗教/哲学/思想	1-2世紀
年代記	コルネリウス・タキトゥス	ローマ	歴史/文明/人類	117
○自省録	マルクス・アウレーリウス・アントニヌス	ローマ	人生/教育/芸術	180頃
○三国志	陳寿	中国	歴史/文明/人類	280頃
般若心経(般若波羅蜜多心経)		中国	宗教/哲学/思想	3世紀以降
○中論	龍樹	インド	宗教/哲学/思想	200頃
○ラーマーヤナ	バールミーキ(編)	インド	宗教/哲学/思想	3世紀頃
○マハーバーラタ	ベーダ・ビヤーサ?	インド	宗教/哲学/思想	4世紀頃
○告白	アウレリウス・アウグスティヌス	ローマ	宗教/哲学/思想	398
○神の国	アウレリウス・アウグスティヌス	ローマ	宗教/哲学/思想	426

《中世》5世紀～15世紀

書籍名	作者	地域	ジャンル	年代
コーラン(クルアーン)	ムハンマド	中東	宗教/哲学/思想	7世紀
○古事記	稗田阿礼/太安万侶(編)	日本	日本論	712
○日本書紀	舎人親王(編)	日本	日本論	720
○貞観政要	呉兢	中国	国家/政治/社会	8世紀
荀子	荀子	中国	宗教/哲学/思想	818
○王書(シャー・ナーメ)	フェルドウスィー	中東	国家/政治/社会	1010
○統治の書(スィヤーサト・ナーメ)	ニザーム・アルムルク	中東	国家/政治/社会	1090頃
○正法眼蔵	道元	日本	宗教/哲学/思想	1253
○神学大全	トマス・アクィナス	イタリア	宗教/哲学/思想	13世紀
歎異抄	唯円	日本	宗教/哲学/思想	13世紀末

書籍名	作者	地域	ジャンル	年代
風姿花伝	世阿弥	日本	人生／教育／芸術	1400-1420頃
○レオナルド・ダ・ヴィンチの手記	レオナルド・ダ・ヴィンチ	イタリア	人生／教育／芸術	1469-1518
キリスト者の自由	マルティン・ルター	ドイツ	宗教／哲学／思想	1520
○君主論	ニッコロ・マキャヴェリ	イタリア	国家／政治／社会	1532
キリスト教綱要	ジャン・カルヴァン	フランス	宗教／哲学／思想	1536
○天体の回転について	ニコラウス・コペルニクス	ポーランド	自然／科学	1543
《近世》15世紀〜18世紀				
○エセー	ミシェル・ド・モンテーニュ	フランス	人生／教育／芸術	1580
○星界の報告	ガリレオ・ガリレイ	イタリア	自然／科学	1610
天文対話	ガリレオ・ガリレイ	イタリア	自然／科学	1632
○方法序説	ルネ・デカルト	フランス	宗教／哲学／思想	1637
○リヴァイアサン	トマス・ホッブズ	イギリス	国家／政治／社会	1651
○パンセ	ブレーズ・パスカル	フランス	宗教／哲学／思想	1670
○エチカ	バールーフ・デ・スピノザ	オランダ	宗教／哲学／思想	1677
○プリンシピア	アイザック・ニュートン	イギリス	自然／科学	1687
《近代》18世紀〜20世紀				
○人間知性論	ジョン・ロック	イギリス	宗教／哲学／思想	1689
○統治二論	ジョン・ロック	イギリス	宗教／哲学／思想	1690
○蜂の寓話	バーナード・デ・マンデヴィル	オランダ／イギリス	資本主義／経済／経営	1714
人間本性論	デイヴィッド・ヒューム	イギリス	宗教／哲学／思想	1739
○法の精神	シャルル・ド・モンテスキュー	フランス	国家／政治／社会	1748
○人間不平等起原論	ジャン＝ジャック・ルソー	フランス	宗教／哲学／思想	1755
経済表	フランソワ・ケネー	フランス	資本主義／経済／経営	1758
○道徳感情論（初版）	アダム・スミス	イギリス	資本主義／経済／経営	1759
○社会契約論	ジャン＝ジャック・ルソー	フランス	宗教／哲学／思想	1762
○エミール	ジャン＝ジャック・ルソー	フランス	人生／教育／芸術	1762
寛容論	ヴォルテール（フランソワ＝マリー・アルエ）	フランス	宗教／哲学／思想	1763

書籍名	作者	地域		
○国富論	アダム・スミス	イギリス	資本主義／経済／経営	1776
○コモン・センス	トマス・ペイン	イギリス／アメリカ	国家／政治／社会	1776
ローマ帝国衰亡史	エドワード・ギボン	イギリス	歴史／文明／人類	1776
○純粋理性批判	イマヌエル・カント	ドイツ	宗教／哲学／思想	1781
啓蒙とは何か	イマヌエル・カント	ドイツ	宗教／哲学／思想	1784
○実践理性批判	イマヌエル・カント	ドイツ	宗教／哲学／思想	1788
道徳および立法の諸原理序説	ジェレミ・ベンサム	イギリス	宗教／哲学／思想	1789
○判断力批判	イマヌエル・カント	ドイツ	宗教／哲学／思想	1790
○フランクリン自伝	ベンジャミン・フランクリン	アメリカ	人生／教育／芸術	1791
○永遠平和のために	イマヌエル・カント	ドイツ	国家／政治／社会	1795
○人口論	トマス・ロバート・マルサス	イギリス	資本主義／経済／経営	1798
○精神現象学	ゲオルク・ヴィルヘルム・フリードリヒ・ヘーゲル	ドイツ	宗教／哲学／思想	1807
大論理学	ゲオルク・ヴィルヘルム・フリードリヒ・ヘーゲル	ドイツ	宗教／哲学／思想	1812-1816
○経済学および課税の原理	デヴィッド・リカード	イギリス	資本主義／経済／経営	1817
○経済学原理	トマス・ロバート・マルサス	イギリス	資本主義／経済／経営	1820
法の哲学	ゲオルク・ヴィルヘルム・フリードリヒ・ヘーゲル	ドイツ	宗教／哲学／思想	1821
地質学原理	チャールズ・ライエル	イギリス	自然／科学	1830
○戦争論	カール・フォン・クラウゼヴィッツ	プロイセン	国家／政治／社会	1832
○アメリカのデモクラシー	アレクシ・ド・トクヴィル	フランス	国家／政治／社会	1835、1840
経済学の国民的体系	フリードリッヒ・リスト	ドイツ	資本主義／経済／経営	1841
○共産党宣言	カール・マルクス／フリードリヒ・エンゲルス	ドイツ／イギリス	国家／政治／社会	1848
経済学原理	ジョン・スチュアート・ミル	イギリス	資本主義／経済／経営	1848
○死に至る病	セーレン・キェルケゴール	デンマーク	宗教／哲学／思想	1849
読書について	アルトゥル・ショーペンハウアー	ドイツ	宗教／哲学／思想	1851
ウォールデン　森の生活	ヘンリー・デイヴィッド・ソロー	アメリカ	人生／教育／芸術	1854
報徳記	富田高慶	日本	日本論	1857
○自由論	ジョン・スチュアート・ミル	イギリス	国家／政治／社会	1859
○種の起原	チャールズ・ダーウィン	イギリス	自然／科学	1859
○自助論	サミュエル・スマイルズ	イギリス	人生／教育／芸術	1859
イタリア・ルネサンスの文化	ヤーコプ・ブルクハルト	スイス	人生／教育／芸術	1860
ロウソクの科学	マイケル・ファラデー	イギリス	自然／科学	1861

書籍名	作者	地域		
実験医学序説	クロード・ベルナール	フランス	自然／科学	1865
○雑種植物の研究	グレゴール・ヨハン・メンデル	チェコ	自然／科学	1865
○大学教育について	ジョン・スチュアート・ミル	イギリス	人生／教育／芸術	1867
○資本論	カール・マルクス	ドイツ／イギリス	資本主義／経済／経営	1867、1885、1894
○学問のすゝめ	福沢諭吉	日本	日本論	1872
○ロンバード街	ウォルター・バジョット	イギリス	資本主義／経済／経営	1873
○文明論之概略	福沢諭吉	日本	日本論	1875
○民衆の芸術	ウィリアム・モリス	イギリス	人生／教育／芸術	1879

《現代》20世紀～21世紀①

書籍名	作者	地域		
○ツァラトゥストラはこう言った	フリードリヒ・ニーチェ	ドイツ	宗教／哲学／思想	1883-1885
善悪の彼岸	フリードリヒ・ニーチェ	ドイツ	宗教／哲学／思想	1886
○道徳の系譜	フリードリヒ・ニーチェ	ドイツ	宗教／哲学／思想	1887
金枝篇	ジェームズ・フレイザー	イギリス	宗教／哲学／思想	1890
○西郷南洲遺訓	西郷隆盛	日本	日本論	1890
古代への情熱	ハインリヒ・シュリーマン	ドイツ	人生／教育／芸術	1892
○代表的日本人	内村鑑三	日本	日本論	1894
○後世への最大遺物	内村鑑三	日本	日本論	1897
○有閑階級の理論	ソースティン・ヴェブレン	アメリカ	資本主義／経済／経営	1899
○武士道	新渡戸稲造	日本	日本論	1899
○プロテスタンティズムの倫理と資本主義の精神	マックス・ウェーバー	ドイツ	資本主義／経済／経営	1904、1905
○茶の本	岡倉天心	日本	日本論	1906
現象学の理念	エドムント・フッサール	オーストリア	宗教／哲学／思想	1907
プラグマティズム	ウィリアム・ジェームズ	アメリカ	宗教／哲学／思想	1907
遠野物語	柳田國男	日本	日本論	1910
○善の研究	西田幾多郎	日本	宗教／哲学／思想	1911
○経済発展の理論	ヨーゼフ・シュンペーター	オーストリア	資本主義／経済／経営	1912
○大陸と海洋の起源	アルフレート・ヴェーゲナー	ドイツ	自然／科学	1915

書籍名	作者	地域		
○論語と算盤	渋沢栄一	日本	資本主義／経済／経営	1916
特殊および一般相対性理論について	アルベルト・アインシュタイン	ドイツ／アメリカ	自然／科学	1916
○民主主義と教育	ジョン・デューイ	アメリカ	人生／教育／芸術	1916
○精神分析入門	ジークムント・フロイト	オーストリア	宗教／哲学／思想	1917
厚生経済学	アーサー・セシル・ピグー	イギリス	資本主義／経済／経営	1920
経済と社会	マックス・ウェーバー	ドイツ	歴史／文明／人類	1921-1922
論理哲学論考	ルートヴィヒ・ヴィトゲンシュタイン	オーストリア／イギリス	宗教／哲学／思想	1921
西太平洋の遠洋航海者	ブロニスワフ・マリノフスキ	ポーランド／イギリス	自然／科学	1922
世論	ウォルター・リップマン	アメリカ	国家／政治／社会	1922
○贈与論	マルセル・モース	フランス	国家／政治／社会	1925
○我が闘争	アドルフ・ヒトラー	ドイツ	宗教／哲学／思想	1925
○幸福論	アラン(エミール＝オーギュスト・シャルティエ)	フランス	人生／教育／芸術	1925
大脳半球の働きについて	イワン・パヴロフ	ロシア	自然／科学	1926
○存在と時間	マルティン・ハイデッガー	ドイツ	宗教／哲学／思想	1927
○大衆の反逆	ホセ・オルテガ・イ・ガセット	スペイン	国家／政治／社会	1929
○孫の世代の経済的可能性	ジョン・メイナード・ケインズ	イギリス	資本主義／経済／経営	1930
「いき」の構造	九鬼周造	日本	日本論	1930
人生の意味の心理学	アルフレッド・アドラー	オーストリア	宗教／哲学／思想	1931
○ひとはなぜ戦争をするのか	アルベルト・アインシュタイン／ジークムント・フロイト	ドイツ／オーストリア／アメリカ	国家／政治／社会	1932
陰翳礼讃	谷崎潤一郎	日本	日本論	1933-1934
○歴史の研究	アーノルド・J・トインビー	イギリス	歴史／文明／人類	1934、1961
○生物から見た世界	ヤーコプ・フォン・ユクスキュル	エストニア／ドイツ	自然／科学	1934
風土	和辻哲郎	日本	日本論	1935
○雇用、利子および貨幣の一般理論(一般理論)	ジョン・メイナード・ケインズ	イギリス	資本主義／経済／経営	1936
人を動かす	デール・カーネギー	アメリカ	資本主義／経済／経営	1936
銀河の世界	エドウィン・ハッブル	アメリカ	自然／科学	1936
ホモ・ルーデンス	ヨハン・ホイジンガ	オランダ	人生／教育／芸術	1938
○禅と日本文化	鈴木大拙	日本	日本論	1938
○「経済人」の終わり	ピーター・ドラッカー	オーストリア／アメリカ	資本主義／経済／経営	1939

○…本書に書評を掲載した200冊

書籍名	作者	地域		
○ モーセと一神教	ジークムント・フロイト	オーストリア	宗教／哲学／思想	1939
○ 自由からの逃走	エーリッヒ・フロム	ドイツ	宗教／哲学／思想	1941
○ 資本主義・社会主義・民主主義	ヨーゼフ・シュンペーター	オーストリア／アメリカ	資本主義／経済／経営	1942
○ 隷従への道	フリードリヒ・ハイエク	オーストリア／イギリス	資本主義／経済／経営	1944
○ 生命とは何か	エルヴィン・シュレーディンガー	オーストリア	自然／科学	1944
○ 大転換	カール・ポラニー	ハンガリー	歴史／文明／人類	1944
ゲームの理論と経済行動	ジョン・フォン・ノイマン／オスカー・モルゲンシュテルン	ドイツ／アメリカ	資本主義／経済／経営	1944
○ 日本的霊性	鈴木大拙	日本	日本論	1944
○ 開かれた社会とその敵	カール・ポパー	オーストリア／イギリス	宗教／哲学／思想	1945
永遠の哲学	オルダス・ハクスリー	イギリス／アメリカ	宗教／哲学／思想	1945
実存主義とは何か	ジャン＝ポール・サルトル	フランス	宗教／哲学／思想	1946
○ 輝く都市	ル・コルビュジエ（シャルル＝エドゥアール・ジャヌレ＝グリ）	スイス／フランス	人生／教育／芸術	1946
○ 夜と霧	ヴィクトール・フランクル	オーストリア	人生／教育／芸術	1946
○ 企業とは何か	ピーター・ドラッカー	オーストリア／アメリカ	資本主義／経済／経営	1946
菊と刀	ルース・ベネディクト	アメリカ	日本論	1946
○ アンネの日記	アンネ・フランク	ドイツ	人生／教育／芸術	1947
○ 経営行動	ハーバート・サイモン	アメリカ	資本主義／経済／経営	1947
人生論ノート	三木清	日本	人生／教育／芸術	1947
経済学	ポール・サミュエルソン	アメリカ	資本主義／経済／経営	1948
サイバネティックス	ノーバート・ウィーナー	アメリカ	自然／科学	1948
通信の数学的理論	クロード・シャノン／ワレン・ウィーバー	アメリカ	自然／科学	1948
○ 千の顔をもつ英雄	ジョーゼフ・キャンベル	アメリカ	宗教／哲学／思想	1949
きけ　わだつみのこえ	日本戦没学生記念会（編）	日本	日本論	1949
○ 地中海	フェルナン・ブローデル	フランス	歴史／文明／人類	1949
第二の性	シモーヌ・ド・ボーヴォワール	フランス	歴史／文明／人類	1949
○ 自由と規律	池田潔	日本	人生／教育／芸術	1949
○ 美術の物語	エルンスト・H・ゴンブリッチ	オーストリア／イギリス	人生／教育／芸術	1950
○ 全体主義の起原	ハンナ・アーレント	ドイツ／アメリカ	国家／政治／社会	1951
○ 現代の経営	ピーター・ドラッカー	オーストリア／アメリカ	資本主義／経済／経営	1954

書籍名	作者	地域	ジャンル	年代
人間性の心理学	アブラハム・マズロー	アメリカ	宗教／哲学／思想	1954
○悲しき熱帯	クロード・レヴィ＝ストロース	フランス	宗教／哲学／思想	1955
○統辞構造論	ノーム・チョムスキー	アメリカ	宗教／哲学／思想	1957
○ゆたかな社会	ジョン・ケネス・ガルブレイス	アメリカ	資本主義／経済／経営	1958
精神と物質	エルヴィン・シュレーディンガー	オーストリア	自然／科学	1958
放下	マルティン・ハイデッガー	ドイツ	宗教／哲学／思想	1959
歴史とは何か	E・H・カー	イギリス	歴史／文明／人類	1961
○日本の思想	丸山真男	日本	日本論	1961
○資本主義と自由	ミルトン・フリードマン	アメリカ	資本主義／経済／経営	1962
○沈黙の春	レイチェル・カーソン	アメリカ	自然／科学	1962
科学革命の構造	トーマス・クーン	アメリカ	自然／科学	1962
組織は戦略に従う	アルフレッド・チャンドラー	アメリカ	資本主義／経済／経営	1962
○エルサレムのアイヒマン	ハンナ・アーレント	ドイツ／アメリカ	国家／政治／社会	1963
○私には夢がある	マーティン・ルーサー・キング・ジュニア	アメリカ	国家／政治／社会	1963
○利己主義という気概	アイン・ランド	アメリカ	宗教／哲学／思想	1964
メディア論	マーシャル・マクルーハン	アメリカ	国家／政治／社会	1964
○統辞理論の諸相	ノーム・チョムスキー	アメリカ	宗教／哲学／思想	1965
言葉と物	ミシェル・フーコー	フランス	宗教／哲学／思想	1966
生きがいについて	神谷美恵子	日本	人生／教育／芸術	1966
二重らせん	ジェームズ・ワトソン	アメリカ	自然／科学	1968
○共同幻想論	吉本隆明	日本	日本論	1968
○離脱・発言・忠誠	アルバート・ハーシュマン	ドイツ／アメリカ	国家／政治／社会	1970
○正義論	ジョン・ロールズ	アメリカ	宗教／哲学／思想	1971
部分と全体	ヴェルナー・ハイゼンベルク	ドイツ	人生／教育／芸術	1971
○歴史の進歩とはなにか	市井三郎	日本	人生／教育／芸術	1971
収容所群島	アレクサンドル・ソルジェニーツィン	ソ連	国家／政治／社会	1973-1975
○近代世界システム	イマニュエル・ウォーラーステイン	アメリカ	歴史／文明／人類	1974、2011
自動車の社会的費用	宇沢弘文	日本	資本主義／経済／経営	1974
○利己的な遺伝子	リチャード・ドーキンス	イギリス	自然／科学	1976
宇宙創生はじめの3分間	スティーヴン・ワインバーグ	アメリカ	自然／科学	1977
不確実性の時代	ジョン・ケネス・ガルブレイス	アメリカ	資本主義／経済／経営	1977

○…本書に書評を掲載した200冊

書籍名	作者			
○オリエンタリズム	エドワード・サイード	アメリカ	歴史／文明／人類	1978
分子生物学の夜明け	H・F・ジャドソン	アメリカ	自然／科学	1979
地球生命圏	ジェームズ・ラブロック	イギリス	自然／科学	1979
○ポスト・モダンの条件	ジャン＝フランソワ・リオタール	フランス	宗教／哲学／思想	1979

《現代》20世紀～21世紀②

○貧困と飢饉	アマルティア・セン	インド	資本主義／経済／経営	1981
デカルトからベイトソンへ	モリス・バーマン	アメリカ	自然／科学	1981
エクセレント・カンパニー	トム・ピーターズ／ロバート・ウォーターマン	アメリカ	資本主義／経済／経営	1982
○想像の共同体	ベネディクト・アンダーソン	アメリカ	国家／政治／社会	1983
○失敗の本質	戸部良一／寺本義也／鎌田伸一／杉之尾孝生／村井友秀／野中郁次郎	日本	日本論	1984
○危険社会	ウルリヒ・ベック	ドイツ	自然／科学	1986
○ホーキング、宇宙を語る	スティーヴン・ホーキング	イギリス	自然／科学	1988
○ワンダフル・ライフ	スティーヴン・ジェイ・グールド	アメリカ	自然／科学	1989
○学習する組織	ピーター・センゲ	アメリカ	資本主義／経済／経営	1990
○バブルの物語	ジョン・ケネス・ガルブレイス	アメリカ	資本主義／経済／経営	1990
○解明される意識	ダニエル・デネット	アメリカ	自然／科学	1991
○貨幣論	岩井克人	日本	資本主義／経済／経営	1993
○社会的共通資本	宇沢弘文	日本	資本主義／経済／経営	1994
ビジョナリー・カンパニー	ジム・コリンズ／ジェリー・ポラス	アメリカ	資本主義／経済／経営	1994
○知識創造企業	野中郁次郎／竹内弘高	日本	資本主義／経済／経営	1995
○文明の衝突	サミュエル・ハンチントン	アメリカ	歴史／文明／人類	1996
7つの習慣	スティーブン・コヴィー	アメリカ	人生／教育／芸術	1996
○イノベーションのジレンマ	クレイトン・クリステンセン	アメリカ	資本主義／経済／経営	1997
○銃・病原菌・鉄	ジャレド・ダイアモンド	アメリカ	歴史／文明／人類	1997
○リオリエント	アンドレ・グンダー・フランク	ドイツ／アメリカ	歴史／文明／人類	1998
ウォール街のランダム・ウォーカー	バートン・マルキール	アメリカ	資本主義／経済／経営	1999
○エレガントな宇宙	ブライアン・グリーン	アメリカ	自然／科学	1999
敗北を抱きしめて	ジョン・ダワー	アメリカ	日本論	1999

書籍名	作者	地域		
孤独なボウリング	ロバート・パットナム	アメリカ	国家／政治／社会	2000
○大分岐	ケネス・ポメランツ	アメリカ	歴史／文明／人類	2000
○〈帝国〉	アントニオ・ネグリ／マイケル・ハート	イタリア／アメリカ	歴史／文明／人類	2000
○クリエイティブ資本論	リチャード・フロリダ	アメリカ	人生／教育／芸術	2002
帝国以降	エマニュエル・トッド	フランス	歴史／文明／人類	2002
眼の誕生	アンドリュー・パーカー	イギリス	自然／科学	2003
○経済学は人びとを幸福にできるか（経済学と人間の心）	宇沢弘文	日本	資本主義／経済／経営	2003
○マルチチュード	アントニオ・ネグリ／マイケル・ハート	イタリア／アメリカ	歴史／文明／人類	2004
○シンギュラリティは近い	レイ・カーツワイル	アメリカ	歴史／文明／人類	2005
○ショック・ドクトリン	ナオミ・クライン	アメリカ	資本主義／経済／経営	2007
○ブラック・スワン	ナシム・ニコラス・タレブ	アメリカ	資本主義／経済／経営	2007
○ミラーニューロン	ジャコモ・リゾラッティ／コラド・シニガリア	イタリア	自然／科学	2007
○貧困のない世界を創る	ムハマド・ユヌス	バングラデシュ	資本主義／経済／経営	2008
○これからの「正義」の話をしよう	マイケル・サンデル	アメリカ	宗教／哲学／思想	2010
○テクニウム	ケヴィン・ケリー	アメリカ	自然／科学	2010
○がん	シッダールタ・ムカジー	アメリカ	自然／科学	2010
○宇宙は何でできているのか	村山斉	日本	自然／科学	2010
○グローバリゼーション・パラドクス	ダニ・ロドリック	アメリカ	資本主義／経済／経営	2011
○ワーク・シフト	リンダ・グラットン	アメリカ	資本主義／経済／経営	2011
○サピエンス全史	ユヴァル・ノア・ハラリ	イスラエル	歴史／文明／人類	2011
ファスト&スロー	ダニエル・カーネマン	アメリカ	自然／科学	2011
○イノベーション・オブ・ライフ	クレイトン・クリステンセン／ジェームズ・アルワース／カレン・ディロン	アメリカ	資本主義／経済／経営	2012
○「Gゼロ」後の世界	イアン・ブレマー	アメリカ	資本主義／経済／経営	2012
○国家はなぜ衰退するのか	ダロン・アセモグル／ジェイムズ・A・ロビンソン	アメリカ	歴史／文明／人類	2012
「死」とは何か	シェリー・ケーガン	アメリカ	宗教／哲学／思想	2012
○なぜ世界は存在しないのか	マルクス・ガブリエル	ドイツ	宗教／哲学／思想	2013
○意識はいつ生まれるのか	ジュリオ・トノーニ／マルチェッロ・マッスィミーニ	イタリア／アメリカ	自然／科学	2013
○科学者が人間であること	中村桂子	日本	宗教／哲学／思想	2013

○…本書に書評を掲載した200冊

書籍名	作者	地域	ジャンル	発行年
○大収斂	キショール・マブバニ	シンガポール	歴史／文明／人類	2013
○21世紀の資本	トマ・ピケティ	フランス	資本主義／経済／経営	2013
○21世紀の貨幣論	フェリックス・マーティン	イギリス／アメリカ	資本主義／経済／経営	2013
○限界費用ゼロ社会	ジェレミー・リフキン	アメリカ	資本主義／経済／経営	2014
○ゼロ・トゥ・ワン	ピーター・ティール／ブレイク・マスターズ	アメリカ	資本主義／経済／経営	2014
○HARD THINGS	ベン・ホロウィッツ	アメリカ	資本主義／経済／経営	2014
○ティール組織	フレデリック・ラルー	アメリカ	資本主義／経済／経営	2014
○数学的な宇宙	マックス・テグマーク	スウェーデン	自然／科学	2014
あなたが世界のためにできるたったひとつのこと	ピーター・シンガー	アメリカ	宗教／哲学／思想	2015
経済学の宇宙	岩井克人	日本	資本主義／経済／経営	2015
○生命、エネルギー、進化	ニック・レーン	イギリス	自然／科学	2015
○モラル・エコノミー	サミュエル・ボウルズ	アメリカ	資本主義／経済／経営	2016
○LIFE SHIFT	リンダ・グラットン／アンドリュー・スコット	アメリカ	資本主義／経済／経営	2016
○良き社会のための経済学	ジャン・ティロール	フランス	資本主義／経済／経営	2016
○遺伝子	シッダールタ・ムカジー	アメリカ	自然／科学	2016
西洋の自死	ダグラス・マレー	イギリス	歴史／文明／人類	2017
○LIFE 3.0	マックス・テグマーク	スウェーデン	自然／科学	2017
○暴力と不平等の人類史	ウォルター・シャイデル	オーストリア	歴史／文明／人類	2017
○マルチバース宇宙論入門	野村泰紀	日本	自然／科学	2017
○時間は存在しない	カルロ・ロヴェッリ	イタリア	自然／科学	2017
ファンタジーランド	カート・アンダーセン	アメリカ	国家／政治／社会	2017
○21世紀の啓蒙	スティーブン・ピンカー	アメリカ	歴史／文明／人類	2018
○FACTFULNESS	ハンス・ロスリング／オーラ・ロスリング／アンナ・ロスリング・ロンランド	スウェーデン	国家／政治／社会	2018
○人口減少社会のデザイン	広井良典	日本	歴史／文明／人類	2019